코로나19와 신흥안보의 세계정치

팬데믹의 복합지정학

코로나19와 신흥안보의 세계정치
팬데믹의 복합지정학

2022년 3월 21일 초판 1쇄 인쇄
2022년 3월 31일 초판 1쇄 발행

엮은이 김상배
지은이 김상배·김성진·이신화·송태은·조한승·이승주·이왕휘·신범식·전재성·이정환·
    조동준·박성우

편집 김천희
디자인 김진운
마케팅 최민규

펴낸이 고하영
펴낸곳 (주)사회평론아카데미
등록번호 2013-000247(2013년 8월 23일)
전화 02-326-1545
팩스 02-326-1626
주소 03993 서울특별시 마포구 월드컵북로6길 56
ISBN 979-11-6707-057-9 93340

이 저서는 2020-21년 서울대학교 국제문제연구소의 지원으로 연구를 수행하였음.

코로나19와 신흥안보의 세계정치

팬데믹의 복합지정학

김상배 엮음

김상배·김성진·이신화·송태은·조한승·이승주·이왕휘·신범식·전재성·

이정환·조동준·박성우 지음

사회평론아카데미

머리말

이 책은 단기간 내에 '세계적 대유행'을 뜻하는 팬데믹(pandemic)으로 '창발(創發, emergence)'한 코로나19 사태를 국제정치학의 시각에서 다루었다. 이 책은 두 권으로 기획된 시리즈의 첫 번째 책이다. 제1권은 "코로나19와 신흥안보의 세계정치: 팬데믹의 복합지정학"이라는 제목으로 코로나19가 어떠한 메커니즘을 통해서 국제정치학의 연구 어젠다로 부상했는지를 분석했다. 제2권은 "코로나19의 거버넌스와 중견국 외교: 팬데믹 대응의 국내외적 차원"이라는 제목으로 코로나19에 대응하는 국내 거버넌스와 국제협력, 그리고 이러한 연속선상에서 본 한국의 행보를 다루었다.

이렇게 시리즈로 구성된 두 권의 책은 2020년 4월경에 기획되었다. 당시에 필자들의 전망과 기대는, "미네르바의 부엉이는 황혼이 저물어야 그 날개를 편다"라는 경구처럼, 이 책이 출판되어 나올 2021년의 하반기 어느 때쯤이면 코로나19 사태는 종식되리라는 것이었다. 따라서 코로나19 사태를 다룬 국제정치학자들의 연구가 세상에 나와서 그 의미와 대응책 등에 대한 활발한 토론을 벌일 계기를 만들자는 것이었다. 그러나 2022년에 접어들어서도 코로나 바이러스는 변이의 과정을 거치면서 여전히 기승을 부리고 있어 우리가 너무 순진했던 것이 아닌가 하는 자탄을 해보게 된다.

이 책에 담긴 글들은 출판되기 위해서 통상적으로 거치는 단련의 과정을 밟았다. 그 과정에서 많은 토론이 이루어졌으며 유익한 피드백을 받았다. 2020년 5월 프로포절 발표를 시작으로, 6월부터 11월까지 모두 일곱 차례의 중간발표를 겸한 특별세미나를 개최하였다. 그중에서 몇 개의 주요 챕터는 7월에 개최된 한국국제정치학회에서 발표되어 학계의 피드백을 구했다. 2021년 4월에는 두 차례로 나누어 최종발표회를 개최하였다. 이후 5월과 6월에는 이 책에 담긴 연구 내용의 홍보를 위해서 국가안보전략연구원 및 한국환경정책·평가연구원 글로벌환경협력센터와 각기 공동세미나의 자리를 마련하였다.

제1장 "코로나19와 신흥안보의 복합지정학: 팬데믹의 창발과 세계정치의 변환"(김상배)은 이 책이 바탕에 두고 있는 이론적 분석틀을 제시하였다. 2020년 상반기를 강타한 코로나19 팬데믹 사태는 세계정치의 변환을 야기한 획기적인 사건 중의 하나로 기록될 것이다. 그러나 코로나19의 세계정치에 대한 연구는 아직 본격적으로 진행되지 못하고 있을 뿐만 아니라, '단순 국제정치학'과 '전통 국제정치학'의 시각에서 단편적인 시각을 제시하는 수준에 머물고 있다. 코로나19 팬데믹의 창발로 인해서 변환을 겪고 있는 세계정치의 복합적인 양상을 염두에 둘 때, 아직 한창 벌어지고 있는 현상임에도, 코로나19의 세계정치를 보는 이론적 분석틀을 시급히 마련할 필요가 있다.

이러한 시각에서 보면, 코로나19는 '신흥안보(emerging security)'의 대표적인 사례이다. 신흥안보로 보는 코로나19 사태는 '양질전화(量質轉化)'와 '이슈연계'의 과정을 거쳐서 '지정학의 임계점'을 넘어서 창발하는 복잡계의 위험이다. 미시적 차원에서 보면 단순한 개인 건강의 문제이겠지만, 이것이 양적으로 늘어나서 일정한 임계점을 넘게 되면 국민건강과 지역 및 국가적 차원의 보건문제가 되고, 여기에 더 나아가 경제와 사회, 외교 등의 이슈와 연계되면서 국가안보를 논할 정도의 문제로 그 위험이 상승하게 된다. 최근의 코로나19 사태는 바로 이러한 메커니즘을 타고서 창발하여 거시적 차원에서 국가적 생존을 거론할 정도의 위중한 성격을 드러냈다. 이러한 문제의식을 바탕으로 최근 코로나19 사태를 계기로 가속화되고 있는 미중 패권경쟁의 사례에 대한 검토를 통해서 코로나19의 세계정치가 지니는 복합지정학(Complex Geopolitics)적 동학을 분석하였다.

이러한 분석틀에 입각해서 이 책은 크게 세 부분으로 구성되었다. 제1부 "코로나19와 신흥안보의 창발: 양질전화의 과정"은 신흥안보로서 코로나19의 창발을 양질전화의 과정이라는 시각에서 다룬 세 편의 논문을 담았다.

제2장 "비인간 행위자로서의 코로나19 바이러스: 확산과 공진화의 관점"(김성진)은 코로나19 바이러스 자체에 대한 논의를 전개했다. 바이러스의 유행 수준은 바이러스의 전파력에 달려 있다. 바이러스는 숙주 안에 기생하며, 복제와 전파를 통해 생명을 유지한다. 복제란 바이러스가 한 숙주에서 다른 숙주로 이동하는 것을 의미하며, 전파력은 전파를 일으키는 다양한 속성을 뜻한다. 바이러스는 각자의 특징에 따라 상이한 전파의 경로를 지니기 때문에, 확산의 정도는 이에 따라 결정된다. 인간과 동물을 넘나드는 전파 경로를 지닌 바이러스는 인수공통감염병(zoonosis)을 일으키는데, 에볼라, AIDS, SARS, MERS, 코로나19 등 인류에게 치명적인 영향을 미친 바이러스성 질병들은 대부분 인수공통감염병이라는 특징을 지닌다. 인간이 퇴치에 성공할 수 있었던 천연두와 소아마비는 인간 사이에서만 전파되기 때문에 가능했다.

바이러스 중 가장 '효율적인' 종류들은 숙주와 어느 정도 공생한다. 가장 성공적인 바이러스는 숙주를 '빨리' 죽이지 않으며, 의학에서 보통 '잠복성 감염'이라고 표현하는 상태에서 충분히 증식하면서 숙주의 자원을 이용하는 상황을 길게 가져간다. 바이러스를 인간과는 다른 종류의 행위자로 본다면, 비인간 행위자로서의 바이러스와 인간 행위자는 네트워크 속에서 상호영향을 미치며 특성적 변형을 일으키는 공진화 관계로 해석할 수 있을 것이다.

이러한 확산과 공진화는, 인간 행위자가 자신의 영역을 확장해 가는 과정에서 비인간 행위자와 조우하고 긴밀한 네트워킹이 이루어지기에 발생한다. 현대에 새로이 출현한 질병의 상당수가 동물에게서 비롯된 인수공통감염병이며, 이 중 야생동물로부터 비롯된 감염병이 72%를 차지한다는 사실은, 인류를 위협하는 보건위기의 가장 큰 원인이 인간이 자연환경을 대해온 방식 그 자체라는 점을 시사한다. 인간은 개발 과정에서 야생의 생태계에 과도하게 침투하였고, 그 결과 이전에는 서로 거리를 두고 공존하던 야생동물과 인간의 상호작용이 늘어나면서 새로운 바이러스가 인간의 생활권에 등장하고 확산되었다. 그리고 개발의 결과 나타난 인간 생활의 밀도, 속도, 편차의 변화와 세계적인 기후변화는 그러한 확산을 가속화시키고 있다. 따라서 전 지구적 보건위기는 전 지구적 환경위기와 밀접하게 맞물려 있다고 할 수 있다.

제3장 "코로나19 시대의 초국적 인구이동: 인간안보와 국가안보 연계"(이신화)는 인간이 형성하는 네트워크라는 차원에서 코로나19 사태의 단면을 분석하였다. 1990년대 중반 국제적 주목을 받던 인간안보 담론은 그 개념의 모호성과 광범위성에 대한 비판 및 9·11테러와 중국의 부상에 따른 국가안보 이슈에 대한 국제적 관심으로 다소 묻혔다. 하지만 코로나19 위기가 전 세계에 인간안보의 위협으로 다가오면서, 인간안보적 접근이 국제무대에서 '부활 모멘텀'을 얻게 되었고 학

문적으로나 정책적으로 안보영역의 확장의 계기와 가능성을 제공하고 있다. 포스트 코로나 시대의 초국적 인구이동과 국제이주민·난민이 어떠한 변화를 겪게 될 것인지에 대해서는 다양한 시각과 전망이 존재하지만, 공통으로 지적하는 것은 코로나19 사태를 계기로 전 세계 국가들과 국제사회가 국제이주민과 초국적 인구이동 문제를 인간안보적 관점에서 접근하여 혁신적인 변화의 계기로 삼아야 한다는 점이다.

그렇지만 이러한 변화의 필요성을 인간안보적 관점에서만 접근할 것이 아니라 국가안보적인 관점까지 고려하여 정책을 수립하는 것이 중요하다. 안보화와 백신 외교를 통한 팬데믹과 초국적 인구이동의 정치 쟁점화로 인하여 포스트 코로나 시대에 대한 각국의 경쟁은 치열하게 전개되고 있다. 또한 전염병을 통제하고 백신접종을 통해 집단 면역체제를 갖추는 것은 문제를 해결하는 것이기도 하는 동시에 경제회복이라는 국가안보의 핵심적인 의제로 다가가는 초석이기도 하다는 점에서 인간안보와 국가안보가 밀접하게 맞닿아 있는 의제라는 점을 분명히 보여주고 있다.

좀 더 포괄적인 국제정치학적인 관점에서 볼 경우, 코로나19 사태는 인간안보와 국가안보가 어떻게 상호 연관을 줄 수 있는지 보여주는 선례가 될 것이며, 특히 지난 30여 년 동안 급격히 진행되어온 세계화로 인하여 국제이주민·난민 이슈를 포함하여 기후변화와 사이버 안보 등 다양한 국제적 문제들이 초국적인 성격을 지니고 있다는 것을 나타내고 있다. 이는 문제의 성격에 따라 인간안보나 국가안보에 국한된 접근 방식이 아닌, 양쪽을 모두 포함한 포괄안보적 관점에서 문제를 인식하고 해결해야 한다는 점을 상기시켜주고 있다.

제4장 "초연결 시대 감염병 커뮤니케이션과 국가의 디지털 프로파간다"(송태은)는 코로나19 팬데믹이 야기한 가장 흥미롭고 주목할

만한 현상 중 하나가 글로벌 정보커뮤니케이션 양상이라는 점에 착안하였다. 지구화로 인해 코로나19 감염병이 빠르게 전 세계로 확산되었고 비대면 사회를 도래시켰지만 비대면 사회는 다시 디지털 정보커뮤니케이션 공간을 통해 초연결 사회를 더욱 강화시키는 동인을 만들었기 때문이다. 이러한 과정에서 감염병 바이러스의 전 세계적 확산만큼 감염병을 둘러싼 다양한 정보와 담론이 전 세계적으로 급속하게 확산되며 팬데믹 상황에 영향을 주었다.

팬데믹과 함께 급증한 세계적 차원에서의 국가 간 논쟁이 발원설 진실게임과 국가 간 책임전가, 체제우위와 진영경쟁, 다자주의 세계 리더십을 둘러싸고 다양한 내러티브 경쟁 양상을 만들어내며 전 세계적 차원에서의 위기 극복 과정에 영향을 주었기 때문이다. 특히 국제정치의 측면에서는 각국 정부 행위자가 확산시킨 정보는 일종의 경쟁적인 국가 담론으로서 온라인 공간에서 가짜뉴스가 확산되며 디지털 프로파간다 양상까지 나타났다. 이번 팬데믹은 오늘날과 같은 최첨단의 디지털 정보커뮤니케이션 환경이 전 세계적으로 확산되는 감염병을 차단하고 극복하는 과정을 더욱 복잡하게 만들고 있으며 세계적 위기 극복 과정에 정보와 커뮤니케이션의 역할과 영향력이 지대함을 보여주는 흥미로운 사례이다.

제2부 "코로나19와 세계정치의 동학: 이슈연계의 메커니즘"은 이슈연계의 시각에서 보건의료 분야의 사례뿐만 아니라 국제정치경제 분야의 무역·생산과 금융, 식량위기 등의 사례를 다룬 네 편의 논문을 실었다.

제5장 "코로나 팬데믹과 글로벌 보건 거버넌스: 실패의 원인과 협력의 모색"(조한승)은 보건 분야 글로벌 거버넌스의 맥락에서 코로나19 사태를 다루었다. 코로나19 팬데믹은 복잡하고 다층적인 이슈 및

행위자 연계망을 통해 개인의 안전에 영향을 미치는 이슈가 사회 공동체의 질서와 생존을 위협하는 신흥안보의 대표적인 사례이다. 감염병 방역을 포함하는 보건이슈는 이념과 국적을 초월하여 국제협력을 이끌어내는 데 비교적 용이한 분야로 알려져 있다. 실제로 그동안 WHO를 중심으로 하는 글로벌 보건 거버넌스를 통해 천연두 퇴치, 에이즈 대응, 세계보건규칙 제정 등과 같은 글로벌 보건협력이 이루어져왔다. 하지만 코로나19 팬데믹 상황에서 글로벌 보건 거버넌스는 기대한 기능을 효과적으로 수행하지 못했을 뿐만 아니라 행위자 사이의 심각한 갈등을 노출했다.

코로나 팬데믹에 대한 글로벌 보건 거버넌스의 대응 실패는 분석수준별로 다음과 같이 분석될 수 있다. 첫째, 미중 강대국 패권경쟁이 보건 영역으로 전이되어 보건의 정치화가 지나치게 불거졌다. 둘째, 국제기구로서 WHO의 자율성 추구가 정치적 논리로 변질되어 글로벌 보건 네트워크의 중심으로서의 신뢰를 얻는 데 실패했다. 셋째, 트럼프 행정부의 보건안보정책 오류가 글로벌 보건안보 협력에서의 미국의 리더십을 저해하여 위기 상황에서 보건안보 협력의 기제가 정상적으로 작동하지 못했다. 포스트-코로나 시대 글로벌 보건 거버넌스가 다시 회복하기 위해서는 백신의 안정적인 공급과 함께 WHO가 중심 역할을 올바르게 수행해야 하고, 미국의 보건안보 리더십이 회복되어야 한다. 또한 코로나 팬데믹을 계기로 새로운 신기술을 보건협력에 적용할 수 있는 정책들이 개발되어야 한다.

제6장 "코로나19와 지구적 가치사슬 변화의 국제정치경제"(이승주)는 코로나19 사태가 GVCs의 구조적 변화를 더욱 증폭시키는 과정에 주목했다. 코로나19는 2020년 세계 GDP가 3.3% 감소하는 등 경제에 미치는 충격이 컸을 뿐 아니라, 일부 국가 또는 지역의 생산 차질이

전체 GVCs를 교란시킬 수 있음을 여실히 보여주었다. 세계 경제 통합의 지속적인 증가를 가능하게 했던 GVCs의 취약성이 고스란히 드러난 것이다. GVCs의 교란으로 인한 경제적 충격의 확산은 GVCs의 취약성을 보완하는 동시에 지구화에 반발에 대처하는 국내정치적 과제를 제시하였다. 더 나아가 코로나19로 인해 드러난 공급 사슬의 취약성은 미중 전략경쟁과 결합되어 안보화되어 미중 양국이 지정학적 고려를 투사하는 경쟁의 장이 되었다.

이처럼 코로나19는 직접적으로 GVCs에 영향을 미치고 있을 뿐 아니라, 미중 전략경쟁과 결합되어 GVCs의 질적인 변화를 초래하고 있다. 이는 코로나19가 GVCs에 영향을 미치는지 여부를 넘어 영향을 미치는 과정과 경로에 대한 체계적인 검토가 필요함을 의미한다. 미국은 핵심 기술의 혁신 역량을 강화하고 주요 첨단 산업의 생산 역량을 확대하는 차원에서 리쇼어링과 공급 사슬의 재편을 유기적으로 결합하는 전략을 추진하고 있다. 이 과정에서 미국은 공급 사슬의 완전한 디커플링보다는 첨단 기술과 산업에 대한 미국의 우위를 유지하는 데 필수적인 분야의 공급 사슬을 재편하는 방식으로 공급 사슬 전략을 보다 정교화하는 부분 디커플링(partial decoupling)을 시도하고 있다.

제7장 "코로나19 위기와 세계금융 거버넌스"(이왕휘)는 코로나19 위기 이후 2010년대 초부터 시작된 핀테크, 유동성 증가, 미중 금융 경쟁이 가속화되고 있다는 사실에 주목한다. 이러한 변화 추세는 세계 금융 거버넌스의 기술적·시장적·국제정치적 측면에 영향을 미치고 있다. 첫째, 기술적 차원에서 이 위기는 금융 서비스에서 지급결제 방식의 변화를 가속하고 있다. 바이러스의 전파를 막기 위한 사회적 거리두기와 봉쇄의 결과 경제 거래에서 비대면의 비중이 급속히 증가하고 있다. 대면 거래가 사실상 불가능한 상황에서는 전자상거래 플랫폼/생태

계를 통한 비대면 거래를 할 수밖에 없기 때문이다. 이렇게 비대면 지급결제 방식이 다양하게 발전한다면, 위기가 종식된 이후에도 비대면 거래가 대면 거래에 우위를 점할 가능성이 높다. 둘째, 시장적 측면에서 유동성의 폭발적 증가도 세계금융 거버넌스의 불안정성을 증가시키고 있다. 사회적 거리두기와 봉쇄로 인한 경제적 피해를 완화하기 위한 확장적 거시경제정책의 결과 거의 모든 국가가 유동성이 증가하여 자산거품이 발생하였다. 확진자와 사망자가 가장 많이 발생한 미국은 가장 큰 규모의 지원을 실시하였다. 미국이 빨리 위기를 수습하지 못해 금융시장 안정과 재정 건전성 회복에 실패한다면, 세계적 차원의 금융위기가 발생할 수도 있다. 마지막으로 국제정치적 측면에서 피해의 불균등성이 권력배분에 영향을 미치고 있다. 미국보다 위기를 빨리 수습한 중국은 경제회복에서도 앞서고 있다. 비대면 경제의 발전에 필수적인 디지털 지급결제 방식의 개발에서도 중국의 민간 금융기관과 중앙은행 모두 세계적 수준으로 도약하였다. 이런 성과를 바탕으로 중국은 디지털 위안을 통해 위안화 국제화를 더 강력하게 추진할 수 있는 동력을 확보하였다. 미국의 경제 복구가 지체된다면, 코로나19 위기 이후 세계금융 거버넌스에서 중국이 미국보다 더 큰 역할을 할 수도 있을 것이다.

제8장 "코로나19 팬데믹과 신흥안보의 도전: 식량위기 관련 이슈 연계와 위협인식 증폭에 관한 고찰"(신범식)은 코로나19 팬데믹이 지속되면서 지구화의 이완과 국가주의적 대응의 경직적 분절화, 지구적 및 지역적 가치사슬의 재편, 기존 질병·보건·복지 체제의 와해와 재편 등이 진행되었고, 미중 전략경쟁의 심화와 지속은 한층 더 복잡한 힘겨루기의 양상을 빚어내고 있다고 주장한다. 이미 팬데믹의 도전은 전통적 국제정치의 주된 관심인 지구적 패권국가로서 미국의 리더십에 심

각한 타격을 입혔고, 중국의 확장적 대응에 따른 강대국 정치의 압박이 고조되고 있으며, 국제정치에서 다자주의의를 약화시킬 조건들은 강화되고 있다.

이 같은 코로나19의 다각적 및 다층적 영향의 지속성 및 정도에 대하여 논의하기 위하여 우리가 던져 보아야 할 또 하나의 중요한 질문이 있다. 그것은 코로나19 팬데믹 영향의 연관적 고리를 추적하는 과정에서 어떤 종류의 이슈연계, 특히 신흥안보 창발과 관련하여 어떤 이슈연계가 발생할 수 있는가라는 질문이다. 왜냐하면 코로나19 팬데믹은 그 자체만으로도 가공할 재난이지만, 이슈연계를 통하여 엄청난 부정적 영향을 확대할 수 있기 때문이다. 이미 코로나19 팬데믹은 기후변화, 식량문제, 석유전쟁, 재정 적자와 경제위기 등과 같은 이웃한 이슈들에 대해 크고 작은 영향을 미치고 있으며, 이 같은 이슈연계의 고리가 강화될 경우 포스트팬데믹 국제정치는 더욱 심각한 도전과 변화의 압력 하에 노출될 것이 분명하다.

사실 코로나19 사태가 발발하자마자 가장 먼저 국제정치의 동요를 일으킨 부문 중의 하나는 식량문제였다. 코로나19발 식량위기론은 일부 식량 수출국들의 금수(禁輸) 조치로 주목받았으며 다양한 기후 조건과 결합되면서 위기론이 일었고, 이 같은 식량위기의 위험성은 식량가-유가의 높은 연동성 때문에 2020년 초 발생한 석유전쟁에 의하여 더욱 큰 우려를 야기하기도 했다. 코로나19 팬데믹이 지속되는 중 기후변화, 유가 불안정, 팬데믹에 따른 곡물 수출 통제 가능성의 빈번한 제기 등으로 2021년에 식량 가격이 지속적으로 상승하고 있다. 식량과 에너지 이슈가 상호 연계되면서 2008~2009년 식량위기가 발생했던 과거의 경험은 코로나19 사태로 인하여 전염병-에너지-식량의 이슈연계의 삼각고리가 작동하는 '퍼펙트 스톰'으로 지구정치를 강타할 가능성에 대해서 예의 주시하여야 할 것이다.

제3부 "코로나19의 국내외 거버넌스: 복합지정학적 차원"은 코로나19가 지정학적 임계점을 넘어서 미중 경쟁이나 국내외 거버넌스, 그리고 세계질서 등과 같은 국제정치의 본격적인 어젠다로 작동하는 메커니즘을 분석한 네 편의 논문을 담았다.

제9장 "코로나 사태와 미중 경쟁"(전재성)은 미중 간의 전략 경쟁 심화의 추세 속에서 2019년 12월부터 시작된 코로나 사태가 미중 관계를 일정 부분 변화시키는 역할을 했다고 주장한다. 코로나 사태는 중국에서 시작되어 미국에서 가장 큰 피해를 입혔다는 점에서 미중 관계에 중요한 변수로 작용할 가능성이 충분했다. 코로나 사태는 인류 전체에 심대한 충격을 주었다는 점에서 미중은 물론 모든 국가들의 각성을 불러일으킬 만한 사태였다. 코로나 사태 이전에도 이미 국제정치적으로는 세계화의 문제점이 지적되고 있었고, 미국 단극체제가 쇠퇴하고 있었고, 자본주의 및 민주주의의 문제점이 대두하고 있었다. 환경문제가 심각해지는 와중에 소위 인류세의 문제도 점차 인식되고 있었다. 그러나 미중 양국의 전략 경쟁 속에서 코로나 사태는 현재까지 새로운 국제협력 체제를 이끄는 게임체인저는 되지 못했다. 미중 전략 경쟁을 완화시키고 새로운 협력의 어젠다를 발전시키지 못하고 오히려 미중 전략 경쟁의 가속 및 악화의 역할을 하게 된 것이다. 결국 긍정적, 혹은 부정적 양 방향에서 코로나 사태는 기존의 미중 관계를 부분적으로 변화시켰지만 국제정치의 강대국 경쟁, 전략 경쟁, 혹은 세력전이의 논리 자체를 바꿀 만큼 새로운 어젠다로 등장했다고 볼 수는 없다. 미래의 지구 거버넌스는 일정한 정도의 세계화를 인정한 상태에서 현재 주권 국가체제, 특히 강대국의 지정학 질서로 평화와 안정을 유지하기 어렵다는 위기의식을 불러일으키고 있다.

제10장 "코로나19와 동아시아 거버넌스: 한국과 일본의 국가-사회관계의 유사성과 상이성"(이정환)은 코로나19 사태에 대응하는 한국과 일본 두 나라의 사례를 비교의 시각에서 다루었다. 코로나19 사태는 한일관계가 악화된 가운데 발생하면서, 상대방 국가의 대응에 대한 한일 양국 국민의 관심이 큰 폭으로 증가하였고, 미디어들의 보도도 폭발적으로 증가하면서, 한일 양국 사이의 코로나19 대응에 대한 상이점이 많이 부각되었다. 하지만, PCR 검사를 중심으로 하는 보건행정 측면의 상이성이 양국의 코로나19 피해 수준을 가져오는 핵심적 변수라고 보기는 어렵다. 보건행정 측면의 상이성에도 불구하고 한일 양국의 코로나의 피해 수준은 글로벌 비교에서 유사하다고 할 수 있다.

오히려 코로나19는 한일 양국의 국가-사회 관계가 얼마나 상이한지를 보여주는 계기이다. 코로나19 대응이 피할 수 없는 정부의 사회활동 규제와 이 규제에 대한 보상정책은 현재 한일 양국의 국가-사회관계 양상의 성격을 드러나게 해준다. 국가와 사회 사이 커뮤니케이션에서 한국의 직접성과 명시성은 일본의 간접성과 불명확성과 대비된다. "정부의 '요청'에 응하지 않는 업체에 과태료를 물린다"는 표현은 한국에서 수용되기 어렵다. 한편 사회활동 규제의 정책 집행 과정에서 발견되는 일본의 중앙정부와 지방정부 사이의 불명확한 관계는 한국에서 찾아보기 어렵다. 일본이 전후 오랫동안 방치해 놓은 유사시 공공기관 사이의 역할 정립에 대한 고민을 코로나19가 다시 불러일으키고 있다.

사회규제에 대한 보상정책에 있어서 한국의 높은 재정규율 인식은 외환위기 이후 한국 내에 강하게 뿌리를 내렸다. 반면에 일본은 항시적 적자예산 편성 상태 속에서 재정규율 인식이 높지 않다고 볼 수 있다. 국가주도로 성장산업을 지원하고, 그 성과를 고용안전성을 통해 전 사회적으로 확산한다는 발전국가 모델은 더 이상 한일 양국에서 찾아보기 어렵다. 다만, 그러한 발전국가 모델에서 벗어나는 양태에서 한일 양국은 큰 차이를 보이고 있다. 포스트발전국가 모델의 한일 간 상이성은 코로나19에 대한 경제보상 대책의 한일 간 차이의 직접적 원인은 아니지만 확실한 배경으로 보인다.

　제11장 "코로나19의 대응과 정치문화"(조동준)는 코로나19 사태에서 작동한 문화 변수의 역할에 주목했다. 문화는 한 사회에 전염원이 유입된 이후 대응 과정에서 매개변수와 같은 역할을 담당한다. 한 사회의 문화는 과거 사회적, 자연적 도전과 대응의 과정에서 형성된 규범을 담고 있으며 사회 구성원의 사회적 행동에 대한 합의된 기대를 내포한다. 전염병은 자연적 도전인 동시에 사회적 도전이기 때문에, 문화 안에는 전염병에 대한 인식, 전염병 확산을 막기 위한 과정에서 개인과 공동체의 역할에 관련된 기대가 스며들어 있다. 따라서 외생적 충격으로 전염병이 한 사회에 들어오면, 그 사회가 공유한 문화에 따라 전염병을 대응하는 양상이 달라지게 된다.

　코로나19의 대유행 국면에서 사회적 규범의 준수를 강조하는 '엄격한 문화(tight culture)'는 두 측면에서 영향을 미쳤다. 첫째, 방역을 위한 정부의 통제를 시민이 더 잘 수용하도록 함으로써, 정부의 규제 정도를 높였다. 아동의 교육 덕목으로 순종과 예절을 강조하는 국가에서는 정부가 강력한 규제를 취하는 경향을 보였다. 둘째, 시민이 방역 관련 정보와 개인 행동지침을 자발적으로 준수하도록 함으로써, 코로나19의 확산을 통제하는 데 기여했다. '엄격한 문화'가 우세한 국가에서는 봉쇄 이전부터 시민이 자발적으로 이동을 줄임으로써 코로나19가 완만히 퍼지도록 하였다. 반면, 사회적 규범으로부터 일탈에 대하여 관대한 '느슨한 문화(loose culture)'가 우세한 국가에서는 정부가 강한 규제를 하는 경향을 보였다. 시민이 개인 방역지침을 준수하지 않고 이동성을 자발적으로 줄이지 않음으로써 코로나-19가 심각하게 확산되었고 결국 봉쇄와 같은 강한 규제로 이어졌다.

정부에 대한 신뢰 또한 코로나19의 확산 과정에서 중요한 영향을 미쳤다. 정부에 대한 신뢰가 높은 경우, 시민이 정부가 제공하는 코로나19 관련 정보와 개인 방역지침을 청종하고 사회 이동을 줄임으로써 상대적으로 낮은 규제를 통해서도 코로나19의 확산을 막는 경향을 보였다. 반면, 정부에 대한 신뢰가 낮은 경우, 시민이 코로나19 방역을 위한 정부의 노력에 동참하지 않아 상대적으로 강한 규제가 나타났지만 코로나19의 피해 규모는 상대적으로 컸다.

제12장 "포스트코로나 시대의 인간성, 국가성, 세계성에 대한 성찰"(박성우)은 코로나19 사태가 국제정치에 미친 영향을 좀 더 근본적인 차원에서 살펴보았다. 코로나 사태는 인간성, 국가성, 세계성에 어떤 변화를 초래했는가? 표면적으로 보면, 팬데믹은 인간의 이기적인 속성을 강화시켰고, 개인의 권리를 위축시켰으며, 국제 협력이나 세계시민주의적 가치를 후퇴시킨 것으로 보인다. 한 가지 유의해야 할 점은 코로나 사태가 초래할 인간성, 국가성, 세계성의 변화는 우리가 인간, 국가, 세계에 대해서 어떠한 규범적 태도를 보이는가에 달려 있다는 것이다. 팬데믹은 이기적 인간성을 부각시키는 듯하지만, 인류애적 가능성도 열어 놓고 있다. 무엇보다도 팬데믹은 인간의 휘브리스를 경계하고 자연과 세계 속에서 인간의 위치를 깨닫는 인간성을 촉구한다.

팬데믹은 또한 우리의 국가가 위기의 극복을 구실로 '유사 리바이어던'으로 돌변할 가능성을 경고한다. 국가가 위기 극복의 가장 중요한 주체인 것은 사실이지만, 국가 권력의 정당성은 궁극적으로 자유주의적 가치의 수호에 있음을 망각하지 말아야 한다. 우리가 원하는 국가성은 위기 극복을 위해 자유주의적 가치가 한시적으로 유보되더라도 그 정도는 매우 제한적이어야 하고, 위기 극복 이후에는 자유주의적 가치가 온전히 회복되는 회복력을 갖춘 국가다.

마지막으로 코로나는 보편적 가치를 지향하는 인류의 세계성을 시험대 위에 올려놓고 있다. 각국이 보건 위기를 경험하는 와중에 보편적 가치를 지향하는 세계성이 발휘되기를 기대하기는 어렵다. 그러나 현실에 대한 엄밀한 분석을 기초로 보편적 이상을 설정하고 있는 칸트처럼 우리도 적어도 세계성의 방향을 보편적 가치에 정초할 필요가 있다. 코로나 사태는 분명 인간, 국가, 세계의 영역에 강한 충격을 던지고 있다. 그러나 그 충격으로 인해, 인간성, 국가성, 세계성에 우리가 원치 않는 근본적인 변화를 초래할 것인가 여부는 여전히 우리의 선택에 달려 있다는 것을 명심해야 한다.

이 책이 나오기까지 도움을 주신 분들께 감사드린다. 무엇보다도 코로나19 사태가 지속되는 상황에서 다소 늘어진 진행 일정에도 불구하고 열의를 잃지 않고 연구에 참여해 주신 필자 선생님들께 깊은 감사의 마음을 전하고 싶다. 연구진행 과정에서 많은 분이 도와 주셨지만 일일이 감사의 말씀을 전할 수 없어 죄송하다. 그럼에도 이 책을 출판하는 과정에서 교정과 편집 총괄을 맡아준 석사과정의 김우식에 대한 감사의 말은 빼놓을 수 없을 것 같다. 끝으로 출판을 맡아주신 사회평론아카데미 관계자들께도 감사의 말씀을 전한다.

2022년 1월 12일
서울대학교 국제문제연구소 소장
김상배

차례

제1부   코로나19와 신흥안보의 창발:
        양질전화의 과정

제1장   코로나19와 신흥안보의 복합지정학:
           팬데믹의 창발과 세계정치의 변환

김상배(서울대학교)

* 이 글은 2020년 서울대학교 국제문제연구소의 '코로나19와 신흥안보의 세계정치: 팬데믹의
복합지정학' 연구로 수행되었으며, 그 과정에서 연구 결과의 학계 홍보를 위해서 『한국정치
학회보』 54(4), 2020에 투고하여 게재되었다.

I. 머리말

2020년 상반기를 강타한 코로나19 사태는 국제정치학에서 환경·보건 문제를 새로운 눈으로 보게 하는 계기를 마련했다. 환경·보건 문제가 중요하다는 논의는 오래전부터 있어 왔다. 그러나 이번 코로나19 사태는 환경·보건 문제가 그야말로 국제정치학의 내재적 변수임을 각인시켰다. 그도 그럴 것이 100년 후나 닥칠 것 같던 지구온난화 문제와는 달리 단기간 내에 '세계적 대유행'을 뜻하는 팬데믹(pandemic)으로 '창발(創發, emergence)'한 코로나19 감염병은 바로 오늘 우리의 생명을 앗아갈지도 모를 치명적인 안보위협으로 체감되었기 때문이다.

여러 가지 점에서 코로나19 사태는 세계정치의 '변환(變換, transformation)'을 야기한 획기적인 사건 중의 하나로 기록될 것이다. 국제정치학의 안보연구 관점에서 볼 때, 1991년 소련이 붕괴하면서 냉전 질서에서 탈냉전(Post-Cold War) 질서로의 변환을 겪었고, 2001년 9.11 테러가 발생하면서 근대 질서에서 탈근대(Post-modern) 질서로의 변환이 발생했다면, 2020년 코로나19 사태는 '인간 중심 질서'에서 '탈인간(Post-human) 질서'로 변환하는 시대극의 서막을 열지도 모른다.

국제정치경제 연구의 관점에서 보아도, 코로나19 사태는 1997년 동아시아 금융위기나 2008년 글로벌 경제위기에 버금가는 충격을 가할 것으로 예견된다. 그런데 1997년의 동아시아 금융위기는 주로 동아시아 국가들과 관련된 국지적인 파장을 낳았고, 2008년의 글로벌 경제위기는 주로 자본주의 시스템 내에서 발생한 위기여서 국제협력의 메커니즘이 작동할 수 있었다면, 이번 코로나19의 경제위기는 팬데믹이라는 외생 변수에 의해서 유발되었을 뿐만 아니라 아직까지는 국제협력의 전망도 요원해 보여서 그 충격이 더할 것으로 예견된다.

이 밖에도 코로나19 사태가 미칠 영향은 다양할 것이다. 감염병 발생에 따른 '거리두기'의 여파로 심각한 경기침체가 시작되었고, 식량 수급의 불안과 에너지 시장의 불안정 문제가 제기되었다. 금융 시스템과 글로벌 공급망의 교란도 거론되며, 더 나아가 20세기 전반과 같은 대불황의 발생도 우려되고 있다. 이러한 경제적 충격이 이주·난민 문제나 사회·경제적 불평등과 결합하여 사회안보(societal security) 문제를 야기할 가능성도 크고, 코로나 봉쇄로 인해 급부상한 비대면 환경에서의 개인정보보호와 사이버 안보 문제도 쟁점이다.

코로나19는 세계질서 전반이 크게 변화하는 계기가 될지도 모른다. 페스트의 창궐은 동로마 제국의 쇠락을 앞당겼고, 스페인 군대가 전파한 천연두는 16세기 중남미 제국을 멸망시켰으며, 100여 년 전의 스페인 독감은 세계대전보다 더 큰 충격을 주며 팍스 브리태니커 질서의 종식에 방점을 찍었다. 팬데믹의 형태로 엄습했던 고대와 중세 및 근대의 감염병이 세계질서의 변동은 물론 문명사적 변화를 추동했던 것처럼, 오늘날의 코로나19도 미국이 주도했던 20세기 세계질서의 지평을 넘어서는 새로운 문명의 도래를 앞당길 가능성도 없지 않다.

코로나19 사태의 발생 이전부터도 글로벌 보건 문제에 대한 국제정치학적 관심은 크게 늘어 왔다(신상범 2017). 그러나 '코로나19의 세계정치'에 대한 국제정치학적 연구는 아직은 본격적으로 진행되지 못하고 단편적인 시각의 제시에만 머물고 있다(Walt et al. 2020). 이 글의 본문에서 인용한 외교안보 전문 시사저널들에 실린 에세이들이 나오고 있지만, 이러한 논의들은 대체로 코로나19라는 변수를 그냥 '블랙박스'에 담아놓고 막연히 세계정치의 변화를 논하거나, 코로나19의 영향을 논하더라도 그것이 독립변수인가 아닌가를 묻는 '단순 국제정치학의 시각'을 취하고 있다. 사정이 이렇다 보니 이들 논의가 탐구하는 세계정치 변화의 내용도 코로나19가 미중 어느 쪽에 더 유리하게 작동할 것이냐고 묻는 '전통 국제정치학의 발상'에 머물고 있다(Nye Jr. 2020; Rudd 2020; Haass 2020).

코로나19의 발생으로 인해서 여러 차원에서 변환을 겪고 있는 세계정치의 복합적인 양상을 염두에 둘 때, 아직 한창 진행되고 있는 현상임에도, 코로나19의 세계정치를 보는 이론적 시각을 시급히 정립하고, 향후 연구의 방향을 설정할 필요가 있다. 먼저 코로나19라는 변수를 '블랙박스'에서 꺼내서 세계정치의 변환이라는 맥락에서 이해해야 한다. 또한 코로나19 변수의 위상과 역할을 단순계의 시각을 바탕으로 한 '인과성(causality)'의 구도에서만 보는 '실증주의적 관성'에서도 벗어날 필요가 있다. 복잡계의 시각에서 본 코로나19라는 변수의 위상은, 그것이 독립변수냐 아니냐의 여부가 아니라, 이전부터 이미 축적되고 있던 여러 변수들이, 코로나19의 발생을 계기로 어떻게 재구성되면서, 활성화되거나, 또는 도태(selection)되었나를 밝히는 '창발'의 과정에서 찾아져야 한다. 이렇게 이해한 코로나19라는 변수의 성격은, 복잡계 환경을 배경으로 '여과효과(filtering effect)'를 발휘하는 변수로 이해할 수 있을 것이다.

이러한 문제의식을 바탕으로 이 글은 최근 국제정치학계에서 활발히 연구되고 있는, 신흥안보(emerging security)에 대한 논의를 원용하여 코로나19라는 변수의 성격과 거기서 파생되는 세계정치의 변환을 체계적으로 이해하는 플랫폼을 마련하고자 한다. 신흥안보로 보는 코로나19 사태는 '양질전화(量質轉化)'와 '이슈연계'의 과정을 거쳐서 '지정학의 임계점'을 넘어서 창발하는 복잡계의 안보위험이다. 미시적 차원에서 보면 단순한 개인건강의 문제이겠지만, 이것이 양적으로 늘어나서 일정한 임계점을 넘게 되면 국민건강과 지역 및 국가적 차원의 보건문제가 되고, 여기에 더 나아가 경제와 사회, 외교 등의 이슈와 연계되면서 국가안보를 논할 정도의 문제로 그 위험이 상승하게 된다. 최근의 코로나19 사태는 바로 이러한 메커니즘을 타고서 창발하여 거시적 차원에서 국가안보를 거론할 정도의 위중한 성격을 드러냈다.

특히 코로나19 사태를 계기로 전개되는 미중경쟁은 글로벌 패권과 국가안보를 걸고 벌이는 지정학적 경쟁을 가속화하고 있다. 그렇다고 고전지정학의 시각으로 다시 돌아가 코로나19 사태를 분석하자는 말은 아니다. 코로나19 사태는 생물학적 바이러스가 영토공간을 넘어서 전염되는 '탈(脫)지정학적 이슈'인 동시에 지구화 시대의 사람과 물류의 이동이라는 '비(非)지정학적 현상'이고, 바이러스의 공포를 주관적 위협인식으로 연결시키는 '비판지정학의 문제'이다. 이 글이 취하는 이론적 시각은 전통적인 현실주의 국제정치이론에 기반을 둔 고전지정학을 넘어서 자유주의나 구성주의 국제정치이론, 그리고 탈국제(post-international)와 탈근대(post-modern)의 지평에서 제기된 복잡계 이론과 네트워크 이론에 기반을 둔다. 이 글이 '복합지정학 (Complex Geopolitics)'이라는 개념을 원용한 것은 바로 이러한 맥락이다(김상배·신범식 편 2017; 2019; 김상배 편 2018; 2020).

이 글은 크게 네 부분으로 구성되었다. 제II절은 코로나19의 세계정치를 보는 이론적 분석틀로서 신흥안보와 복합지정학의 시각을 제시하였다. 제III절은 코로나19의 창발과 팬데믹의 양질전화를 바이러스와 인간의 공진화, 초국적 이동과 국경의 통제, 커뮤니케이션과 인포데믹스 등의 사례를 통해서 살펴보았다. 제IV절은 코로나19와 신흥안보 위협의 이슈연계 메커니즘을 보건안보, 식량·에너지 안보, 기후변화, 경기침체, 금융·무역 교란, 사회안보, 비대면 사회의 부상, 개인정보보호, 사이버 안보 등의 사례를 통해서 살펴보았다. 제V절은 코로나

19의 (복합)지정학을 기술경쟁, 체제경쟁, 담론경쟁을 벌이는 미중 패권경쟁에 초점을 맞추어 살펴보았으며, 그 결과로 발생할 것으로 전망되는 글로벌 권력구조와 글로벌 거버넌스 및 글로벌 정치질서의 변환을 살펴보았다. 맺음말에서는 이 글의 주장을 종합·요약하고 한국이 모색할 신흥안보 거버넌스와 중견국 외교전략의 방향을 간략히 짚어보았다.

II. 신흥안보와 복합지정학의 분석틀

1. 신흥안보로서 코로나19 사태

신흥안보의 사례로서 코로나19는 양질전화의 과정과 이슈연계의 메커니즘을 거쳐서 창발하는 위협으로서 지정학적 임계점을 넘어서 국가안보의 문제로 인식된다(그림 1-1 참조). 미시적 차원에서 보면 어느 한 개인이나 집단이 감기에 걸리는 문제로 이해될 수도 있지만, 그 양이 늘어나서 일정한 질적 임계점을 넘게 되면 국민건강과 지역 및 국가적 차원의 보건안보 문제가 되고, 여기에 더 나아가 여타 신흥안보의 위협 이슈들과 연계되면서 국가안보를 논할 정도의 문제로 그 위험이 증폭되기도 한다. 코로나19는 단기간 내에 빠른 속도로 확산되어 전 세계적 대유행을 초래하며 글로벌 차원에서 인류의 생존을 위협하고 있다. 이러한 양질전화-이슈연계-지정학의 창발 메커니즘은 단계적으로 발생한다기보다는 서로 중첩되어 동시에 일어나는 성격의 현상이지만, 이 글에서는 논리적 분석틀의 마련을 위해서 다음과 같은 세 단계로 구분해서 살펴보았다(김상배 편 2016; 민병원 2017).

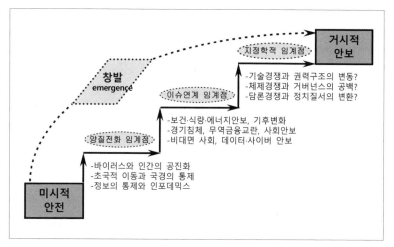

그림 1-1 신흥안보로서 코로나19의 창발
출처: 김상배(2018, 40)에서 응용.

첫째, 양질전화의 관점에서 볼 때, 코로나19는 풍토병(endemic)
단계의 '우한 폐렴'이 팬데믹으로 창발한 사례이다. 이러한 과정에서
코로나19는 단순한 바이러스만을 의미하는 것이 아니라 바이러스와
물리적 환경, 그리고 이와 공진화(co-evolution)하는 숙주인 인간과의
관계 속에서 이해되어야 한다. 더 나아가 현재의 코로나19 사태는 지
구화로 인해서 확장된 인간 행위자들의 네트워크와 그 저변에서 작동
하는 교통·정보·커뮤니케이션 네트워크가 복합적으로 작용하여 발생
했다. 코로나19는 바이러스와 인간, 그리고 물리적·커뮤니케이션 네트
워크가 함께 구축하는 복합체의 대표적인 사례이다. 이렇게 본 코로나
19의 행위자-네트워크는 안보위협의 주체이자 동시에 객체로 작동하
게 된다는 점에서 기존의 '전통안보 현상'과는 다른 구도에서 이해되
어야 한다.

둘째, 이러한 과정을 통해서 창발한 신흥안보로서 보건안보의 위

협, 특히 코로나19는 그 높은 전염력과 변종 능력만으로도 기존의 보건시스템을 와해시킬 정도의 위기 상황을 낳았다. 보건안보의 위기에만 그치지 않고 사회경제 시스템 전반을 붕괴시킬 가능성을 제기했다. 실제로 보건안보 문제로서 코로나19 사태는 다양한 사회경제적 이슈들과 연계되면서 그 막대한 영향력을 과시하고 있다. 코로나19의 확산으로 인한 통제로 경기침체가 야기되고 무역·금융·산업이 교란되는 상황이 발생했다. 정치사회적 차원에서 개인정보보호와 인권 침해의 논란이 벌어지기도 했으며, 에너지, 식량, 기후변화 등의 분야에서 예기치 못한 위기가 발생할 가능성을 우려케 했다. 어느 한 분야에서 시작된 위험이 이슈연계의 메커니즘을 타고서 국가 전반의 영역으로 확장되는 신흥안보의 속성이 코로나19에서 그대로 발견되었다.

끝으로, 거시적 차원에서 볼 때, 코로나19의 세계적 대유행은 지정학적 임계점을 넘어서 국가 행위자들 간에 외교안보 갈등을 야기하고 있다. 그 사례가 최근 두 강대국 미국과 중국의 갈등에서 나타났다. 글로벌 패권을 놓고 벌어지는 미국과 중국은 지난 수년간 광범위한 분야에 걸쳐서 다양한 경쟁을 벌이고 있다. 2019년 이후 첨단부문에서 벌어진 기술패권 경쟁만 보더라도, 미중경쟁은 이른바 '사이버 라운드'와 '화웨이 라운드', 그리고 '데이터 라운드'로 진화해 왔으며, 그 경쟁의 예각이 '코로나 라운드'에서 맞붙고 있는 형국이다. 코로나19 국면에서 드러나는 특징은, 미중 국력의 상대적 격차에 주목하던 기존의 관점이 미중 양국의 체제가 지닌 위기해결 역량의 차이로 이동했다는 것이며, 코로나19 사태의 해법을 놓고 양국의 글로벌 리더십 경쟁으로 발전하고 있다는 사실이다.

2. 코로나19 사태의 복합지정학

이렇듯 신흥안보로서 코로나19는 보건안보의 경계를 넘어서 국가 간 분쟁과 동맹, 그리고 전쟁 등과 같은 전통 국제정치학의 이슈들, 즉 '지정학적 임계점'에 다다를 가능성이 있다. 이런 점에서 코로나19 사태는 주류 국제정치이론 진영이 주로 원용한 고전지정학적 연구의 관심사가 된다. 고전지정학은 물질적 자원권력의 분포와 이에 대한 지리적 접근성이라는 시각에서 주로 국가 행위자들이 벌이는 전통안보 분야의 경쟁에 주목해 왔다. 이는 국제정치의 역사에서 패권국과 도전국이 벌이는 지정학적 권력경쟁과 여기서 파생되는 '세력전이'의 과정에 주목하는 현실주의 국제정치이론의 논의와 통한다(Mead 2014).

그러나 코로나19의 세계정치를 단순히 전통 고전지정학의 시각에서만 규정할 수는 없다. 코로나19 사태는 지정학적 공간에 고착된 국가 간 경쟁의 시각을 넘어서 다양한 이해당사자들이 국제적 해법을 모색하는 비(非)지정학적 협력의 문제도 제기하기 때문이다. 무엇보다도 코로나19는 지구화의 산물이며, 단순한 보건안보의 문제를 넘어서 통상, 금융, 산업, 외교 등의 이슈로 연계되며 글로벌 차원의 인류건강과 보건주권에 대한 협력의 필요성을 제기하는 쟁점이다. 이러한 시각은 국가영토의 경계를 넘어서는 '상호의존'을 강조하고 글로벌 거버넌스의 모색을 중시하는 자유주의 국제정치이론의 시각과도 맥이 닿는다(Ikenberry 2014).

코로나19와 같은 보건안보의 세계정치는 구성주의 국제정치이론의 시각에서 이해된 비판지정학의 성격도 지닌다. 특히 보건안보의 위협이 '양질전화 임계점'의 문턱에 접근하는 과정에서 국제안보 연구의 코펜하겐 학파에서 말하는 '안보화'가 중요한 변수로 작동한다. 사

실 코로나19의 진원지나 유포 과정, 그 경로, 확진자의 동선, 진단과 백
신 등에 관련된 문제가 개인과 집단 및 국가안보 문제로 비화되는 과
정에는 객관적으로 '실재하는 위험'만큼이나 위험을 주관적으로 '구
성하는 과정'이 중요하게 작동한다. 최근 벌어지는 코로나19 사태 이
면에는 이러한 안보화의 논리가 강하게 작동하고 있다(Hansen and
Nissenbaum 2009).

　　한편, 코로나19의 보건안보 게임은 기존에 근대 국제정치가 벌어
졌던, 지리적 공간이라는 경계를 넘어서는 탈(脫)지리적 공간과 겹치
면서 발생하고 있음을 놓치지 말아야 한다. 무엇보다도 코로나19 바이
러스 자체가 인간이 설정해 놓은 지리적 경계를 자유롭게 넘나드는 탈
지리적 존재이다. 이러한 코로나19에 대한 정보가 유포된 사이버 공간
도 기본적으로 지리적 공간을 초월하여 구성되고 작동하는 성격을 지
니고 있다. 이러한 사이버 공간은 기본적으로 기술과 정보 및 데이터와
커뮤니케이션 활동이 만들어내는 탈(脫)지정학의 공간이다. 이런 점에
서 보건안보 게임은, 전통안보의 공간처럼 영토적 공간에만 고정되어
발생하는 것이 아니라, 훨씬 더 유동적인 복합 네트워크 공간을 배경으
로 작동한다(Castells 2000).

　　이러한 시각을 종합해서 보면, 코로나19의 세계정치는 고전지정
학뿐만 아니라 다양한 이론적 시각을 원용해서 봐야 하는 복합지정학
의 현상이다. 탈지정학적 공간으로서 사이버 공간의 부상은 보건안보
의 정보세계정치적 중요성을 크게 높여 놓았다. 이러한 과정에서 보이
지 않는 보건안보 위협을 경고하는 안보화의 세계정치도 확대되고 있
다. 또한 바이러스와 인간의 초국적 이동은 국제협력의 거버넌스와 국
제규범의 형성을 모색할 필요성을 시급하게 제기한다. 요컨대, 최근 벌
어지고 있는 세계 주요국들의 코로나19의 거버넌스와 외교전략은 이

러한 보건안보의 복합지정학을 극명하게 보여주는 사례이다.

III. 코로나19의 창발과 팬데믹의 양질전화

1. 바이러스와 인간의 공진화

2019년 12월 말 중국 우한(武漢)에서 코로나19의 발생이 처음 보고된 뒤, 세계보건기구(WHO)는 2020년 1월 9일 신종 코로나 바이러스로 인한 폐렴이 발생했다고 발표했으며, 1월 30일 '국제 공중보건 비상사태(PHEIC)'를 공식 선포했다. 2월 11일에는 감염병의 공식 명칭을 'COVID-19'로 발표했으며, 3월 11일 코로나19를 팬데믹으로 공식 선언하였다. 코로나-19의 발생이 보고된 이후 100여 일이 지난 뒤의 일이었다. 팬데믹 선포 직후인 2020년 3월 20일자 WHO 상황보고서에 의하면, 거의 모든 세계국가들을 포함하는 173개국에서 23만 4천 73명의 확진자가 발생했다(WHO 2020a).

　팬데믹은 그리스어로 '모든'이라는 뜻의 'pan'과 '사람들'이라는 뜻의 'demos'의 합성어인데, 모든 사람이 감염되었다는 의미이다. WHO에 따르면 팬데믹은 아직 인간이 면역력을 지니고 있지 않은 새로운 질병이 전 세계로 확산된 경우를 말하는데, WHO의 여섯 단계 전염병 경보단계 중 최고 단계에 해당된다. 이러한 팬데믹의 단계로 이해할 수 있는 인류 역사상의 전염병은 14세기 중세 유럽을 초토화시킨 페스트, 1918년 수천만 명 이상의 사망자를 낸 스페인 독감, 1968년 100만 명이 사망한 홍콩 독감 등이 있다. 1948년 설립된 WHO가 여태까지 팬데믹을 선언한 경우는 세 차례였는데, 1968년 홍콩 독감과

2009년 신종플루(H1N1), 그리고 2019년 코로나19이다.

코로나19는 일곱 번째로 발생한 신종 코로나 바이러스이다. 이전에 발생한 여섯 종의 코로나 바이러스 중에서 네 종의 바이러스(HCoV-229E, HCoV-OC43, HCoV-NL63, HKU1)는 경증에서 중등도의 호흡기 질환을 일으키며, 나머지 두 종은 최근 전 세계적으로 심각한 호흡기 증후군을 일으킨 사스(SARS)와 메르스(MERS)이다. 이번 코로나19에서 확인된 일곱 번째 신종 코로나 바이러스는 사스 및 메르스와 같이 박쥐에서 기원한 베타 코로나 바이러스 계통으로 유전자 분석 결과 사스 유전체와 89.1%의 유사성을 갖는 것으로 보고되었다(질병관리본부 2020). 여기서 '신종(新種)'이라는 말은 '새로운 종류'이기도 하지만 '신흥(新興, emergence)'이라는 말로도 해석된다. 여기서 신흥이라는 말이 의미하는 바는, 전에는 인간에 해롭지 않았으나 감염원인 바이러스 변종이나 숙주인 인간 또는 바이러스와 인간의 관계를 둘러싼 환경이 변하면서 새로이 인간에 감염되는 질병이 되었다는 뜻이다.

이런 점에서 코로나19가 '인수(人獸)공통감염병'이라는 사실에 주목해야 한다. 인수공통감염병은 바이러스 진화 과정에서 생긴 돌연변이가 종간(種間) 장벽을 넘어서 인간에게 치명적인 질환을 유발하는 질병이다. 사스는 박쥐와 사향고양이로부터, 메르스는 박쥐에서 낙타를 거쳐 사람에게 전파됐다. 코로나19도 우한 수산물 시장에서 거래된 박쥐와 천산갑을 거친 것으로 지목된다(조용우 2020). 최근 이러한 신종 인수공통감염병이 빈발하는 이유는, 병원체의 자연적 진화 때문이기도 하지만, 좀 더 근본적으로는 무분별한 산림파괴와 경지개발 등으로 인해서 인간과 동물 간의 물리적 거리가 줄어들면서 밀접 접촉이 늘어나고, 그 결과 동물에게만 있던 병원체가 인간에게 전파되었기 때문이다. 인수공통감영병의 발생은 그야말로 인간중심주의적 환경파괴의 산물이라고 할 수 있다(김창엽 2020).

코로나19는 변종을 통해서 진화하는 바이러스와 숙주인 인간과의 관계 속에서 이해해야 한다. 행위자-네트워크 이론(ANT)의 용어를 빌리면, 코로나19는 비인간 행위자(non-human actor)와 인간 행위자(human actor)가 만드는 '행위자-네트워크'의 복합체이다(Latour 2005). 코로나19의 확산 과정을 보면, 바이러스의 변종과 인간의 개입이라는 두 가지 변수의 상호작용이 발견된다. 실제로 우한 봉쇄 이후 우한에서 발견되는 신규 코로나19 사례 중 68%가 무증상 감염으로 나왔는데, 이는 중국 정부의 우한 봉쇄로 인하여 잠복 기간이 길고 상대적으로 약한 증세를 보이는 특정 바이러스가 살아남은 사례로 거론된다. 봉쇄라는 인간의 개입이 코로나19의 유전자 풀 변화로 이어졌을 가능성이 크다는 것이다(조동준 2020).

마찬가지로 사람들마다 전염병에 걸리고 사망할 위험이 다르게 나타나기 때문에, 전염병의 진화 과정에서 인간의 유전자 풀도 바뀔 가능성이 있다(조동준 2020). 현재 진행되고 있는 예비적 연구들에 의하면, 코로나19에 걸릴 위험은 사람마다 다른 것으로 추정된다. 사람마다 상이한 항원 결정인자를 가지고 있어서, 사람마다 상이한 항원항체 반응이 나타나기 때문이다. 따라서 코로나19가 인류와 오래 동거한다면, 코로나19에 대하여 취약한 유전자를 지닌 사람들이 인류의 유전자 풀에서 점차 사라질 것이라는 추론도 가능하다. 바이러스의 유전자 풀이 바뀌는 단기 과정이나 사람의 유전자 풀이 바뀌는 장기 과정을 통하여 바이러스와 인간은 공진화(co-evolution)하게 되는 것이다.

2. 초국적 이동과 국경의 통제

코로나19 사태가 이전의 전염병들과 질적으로 다른 새로운 특성은, 바이러스 또는 바이러스와 인간의 공진화 그 자체보다는, 코로나19의 확산을 잉태한 '인간 행위자들의 네트워크'라는 전염병의 사회적 맥락에서 찾아야 한다. 사실 20세기 후반 이후 지구화 시대를 맞이하여 사람들의 네트워크는 양적으로 팽창하고 질적으로 달라졌다. 이러한 맥락에서 이해하는 코로나19 사태의 특성은 인간 행위자들이 만들어내는 '행위자-네트워크'의 외연적 확장과 그 내포의 다양화라는 현상과 관련지어 이해해야 한다. 사실 코로나19 팬데믹은 지구 전체를 포괄하는 연결성과 이동성 및 신속성을 특징으로 하는 지구화의 산물이다.

과거에도 국지적 감염을 넘어서는 전염병의 확산이 있었지만, 지금의 코로나19는 그때와는 비교할 수 없을 정도로 지구화된 세상에서 발생했다. 오늘날의 지구화라는 현상은, 전염병이 지리적으로 고립된 사람집단 내의 감염에서 지구적 차원의 감염으로 바뀌는 '양질전화의 사다리' 역할을 한다. 무엇보다도 교통과 통신의 발전으로 인간들의 초국적 이동이 크게 늘어났다. 이는 발병의 숫자라는 점에서 풍토병이 팬데믹으로 빠르게 퍼지는 좋은 조건이다. 전염의 속도 증대도 관건이다. 오늘날 전염병의 전파 속도는 제트 여객기 속도와 같이 간다고 볼 수 있다. 2019년 12월 말 중국에서 시작된 코로나가 지구 반대편인 남미 대륙에까지 번지는 데 오랜 시간이 걸리지 않았다. 과거 100여 년 전 유행한 스페인 독감의 전파 속도에만 비교해 보아도 큰 차이가 아닐 수 없다.

연결성과 이동성이 증대된 만큼 세계는 전염병에 취약해졌다. 특히 인간 행위자들이 형성하는 네트워크 현상으로서 도시화가 이러한 취약성을 강화하는 또 다른 사회적 조건이다. 많은 사람이 모이는 대도시는 바이러스가 번식하는 최적의 조건을 제공한다. 코로나19가 처음 발생하고 전파된 중국 우한은 이러한 대도시의 대표적 사례이다. 여기서 말하는 대도시란 단지 많은 인구가 밀집해 있는, 도시라는 '공간'의 평면적 특성만 의미하는 것은 아니다. 대도시로서의 우한은 산업생산의 기지이자 교통과 교육의 중심지로, 지구화된 도시의 '기능'을 갖춘 네트워크의 허브로 보아야 한다. 이러한 대도시가 중국을 넘어서 지구화된 자본주의 체제에 연결된 '매개 공간'으로서, 코로나19가 지구적으로 확산되는 배양지의 역할을 한 것이다.

여행과 같은 단기적 이동 이외에도 장기적 관점에서 본 사람들의 이동과 유입 및 밀집 현상도 코로나19의 확산에 영향을 미치는 중요한 변수이다. 그 중에서도 바이러스 감염의 취약한 고리를 형성하는 것은 이주와 난민 문제이다. 각국 차원에서 자국민 보호를 내세워 단기적 이동에 대한 국경의 통제가 단행되는 상황에서 이주와 난민의 유입과 같은 장기적 이동은 더욱 어렵게 된다. 이미 유입된 이주자들과 난민도 논란거리다. 이주노동자는 일국 차원의 의료와 방역 혜택에서 소외되고 이주자와 주민들 간의 갈등도 사회안보의 문제를 야기할 가능성이 있다. 난민은 더 큰 문제이다. 비좁은 난민촌에 빽빽이 모여 사는 열악한 체류 환경으로 바이러스 전염에 매우 취약할 수밖에 없다. 면역력 저하 등으로 전염병에 취약한데다가 의료보건과 정보 접근이 어렵고, 국경의 통제로 국제사회의 인도적 지원도 힘든 상황이 발생한다.

이러한 맥락에서 보면, 코로나를 계기로 한 사람들의 단기적·장기적 초국적 이동에 대한 국경의 통제는 코로나19 확산의 또 다른 변수이다. 감염병 위험이 확인됨에 따라, 제일 먼저 등장한 것은 각국이 사람의 이동을 통제하고, 의류품의 이동을 통제하는 현상이었다. 대표적인 것이 각 국가들이 취한 입국제한 조치이다. 지구화 과정에서 비자면 제 등을 통해 자유로운 출입국을 보장해오던 추세가 역전된 것이다. 그 런데 유례없이 지구화된 세상에 이미 편입된 이상 입국금지나 국경봉 쇄의 조치를 마냥 내리고 있을 수는 없고 언젠가는 풀어야 하다. 방역 및 국경관리에 있어 공통의 기준보다는 각자의 방침을 적용했던 상황 에서, 봉쇄와 개방에서 나타나는 국가 간 접근의 차이는 전염병 진화의 방향을 결정하는 또 다른 요인이 된다.

3. 정보의 통제와 인포데믹스

코로나19가 팬데믹으로 창발하는 양질전화 과정의 저변에는 정보의 통제와 유포라는 변수가 중요하게 작동했다. 특히 코로나19가 발생해 서 확산되는 과정에서 전염병 관련 정보를 담는 인터넷 및 소셜 미디 어 등의 디지털 미디어가 사회구성적 역할을 담당했다. 바이러스라는 비인간 행위자와 인간 행위자가 구성하는 행위자-네트워크의 경로에 영향을 미치는 일종의 '탈인간(Post-human) 행위자'가 가세하는 모양 새였다. 이러한 바이러스-인간-정보 복합체는 긍정적인 역할과 함께 부정적인 기능도 동시에 했는데, 이러한 과정에서 바이러스 전염만큼 이나 정보 전염이 위험하다는 뜻에서 인포데믹스(infodermics)라는 말 이 등장하기도 했다.

　일차적으로 중국 우한에서 발생한 코로나19 관련 정보를 다루는 중국 당국의 개방성과 투명성이 문제가 되었다. 발생 초기 중국 의사 리원량의 문제제기가 묵살·은닉되고 정보가 지체·왜곡되는 상황이 발생했다. 중국 당국이 발병 시기나 진원지에 대한 정보를 정확히 밝 히지 않은 바람에 코로나19의 초기 대응에 실패했고, 그 확산을 키웠다는 지적이 잇따랐다. 중국 당국이 보여준 정보의 통제가 중국 체제의 권위주의적 성격과 맞닿아 있다는 인식이 연동되면서, 코로나19가 중국 국경을 넘어서 전 세계로 전파된 데 대한 '중국 책임론'이 제기되었다.

중국 당국이 제대로 된 정보를 적시에 제공하지 못한 틈을 비집고, 실시간으로 전파되는 소셜 미디어의 민간정보에 많은 관심이 높아졌다. 그런데 온라인상에서는 여과되지 않은 미확인 정보와 가짜뉴스, 그리고 신뢰성을 결여한 비과학적 지식과 다양한 민간처방 등이 유포됐다는 것이 문제였다. 잘못된 정보의 수용이 감염병에 대한 잘못된 대응을 유발한 것은 더 큰 문제였다. 예를 들어, 코로나19 바이러스의 최초 숙주에 대한 논란에서부터 마스크의 재료가 휴지와 동일하다는 소문으로 발생한 휴지 사재기 현상이나 살균제와 소독제가 치료에 효과가 있다는 논란, 특정 국가나 인종이 감염병의 전파자일 수 있다는 잘못된 편견 등에 이르기까지 수많은 근거 없는 정보들이 전염병 바이러스처럼 퍼져 나갔다.

이러한 인포데믹스는 과장된 공포, 즉 '포비아(phobia)'를 조장한다는 우려를 낳았다. 사실 코로나19는 유행 초기부터 치명률이 매우 낮다고 알려져 있었으나, 대중의 불안과 공포는 사그라지지 않았다. 이러한 불안과 공포는 바이러스 감염 자체에 대한 것이기도 했지만, 좀 더 포괄적인 의미에서 본 생활의 단절과 삶의 파탄과 관련된 것이었다. 사회구성원으로서 나의 삶에 대한 통제권의 상실에서 비롯되는 불안과 공포였다(김창엽 2020). 이러한 틈을 타고서 코로나 바이러스와 함께 '괴담 바이러스'가 전파되었으며, 아직 수면 아래에 있어서 보이지 않는 코로나19 전염병의 위험이 '과잉 안보화(hyper-securitization)'되기도 했다.

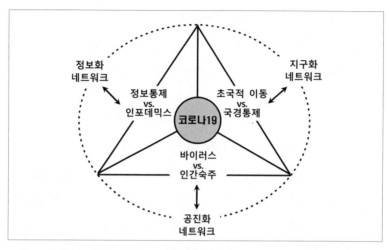

그림 1-2 바이러스-인간-정보의 행위자-네트워크

　　이러한 정보의 통제와 유포의 메커니즘은 의도적으로 허위조작정
보를 반포하는 심리전의 양상을 드러내기도 했다. 미중 간에 최초 감염
원에 대한 책임 떠넘기기가 벌어졌다. 희생양 정치의 차원에서 '차이나
바이러스'나 '미군의 코로나 유포설' 등을 주고받았다. 이러한 심리전
공방에 양국 네티즌들도 가세하여, 구미의 소셜 미디어에는 중국인들
이 박쥐를 먹는다는 내용을 담은 혐중(嫌中) 영상이 올라왔을 뿐 아니
라, 우한 바이러스 연구소에서 중국 인민해방군의 무기 개발을 위한 연
구를 하다가 바이러스를 유포시켰다는 주장까지 퍼졌다. 마찬가지로
중국 소셜 미디어에서도 미국이 중국을 공격하기 위해 바이러스를 퍼
뜨렸다는 글이 넘쳐났다.

　　요컨대, 코로나19는 앞서 살펴본 세 가지 과정, 즉 감염원인 바이
러스와 숙주인 인간의 공진화, 지구화 시대 인간의 초국적 이동과 국가
의 개입에 의한 국경의 통제, 그리고 정보의 반포에 대한 통제와 인포
데믹스의 유포 등이 상호작용하면서 만들어내는 행위자-네트워크의

복합체로 이해할 수 있다(그림 1-2 참조). 이러한 복합 네트워크 구성과 작동 과정에서 확산과 통제의 두 가지 논리가 상호 견제하는 관계를 형성했다. 바이러스의 전염성과 지구화의 개방성 및 정보의 공유성이라는 논리가 한쪽에서 작동한다면, 다른 한쪽에서는 인간의 적응성 (fit)과 국경의 통제성 및 정보의 폐쇄성이라는 논리가 작동했다. 이러한 상호작용의 피드백 관계를 바탕으로 코로나19 바이러스라는 비인간 행위자는 양질전화의 과정을 거쳐서 인간 및 탈인간 행위자와의 네트워크 복합체로 창발했던 것이다.

IV. 코로나19와 신흥안보 위협의 이슈연계

1. 코로나19와 보건안보, 식량·에너지 안보, 기후변화

코로나19가 지니는 높은 전염력 때문에 인류는 큰 피해를 입었다. 2020년 6월 30일 현재까지 드러난 코로나19 팬데믹의 피해 상황을 보면, 확진자가 10,185,374명이고 사망자가 503,862명에 이른다(WHO 2020b). 사망자 수로만 보아도 코로나19는 2000년대 이후 발생한 감염병 가운데 사스 770명, 메르스 850명, 에볼라 1만 1,300명을 훨씬 뛰어넘는 심각한 피해를 가져다 준 전염병이다. 사망자 숫자가 이 정도에 이르게 되자, 각국은 국가안보의 차원에서 문제의 심각성을 인식하고 적극 대응하고 있지만, 선진국들조차도 의료관리, 공중보건 및 사회안전망, 공공의료 서비스의 수준, 의료보험 등에 있어서 기존의 시스템이 지닌 한계가 일시에 드러날 정도로 심각한 어려움을 겪고 있다.

　코로나19 사태는 전염병의 발병이지만 천재(天災)를 인재(人災)로 키운 참사의 성격이 있다는 평가다. 미국·유럽·중국 모두 정치적 명분에 매몰돼 사태의 심각성을 경시하다가 골든타임을 흘려보냈다. 코로나19 발생 초기 트럼프 대통령은 자신의 재선 가도에 미칠 영향만 저울질하느라 방역 전문가들의 조언을 흘려들었다. 유럽은 브렉시트 와중에 남은 국가끼리의 결속을 과시한다는 명분으로 검역 조치에 실기했다. 글로벌 보건 거버넌스의 수장 역할을 해야 하는 WHO는 코로나19가 팬데믹이 아니라고 버티다가 비판의 화살을 맞았다. 특정 국가에 편향된 상황 해석, 적시에 이루어지지 않는 정보 제공 등도 WHO를 둘러싸고 제기된 논란거리였다.

코로나19 사태의 충격은 보건안보 이슈영역에만 그치지 않고 여타 신흥안보 이슈들과 연계되며 그 파괴력을 높인다. 사실 코로나19의 위험은 그 피해가 양적으로 크다는 점에 있지만, 더 중요하게는 여타 이슈영역과 연계되면서 그 위협이 증폭된다는 점에서 찾아야 한다. 코로나19 자체의 직접적인 충격과 영향에 대한 분석과 더불어, 코로나19 사태가 그 위험 증폭의 메커니즘을 기하급수적으로 키워나갈 가능성에 주목해야 하는 이유이다. 이러한 영향이 미친 이슈영역들은 사회 전 분야에 걸쳐서 나타나는데, 일차적으로 전염병의 보건안보에서 식량·에너지 안보와 기후변화 안보이슈로 연계되는 연쇄의 고리를 이해할 필요가 있다.

식량안보와 관련하여, 코로나19 사태로 인한 국경의 통제는 식량의 가용성과 이동성에 대한 불확실성을 증대시킴으로써 연쇄적인 수출 제한을 유발하고 국제 식량 수급을 교란시킬 수도 있다. 실제로 최근 국제사회는 코로나19의 영향이 글로벌 식량난으로 이어질 가능성에 대하여 촉각을 곤두세우고 있다. 일부 국가에서 발생하고 있는 '식품 사재기'나 '식량보호주의'적 현실 인식에 기반을 둔 곡물 수출제한 조치, 이동 제한과 확진자의 증가 탓에 세계 곳곳에서 빚어지는 농산업 부문의 노동인력 공급 차질 등을 방치한다면 자칫 코로나19발(發) 식량위기가 현실화될 수도 있다는 지적이 제기된다(김규호 2020).

코로나19 사태는 에너지 산업에도 큰 타격을 주고 있다. 석유산업이 가장 타격을 입어서 2020년 4월 20일 서부 텍사스산 원유(WTI)가 -37.63달러에 거래되는 사태가 발생하기도 했다. 팬데믹이 종식되고 유가가 회복된다 해도, 고유가 시대는 다시 도래하지 않을 것이라는 전망마저 나오고 있다. 엎친 데 덮친 격으로 러시아가 석유수출국기구(OPEC)와 합의를 철회했고, 이에 사우디는 보복으로 생산량을 늘리고 가격을 낮추면서 하락 모멘텀은 더욱 가속화되었다. 이러한 석유갈등은 코로나 사태 이후 에너지 시장의 재편을 야기할 가능성이 있다. 이미 존재하던 탈(脫)석유화의 구조적 변동 압력이 코로나 사태로 인한 경기위축과 지구적 석유소비 감소에 의해 그 효과가 증폭되면서 석유 패러다임의 종식마저 거론되고 있다.

전염병과 기후변화의 이슈연계도 예사롭지 않다. 코로나19로 인해 산업시설 가동이 멈추고 교통·항공편이 취소되면서 대기오염 물질과 온실가스 배출량이 급격히 감소하고 있다. 세계 최대 에너지 소비국인 중국의 에너지 소비량이 크게 줄었고, 미국 뉴욕 주에서는 주로 자동차에서 나오는 일산화탄소 배출량이 절반 가까이 감소했다. 그러나 이는 일시적 현상으로 팬데믹이 지나가고 이동 제한이 풀려서 이전의 일상으로 돌아가면 대기오염과 지구온난화는 다시 진행될 가능성이 있다. 어쩌면 오히려 더 심하게 반등할지도 모른다는 우려마저도 나온다. 코로나19 사태로 인해서 손실을 본 경제부문의 손실을 보전하기 위해서 에너지 소비를 늘릴 가능성이 크기 때문이다(심창원 2020).

2. 코로나19와 경기침체, 금융·무역 교란, 사회안보

코로나19 사태가 가져온 충격 중에서 사회적으로 가장 체감되는 것은 경기침체이다. 경기침체로 인한 경제적 피해는 코로나19의 확진자 숫자와 비례하는 경향을 보여주고 있다. 이러한 경제적 피해는 아시아보다 미국과 유럽의 경제대국들에서 더 심각하게 나타나고 있다. 2020년 4월 국제통화기금(IMF)이 발표한 세계경제 전망에 따르면, 중국을 제외한 주요 경제대국의 2020년 GDP가 모두 0% 이하로 급락할 것으로 예상된다. 그런데 더욱 우려스러운 것은, 이러한 경기침체가 아직 본격적으로 시작된 것이 아니라는 사실이다. 코로나19가 미국, 유럽, 아시아 각국에서 시작되어 인도, 브라질, 나이지리아, 인도네시아 등으로 확산되고 있듯이 경기침체도 이를 뒤따를 가능성이 크다.

경기침체는 부채 증가와 대규모 파산으로 이어질 가능성이 크다. 경기침체에 이은 재고 증가와 대량실업 등이 물가하락과 투자부진을 낳고, 이것이 다시 경기를 더욱 침체시키는 디플레이션의 악순환이 나타날 가능성이 있다. 각국은 이러한 문제를 해결하기 위해서 국가재정을 확대하려 시도하는데, 많은 국가의 공공 부채가 이미 높은 상황에서 이러한 조치는 재정적자의 확대를 유발할 것이다. 각국 중앙은행들이 디플레이션과 금리 상승을 막기 위해 점점 더 무리한 통화정책을 쓸 수도 있다. 코로나19가 촉발한 보호주의 때문에 공급은 줄어드는 가운데 시중 자금이 너무 많이 풀린 상황은 스태그플레이션, 즉 불황 속 물가 상승으로 이어질 가능성도 있다.

실물경제가 계속 침체할 경우, 글로벌 금융질서의 불안정성은 더욱 증폭될 것이다. 경기가 위기 전 수준으로 빨리 회복되지 않을 경우, 저금리와 막대한 재정적자로 풍부해진 유동성이 물가상승 압력을 가 중시킬 것이다. 한편 경제적 피해가 심각한 국가에서는 주가가 폭락하여 금융시장이 불안정해질 가능성도 있다. 경제적 피해가 심각하지 않은 개발도상국에서도 해외투자가 급감함으로써 글로벌 금융시장에서 자금 조달이 어려워질 것이다. 그러나 글로벌 금융시장의 폭발적 성장으로 국제통화기금은 대규모 위기에 독자적으로 대응할 수 있는 재원을 충분히 보유하지 못하고 있다는 것이 또 다른 문제이다. 최종 대부자 역할을 할 수 있는 기구가 없는 상황에서 금융위기가 발생한다면, 금융 불안정은 장기간 지속될 수 있다.

코로나19는 보호무역주의의 대두에 따른 국제무역의 감소라는 추세와 더불어 신자유주의적 지구화를 통해서 구축된 글로벌 공급망의 재편을 가속화할 것이다. 코로나19 이전부터 이미 미국과 중국을 중심으로 드러나고 있었던 탈동조화(decoupling)의 경향이 강화될 것이다. 이러한 추세는 만약의 사태에 대비해 생필품, 의약품, 구호장비 등의 생산은 철저히 국내에서 확보해야 한다는 정서에 편승해서 다른 산업계로 확산될 가능성이 크다. 공급망 재설계의 기본 방향은 위험완화 전략이 될 것이다. 공급망을 더욱 견고하게 구축하기 위해 미국의 초국적 기술기업들은 중국에 대한 의존도를 낮추려 할 것이다. 그 대신 최종 소비자에 대한 접근성을 높이기 위해 국내 또는 인접 국가를 중심으로 새로이 공급망을 형성하려 시도할 것이다.

이러한 과정에서 선진국 기업들은 해외의 생산기지를 국내로 다시 불러들이는 리쇼어링(reshoring)을 추진할 것으로 전망된다. 그러나 이러한 과정에서 기업들은 자국 고용을 늘리는 선택보다는 자동화를 가속화할 가능성이 크다. 수많은 노동자들이 일자리를 잃은 상황이 벌어질 것으로 예상되는 대목이다. 특히 코로나19가 그 출현을 앞당긴 비대면(untact) 환경에서 사람이 있던 자리에 감염 우려가 적은, 이른

바 '방역 맞춤형' 기술 시스템이 도입될 것이다. 4차 산업혁명의 기치 아래 디지털 전환(digital transformation)을 추진했던 기업들의 행보는 더욱 빨라질 것이다. 이러한 연속선상에서 보면, 코로나19가 종식된다 해도 노동자들의 사라진 일자리는 돌아오지 않을 가능성이 크다(반기 웅 2020).

이러한 경제와 노동의 변환과 재편의 이슈는 '팬데믹 디바이드 (pandemic devide)'로 불리는 사회안보의 위협을 가중시킬 가능성이 크다. 보건안보와 의료 접근성에서 유발된 사회적 취약성의 표면화로 기존에 잠재되어 있던 구조적 불평등이 표출되고, 특정 인종·종교에 대한 혐오의 증가로 사회의 불안정성이 심화될 것이라는 관측이 나온다. 비대면 환경의 확장 속에서 벌어지는 디지털 격차가 사회·금융·교육·건강 등의 불평등 확대로 이어지고, 사이버 공간의 인포데믹스가 사회적 유대에 흠집을 내면서 사회불안이 야기될 수도 있다. 이는 여타 분야에서 상존하는 계층 간 불평등과 구조적 실업 및 사회경제적 양극화 문제 등과 맞물리면서 심각한 사회안보의 위협이 제기될 수도 있다.

3. 코로나19와 비대면 사회, 개인정보보호, 사이버 안보

코로나19 사태로 인한 사회적 거리두기의 차원에서 4차 산업혁명 분야의 기술을 활용한 비대면 환경이 급속히 조성되었다. 재택근무 도입으로 온라인 쇼핑, 택배주문, 온라인 뱅킹 등 비대면 경제도 급부상하고 있다. 구글, 넷플릭스 등과 같은 온라인 기업, 특히 줌(Zoom) 같은 화상회의 플랫폼 기업이 떴다. 코로나19 사태가 진정되더라도 온라인 기반 비대면 활동이 증가하고, 디지털 경제와 비대면 경제로의 전환이 급속도로 이뤄질 것으로 전망된다. 이러한 비대면 경제를 넘어서 좀 더 포괄적인 의미의 비대면 사회의 도래도 예견되는데, 원격의료, 원격강의, 화상회의를 통한 의사결정, 비대면 의정활동과 선거운동, 화상회의를 통한 국제 외교활동 증대 등이 도입되고 있다(반기웅 2020).

반면, 코로나19 사태로 그 이전 가장 빠른 성장가도를 달렸던 공유경제는 크게 위축될 위기에 처했다. 예를 들어, 차량공유서비스 우버, 숙박공유업체 에어비앤비, 공유부동산을 표방한 위워크 등과 같이 공유경제를 세계적으로 선도해왔던 기업들이 코로나19로 인해 휘청거리며 커다란 위기에 직면했다. 우버는 코로나19 국면에서 전체 직원의 14%에 달하는 3,700명을 해고했고, 에어비앤비 또한 전체 인력의 25%에 해당하는 약 1,900개 일자리를 줄이는 등 매출 급감에 따른 구조조정을 단행하고 있다. 기존 공유경제는 상당 부분 타격을 받고 전략변경이 불가피하게 되었다(조준영 2020).

반면 데이터 활용과 정보 공유는 증대됐다. 코로나19에 대처하기 위해서는 데이터 활용과 정보 공유가 필수적이기 때문이다. 특히 빅데이터와 인공지능 기술은 의료장비나 약품의 생산·분배를 돕고, 의료인력의 활용에도 도움을 주었으며, 실시간으로 인구이동 추적과 코로나19 확진자의 예측과 검출 및 바이러스 치료제의 신속한 발견에 활용되었다. 그런데 비대면 환경을 배경으로 한 데이터 활용과 정보 공유는 개인정보보호와 감시 및 인권침해의 문제를 제기했다. 확진자 동선 및 자가 격리자 신상의 공개, 진료기록과 같은 바이오 정보의 공개 문제 등이 민감한 쟁점으로 제기되었다(이진규 2020).

코로나19 사태는 프라이버시와 시민적 자유가 보건안보의 공공성을 빌미로 해서 얼마나 희생될 수 있는가에 대한 논쟁을 유발했다. 특히 전염병의 확산 방지를 위해 위치정보, 실시간 추적, 안면인식 기술

등과 같은 대량 감시 기술을 어느 수준까지 활용할 것인지가 논란거리
였다. 이는 국가의 감시역량 강화와 이에 저항하는 개인의 권리수호 문
제로 인식되었다. 국제적으로도 동아시아 국가들의 공중보건 우위 시
각과 서구 국가들의 프라이버시 중시 시각이 지닌 차이가 극명하게 표
출되었다. 더 나아가 전체주의적 감시와 시민사회 역량의 교차로에 놓
인 인류의 선택에 대한 논쟁마저 유발되었다(Harari 2020).

한편, 코로나19로 인해서 조성된 비대면 환경을 위협하는 사이버
공격도 문제가 되었다. 개인적 삶과 사회적 활동의 많은 영역들이 사이
버 공간으로 들어오면서 이를 겨냥한 범죄와 테러, 스파이 활동도 사이
버 공간으로 빠르게 이동하고 있다. 실제로 세계 곳곳에서 코로나19로
인한 사회혼란을 악용하는 사이버 공격들이 등장하고 있다. 안전이 검
증되지 않은 줌과 같은 원격회의 소프트웨어는 시민들의 개인정보와
기업 및 국가 기밀을 노출시켰고, 사람들의 공포심을 이용한 스미싱과
가짜뉴스들도 지속적으로 증가하고 있다. 타국 백신 연구기관을 대상
으로 백신개발 정보를 빼내려는 사이버 첩보 활동도 본격화되고 있다
(임종인 2020). 그야말로 코로나 바이러스를 피해 간 자리에 컴퓨터 바
이러스가 급습하는 양상이 펼쳐지고 있다.

요컨대, 코로나19의 창발로 인한 안보위협은, 〈그림 1-3〉에서 보
는 바와 같이, 보건안보에서 시작해서 식량·에너지, 기후변화 등과 같
은 자연시스템에서 비롯되는 신흥안보 이슈에 영향을 미치고, 이러한
위기는 경기침체와 금융질서의 교란, 글로벌 공급망 재편을 거쳐서 이
민·난민, 인권, 경제·사회적 불평등, 종교·문화 갈등 등과 같이 사회시
스템에서 비롯되는 안보위협으로 증폭되며, 새롭게 부상한 인공지능,
빅데이터, 무인기술 등을 기반으로 한 비대면 환경에서의 개인정보보
호와 데이터 안보, 사이버 안보 등과 같이 기술시스템에서 비롯되는 신

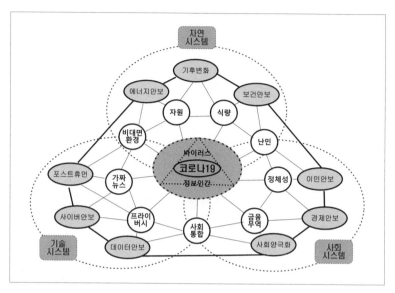

그림 1-3 코로나19와 신흥안보 위협의 이슈연계
출처: 김상배(2015, 26)에서 응용.

홍안보 이슈로 연계된다. 이렇게 이슈연계의 메커니즘을 따라서 창발하는 코로나19의 위협은 그 자체로도 세계정치에 막대한 충격을 주겠지만, 지정학의 임계점을 넘어서 전통안보의 이슈와 연계되는 경우 그야말로 본격적인 국제정치학의 이슈로 부상하게 된다.

V. 코로나19와 미중 패권경쟁의 (복합)지정학

1. 미중 기술경쟁과 글로벌 권력구조의 변동

코로나19 사태의 충격은 보건의료 분야에서 시작되어 세계정치의 여러 이슈영역과 연계되며 확장되더니 글로벌 패권을 놓고 벌이고 있는 미중경쟁에까지 영향을 미치고 있다. 코로나19 사태는 지난 수년간 광범위한 분야에 걸쳐서 다양하게 진행되어 온 미중경쟁을 더욱 가속화시킬 것으로 보인다. 일차적으로 상대적 국력 격차 벌리기 경쟁으로 진행되는 미중경쟁의 결과는 패권국과 도전국 간의 세력전이를 통해서 글로벌 권력구조를 변동시킬 가능성이 있다는 점에서 현실주의 국제정치이론에 기반을 둔 고전지정학의 관심사이다. 코로나19 사태는 이러한 양상을 더욱 강화시키고 궁극적으로는 글로벌 패권경쟁을 벌이고 있는 양국관계를 정치군사적 차원의 파국에까지 이르게 할 것인가?

현재 미국으로 무게추가 기운 미중 간의 군사적 비대칭이 당분간은 역전되기 어려울 것으로 예상되는 상황에서 가까운 미래에 양국 간의 군사적 대립과 충돌을 상정하기는 어렵다. 그러나 코로나19 사태 이후에도 그 동안 지속되어 온 군사안보 경쟁은 지속될 것으로 보인다. 중국은 코로나19 사태가 진행되는 동안에도 남중국해에서 군사훈련을 실시했으며, 남중국해에 대한 행정적 조치를 강화하였고, 내년 국방비의 6.6% 증가를 예고하고 있다. 미국도 핵추진 항공모함에서 500명이 넘는 확진자가 나오는 등 어려움을 겪었지만, 중국에 대한 항행자유의 작전 등 군사적 대응을 지속하였다. 코로나19 사태로 인해 미중 군사안보 경쟁의 추세가 크게 바뀔 것으로 보이지는 않는다(전재성 2020, 10).

그보다는 오히려 코로나19 사태로 인해 이미 양국 간의 상대적 격차가 점점 좁아지고 있던 경제 분야의 갈등 수위가 높아질 것이다. 코로나19의 팬데믹 상황이 진행됨에 따라 2020년 1월 20일의 1단계 미중 무역분쟁 협상안 타결 이후 다소 소강기에 들어섰던 양국 간 경쟁이 다시 점화될 가능성이 거론되고 있다. 중국은 향후 2년 동안 콩, 기계, 에너지 제품을 포함한 2천억 달러의 미국 제품을 추가로 구매할 것을 약속했지만, 코로나19 사태로 인해 이를 이행하기가 어려워졌다. 트럼프 대통령은 대선 캠페인 과정에서 이러한 중국의 약속 불이행을 정치적으로 활용하였다. 그렇지만 경제 분야는 이미 양국 간의 '상호의존'은 구조화되어 있다는 점에서 파국 상황을 예견하기는 어렵다.

이러한 교착 상황 속에서 오히려 미중 양국은 미래국력의 핵심이라고 할 수 있는 기술패권을 놓고 맞붙을 가능성이 크다. 실제로 코로나19 이후 미중은 반도체와 인공지능, 5G 분야에서 주도권 경쟁을 벌이고 있다. 당장 쟁점이 되고 있는 미중 기술경쟁의 면모를 보면, 코로나19 사태 이후 기술혁신의 국내적 기반을 강화해야 한다는 담론이 득세하면서 제조업 기반을 독자적으로 확보하려는 시도가 엿보인다. 이러한 시도는 글로벌 공급망의 탈동조화와 연계되어 해외 생산시설을 리쇼어링하는 기술민족주의적 행보로 이어진다. 글로벌 공급망을 공유하던 시대는 사라지고, 미중이 서로 자국 중심의 공급망을 재편하려는 경쟁이 벌어질 것이다.

이러한 기술민족주의와 공급망 재편 문제는 반도체 산업에서 제일 먼저 불거졌다. 코로나19로 인한 경제위기에서 가장 빠르게 탈출하고 있는 중국은 2025년까지 중국의 반도체 자급률을 70%로 끌어올리겠다는 국가적 목표를 향해 전진하고 있다. 코로나19의 확산을 계기로 글로벌 공급망의 구조적 한계가 드러나자 트럼프 행정부는 반도체 기술의 아시아 의존도를 줄이겠다고 선언하고 나섰다. 이에 화답하여 세계 최대 반도체 파운드리 업체인 대만의 TSMC가 미국 애리조나에 약 120억 달러를 투자해 반도체 공장을 세운다고 발표했다(김혜원 2020). 이러한 사건 전개는 대만을 통해서 중국을 견제하려는 미국의 정치적 의도와도 접맥되는데, 이미 미국 정부는 대만의 F-35 반도체 부품업체의 미국 내 생산을 허가한 바 있다.

　코로나19 국면의 미중 기술경쟁은 인공지능(AI)에서도 나타났다. 양국은 감염병 유입 차단, 경로 분석, 현장 대응, 확산 방지 등의 전주기 과정에서 AI를 적극 활용하면서 관련 기술의 개발 경쟁을 벌이고 있다. 미국은 구글, 아마존, IBM, 마이크로소프트 등과 같은 실리콘밸리의 AI기업들과 민관 협력체계를 구축하여 의료·백신 개발에 테크기업의 핵심기술·자원 공유 등을 추진하고 있다. 중국도 바이두, 알리바바, 기타 로봇·물류 기업들이 감염병 차단 및 방역 활동에 AI기술을 활용하는 것을 정책적으로 지원하고, 드론·안면인식 등의 디지털 감시시스템을 활용하여 국가적 감시체계의 구축을 시도하고 있다. 이러한 AI기술의 개발과 적용상의 차이는 향후 양국의 기술보호주의로 전화될 가능성을 지니고 있다. 이는 최근 쟁점이 되고 있는 AI, 사이버, 데이터, 우주, 그리고 바이오 등과 같은 신흥기술 분야의 수출입통제 문제와 연결될 가능성이 크며, 장차 무역 분야의 제도 마찰로도 발전할 소지가 있다(김지혜·안명옥 2020).

　한편 비대면 패러다임의 부상은 미중 간에 초국적으로 구축되는 인터넷 플랫폼 경쟁을 촉발할 가능성이 크다. 이미 온라인 화상회의, 전자상거래, 핀테크, OTT 서비스 등을 위한 비대면 시스템의 구축을 둘러싼 경쟁이 벌어지고 있다. 이러한 비대면 시스템의 구축과 관련하여 5G 분야의 경쟁에 주목할 필요가 있다. 5G를 선도하는 중국 기업 화웨이 주도에 대한 미국의 우려에도 유럽 국가들은 화웨이 네트워크 장비를 선택했다. 그러나 코로나19에 대한 중국 책임론의 대두로 화웨이 5G 장비에 대한 불신도 늘어나서 유럽에서 5G 도입이 지연되는 양상을 보이고 있다. 이러한 틈을 타고 미국은 2020년 3월 '5G 보안 국가전략'을 발표하여 5G 분야의 주도권 확보를 노리고 있다. 그러나 미국이 코로나19 여파로 5G 투자에 주춤하는 사이, 먼저 안정세를 찾은 중국은 2020년 50만 개의 5G 기지국을 건설한다는 목표 하에 자국 내 5G 네트워크 구축에 박차를 가하고 있다(오일석 2020).

　코로나19 이후 비대면 시스템의 구축을 바탕으로 한 초국적 인터넷 플랫폼의 부상과 이를 장악하려는 경쟁의 가속화가 예상되는 가운데, 자국 중심의 기술안보의 경향은 '사이버 주권론'과 같은 기존의 사이버 공간의 '정치사회적 장벽 세우기'를 넘어서는 좀 더 근본적인 차원의 '기술공학적 장벽 세우기'를 야기할 가능성도 엿보인다. 최근 러시아와 중국 등에서 논의될 뿐만 아니라 법제화되고 있는 '독립인터넷(Independent Internet)'과 '인터넷안전법' 등이 그 사례이다. 이러한 시도에는 글로벌 인터넷 거버넌스의 체계로부터 독립된, 루트서버나 새로운 인터넷 주소 또는 도메인이름체계 등을 국가 단위로 구축한다는 내용이 포함되어 있다. 최근 화웨이 사태 이후 중국은 기존의 인터넷과는 다른 기술시스템의 구축을 고려중인 것으로 알려졌다. 이러한 움직임에 대해 미국도 일본, 호주, 노르웨이, 이스라엘 등의 국가들과 '사이버 기술 동맹'을 추구할 구상으로 대응하고 있다.

　좀 더 장기적인 관점에서 본 코로나19 이후의 미중 기술경쟁은 코로나19 관련 과학연구와 기술개발 경쟁의 점화로 나타날 것이다. 이미 코로나19의 백신과 치료제, 그 밖의 바이오·제약·의료 기술을 둘러싼 양국 간 경쟁은 시작되었다. 시진핑 국가주석은 최근 코로나 감염증에서의 최종 승리는 과학기술뿐이라며 바이오·제약·의료 기술 등의 과학기술 연구개발에 박차를 가할 것을 독려했다. 미국도 정부 차원에서 코로나19 백신을 개발 중인 민간 제약사에 대한 자금지원을 밝힌 가운데, 미국의 다국적 제약사들은 자체 개발 중인 코로나19 백신의 임상시험에 박차를 가하고 있다. 이런 연속선상에서 보면 코로나19 사태의 발생은 바이오기술(BT) 패러다임 또는 '5차 산업혁명'의 주도권을 향

한 양국의 경쟁을 앞당기는 효과를 낳을 것이다. 질병에 의한 죽음의
공포를 절박한 위협으로 각인시킨 코로나19의 발생은 여태까지 인류
가 추구해온 기술발달의 경로를 좀 더 생태친화적인 방향으로 바꾸어
놓을 수도 있다.

2. 미중 체제경쟁과 글로벌 거버넌스의 공백

21세기 국력경쟁보다는 좀 더 포괄적인 맥락에서 보면, 코로나19 사태
는 미중 양국의 체제경쟁을 부각시켰다. 미중 체제경쟁은 이전에도 무
역 분야에서 제기된 바 있지만, 코로나19 사태는 그 성격을 변화시켰
다. 자국 정치경제 체제의 특수성과 우월성을 과시하는 경쟁에서 갑작
스런 위기에 대응하는 적합력(fitness)과 복원력(resilience)의 경쟁으
로 나타났다. 감염병에 대한 방역과 봉쇄 모델뿐만 아니라 예방과 치료
및 회복의 전 과정에 걸친 메타 거버넌스(meta-governance)의 역량이
위기해결 모델의 관건이 되었다. 이러한 과정에서 리더십의 판단과 결
단력, 정보의 공개와 투명성 등도 쟁점이 되었음은 물론이다. 게다가
미국과 중국 모두가 이러한 차이점을 상대국에 대한 체제우월성의 이
데올로기적 근거로 활용했다.

실제로 코로나19 사태에 대해 미중은 매우 다른 방식으로 접근했
다. 중국이 정부 주도로 위로부터의 통제를 강조하는 방식을 취했다
면, 미국은 사태가 심각해지기 이전까지는 국가보다는 민간 주도 대응
방식에 의존했다. 이러한 접근방식의 차이가 낳은 결과는 일견 중국의
통제 모델이 더 효과가 있는 것으로 드러났다. 중국은 뒤늦게나마 지
역봉쇄라는 초강수 카드를 꺼내 들었고, 이는 중국이 코로나19의 발
원지라는 오명에도 불구하고 가장 빠르게 코로나19의 악몽에서 벗어

나는 계기를 마련했다. 그러나 중국 모델은 자국 중심의 대처방식이나 권위주의적 사태 축소, 정보의 투명성과 신뢰성 결여, WHO에 대한 미온적 국제협력 태도, 재난 민족주의적 정서의 동원 등으로 인해 비판을 받았다.

체제경쟁이라는 관점에서 미국은 더 큰 타격을 입어서 코로나19 사태는 미국 체제 모델에 대한 실망과 비판을 야기했다. 기존에는 글로벌 패권국으로 미국의 자유민주주의 체제에 대한 다양한 동경이 존재했던 것이 사실이다. 그러나 당장 미국은 세계에서 가장 많은 코로나19 확진자와 사망자를 내며 체면을 구겼다. 미국은 의학 수준과 신약 개발 등의 의료 분야에서 세계 최고 국가이지만 마스크와 호흡기, 인구비례 병상 수, 진단시약 등 기초 의료설비 및 서비스 등에서 큰 허점을 드러냈다. 미국 정부의 코로나19 상황 대처 및 미국민들의 보건의식, 경기침체와 실업률 폭등, 인종차별과 사회불평등 및 사회혼란 문제 등을 목도하면서 미국 체제 전반에 대한 평가가 부정적으로 변화했다.

미중 양국의 리더십도 도마 위에 올랐다. 1956년 수에즈 운하 사건으로 영국의 리더십이 일거에 사라졌던 것처럼, 미국의 리더십도 코로나 사태로 인해 빠른 속도로 약화될 수 있다는 경고가 제기됐다(Campbell and Doshi 2020). 국내 거버넌스, 글로벌 공공재의 제공, 위기협력의 결집·조정 역량 등에 기초한 미국 리더십의 정당성이 손상될 가능성이 있다는 것이었다. 실제로 트럼프 행정부는 코로나19 사태의 와중에도 2021년 대외원조 예산을 21% 삭감하기로 결정했는데, 이 중에는 글로벌 보건 프로그램 지원금의 35% 삭감이 포함되었으며, WHO 지원금도 50% 삭감되었다. 또한 2020년 3월에 개최된 G7과 G20 화상회의에서 '우한 바이러스' 표현의 삽입에 대한 미국의 무리한 주장 때문에 공동선언 합의가 실패하기도 했다. 이는 2008년 금융위기와 2014년 에볼라 위기 당시 미국이 리더십을 발휘했던 것과 대조적 상황이었다.

중국도 책임 있는 리더십을 보여주지 못했음은 마찬가지였다. 사실 코로나19 발생 초기 중국이 신속하고 투명하게 감염병 확산과 관련된 정보를 공개하고 국제사회의 협력을 구했다면, 미국을 대신해서 중국이 지구화 시대의 무대를 주도할 새로운 주역임을 보여줄 수 있었을지도 몰랐다. 그러나 WHO에 대한 중국의 비공식적 압력, 방역 과정에서의 비민주적 인권유린, 시진핑 리더십에 대한 찬양, 통계자료에 대한 통제 등에서 중국이 보여준 모습은 전 세계인들로 하여금 중국이 글로벌 리더의 자격이 있는지에 대해 깊은 의문을 갖게 했다. 미국과 유럽의 약화와 후퇴는 명확한 사실이었지만, 이것이 곧 중국의 약진을 의미하는 것은 아닌 것으로 비춰졌다(Green and Medeiros 2020).

코로나19 사태 이후 미국과 중국 모두 글로벌 리더십을 발휘하지 못하는, 이른바 'G0'의 상황이 우려되고 있다. 미국은 스스로 글로벌 리더의 자리에서 내려오는 모습이고, 중국은 아직 국제사회의 신뢰를 얻지 못한 상황이다. 과거 국제사회는 글로벌 차원의 위기를 겪은 뒤 유사한 위기의 재발에 대한 효과적 대응 및 방지를 위해 다자주의적 대안을 모색한 바 있다. 예를 들어, 9.11 테러 이후에는 전 세계가 알카에다의 테러 위협에 공동 대처하는 모습을 보여주었다(Gvosdev 2020). 2008년 금융위기 이후에는 G20 정상회의가 창설되어 현재까지 유지되고 있다. 이러한 과거의 경험과 비교해 볼 때, 코로나19 사태로 인해서 발생한 글로벌 위기에 대응하는 과정에서 미국이나 중국의 리더십은 실종된 모습을 보여주고 있다.

미국과 유럽 모두 코로나 이후 다자 간 국제협력에 나설 의지와 능력이 없는 것으로 보이는 상태에서는 유엔의 역할에 대한 기대가 커질 가능성도 있다. 실제로 유엔은 2014년 서아프리카 에볼라 바이러스 사태 발생 직후 안보리 결의안을 채택하고 이 사태가 국제평화와 안보에 대한 중대 위협임을 선언하고 긴급 대응에 나서 글로벌 보건 위기에 대응하는 다자협력의 좋은 선례를 남긴 바 있다. 그러나 현재 유엔 안보리는 코로나 관련 결의안도 채택하지 못한 채 공전을 거듭하고 있다. 미국이 안보리 결의의 전제조건으로 '우한 바이러스' 명시를 고집하고, 중국이 코로나19 이슈를 안보 이슈로 확대하는 데 거부감을 나타낸 것이 주된 이유였다(성기영 2020).

　사실 최근 수년간 세계정치의 무대에서 국제레짐은 퇴조하는 경향을 보이고 있다. 미러 중거리핵전력(INF)조약 폐기, 미국의 미-이란 핵합의(JCPOA) 탈퇴, 미국의 파리기후변화협정 탈퇴, NPT체제의 약화, 자유무역 국제레짐의 약화 등이 주요 사례이다(이상현 2020). 코로나19 대응 국면에서도 글로벌 보건 문제를 관장하는 WHO는 정치적 편향성을 보였다는 비판에 직면했으며, WHO에 대한 미국의 지원 중단까지 거론되었다. 기존의 국제레짐이 신뢰를 얻지 못하고 새로운 국제레짐의 창설도 여의치 않은 상황이 국제협력의 어젠다를 주도할 만한 국가의 부재 현상과 맞물리면서, 향후 글로벌 거버넌스가 제대로 작동하지 않을 가능성이 우려되고 있다. 상황이 이렇다 보니 코로나19 사태가 진정국면으로 들어서더라도 위기 재발 방지와 2차 전파 대응을 위한 국제공조 시스템을 구축하는 것은 쉽지 않아 보인다.

　자유주의 국제정치이론에 기반을 두는 비지정학의 시각에서 볼 때, 이러한 상황은 일종의 글로벌 거버넌스의 공백이라고 할 수 있다. 글로벌 거버넌스의 공백을 메우기 위해서 2008년 위기 이후 G20가 일종의 '제도적 혁신'을 이루어냈다면, 지금도 그러한 제도적 혁신이 절실히 필요한 시기임이 분명하다. 예를 들어, 'G0'를 넘어서는 이른바

'포스트-G20' 또는 'G-n' 모델의 모색이 필요하다. 그러나 현재 코로나19를 해결하기 위한 미중의 리더십은 실종되고 새로운 제도적 혁신의 길은 요원하다. 강대국 주도의 모델이나 국가 행위자 주도 모델을 넘어서는 새로운 발상의 메커니즘이 필요할 수도 있다. 이는 글로벌 리더십을 발휘하는 국가가 없이도 그 부담과 책임을 공유할 복수의 국가들의 협업모델일 수도 있다. 아니면 민간 네트워크 행위자들의 참여하는 그야말로 초국적 네트워크 거버넌스 모델일 수도 있다.

3. 미중 담론경쟁과 글로벌 정치질서의 변환

코로나19의 발생과 전파 과정에서 진행된 미중경쟁에서 빼놓을 수 없는 것은 양국이 상호 비방전의 형태로 진행한 담론경쟁 또는 '이야기 전쟁(a war of narratives)'이다. 소셜 미디어에서 제기된 코로나19 발원지에 대한 음모론 수준의 이야기들이 미중 양국의 지도자들 입으로 비화되어 책임 전가성 발언과 조치들로 이어졌다. 사실 발원지에 대한 정보가 중요한 것은 확산 관련 정보의 파악을 위한 것이지 특정 국가의 책임을 묻기 위한 것은 아니다. 그럼에도 미중 간에 벌어진 발원지 논쟁은, 감염병이라는 신흥안보 위협을 공동으로 해결하겠다는 자세가 아니라, 오히려 특정 국가의 책임으로 몰아가려는 속내를 드러냈다 (Huang 2020; Schell 2020).

코로나19 발생 초기 미국 정부와 의회, 언론은 중국에 대한 비난을 쏟아냈다. 대통령과 국무장관의 입을 통해 '중국 바이러스'나 '우한 바이러스'라고 명명되며 중국이 발원지임을 명확히 했다. 미국 의회에서도 일부 공화당 의원들이 중국의 코로나 책임론을 내세우며 법안을 발의하기도 했다. 미국 언론은 코로나19가 우한의 바이러스연구소의 생화학무기 개발 프로그램과 관련이 있다는 보도를 했다. 중국은 여러 가지 의혹을 완강히 거부하며 역공세에 나섰고, 우한봉쇄가 생명을 우선시하는 중국 방역전략의 성공이라고 자평했다. 중국에서는 2019년 10월 우한에서 열린 세계군인체육대회에 참가한 미군이 바이러스를 퍼뜨렸다는 소문이 퍼졌고, 중국 호흡기질병 권위자 중난산(鐘南山)이 우한이 발원지가 아닐 수 있다고 주장하기도 했다.

이러한 상호비방전이 전개된 데는 미중 정상이 처한 양국의 국내 정치적 상황이 크게 작용했다. 트럼프 대통령은 2020년 11월 대선을 앞두고 중국을 '보이지 않는 적'으로 규정하고 코로나19에 대한 초기 대응 실패 책임을 전가하려 했다. 시진핑 주석의 국정운영 능력에 대한 비판이 제기되었지만, 코로나19가 진정국면으로 돌아서자 시진핑 주석이 방역 업무에 성공한 '인민의 영웅'으로 치켜세워지기도 했다. 한편 미중은 '코로나 책임담론'을 넘어서 '코로나 회복담론'을 제시하는 과정을 통해서 각기 동맹진영의 결속을 모색했다. 그러나 미국과 중국 모두 코로나19에 대응하는 동맹외교의 추진에 있어서 의도했던 결과를 얻지는 못했다.

특히 코로나19의 미국 내 확산 방지를 이유로 30일간 유럽인들의 입국을 금지하기로 한 트럼프 대통령의 결정은 유럽 지도자들을 실망시켰다. 유럽의 동맹국들과 사전 상의나 통보도 없었던 전격적인 조치였다. 이번 코로나19 사태에서 이러한 동맹 파트너십의 손상은 미국의 가장 큰 손실로 기록될 것이다. 중국도 '의료 실크로드' 구축을 내세워 이른바 '마스크 외교(mask diplomacy)'를 펼쳤지만, 이런 중국의 행동에 대한 국제사회의 시선도 곱지는 않았다. 우한에서 발생한 코로나19 정보를 중국이 제대로 공개하지 않아 사태를 키운 상황에서, 뒤늦게 코로나19 대응책을 전파하면서 오히려 중국의 영향력을 확대하려는 기회로 삼고 있다는 비판적 인식이 부상했다.

미국과 중국의 신뢰성에 적지 않은 타격이 가해진 만큼, 일대일로
(一帶一路)나 인도·태평양전략과 같이 미중을 중심으로 추진되었던
다자·지역협력의 이니셔티브도 그 추동력을 상실할 가능성이 있다. 이
러한 상황에서 중국이 코로나19 발원지라는 '중국 책임론'을 코로나19
해결사라는 '중국 공헌론'으로 바꾸기에는 갈 길이 멀다. 글로벌 리더
십의 장주기 이론에서 말하는 '탈정당화(delegitimization)'를 넘어서
'탈집중화(decentralization)'의 국면에 접어든 미국의 지도력에도 한
계가 드러났다. 어느 국가도 자국의 안전이나 이익을 보장할 만한 확실
한 신뢰를 주지 못하는 현실에서는 공연히 무리한 '줄서기'를 하는 것
보다 한 발짝 뒤로 물러선 '국제적 거리두기(international distancing)'
가 득세할 가능성이 크다(차두현 2020).

코로나19 사태 속에서 전 세계적 개방성의 후퇴와 폐쇄적 고립주
의의 대두를 목격하고 있다. '열린 국경'의 원칙을 내세우며 여권 심사
없이도 자유로운 이동을 보장했던 유럽연합 회원국들도 국경을 봉쇄
하고 사람들의 이동을 통제하고 있다. 코로나 사태는 '미국 우선주의',
브렉시트 등과 같은 보수주의적인 포퓰리즘의 확산을 가속화시킬 것
이다. 이러한 와중에 신자유주의적 지구화의 와해와 다자주의의 퇴조
가 점쳐지기도 한다(Farrell and Newman 2020). 현실주의 고전지정학
의 시각에서 말하는 바처럼, "코로나 팬데믹은 개별국가 단위의 권력
을 강화하고 민족주의의 재발흥"을 부추기고 있다(Walt 2020). 그렇지
만 개방의 문제는 개방의 해법으로 풀어야 한다는 자유주의적 비지정
학의 전망도 없지 않다. 바이러스의 확산이 사라지면 다시 국가들은 일
상으로 돌아가 협력을 통해 자국의 이익을 추구하려 할 것이다. 신흥
안보의 성격을 고려할 때, 팬데믹의 위협에 대처하기 위해서는 국가 간

또는 초국적 협력이 필수적이기 때문이다.

이상에서 살펴본 미중경쟁의 결과로 인해서 향후 출현할 것으로 예상되는 글로벌 정치질서의 미래는 어떠할까? 신자유주의적 지구화와 민족주의적 고립주의의 경합 속에서 새로이 부상하는 정치질서의 성격은 무엇일까? 구성주의 국제정치이론에 기반을 둔 비판지정학의 시각에서 볼 때, 코로나19 이후 글로벌 정치질서의 기반이 되는 국가·국민 정체성은 어떠한 변화를 겪고 있으며, 어떻게 새로이 구성될까? 그리고 글로벌 차원에서는 정치질서가 다자주의의 약화와 국가주권의 강화로 드러나는 가운데 지역 차원에서 요청될 국제협력과 정치질서의 내용은 무엇일까? 이러한 질문들은 미래 국제정치학의 관점에서 연구해야 할 주제들인 동시에, 코로나19 이후 보건안보의 국제정치학 연구라는 차원에서도 탐구해야 할 주제들임은 물론이다(조한승 2019).

요컨대, 코로나19 팬데믹의 (복합)지정학적 효과는 글로벌 질서에 큰 영향을 미치는 미중 패권경쟁을 더욱 가속화시키는 동시에 그 경쟁의 양상을 기술경쟁과 체제경쟁, 담론경쟁 등으로 더욱 복합화시키는 방향으로 작용하고 있다(그림 1-4 참조). 코로나19로 인해서 미중경쟁의 복합성이 더해지는 동시에 그 초점이 이동하고 있음도 주목해야 한다. 코로나19 이전의 미중 패권경쟁에 대한 논의는 미중 간 상대적 국력 격차에 관한 문제에 초점을 맞추어 진행된 경향이 있었지만, 코로나19 국면을 거치면서 점차로 적합력과 복원력 발휘를 쟁점으로 하는 미중 간 위기해결 모델 경쟁, 그리고 미중의 글로벌 리더십 경쟁으로 급속히 확장되는 양상을 보이고 있다. 이러한 미중경쟁의 결과로 세계정치는 글로벌 권력질서의 구조변동과 글로벌 거버넌스의 제도적 혁신, 그리고 글로벌 정치질서의 기반이 되는 국가·국민 정체성의 재구성이라는 세 가지 차원의 변환을 동시에 겪게 될 것이다.

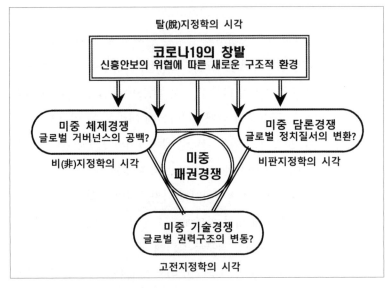

그림 1-4 코로나19와 미중경쟁의 (복합)지정학

VI. 맺음말

코로나19가 우리 삶에 미친 영향이 지대한 만큼 그 영향에 대한 각 분야의 연구가 활발히 진행되고 있다. 이 글은 국제정치학의 시각에서 신흥안보의 복합지정학을 원용하여 코로나19 팬데믹의 창발과 여기서 파생되는 세계정치의 변환을 살펴보았다. 이 글이 원용한 신흥안보의 개념은 통상적으로 논의되는, 전통안보와 구별되는 '비(非)전통 안보'나 단순히 새로운 안보라는 의미의 '신(新)안보'와 차별화를 시도하기 위해서 제시되었다. 복잡계 이론에 기원을 두는 신흥안보의 개념은 그 위협생성의 과정과 내용 안에 미시적인 생활 속의 안전(또는 보안) 문제와 거시적인 국가 차원의 전통안보 문제를 모두 품으려는 시도이다. 이러한 과정을 보여주기 위해서 이 글은 복합지정학의 시각을 원용하

여 양질전화와 이슈연계의 과정을 거쳐서 지정학적 임계점을 넘어서 창발하는 코로나19의 세계정치를 보는 이론적 분석틀을 마련하였다.

코로나19 사태는 미시적 단계에서 거시적 단계로 창발하는 신흥 안보의 위험이 단순히 이론적 상상 속의 허구가 아니라 우리 삶을 실제로 위협하는 현실이 될 수 있다는 사실을 절실히 체감케 하였다. 코로나19의 위험은 아직 끝난 것도 아니고, 다시 되풀이 되지 않으리라는 보장도 없다. 코로나19의 피해가 확진자나 사망자의 숫자라는 점에서 어느 정도가 될 것이냐에 따라 신흥안보의 질적 충격을 보는 시각은 달라질 것이다. 시간적으로도 향후 이 전염병의 지구적 만연이 어느 정도 지속될 것이냐에 따라 그 충격에 대한 평가도 달라질 것이다. 게다가 코로나19와 같은 팬데믹의 발생은 주기적 현상일 수도 있다. 신종플루, 사스, 메르스, 코로나19 등에 이어 3-4년을 주기로 새로운 팬데믹이 발생할 가능성이 있다는 전망도 나온다.

이러한 코로나19 팬데믹은 복잡한 상호작용을 통해서 창발해 가는 복합 네트워크의 대표적인 현상이다. 이러한 복합 네트워크가 창발하는 과정에는 비인간 행위자로서 코로나19 바이러스 그 자체뿐만 아니라, 비인간 행위자인 바이러스와 공진화하는 인간 행위자들이 네트워크를 형성하는 양질전화의 과정이 중요하다. 또한, 이러한 인간-비인간 행위자들을 감싸 안는 탈인간 행위자, 즉 정보 네트워크의 역할도 중요하다. 이러한 창발 과정에는 서로 견제하고 보완하는 행위자-네트워크들이 작동하는데, 감염원인 바이러스와 숙주인 인간의 공진화, 지구화 시대 인간의 초국적 이동과 국가의 개입에 의한 국경의 통제, 그리고 정보의 반포에 대한 통제와 인포데믹스의 유포 등이 상호작용하면서 복합체를 구성해 간다. 이 글은 이러한 복합체의 구성과 작동 과정에 투영된 확산과 통제의 상호견제 메커니즘에 주목하였다.

　　이러한 코로나19 팬데믹이 세계정치의 변환에 미치는 영향을 파악하기 위해서는 보건안보 분야에서 시작된 전염병 이슈가 어떠한 메커니즘을 타고서 여타 신흥안보 이슈와 연계되느냐를 이해하는 것이 중요하다. 코로나19 사태는 감염병이 우리 사회의 각 분야에 매우 심각한 사회경제적 파급영향을, 그것도 예상할 수 없는 정도와 방식으로 미칠 수 있음을 입증하였다. 아직도 진행되고 있는 현상이어서 그 영향의 범위가 어디에서 그칠지는 알 수 없다. 그럼에도 코로나19의 창발로 인한 안보위협은, 보건안보에서 시작해서 식량·에너지, 기후변화, 경기침체와 금융질서의 교란, 글로벌 공급망 재편, 이민·난민, 인권, 경제·사회적 불평등, 종교·문화 갈등, 기술안보, 개인정보보호화 데이터 안보, 사이버 안보 등의 여러 이슈와 연계되면서 그 위협을 증폭시켜 나갔다.

　　이러한 양질전화와 이슈연계를 따라서 창발하는 코로나19는 전통안보에 못지않게 중요한 영향을 미래 세계정치에 줄 것이다. 무엇보다도 코로나19는 오래전부터 시작된 세계정치의 변환을 가속화시키는 요인으로 작용하고 있다. 이 글에서 초점을 두어서 다룬 미중 패권경쟁의 가속화와 그로 인한 세계정치의 변환은 이러한 인식을 더욱 공고히 해주는 사례이다. 그럼에도, 국내외 학계의 시각은 아직까지 단순 국제정치학의 수준에 머물고 있다. 예를 들어, 코로나19에서 발생한 위기가 현 시점에서 미국과 중국 간의 세력전이에 어떠한 영향을 미치는가를 묻는 정도이다. 이들 시각은 코로나19라는 변수를 '블랙박스'에 넣어놓고, 그것이 세계정치의 권력구조 변동에 미치는 영향을 주로 논한다. 코로나19 바이러스의 탈근대적이고 탈인간적 위협에 대한 근대적이고 인간중심적 처방을 찾는 모습이라고 평가해 볼 수 있다.

　　한국의 입장에서도 코로나19 사태는 개인 각자의 건강관리 문제를 넘어서 국민건강과 국가안보를 논하게 하는 큰 위험이다. 2015년 메르스 사태를 겪으면서 곤욕을 치렀던 한국에게 코로나19는 과거의 아픈 기억을 떠올리게 한 또 다른 위기였다. 초기 대응 과정에서 다소 혼란이 있었고 특정집단의 발병으로 한때 위기가 고조되었으나, 보건 의료인의 헌신적 노력과 시민의 자발적 참여를 바탕으로 코로나19의 위기를 어느 정도 관리하고 있는 양상이다. 특히 한국 정부의 신속검진 정책과 질병정보의 개방성, 투명성, 대중접근성 원칙이 사회적 혼란을 최소화하면서 효과적으로 질병확산을 통제할 수 있는 모델로 주목 받게 되어, 이른바 'K-방역'이라는 말이 나올 정도가 되었다. 향후 사태의 진전을 좀 더 지켜봐야 하겠지만, 적어도 현재까지는 이러한 한국 모델이 세계인의 관심을 끌 충분한 가치가 있다고 할 수 있다.

　외교 분야에서도 한국의 코로나19 대응 사례는 중견국(middle power)으로서 한국의 역할을 제고할 기회로 인식되고 있다. 특히 코로나19 사태를 거치면서 미중과 같은 강대국이 나서서 위기를 해결했던 과거의 모델이 훼손되는 상황에서 중견국들의 리더십 연대 모델이 관심을 끌고 있다. 특히 코로나19 사태를 통해서 미국 리더십의 약화는 더욱 두드러지게 드러났으며 예전과 같은 패권국의 역할을 수행할 의지가 없는 것으로 보이기까지 한다. 그럼에도 아직은 중국이 그 빈자리를 메우면서 약진하여 글로벌 리더십을 발휘하리라는 신뢰를 얻지는 못하고 있다. 이렇듯 글로벌 리더십의 공백을 우려케 하는 상황에서 강대국 주도의 글로벌 거버넌스를 넘어서는 새로운 모델에 대한 관심이 커졌으며 그 과정에서 한국과 같은 중견국들의 역할이 시험을 받게 될 것이다.

참고문헌

김규호. 2020. "코로나19 발(發) 식량위기론의 부상 배경과 대응 과제." 『이슈와 논점』
　　　1703호. 4월 27일, 국회입법조사처.
김상배. 2015. "신흥안보의 부상과 과학기술의 역할." 『Issue Paper』 2015-18.
　　　한국과학기술기획평가원, 12월.
＿＿＿. 2018. 『버추얼 창과 그물망 방패: 사이버 안보의 세계정치와 한국』. 한울엠플러스.
김상배 편. 2016. 『신흥안보의 미래전략: 비전통 안보론을 넘어서』. 사회평론아카데미.
＿＿＿. 2018. 『4차 산업혁명과 남북관계: 글로벌 정보화에 비춘 새로운 지평』.
　　　사회평론아카데미.
＿＿＿. 2020. 『신흥무대의 중견국 외교: 복합지정학의 시각』. 사회평론아카데미.
김상배·신범식 편. 2017. 『한반도 신흥안보의 세계정치: 복합지정학의 시각』.
　　　사회평론아카데미.
＿＿＿. 2019. 『동북아 신흥안보 거버넌스: 복합지정학의 시각』. 사회평론아카데미.
김지혜·안명옥. 2020. "코로나19 전후 미중 AI 기술 패권 경쟁." 『인공지능, 코로나19를
　　　만나다: 코로나19로 되짚어보는 AI의 현재와 미래』, AI Trend Watch, 2020-4호, 4월
　　　15일.
김창엽. 2020. "新감염병레짐...신자유주의적 코로나19." 『프레시안』. 3월 23일.
김혜원. 2020. "코로나가 불붙인 '반도체 삼국지'... 패권다툼 2라운드 막 올랐다."
　　　『아시아경제』, 5월 15일.
민병원. 2017. "창발적 안보와 복잡성 패러다임: 신흥안보 개념의 비판적 고찰."
　　　김상배·신범식 편. 『한반도 신흥안보의 세계정치: 복합지정학의 시각』.
　　　사회평론아카데미. 68-98.
반기웅. 2020. "밀려오는 '언택트', 밀려나는 노동." 『경향신문』. 5월 2일.
성기영. 2020. "코로나19 사태 이후 국제질서 변화와 다자주의의 모색." 『이슈브리프』
　　　통권191호, 4월 24일, 국가안보전략연구원.
신상범. 2017. "글로벌 보건과 국제정치학: 연구 성과와 향후 과제." 『국제정치논총』 57(3),
　　　87-132.
심창원. 2020 "코로나19로 기후 변화 멈출까? 경제 위기 끝나면 오히려 가속화될 수 있어."
　　　The Science Times. 4월 2일.
오일석. 2020. "코로나19 확산과 5G 기술 패권경쟁." 『이슈브리프』 통권182호. 4월 7일.
　　　국가안보전략연구원.
이상현. 2020. "코로나19 국제정치와 글로벌 거버넌스." 『세종정책브리프』 No.2020-04, 5월
　　　22일. 세종연구소.
이진규. 2020. "코로나 바이러스와 개인정보 활용에 대한 소고: 공익 목적의 개인정보 이용은
　　　항상 옳은가?" 2020 KISA Report Vol.2, 한국인터넷진흥원.
임종인. 2020. "코로나-19 시대의 사이버 안보." IIRI Online Series No.67. 고려대학교

일민국제관계연구원. 5월 25일.

전재성. 2020. "코로나 사태와 미중경쟁." 한국국제정치학회 하계대회 발표논문, 7월 1일.

조동준. 2020. "코로나-19 이후 인류의 삶." 『이슈브리핑』 No.92. 6월 5일. 서울대학교 국제문제연구소.

조용우. 2020. "팬데믹과 신종 전염병 그리고 기후변화의 위기." 『천지일보』. 3월 12일.

조준영. 2020. "코로나와 4차 산업혁명 패권경쟁...주류 문화 넘보는 언택트." 『머니투데이』. 5월 17일.

조한승. 2019. "동북아 보건안보 거버넌스." 김상배·신범식 편. 『동북아 신흥안보 거버넌스: 복합지정학의 시각』. 사회평론아카데미. 207-245.

질병관리본부. 2020. "코로나19란?" 질병관리본부 코로나바이러스감염증-19(COVID-19) 웹사이트. 4월 2일. http://ncov.mohw.go.kr/baroView.do?brdId=4&brdGubun=41 (검색일: 2020. 6. 14.).

차두현. 2020. "'코로나19'를 통해 본 '新안보'와 국제질서." 『이슈브리프』. 3월 25일 아산정책연구원.

Campbell, Kurt M. and Rush Doshi. 2020. "The Coronavirus Could Reshape Global Order: China Is Maneuvering for International Leadership as the United States Falters." *Foreign Affairs*, March 18.

Castells, Manuel. 2000. *The Rise of the Network Society*. 2nd edition. Oxford: Blackwell.

Farrell, Henry and Abraham Newman. 2020. "Will the Coronavirus End Globalization as We Know It? The Pandemic Is Exposing Market Vulnerabilities No One Knew Existed." *Foreign Affairs*, March 16.

Green, Michael and Evan S. Medeiros. 2020. "The Pandemic Won't Make China the World's Leader Few Countries Are Buying the Model or the Message From Beijing." *Foreign Affairs*, April 15.

Gvosdev, Nikolas K. 2020. "Why the Coronavirus Won't Transform International Affairs Like 9/11 Did." *The National Interest*, May 5.

Haass, Richard. 2020. "The Pandemic Will Accelerate History Rather Than Reshape It." *Foreign Affairs*, April 7.

Hansen, Lene and Helen Nissenbaum. 2009. "Digital Disaster, Cyber Security, and the Copenhagen School." *International Studies Quarterly* 53(4): 1155-1175.

Harari, Yuval N. 2020. "The World after Coronavirus." Financial Times, March 20.

Huang, Yanzhong. 2020. "U.S.-Chinese Distrust Is Inviting Dangerous Coronavirus Conspiracy Theories And Undermining Efforts to Contain the Epidemic." *Foreign Affairs*, March 05.

Ikenberry, G John. 2014. "The Illusion of Geopolitics: The Enduring Power of the Liberal Order." *Foreign Affairs* 93(3): 80-90.

Latour, Bruno. 2005. *Reassessing the Social: An Introduction to Actor-network Theory*. Oxford and New York: Oxford University Press.

Mead, Walter Russell. 2014. "The Return of Geopolitics: The Revenge of the Revisionist
    Powers." *Foreign Affairs* 93(3): 69-79.

Nye Jr., Joseph S. 2020. "No, the Coronavirus Will Not Change the Global Order."
    Foreign Policy, April 16.

Rudd, Kevin. 2020. "The Coming Post-COVID Anarchy The Pandemic Bodes Ill for Both
    American and Chinese Power—and for the Global Order." *Foreign Affairs*, May 06.

Schell, Orville. 2020. "The Ugly End of Chimerica: The Coronavirus Pandemic has
    turned a Conscious Uncoupling into a Messy Breakup." *Foreign Policy*, Spring.

Walt, Stephen M. 2020. "The Realist's Guide to the Coronavirus Outbreak." *Foreign
    Policy*, March 9.

Walt, Stephen M. et al. 2020. "After the Coronavirus: The Pandemic has already
    Disrupted the World. We asked 12 Leading Global Thinkers to Predict What
    Happens Next." *Foreign Policy*, Spring.

WHO. 2020a. "Coronavirus Disease 2019 (COVID-19) Situation Reports-60)." March,
    20. World Health Organization. https://www.who.int/docs/default-source/
    coronaviruse/situation-reports/20200320-sitrep-60-covid-19.pdf?sfvrsn=d2bb4f1f_2
    (검색일: 2020. 6. 18.)

_____. 2020b. "Coronavirus Disease 2019 (COVID-19) Situation Reports-162)." June,
    30. World Health Organization. https://www.who.int/docs/default-source/
    coronaviruse/20200630-covid-19-sitrep-162.pdf?sfvrsn=e00a5466_2 (검색일: 2020.
    7. 1.)

제2장   비인간 행위자로서의 코로나19
바이러스: 확산과 공진화의 관점

김성진(한국환경연구원)

I. 코로나19 위기와 뉴 노멀(new normal)의 시작

전 세계를 보건위기에 빠트리고 현재도 확산이 진행 중인 코로나바이러스감염증-19(Coronavirus Disease 2019, 이후 "코로나19"로 지칭)의 발생 시점은 2019년 12월 말로 추정되고 있다. 2019년 12월 31일, 세계보건기구(World Health Organization, WHO) 중국 지부는 미지의 바이러스에 의한 후베이성 우한시에서의 이상 폐렴 증상에 대해 중국 정부의 보고를 받았다. 2020년 1월 3일 폐렴환자는 44명으로 공식 보고되었는데, 11명은 위독했으며 33명은 안정적인 증세를 보였다. 중국 당국은 위생검사와 살균 조치를 위해 바이러스가 기인한 지역으로 예상되는 우한시장을 폐쇄했고, WHO는 중국 정부의 위험평가 결과를 담은 더 상세한 정보를 요청했다. 중국 정부의 조사에 따르면 환자 중 몇몇은 우한수산시장의 납품업자와 노점상이었는데, 인간 간 감염에 대한 증거는 나타나지 않는다고 보고되었다. 이러한 보고에 바탕을 두고, WHO에서는 여행 또는 교역 제한 등의 특별한 조치를 취하지는 않고 44명의 환자에 대한 경과 관찰과 보고만을 권고했다(WHO 2020a).

　2020년 1월 11일과 12일, WHO는 중국 보건당국으로부터 더 자세한 정보를 받았다. 우한폐렴이 새로운 유형의 코로나바이러스에 의한 것으로 확인되었다는 소식이었다. 실험 결과 독감(인플루엔자), 조류 독감, 아데노바이러스, 중증급성호흡기증후군(Severe Acute Respiratory Syndrome, SARS), 중동호흡기증후군(Middle East Respiratory Syndrome Coronavirus, MERS) 등은 이 증상의 원인이 아니라는 점이 드러났다. 검사를 한 환자 41명 중 1명은 사망했고 6명은 중태를 보였는데, 41명 모두 2019년 12월 8일부터 2020년 1월 2일까지 새로운 코로나바이러스에 감염된 것으로 추정되었다. 확진자들은 모두 고열에 시달렸고, 폐 감염에 의한 호흡곤란을 겪는 이들도 몇몇 있었다. 이 때까지도 새로운 코로나바이러스에 대한 여행 또는 교역 제한의 조치는 이루어지지 않았다(WHO 2020b).

　하지만 새로운 코로나바이러스는 중국 국경을 넘어 다수의 국가로 확산되기 시작했다. 1월 13일 태국 공중보건부는 자국 내 첫 번째 확진자를 보고했다. 중국 우한시에서 단체관광을 온 61세 중국 노인이었는데, 태국 공항에서 발병이 확인되어 병원으로 이송되었다(WHO 2020c). 1월 15일에는 일본에서 첫 확진자가 발견되었다. 30대 남성 일본인으로, 우한에 다녀왔으나 수산시장에 가지 않고도 간접적으로 감염이 된 것으로 보고되었다(WHO 2020d). 하지만 이 때까지도 WHO는 신종 코로나바이러스가 사람 간 전염된다는 명백한 증거는 찾을 수 없다고 발표했다. 하지만 1월 20일 한국, 1월 21일 대만, 1월 23일 싱가포르, 말레이시아, 베트남에서 확진자가 보고되었으며, 공식적으로 확진 판정은 나지 않았어도 러시아, 멕시코, 브라질, 호주, 필리핀 등에서도 신종 코로나바이러스로 의심되는 환자가 발견되었다.

　WHO가 조치를 취한 것은 1월 24일이었다. WHO는 신종 코로나바이러스의 사람 간 감염이 진행되고 있으며, 우한과 다른 국가 간 여행을 제한할 것을 권고했다. 그리고 추가로 다른 국가에서 감염이 확인될 가능성, 특히 유럽 지역에서의 확진자 등장 가능성이 있음을 강조했으나, 국제공중보건비상사태(Public Health Emergency of International Concern, PHEIC)를 선포하기에는 아직 이르다고 발표했다(WHO 2020e). 하지만 1월 말이 되었을 때 세계 18개국에서 7,711명의 확진자, 170명의 사망자, 12,167명의 의심환자가 나온 상태였다. 1월 31일, WHO는 PHEIC를 공식 선포했다(WHO 2020f). 2009년 신종 인플루엔자 A(H1N1), 2014년 소아마비, 서아프리카 에볼라, 2016

년 지카바이러스, 2019년 콩고민주공화국 에볼라에 이은 역대 여섯 번째 WHO의 PHEIC 선포였다.

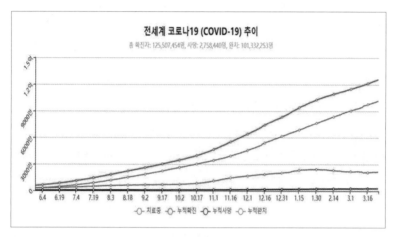

그림 2-1 전 세계 확진자 수, 사망자 수, 완치자 수 추이
출처: 코로나19(COVID-19) 실시간 상황판.

표 2-1 주요 감염병의 비교(2020년 10월 14일 기준)

병명	신종인플루엔자 A (H1N1)	MERS	SARS	코로나19
발견 장소	멕시코	사우디아라비아	중국	
감염 매개체	사람	낙타	박쥐(추정)	
전파 방식	비말 감염			
주요 증상	발열 및 호흡기 증상 등			
총 감염자 수	집계되지 않음	2,482명	8,096명	2,711,414명
총 사망자 수	18,449	854명	774명	192,126명
치사율	약 0.07%	약 35%	약 10%	약 2.85%
기초감염 재생산수(R0값)*	1.1~1.7	0.4~0.9	2~5	5~5.7

출처: 라이브 코로나 맵.
*기초감염재생산수(R0값): 한 사람의 감염자가 몇 명을 전염시킬 수 있는지를 나타낸 값.

이후 코로나19는 세계적으로 확산되어, 2021년 3월 25일 기준 확진자가 약 1억 2천6백만 명에 이르렀으며, 사망자 수는 275만 명을 넘어섰다. 같은 코로나바이러스과에 속하는 SARS, MERS가 수천 명 단위에서 확진자가 멈춘 데 비해, 코로나19는 전파의 규모에서 차원을 달리하고 있다. 또한 코로나19와 마찬가지로 비교적 치사율이 낮은 신종 인플루엔자 A(H1N1)와 비교해도, 확진자와 사망자의 수에서 코로나19가 지니는 위협은 매우 높다고 평가된다.

II. 바이러스 및 감염병의 특징

1. 감염병과 병원체

바이러스(virus), 세균(bacteria), 곰팡이(진균), 기생충 등 병원균 또는 미생물이 우리 몸에 들어와 여러 증상을 나타내는 상태를 일반적으로 "감염병"이라고 부른다(김양중·이경국 2020, 10). 법적으로는 더 세밀한 정의를 내리는데, 우리나라 「감염병의 예방 및 관리에 관한 법률」(감염병예방법) 제2조 1항에서는 감염병을 다음과 같이 정의하고 있다.

> "감염병"이란 제1급감염병, 제2급감염병, 제3급감염병, 제4급감염병, 기생충감염병, 세계보건기구 감시대상 감염병, 생물테러감염병, 성매개감염병, 인수(人獸)공통감염병 및 의료관련감염병을 말한다.

이 중 제1급감염병에 속하는 것이 에볼라바이러스병, 마버그열, 라싸열, 두창(천연두), 페스트, 탄저, 야토병, 신종감염병증후군, SARS,

MERS, 신종인플루엔자 등 가장 심각하고 전파력이 높은 바이러스성 질병이다. 코로나19 역시 제1급감염병에 속한다고 할 수 있다.

인류는 탄생 시기부터 수많은 감염병에 노출되어 왔는데, 신경을 파괴하여 인체를 참혹한 형상으로 만들기 때문에 "천형"으로 불린 한센병, 중세에 3천만 명 이상의 생명을 앗아간 페스트(흑사병), 남미 대륙에 들어와 잉카 문명과 아스테카 문명을 말살시킨 천연두 등 오랜 시간 보이지 않는 병원체들에게 끊임없이 위협당해야만 했다. 1670년 네덜란드의 렌즈기술자 안톤 판 레이우엔훅(Antonie van Leeuwenhoek)이 물체를 300배로 확대할 수 있는 현미경을 개발하여 세포와 미생물의 존재를 육안으로 확인할 수 있게 되었고 이에 따라 세균의 존재를 알게 되자, 인간에게는 비로소 감염병에 대항할 수 있는 길이 열렸다. 이후 1860년대 프랑스의 파스퇴르(Louis Pateru)는 여러 미생물이 감염의 원인이라는 사실을 규명했고, 독일의 코흐(Robert Koch)는 특정 세균들이 일으키는 특정 질병을 정립하고, 다양한 세균의 배양법을 고안하는 등 세균학의 시대를 열었다.

"박테리아"라고도 부르는 세균은, 원핵세포를 가진 원핵생물로서 평균 $1 \sim 5 \mu m$의 크기를 지니므로 생물 중에서 가장 작다. 세균은 하나의 단세포인데, 그 안에 생명을 이루는 핵산(DNA, RNA)이 있어 성장과 발육을 하고 동일한 개체를 생성하는 등 단독으로 각종 생명현상을 보인다(한국생명공학연구원 2014). 세균은 파상풍, 세균성 식중독, 탄저병, 폐혈증, 콜레라, 결핵, 매독, 폐렴 등 오랜 시간 인류를 위협해 온 많은 질병의 원인인데, 1929년 영국의 플레밍(Alexander Fleming)이 푸른곰팡이에서 추출된 페니실린이 포도상구균, 연쇄상구균, 뇌수막염균, 임질균, 디프테리아균 등의 세균에 항균작용을 지닌다는 사실을 밝혀냄으로써, 인류는 세균을 억제하거나 퇴치할 수 있는 항생제를 얻게 되었다.

하지만 세균의 규명과 항생제의 보급 이후에도, 새로운 감염병들이 지속적으로 등장했다. 이하의 표에서 확인할 수 있듯이, 20세기 이후 가장 치명적인 감염병의 대부분은 바이러스에 의한 것이다. 콜레라균에 의한 제7차 콜레라와 수막구균A에 의한 서아프리카뇌수막염을 제외하면, 모든 병이 바이러스를 원인으로 한다.

바이러스의 존재를 알지 못했던 당시의 과학자들은 새로운 병의 원인이 되는 존재를 찾기 위해 노력했으나, 20세기 이전의 광학현미경으로는 0.2μm보다 더 작은 병원체를 발견할 수 없었다(이성규 2018).

표 2-2 20세기 이후의 주요 감염병들

병명	기간	원인	특징
스페인 독감	1918~1920	H1N1 인플루엔자 A	제1차 세계대전 당시 5000만 명 사망
아시아 독감	1957~1958	H2N2 인플루엔자 A	중국 야생오리독감 변종, 200만 명 사망
에이즈	1960~현재	HIV	미국 최초 발견, 3,900만 명 사망
제7차 콜레라	1961~현재	콜레라균	인도네시아에서 전 세계 확산, 57만 명 사망
홍콩 독감	1968~1969	H3N2 인플루엔자 A	100만 명 사망
SARS	2002~2003	SARS-CoV	774명 사망
신종인플루엔자	2009~현재	H1N1 인플루엔자 A	멕시코 발병, 28만 4000 명 사망
서아프리카뇌수막염	2009~2010	수막구균A	1805년 발생, 1,210명 사망
콩고 홍역	2011~현재	홍역 바이러스	2000년 이전부터 지속 발생, 4,555명 사망
에볼라	2014~현재	에볼라 바이러스	남수단 발생, 1만 명 사망
MERS	2012~현재	MERS 바이러스	중동 발생, 587명 사망
지카	2015~현재	지카 바이러스	브라질에서 39개국 전파, 기형아 출산
코로나19	2019~현재	SARS-CoV-2	중국 발생, 275만 명 이상 사망(진행 중)

출처: 장항석(2018, 350)을 토대로 저자 수정.

19세기 말 담배 잎을 썩게 만들던 담배 모자이크병의 병원체는 세균이 통과할 수 없는 무균 필터를 통과하여 감염을 시켰기에, 네덜란드의 베이에인크(Martinus Beijerinck)는 현미경으로도 볼 수 없는 이 병원체가 동물, 식물, 곰팡이, 세균 중 그 어디에도 속하지 않는 것임을 알아채고, "독"이라는 뜻의 라틴어 "Virus"에서 이름을 따서 이를 "바이러스"라고 처음 명명했다. 그리고 1933년 독일의 루스카(Ernst August Friedrich Ruska)가 약 1만 배의 배율을 지닌 전자현미경을 발명한 후 1939년 이를 더 개량하여 상용화하면서 비로소 바이러스의 존재가 확인되었다(박지욱 2020). 일반적으로 30~90nm의 크기를 지닌 바이러스에 대한 관찰이 가능해진 것이다.

　　세균과 달리 바이러스는 생물이 지닌 몇 가지 기본적인 특징들을 지니지 않기 때문에, 생물이라고 간주하지 않고 생물과 무생물의 중간 존재로 본다. 우선, 바이러스는 생물의 가장 기본적인 특징인 종족 번식을 스스로 할 수 없다. 바이러스는 다른 생물의 세포를 숙주로 삼아 기생하여 자신의 유전자를 증폭하는 방식으로 번식하기 때문에, 반드시 숙주가 있어야 번식이 가능하다. 또한, 바이러스에게는 생명체의 특징인 대사작용이 나타나지 않는다. 생명체는 영양분을 섭취하여 필요한 에너지를 만들고, 이를 통해 생명을 유지한다. 하지만 바이러스는 이러한 작용을 스스로 하지 않고, 숙주의 대사작용을 이용하여 생명을 유지한다(김양중·이경국 2020, 58-59). 생명체인 세균과, 생물과 무생물의 중간 존재인 바이러스의 차이점은 이하의 표와 같이 정리할 수 있겠다.

　　바이러스는 자가복제가 불가능하고 숙주를 이용해야만 생존·번식할 수 있기에, 그에 최적화 된 형태와 행태를 지니고 있다. 이하의 그림을 보면, 바이러스는 캡시드(Capsid)와 핵산(DNA, RNA)을 둘러싼

표 2-3 세균과 바이러스의 차이점

	세균	바이러스
특성	균에 의한 것 또는 균이 생산하는 독소에 의하여 발병	크기가 작은 DNA 또는 RNA가 단백질 외피에 둘러싸여 있음
증식	온도, 습도, 영양성분 등이 적절하면 자체증식 가능	자체증식이 불가능하여, 반드시 숙주가 있어야 증식
발병량	일정량(수백~수백만) 이상의 균이 존재해야 발병	미량(수십~수백)의 개체로도 발병
증상	설사, 구토, 복통, 메스꺼움, 발열, 두통 등	
치료	항생제 등으로 치료가 가능하며, 일부 균에 대한 백신 존재	항생제와 같은 보편적인 치료법은 없음

출처: 한국생명공학연구원(2014).

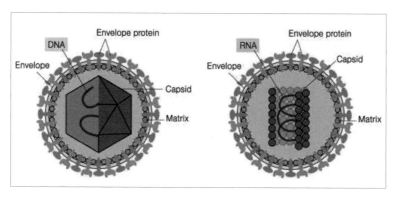

그림 2-2 바이러스의 구조
출처: Ryu(2017, 22).

막단백질(envelope protein)로 이루어진 단순한 구조를 갖고 있다. 캡시드는 유전물질인 핵산을 감싸서 보호하고, 바이러스가 숙주의 세포 속으로 침투할 수 있도록 만들어준다. 막단백질은 바이러스마다 모양이 다른데, 바이러스가 표적으로 삼는 세포에 딱 맞춰 도킹하기 위한 구조이다. 이 때문에 바이러스는 각기 표적으로 삼는 세포가 다르며, 외피를 감싸서 도킹을 못하도록 만드는 것이 바이러스에 대한 면역기능의 요체이다.

〈그림 2-2〉에서 볼 수 있듯이, 캡시드 안에는 DNA 또는 RNA가 들어 있다. 이는 모두 정보를 기록하고 발현시키는 기능을 갖는다. 하지만 둘 사이에 큰 차이점이 있는데, 돌연변이율이다. DNA는 이중나선구조이기 때문에 비교적 복잡한 구조를 갖고 있어서 돌연변이 발생률이 낮지만, RNA는 유전정보를 한 가닥에 모두 저장하므로 돌연변이율이 DNA에 비해 수천 배 더 높다. 특정 바이러스가 어떻게 진화할지, 어떤 식으로 행동할지 예측할 수 없는 경우가 더 많다는 의미이다. 그러므로 인간의 관점에서 볼 때, RNA 바이러스는 DNA 바이러스보다 훨씬 더 위협적이다. 그리고 최근 나타난 대부분의 바이러스성 감염병인 AIDS, SARS, 니파, 황열, 웨스트나일, 에볼라, 코로나19 등은 모두 RNA 바이러스의 형태를 갖고 있다.

코로나 바이러스는 표면 돌기의 단백질을 구성하는 곳이 태양광환(corona)과 같은 왕관(crown) 모양이라서 "코로나"라는 이름이 붙었다. 코로나 바이러스 역시 막단백질과 30kb 길이의 단일가닥 RNA를 지니고 있으므로, 증식 과정에서 돌연변이와 유전자 재조합이 빈번하게 발생한다. 코로나 바이러스는 알파, 베타, 감마, 델타라는 네 개의 속으로 분류되며, 이 중 알파와 베타에 사람을 감염시키는 SARS, MERS 등이 포함된다(약학정보원 학술정보센터 2020, 1-3). 2002년 중국 광둥 지역에서 박쥐를 매개로 발생하여 국제적으로 유행한 SARS와 마찬가지로, 코로나19 역시 주로 하기도에 분포하는 ACE2(angiotensin-converting enzyme 2)를 수용체로 사용하는 것으로 밝혀졌다(약학정보원 학술정보센터 2020, 4-7).

2. 바이러스성 감염병의 단계

2008년 5월, WHO 사무총장인 챈(Margaret Chan)은 WHO 본회의의 61번째 세션 모두연설을 통해 다음과 같이 경고한 바 있다.

"전 지구적인 식량위기, 기후변화, 그리고 팬데믹(pandemic) 인플루엔자는 인류의 보건에 대한 주요 위협요인들입니다. 국제안보를 명백히 위협하고 있는 이 세 개의 치명적인 사안들은 공공보건 영역에서 대단히 어렵게 성취한 진전을 무효화시킬 잠재력을 갖고 있습니다

표 2-4 감염병의 단계

단계	특징
1단계	동물 사이에서 도는 어떠한 동물 인플루엔자 바이러스도 인간 감염이 보고된 적 없음.
2단계	가축 또는 야생동물 사이에서 도는 어떤 동물 인플루엔자 바이러스가 인간에게 감염되었다고 알려지며, 따라서 팬데믹 위협이 될 수 있는 특별한 잠재력이 있음이 파악됨.
3단계	동물 또는 인간-동물 인플루엔자 조합 바이러스가 인간에게 산발적인 질병 사례 또는 소집단 감염 사례를 야기하나, 인간에서 인간으로 전염되지는 않아 지역공동체 차원의 발생은 일어나지 않음.
4단계	동물 또는 인간-동물 인플루엔자 조합 바이러스가 인간에게서 인간으로 전염되어 지역공동체 차원의 감염 발생이 확인됨.
5단계	WHO 지역 내 두 개 이상의 국가에서, 동일하다고 판명된 바이러스가 지속적으로 지역공동체 차원에서 발생.
6단계	5단계에서 규정된 기준에 더하여, 같은 바이러스가 다른 WHO 지역 최소 한 국가의 지역공동체 차원에서 지속적으로 발생.
정점 이후 시기	적절한 감시 속에 있는 대부분의 국가에서 팬데믹 인플루엔자 수준이 정점 수준 이하로 하락.
팬데믹 이후 시기	적절한 감시 속에 있는 대부분의 국가에서 인플루엔자 활동의 수준이 계절별 인플루엔자 수준으로 돌아옴.

출처: World Health Organization(2009).

표 2-5 감염병 단계별 주요 행동

단계	계획 및 조정	상황 감시 및 평가	소통	질병 확산의 완화	보건서비스의 지속적 제공
1~3 단계	국가의 인플루엔자 팬데믹 준비태세와 대응계획을 개발, 훈련, 정기적으로 수정	국립동물보건기관 및 여타 관련 부문과의 협업을 통해 튼튼한 국가감시시스템 개발	소통계획을 완료하고 실질적·잠재적 위험을 나누는 소통활동 착수	개인의 자기보호를 위한 시혜적 행동 장려. 약과 백신의 사용을 계획	규모를 확대한 보건시스템 준비
4 단계	WHO와 협력하여 감염병의 확산을 제한하거나 지연시키도록 시급히 팬데믹 봉쇄 활동을 지시 및 조정	감시 증대. 봉쇄활동 관찰. 발견한 것을 WHO 및 국제공동체와 공유	집단적·개인적 위험을 예방·축소하기 위해 권고된 개입을 촉진·소통	빠른 팬데믹 봉쇄 활동 및 여타 행동의 시행. 필요하다면 WHO 및 국제공동체와 협력	긴급사태 대책 발동
5 단계 / 6 단계	사회적·경제적 영향을 낮추도록 다부문 자원에 리더십과 조정 제공	진화하는 팬데믹과 그 영향 및 완화 조치를 적극적으로 감시 및 평가	일반대중과 모든 이해관계자에게 팬데믹 상황과 위험경감 조치에 관한 업데이트 제공 지속	개인적·사회적·의약적 조치 시행	전 수준에서 보건시스템을 위한 긴급사태 대책 시행
정점 이후 시기	가능한 미래 여파 기간 동안 추가 자원과 역량을 위한 계획 및 조정	추후의 여파 감지를 위해 계속 감시	팬데믹 상태의 어떤 변화에 대해서도 대중과 이해관계자들에게 정기적으로 업데이트	지침, 규정, 알고리즘 조치의 업데이트를 통해 사용된 조치의 효과를 평가	휴식, 자원 다시 채우기, 계획 수정, 핵심 서비스 재정비
팬데믹 이후 시기	국제공동체와 학습한 교훈을 검토하고 경험을 공유. 자원을 보충	다음 팬데믹과 여타 공공보건위기에 대비하여 팬데믹의 특징, 상황감시, 평가도구를 평가	공개적으로 모든 공동체 및 부문의 공헌을 알리고 학습한 교훈을 소통. 합습된 교훈을 공동체 활동 및 계획에 포함하여 다음의 주요 공중보건위기에 대비	시행된 모든 개입에 대한 철저한 평가를 수행	팬데믹에 대한 보건시스템의 대응을 평가하고 학습된 교훈을 공유

출처: World Health Organization(2009).

(UN News Centre 2008)."

챈이 사용한 용어 "팬데믹"은 사람 몸에 바이러스가 침투하여 대변이 후 일으키는 범유행성 전염 현상을 지칭한다. '모두'를 뜻하는 'pan'과 '사람'을 뜻하는 'demic'의 결합 형태로서, 유행이 일어나면 세계 도처에 감염이 확산된다는 의미이다. WHO는 감염병의 단계(phase)를 여섯 개로 분류하며, 이 중 특정 단계만을 팬데믹이라고 부른다. 감염병이 특정 지역에서 한정적으로 발생하는 4단계는 "에피데믹(epidemic)"이라고 하며, 에볼라, SARS, 각종 인플루엔자 등이 대표적으로 이에 해당된다. 5, 6단계가 팬데믹인데, WHO는 창설 이후 지금까지 세 번의 팬데믹을 선언한 바 있다. 1968년 홍콩 독감, 2009년 북미 신종플루, 그리고 2019년 코로나19가 현대에 발생한 팬데믹에 해당된다. 말라리아, 뎅기열 등 바이러스가 완전히 퇴치되지 않고 특정 지역에서 주기적으로 발생한다면 이는 "엔데믹(endemic)"이 된다. 감염병의 단계 구분 및 단계별 주요 행동에 대한 구체적인 내용은 〈표 2-5〉와 같다.

III. 비인간 행위자로서의 바이러스: 확산과 공진화

1. 확산

특정한 바이러스성 감염병이 팬데믹으로 가는 조건은 무엇일까? 인수공통감염병의 특징을 면밀히 분석한 영향력 있는 저술에서 콰먼은 중요한 질문을 던진다(데이비드 콰먼 2017, 364-365). "왜 어떤 바이러스

질병은 크게 유행하고, 어떤 질병은 전 세계를 집어삼키며, 또 어떤 질병은 간헐적으로 유행하거나 큰 피해를 일으키지 않고 지나갈까?" 콰먼은 전파력과 독성이라는 두 가지 측면에서 대답을 제시하고 있다.

먼저, 바이러스의 유행 수준은 바이러스의 전파력에 달려 있다. 바이러스는 숙주 안에 기생하며, 복제와 전파를 통해 생명을 유지한다. 복제란 바이러스가 한 숙주에서 다른 숙주로 이동하는 것을 의미하며, 전파력은 전파를 일으키는 다양한 속성을 뜻한다. 바이러스는 각자의 특징에 따라 상이한 전파의 경로를 지니기 때문에, 확산의 정도는 이에 따라 결정된다.

콰먼에 따르면, 주요 전파 경로로 다섯 가지를 들 수 있다. 첫째, 공기 전파이다. 이는 가장 강력한 형태의 전파력을 보이는데, 인플루엔자와 SARS 등은 공기를 통해서 전염되는 바이러스이다. 둘째, 구강·대변 전파이다. 좁은 공간에 다수의 숙주가 모여 사는 경우, 배설물로 오염된 물이나 음식을 통해 주로 전파가 이루어진다. 엔테로바이러스가 대부분 이에 속한다. 셋째, 혈액 전파이다. 황열, 웨스트나일, 뎅기열 바이러스 등이 이에 속한다. 바이러스가 숙주의 혈액 속에서 다량 복제되었을 때, 흡혈동물 등의 매개체가 그 숙주를 물게 되면 피 속의 바이러스를 흡수하게 된다. 이후 매개체 내에서 바이러스는 더 많은 복제를 하게 되고 다음 번 흡혈 시 다른 숙주로 전염되는 과정을 겪는 것이다. 넷째, 성적 전파이다. 헤르페스, AIDS 바이러스, B형 간염 등 외부조건(햇빛, 건조한 공기 등)에 취약성을 지닌 바이러스들은 성적 접촉을 통해 전파되는 경로를 취한다. 다섯째, 수직 전파이다. 모체에 있다가 태아로 전파되는 방식이다. AIDS, 풍진바이러스 등이 대표적이다(데이비드 콰먼 2017, 365-370).

천연두(Smallpox)는 바이러스의 전파 경로가 얼마나 중요한 변수

인지를 정확히 보여주는 사례이다. 천연두는 바리올라(Variola) 바이러스에 의한 전염병으로, 수천 년 전부터 존재하며 인류 역사상 가장 많은 사망자(약 10억 명)를 야기한 감염성 질병이다. 1798년 영국의 의사 제너(Edward Jenner)가 종두법의 결과를 영국왕립학회에 보고하면서 세계 최초 백신의 개발에 성공하기까지, 천연두는 치사율 30% 이상을 기록하며 인류에 크나큰 위협이 되었다. 1959년 세계보건기구(World Health Organization, WHO)는 천연두의 완전 박멸을 추진하였으나 재정, 인력, 국가들의 헌신, 백신기부 등 여러 면에서 부족함을 겪었고, 남미, 아프리카, 아시아 등에서는 천연두가 지속적으로 발병하였다. 이러한 상황 속에서 WHO는 1967년 강화된 박멸프로그램(The Intensified Eradication Program)을 가동하여 세계에 백신을 보급하는 등 천연두 퇴치에 힘을 쏟았다. 천연두박멸프로그램에 힘입어 남미에서는 1971년, 아시아에서는 1975년, 아프리카에서는 1977년 10월 12일을 기점으로 천연두는 더 이상 지구상에 나타나지 않았다. 이에 1980년 5월 8일 WHO 제33차 세계보건총회는 천연두의 완전 박멸이라는 세계 보건 역사상 최고의 성과 중 하나를 공식 선포했다. 천연두는 지구상에서 공식적으로 박멸된 최초의 바이러스가 된 것이다(Centers for Disease Control and Prevention 웹사이트).

　이러한 성공에 힘입어, WHO는 나머지 감염병 역시 머지않은 시간 내에 완전 퇴치할 수 있을 것으로 자신했다. 그리고 천연두에 이어, 현재 WHO는 소아마비 바이러스인 폴리오(Polio)의 완전 퇴치 선언을 앞두고 있다. 폴리오바이러스는 주로 5세 이하의 아동에게 침투하여 신경계를 공격하며, 1~5%의 환자가 회복 불가능의 근육 마비 장애를 갖게 된다. 소아마비는 혈청형으로 세 가지 바이러스를 원인으로 하는데, 2형은 1999년 소멸했고, 3형은 2012년 나이지리아에서의 발견 이

후 나타나지 않고 있어, 1형을 제외한 두 가지의 혈청형은 박멸되었다
고 판단되고 있다. 1형 역시 예방접종이 이루어지지 않은 곳(아프가니
스탄, 파키스탄)에서 소수의 발병이 보고되는 추세이다(최종균 2018).
결과적으로, 천연두에 이어 소아마비는 인류가 완전 박멸에 성공한 두
번째 바이러스성 감염병이 될 가능성이 높은 상태이다.

하지만 천연두와 소아마비 외에, 인류는 다른 수십 가지 바이러스
와의 전쟁에서 고전을 면치 못하고 있다. 이러한 성공과 실패를 가른
결정적인 요인은 바이러스가 지니는 특성이다. 천연두는 오로지 인간
에게만 감염을 일으킨다. 천연두 바이러스는 인간의 몸 속 외에는 어디
에서도 살거나 번식할 수 없다는 뜻이다. 소아마비 바이러스도 마찬가
지의 특징을 지닌다. 오로지 인간만이 폴리오바이러스에 감염된다. 게
다가 두 바이러스는 낮은 비용으로 영구적인 효과를 지닐 수 있는 백
신이 이미 개발된 상태이다. 다른 바이러스는 어떠한가? 인간 외에도
수많은 동물들의 몸속에서 살거나 번식하는 것이 가능하다. 에볼라, 웨
스트나일, 황열, 뎅기열, 니파, 한타, 각종 인플루엔자, 후천성면역결핍
증후군(Acquired Immune Deficiency Syndrome, AIDS), SARS, MERS,
그리고 코로나19까지 모두 인간과 동물을 넘나드는 바이러스를 원인
으로 한다. 이러한 바이러스성 질병을 "인수공통감염병(zoonosis)"이
라 부르며, 인간 몸속에서만 살 수 있는 바이러스와는 달리 인수공통감
염병을 일으키는 바이러스들은 다양한 동물들의 몸속에서 살다가 인
간에게 감염되기 때문에 영구적인 박멸은 불가능에 가깝다고 할 수 있
다(데이비드 콰먼 2017, 28-31).

그러므로 천연두 박멸 이후 소아마비에서도 성공을 거두며, 근시
일 내 대다수 바이러스성 감염병의 퇴치를 장담했던 WHO의 기대와
는 달리, 인류가 퇴치할 수 있는 바이러스는 대단히 한정적이라는 사실

표 2-6 인수공통감염병의 감염 경로에 따른 분류

단계	특징	주요 사례
1단계	동물→인간 전염, 인간→인간 전염되지 않음	고양이찰과열, 앵무새병, 렙토스피라증, 부르셀라병, 야토병 등
2단계	인간 사이에서 전염되나 조건이 맞지 않아 지속되지 않음	요농농열, 영국 발한병, 피카디리 발한병 등
3단계	동물→인간 전염, 인간→인간 전염, 바이러스가 소멸되지 않은 채 인간에게 적응	라싸열, 라임병, AIDS, A형 인플루엔자 등
4단계	동물에게서는 발병하지 않고, 인간에게서만 발병	홍역, 말라리아, 천연두 등

출처: 천병철(2004, 1026-1028)의 내용을 표로 정리.

을 알 수 있다. 오히려 미지의 바이러스를 보유한 다양한 숙주 동물들
이 인간 세계에 맞닿는 일이 잦아질수록 새로운 바이러스의 등장이 늘
어날 것이고, 인류는 지속적으로 미지의 위협에 직면하게 될 것이라는
점이 명백해진 것이다. 최근의 코로나19는 특정 질병의 유행이 아니라
이러한 일련의 보건안보적 위기 중 하나로 이해해야 하며, 인간은 코로
나19에 대한 대응을 넘어 인수공통감염병 자체에 대해 체계적으로 대
응하지 않으면 계속해서 큰 위험에 빠지게 될 것이라는 사실 역시 분
명해졌다.

2. 공진화

몇몇 연구에서는 인수공통감염병 바이러스와 인간의 관계를 공진화
(co-evolution)의 관점으로 해석한다. 예컨대 김상배의 연구에서는 행
위자-네트워크 이론을 적용하여 인간과 코로나19의 관계를 행위자-
네트워크의 복합체로 간주한다. 코로나19가 발병하자 조치를 취한 인
간에 의해 바이러스의 특성적 변형이 이루어졌으며, 이러한 병원체의

진화 과정에 따라 인간의 유전자 역시 변형되었을 가능성이 있으므로, 인간과 코로나19는 네트워크 속에서 같이 진화하는 관계로 파악되는 것이다(김상배 2020, 60).

　바이러스의 특성과 공생의 원칙, 달리 표현하면 바이러스와 숙주의 "공진화"에 관하여, 앤더슨(Roy M. Anderson)과 메이(Robert M. May)는 일반화를 시도한 바 있다(Anderson and Roy 1982). 이들은 전파율(바이러스가 전파를 일으키는 비율), 회복률(전파 후 살아남은 숙주가 회복에 걸리는 시간), 치사율, 감염과 무관한 사망률, 숙주집단의 크기 등을 고려하여 하나의 결론을 도출해냈다. 바이러스의 진화는 숙주집단의 크기와 전파율에 비례하며, 치사율, 회복률, 감염과 무관한 사망률과는 반비례한다는 것이다. 이 공식은 대단히 중요한 시사점을 주는데, "성공적인" 바이러스란 숙주와 조화롭게 공생하는 것도 아니고, 숙주를 빨리 죽이는 것도 아니라는 사실이다. 숙주를 빠르지 않은 속도로 잠식하는, 너무 강력하지는 않은 독성을 지닌 "중도적인" 바이러스야말로 가장 오랜 시간을 살아남는다는 것이 앤더슨과 메이의 연구가 지니는 중요한 함의점이다.

　전파력과 더불어, 바이러스의 독성 역시 유행 수준의 결정적인 변수가 된다. 콰먼은 "특정 바이러스의 독성은 숙주와 바이러스 사이의 진화 역사와 관련이 있다"고 표현한다(데이비드 콰먼 2017, 371). 이는 곧, 바이러스 중 가장 "효율적인" 종류들은 숙주와 어느 정도 공생한다는 의미이다. 가장 성공적인 바이러스는 숙주를 "빨리" 죽이지 않으며, 의학에서 보통 "잠복성 감염"이라고 표현하는 상태에서 충분히 증식하면서 숙주의 자원을 이용하는 상황을 길게 가져간다. AIDS의 바이러스인 HIV(Human Immunodeficiency Virus)가 대표적인 사례인데, HIV는 숙주의 혈액 속에 약 10년간 머무르며 천천히 증식을 한다. 이

오랜 시간 동안 숙주 몸의 면역기능을 피해가면서 서서히 숙주를 잠식해가는 것이다. 물론 이 "공생의 원칙"에는 여러 예외가 있다. 예를 들어 광견병은 99%의 사망률을 지니나, 결코 소멸하지 않고 오랜 시간 유행하고 있다. 광견병의 바이러스는 빠르게 숙주를 죽이지만, 숙주 사망 전 다른 숙주로 이동해가는 능력이 뛰어나기 때문이다. 광견병 바이러스는 먼저 숙주의 뇌로 들어가 공격성을 유발한 다음, 침샘으로 이동하여 숙주가 물어뜯은 다른 숙주로 옮겨가는 특별한 전략을 취한다(데이비드 쾨먼 2017, 372-373).

한편, 바이러스와 숙주의 공진화를 논하기 위해서는 바이러스 측면뿐 아니라 숙주 측면에서도 고찰해 볼 필요가 있을 것이다. 주요 바이러스성 감염을 일으키는 인수공통감염병을 기준으로 할 때, 인간에 종간전파를 일으키는 숙주는 가축, 인류친화성 동물, 인류외원성 동물의 세 가지로 분류된다. 한타바이러스, 라사열 등은 쥐를 주요 숙주로 삼고, 황열바이러스, 헤르페스B형, HIV 등은 원숭이를 숙주로 한다. 조류독감은 야생조류에서 가축을 거쳐 인간에게 전파된다.

다양한 보유숙주들 중에서도 특히 큰 문제가 되는 것은 인류외원성 동물에 해당되는 숙주들이다. 1970년대 이후 나타난 신종감염병의 60% 이상이 인수공통감염병이며, 이 중 약 72%가 야생동물에서 유래

표 2-7 인수공통감염병의 보유숙주 분류

보유숙주	내용
가축	애완용 동물(개, 고양이 등), 농장에서 기르는 짐승(소, 돼지, 오리 등) 등 인류와 매우 밀접하게 생활하는 동물과 바이러스 공유
인류친화성 동물	쥐 등 인류와 밀접하게 살지만 인류가 일부러 키우지는 않는 동물과 바이러스 공유
인류외원성 동물	박쥐, 원숭이 등 인류와 밀접하게 살지 않는 동물과 바이러스 공유

출처: 천병철(2001, 126)을 토대로 저자 수정.

된 것으로 파악된다(신나리 외 2019, 121). 그 중에서도 특히 주목해야 할 숙주는 박쥐이다. 코로나19뿐 아니라 SARS-CoV의 보유숙주가 박쥐이고, MERS는 박쥐에게서 낙타로 전파되어 나타났다. 헨드라, 마버그열, 광견병, 메낭글, 티오만, 멜라카, 니파, 에볼라(추정) 등 수많은 바이러스가 박쥐를 통해 인간에게 종간전파가 되었다.

캘리셔(Charles H. Calisher) 등은 인간에게 종간전파를 일으키는 바이러스의 보유숙주 중 박쥐가 다수를 차지하는 이유에 대해 다양한 가능성을 추론한 리뷰 논문을 발표한 바 있다. 이들은 박쥐가 보유숙주인 66개의 주요 바이러스를 고찰한 후, 박쥐를 통해 이렇게 많은 바이러스가 전염되는 원인을 다음과 같이 제시한다(Calisher et al. 2006).

첫째, 박쥐로 분류되는 종의 수가 너무 많다. 약 4,600여 종의 포유류 중 925개가 박쥐로 분류되니 약 20%를 차지한다. 즉, "박쥐"라고 부를 수 있는 동물의 종류가 너무 많다보니 보유숙주가 박쥐일 가능성도 높아졌다는 의미이다. 많은 종류의 바이러스가 다양한 포유동물에 기생하고 있는데, 그 포유동물 중 20%가 박쥐이다보니 결국 보유숙주가 될 확률이 높을 수밖에 없는 것이다. 둘째, 박쥐는 멀리 날아다닌다. 매일 먹이를 찾아 원거리를 날아다니고, 계절이 바뀔 때는 서식지를 찾아 수백 km 이상을 날기도 한다. 조류가 아닌데도 이렇게 먼 거리를 날아다니는 동물은 박쥐 외에는 달리 없다. 셋째, 박쥐는 특이한 면역 체계를 갖고 있다. 박쥐는 동면 중 대단히 낮은 기온에서도 생존할 수 있는데, 이런 특성으로 인해 바이러스가 혈액 속에서 오래 살아남을 수 있는 조건이 형성될 가능성이 높다. 넷째, 박쥐는 수명이 길다. 25년을 넘기는 경우가 흔하며, 35년까지도 산다. 그러니 감염 후 오랜 시간 살고 번식하면서 다른 개체에게 바이러스를 전염시킬 가능성이 높다. 다섯째, 박쥐는 다수가 무리지어 살기를 좋아하며, 개체끼리 붙어서 사는 습성을 갖고 있다. 사방 30cm 공간에 300마리의 박쥐가 붙어사는 경우도 발견되니, 이러한 특성으로 인해 서로 간 감염이 쉽게 발생한다. 여섯째, 박쥐는 다수가 같이 살기 때문에 임계집단의 크기가 대단히 크다. 따라서 그만큼 바이러스의 변종도 다양해지며, 면역이 되지 않고 바이러스가 쉽게 침투할 수 있는 새로운 박쥐 개체가 계속해서 등장하게 된다. 일곱째, 박쥐는 소리를 내어 반향을 통해 위치를 파악한다. 소리를 내는 과정에서 바이러스가 전파될 수 있다. 마지막으로 여덟째, 박쥐는 포유류 중 가장 미발달된 상태라고 볼 수 있는데, 그런 면에서 포유류가 갖지 못한 특수한 면역체계를 갖고 있을 가능성이 높다.

결과적으로, 바이러스가 보유숙주로 삼는 생명체는, 박쥐와 같이 그에 적합한 형태의 진화를 이루어낸 존재들이다. 바이러스는 자신에게 어울리는 생명체를 숙주로 삼아 균형 잡힌 속도와 침투성으로 숙주를 잠식해 들어간다. 특정 바이러스가 선호하는 특정한 숙주의 결합이 과거의 전형적인 모습이었다면, 20세기 이후 인류가 새로이 발견한 신종 바이러스들은 바이러스-동물 숙주-인간으로의 "종간" 장벽을 뛰어넘는 전파를 거치며 새로운 형태의 서식구조를 창출해낸다. 그리고 바이러스의 종간전파를 가능케 한 가장 중요한 요인은 현대 인간의 행동이다. 인간은 의도치 않게 비인간 행위자로서의 바이러스를 자신의 세계에 끌어들이고 급격한 확산이 가능하도록 만들었다.

IV. 포스트코로나 시대의 인간과 환경

1940년 이후 출현한 질병은 330개 이상이며, 대부분이 동물에게서 비롯된 감염병이다. 그리고 이 중 "야생"동물로부터 비롯된 감염병이

72%를 차지한다(앙투안 드 라비냥 2020). 새로 발견되는 감염병의 다수가 인수공통감염병이라는 특징을 지닌다는 사실은, 인류를 위협하는 보건위기의 가장 큰 원인은 인간이 자연환경을 대해온 방식 그 자체라는 점을 시사한다. 대다수의 보건정책 연구자들은 신종 감염병 증가의 원인으로 "인간과 환경 간 상호작용의 변화", 더 구체적으로는 "인구증가, 도시화, 여행·교역의 증가, 빈부격차, 전쟁, 경제발달과 토지개발에 따른 생태환경의 파괴 등"을 지목하고 있다(신나리 외 2019, 121). 안명옥은 이를 더 범주화시켜서 기술하고 있는데, 현대 사회에 인수공통감염병이 계속 새로이 출현하는 이유로 다음의 다섯 가지를 들고 있다. 첫째, 기후변화로 인해 기온이 상승하고 자연재해가 늘어나면서 매개체들의 활동 지역과 창궐 시기가 변화했다. 둘째, 항생제에 저항하는 병원체가 늘어나는 등 병원체가 진화하였다. 셋째, 인구이동과 무역이 증가하면서 병원체가 세계 각 곳으로 이동하게 되었다. 넷째, 개발로 인한 생태계 파괴로 병원체가 인간에게 노출되는 일이 빈번해졌다. 다섯째, 경제위기로 인해 빈곤지역의 보건체계가 무너졌고, 감염병 통제가 이루어지지 않게 되었다(안명옥 2019, 39-40). 요컨대, 인간은 개발 과정에서 야생의 생태계에 과도하게 침투하였고, 그 결과 이전에는 서로 거리를 두고 공존하던 야생동물과 인간의 상호작용이 늘어나면서 새로운 바이러스가 인간의 생활권에 등장하고 확산되었다. 그리고 개발의 결과 나타난 인간 생활의 밀도, 속도, 편차는 그러한 확산을 가속화시키고 있다. 따라서 전 지구적 보건위기는 전 지구적 환경위기와 밀접하게 맞물려 있다고 할 수 있다.

많은 연구자들은 환경훼손과 보건위기의 연관성에 대해 강력한 증거를 내놓고 있다. 한 예로 깁(Rory Gibb) 등은 인간이 생태계에 가한 영향으로 인해 인수공통감염병의 다양성이 증가했다는 사실을 연구를 통해 보여준다. 깁 등에 따르면, 인간 활동에 의한 토지이용의 변경, 즉 야생동물 서식지를 농지 또는 도심으로 전용하는 행위로 인해 서식지를 잃은 동물들이 인간의 생활권으로 유입되면서 인수공통감염병이 크게 증가하게 되었다. 연구진은 세계 각 곳에서 인간이 변형시킨 6,801개의 야생동물 서식지와 376종의 야생동물 종을 조사한 결과, 인간에 의한 전용이 없는 서식지에 비해 인수공통감염병을 옮기는 동물의 종은 18~72%가 늘어났고, 개체 수는 21~144%가 증가했음을 확인했다(Gibb et. al. 2020, 399). 이뿐 아니라, 본래의 서식지를 잃고 인간 생활권에 살게 된 동물 종 내에서 병원균을 지닌 개체의 수도 증가했는데, 참새류는 14-96%, 박쥐류는 45%, 설치류는 52%의 개체 수 증가율을 보였다(Gibb et. al. 2020, 400).

한편, 산체스(Cecilia A. Sanchez) 등의 연구(Sanchez, Altizer and Hall 2000)는 인간 활동에 의해 중금속 등의 유독성 물질이 야생동물 서식지에 유입되었을 때 이것이 야생동물들의 행태에 미치는 영향을 규명한다. 산체스 등은 박쥐를 대상으로 삼아, 5만 마리 중 100마리가 바이러스에 감염되었을 경우 유독성 물질에 피해를 입는 서식지와 피해가 없는 서식지에서의 차이를 시뮬레이팅하였다. 그 결과, 유독성 물질의 유입으로 오염된 서식지가 많은 곳에서는 박쥐의 개체 수가 줄어들었으며, 감염병의 확산 비율도 높아진다는 사실이 확인되었다. 인간이 박쥐 서식지를 훼손하지 않을 때, 인간과 박쥐에게 모두 이로운 결과가 나타나는 것이다.

최근에는 기후위기와 보건위기를 연계하는 연구도 늘어나고 있다. 인간 활동에 의한 온실가스 배출량의 증가로 지구 평균기온이 상승하여 기후변화가 일어나면 기존의 생태계는 크게 변모하게 된다. 기온 변화 때문에 바이러스의 매개체들이 사는 서식지가 이동하고 번식 속도가 빨라질 수도 있으며, 기상이변과 자연재해로 인해 산림, 습지 등 야생동물 서식지가 파괴되면서 감염병 매개체와 인간의 거리가 더욱 가까워질 수 있는 것이다. 이에 대한 실증연구로, 베이어 등은 SARS와 코로나19의 출현 역시 기후변화와 밀접한 관련이 있다는 사실을 보여 준다. 연구진은 기후변화의 영향이 큰 중국 남부 윈난성, 미얀마, 라오스 일대에서 식물 서식 유형에 큰 변화가 있었음을 파악했다. 과거에는 작은 나무들이 주로 자라던 관목지대가 기후변화로 인해 열대우림과 유사한, 박쥐들이 선호하는 낙엽수지대로 변화한 것이다. 이들은 1900년대 초 박쥐종의 전 지구적 분포를 조사하여 현재와 비교한 결과, 약 40종의 박쥐종이 이 지역에 새로 유입되었으며, 이로 인해 50~150종의 코로나 바이러스(박쥐 한 개체당 평균 약 1.29~4.05종)가 새로 등장했다는 사실을 밝혀냈다(Beyer, Manica and Mora 2021, 2).

아프리카 에볼라(Ebola) 바이러스의 확산 과정을 연구한 레딩(David W. Redding) 등의 연구진은 인수공통감염병의 확산이 생태계 변화, 감염병 바이러스, 사회-경제 요인이 모두 복합적으로 상호작용하는 결과라는 사실을 보여주는 시스템-다이내믹스 모형을 제시하고 있다. 세계의 물리적 환경(A) 속에서, 숙주 틈새(B)와 감염된 숙주 틈새(C)가 모두 중첩된 서브셋을 이루고 있다. 사회-경제 요인(G)은 세계 모든 인간(E)에게 영향을 미치며, 병원균의 확산(D)은 다양한 중첩 속에서 시·공간적으로 빠르게 발생하여 감염자(F)들을 만들어낸다. 레딩 등의 연구진은 이러한 생태계 변화 및 인간-바이러스의 상호작용, 높은 인구증가율, 사회-경제 요인의 느린 발전 속도가 현 추세대로 계속된다면, 2070년경 에볼라 감염률은 1.75~3.2배 증가할 것이라고 추정한다(Redding et. al. 2019, 3-4).

현대의 팬데믹 위기가 지니는 이러한 복잡성과 역동성을 고려할

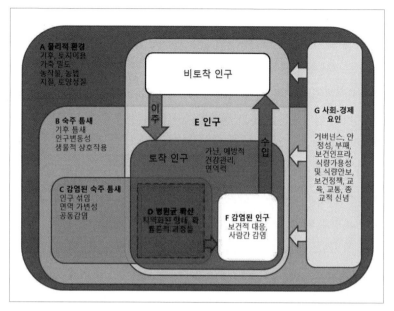

그림 2-3 인수공통감염병 감염의 시스템-다이내믹스 모형

출처: Redding et. al.(2019, 3).

때, 보건-환경-사회-경제를 연계하는 총체적 관점을 통해 근본적인 해결책을 모색할 필요가 있다. 코로나19 위기 이후 이러한 접근방식을 취하는 가장 널리 알려진 개념이 인간-동물-생태계를 통합적으로 고려하는 "원헬스(one-health)"이다. 여러 사회생태학적 맥락 속에서 인간과 동물의 건강을 연결시키고자 했던 시도는 19세기 중반 사회의학의 창시자인 비르효(Rudolf Vichow)까지 거슬러 올라갈 수 있겠으나, 코로나19 팬데믹 이후에는 전 지구적 보건위기에 대응할 수 있는 새로운 원헬스 개념의 주창과 시행이 요구되는 상황이다. 현재 WHO에서는 질병의 확산이 치료제의 공급만으로는 해결할 수 없는, 총체적인 접근이 필요한 문제임을 인식하고 원헬스 개념을 중시하고 있으며, 세계동물보건기구(World Organization for Animal Health, OIE)와 국제연합식량농업기구(Food and Agriculture Organization of the United Nations, UNFAO) 역시 보건-식품-기아-환경을 통합적으로 감시·관리하는 원헬스 접근을 확대시켜 나가고 있다(공혜정 2019, 78-80).

지금까지 살펴본 바와 같이, 코로나19라는 최근의 전 지구적 팬데믹 위기의 기저에는 인류의 생활양식과 발전 경로가 총체적으로 축적되어 있다. 새로이 등장하는 미지의 바이러스들은 인간 행위자의 의도치 않은 초대에 의해 조우하게 된 비인간 행위자이다. 비인간 행위자의 확산과 진화를 성찰하는 것은, 곧 인류가 스스로의 확산과 진화를 성찰하는 과정에 다름이 아닐 것이다. 그러므로 포스트코로나 시대는 전 지구적 보건위기에 대한 대응과 회복의 시간일 뿐 아니라, 기후·환경위기, 경제위기, 사회위기 등 이와 밀접히 연계되어 있으며 동일한 근간을 지닌 모든 새로운 위기에 대한 반성과 예방의 기회이기도 한 것이다.

참고문헌

공혜정. 2019. "새로운 변화: 기후변화와 원헬스(One Health) 패러다임 고찰." 『생태환경과
　　역사』 5.
김상배. 2020. "코로나19와 신흥안보의 복합지정학: 팬데믹의 창발과 세계정치의 변환."
　　『한국정치학회보』 54(4).
김양중·이경국. 2020. 『자연의 역습, 감염병』. 서울: 미래M&B.
데이비드 콰먼. 2017. 『인수공통 모든 전염병의 열쇠』. 강병철 역. 제주: 꿈꿀자유.
라이브 코로나 맵 https://livecorona.co.kr/
박지욱. 2020. "담배 모자이크병에서 발견된 바이러스." 『사이언스타임즈』. 2월 18일.
신나리·백수진·유효순·신인식. 2019. "미래감염병에 대한 세계 동향 분석." 『건강과 질병』
　　12(5).
안명옥. 2019. "기후변화와 한국의 감염병: 메르스를 중심으로." 『생태환경과역사』 5.
앙투안 드 라비냥. 2020. "환경파괴로 인수공통감염병 급증." 『Economy Insight』 121호.
약학정보원 학술정보센터. 2020. "코로나바이러스(coronavirus)의 이해." 『팜리뷰』. http://
　　www.health.kr/Menu.PharmReview/View.asp?PharmReview_IDX=4890
이성규. 2018. "세상을 10만 배 확장시킨 과학자." 『사이언스타임즈』. 7월 24일.
장항석. 2018. 『판데믹 히스토리』. 서울: 시대의창.
천병철. 2001. "인수공통전염병의 역학적 특성과 생태학적 이해." 『한국농촌의학회지』 26(1).
＿＿＿. 2004. "인수공통감염증의 역학적 특성." 『대한의사협회지』 47(11).
최종균. 2018. "소아마비, 그 완전한 퇴치를 위한 노력." 『나라경제』 332호.
코로나19(COVID-19) 실시간 상황판. https://coronaboard.kr/
한국생명공학연구원. 2014. "'세균'과 '바이러스'의 차이점."

Anderson, Roy M. and Robert M. May. 1982. "Coevolution of Hosts and Parasites."
　　Parasitology 85(2).
Beyer, Robert M., Andrea Manica, and Camilo Mora. 2021. "Shifts in Global Bat Diversity
　　Suggest a Possible Role of Climate Change in the Emergence of SARS-CoV-1 and
　　SARS-CoV-2." *Science of the Total Environment* 767.
Calisher, Charles H., James E. Childs, Hume E. Field, Kathryn V. Holmes, Tony
　　Schountz. 2006. "Bats: Important Reservoir Hosts of Emerging Viruses." *Clinical
　　Microbiology Reviews* 19(3).
Centers for Disease Control and Prevention. "History of Smallpox." https://www.cdc.
　　gov/smallpox/history/history.html
Gibb, Rory, David W. Redding, Kai Qing Chin, Christl A. Donnelly, Tim M. Blackburn,
　　Tim Newbold, and Kate E. Jones. 2020. "Zoonotic Host Diversity Increases in
　　Human-dominated Ecosystems." *Nature* 584.

MPH Online. "Outbreak: 10 of the Worst Pandemics in History."

Redding, David W., Peter M. Atkinson, Andrew A. Cunningham, Gianni Lo Iacono, Lina M. Moses, James L. N. Wood and Kate E. Jones. 2019. "Impacts of Environmental and Socio-Economic Factors on Emergence and Epidemic Potential of Ebola in Africa." *Nature Communications* 10(4531).

Ryu, Wang-Shick. 2017. *Molecular Virology of Human Pathogenic Viruses.* Cambridge: Academic Press.

Sanchez, Cecilia A., Sonia Altizer and Richard J. Hall. 2020. "Landscape-level Toxicant Exposure Mediates Infection Impacts on Wildlife Populations." *Biology Letters* 16(11).

UN News Centre. 2008. "Food Crisis, Climate Change and Influenza are Main Threats to Health, says UN" (May 19). http://www.un.org/apps/news/story.asp?NewsID=26721

World Health Organization. 2009. "Emergencies Preparedness, Response." (June 11).

_____. 2020a. "Pneumonia of Unknown Cause – China." Disease Outbreak News (January 5).

_____. 2020b. "Novel Coronavirus – China." Disease Outbreak News (January 12).

_____. 2020c. "Novel Coronavirus – Thailand (ex-China)." Disease Outbreak News (January 14).

_____. 2020d. "Novel Coronavirus – Japan (ex-China)." Disease Outbreak News (January 17).

_____. 2020e. "Updated WHO Advice for International Traffic in Relation to the Outbreak of the Novel Coronavirus 2019-nCoV." COVID-19 Travel Advice (January 24).

_____. 2020f. "Statement on the Second Meeting of the International Health Regulations (2005) Emergency Committee Regarding the Outbreak of Novel Coronavirus (2019-nCoV)." WHO Newsroom (January 30).

제3장   코로나19 시대의 초국적 인구이동:
         인간안보와 국가안보 연계

이신화(고려대학교)

* 본 논문의 안보개념 논의에 도움을 준 고려대학교 평화와 민주주의연구소 박동준 박사에 감
  사한다.

I. 서론

코로나19 광풍이 전 세계를 휩쓸고 있는 가운데, '팬데믹 이후의 세상' 은 지금과는 전혀 다른 모습일 것이라는 진단과 관측이 이어지고 있 다. 세계 안보의 관점에서는 G2(미·중)의 패권경쟁이 더욱 가열화하면 서 동시에 양 강대국의 세계적 위상이 약화하고, 국제안보 질서의 불확 실성과 유동성이 증가할 것이다. 군사력 중심의 전통안보가 여전히 국 가안보에 있어 가장 핵심적인 사안인 가운데, 코로나 팬데믹 이전부터 가시화된 전염병, 지구온난화, 난민, 테러 등 비군사적, 비전통적 안보 (non-traditional security) 영역이 초래하는 정치적, 경제적, 사회적, 인 도적 파장이 점점 확대되고 있다.

코로나19는 사람의 이동성(human mobility)도 변화시켰다. 역사 적으로 사람의 이동성은 자발적, 비자발적, 단기적, 장기적 형태로 나 타났다. 기술 및 교통의 발달로 전 세계에 걸친 이동이 일반화되었고, 인터넷의 도래와 그에 따른 소셜 미디어(SNS) 혁명으로 세계가 일일 생활권이 되면서 지구촌 구석구석으로의 '과잉관광(overtourism)', 유 학과 국제이주노동에 대한 접근 기회가 커졌다. 전 세계 2억 7천 2백만 명에 달하는 국제이주자들의 이주 원인은 지역, 국가, 도시마다, 그리 고 개별 가족마다 다양하지만, 세계화된 경제에 있어 이들의 역할은 필 수적이고 점점 그 비중이 확대되었다.

하지만 2019년 말 중국 우한에서 시작되어 유례를 찾기 힘든 전 세계적 전염병으로 확산한 코로나19는 초국적 인구이동(transnational mobility)에 큰 타격을 입혔다. 무엇보다 지난 1년여 동안 거의 모든 국 가가 정도의 차이는 있었지만 다양한 형태의 입국 제한조치를 발동해 왔다. 이에 따라 초국적 이동은 지난 한 해 동안에만 70% 이상 급감하여 30년 전 규모로 회귀하였고, 대다수 전문가는 세계 관광이 2023년이 되어서야 팬데믹 이전 수준으로 돌아갈 것으로 전망하기도 하였다(UNWTO 2020). 단기적 관광이나 자발적 목적의 출장이나 유학의 경우에도 전례 없는 여행과 이동제한으로 많은 불편이 야기되고 있는 한편, 이주노동자나 난민들을 비롯한 국제이주자들의 경우는 경제적, 사회적, 인도주의적인 면에서 생존 문제에 직면하게 되었다. 국제이주노동자들은 많은 경우 본국에 있는 가족의 생계를 책임지고 있는데, 팬데믹으로 인한 경제침체로 본국으로 보낼 송금이 급감하거나, 체류국의 실업률과 감염 위험이 큰 경우는 본국으로 돌아가는 상황에 부닥쳤다. 이들의 귀국이 제대로 된 검문과 검역 없이 이루어진 경우는 감염 확산 가능성을 높였고, 감염 문제가 없다 하더라도 자국으로 돌아간 이들과 그 가족의 경제적 고초는 중장기적으로 볼 때 심각할 수밖에 없다.

한편, 이주노동자 중 체류국의 이동제한이나 본국의 국경폐쇄로 오도 가도 못하는 상황에 빠져 사망하거나 실종하는 예도 종종 생기고 있다. 특히 이미 밀집한 난민캠프에서 힘겹게 살고 있거나 정착지를 찾지 못해 떠돌아다니는 전 세계 2천 5백 9십만 명의 난민들과 4천 1백 3십만 명의 국내유민(internally displaced persons, IDP)들은 팬데믹으로 인한 여행제한과 국경봉쇄로 더욱 취약한 상태에 빠지게 되었다(UNHCR 2020b). 정치·경제적 어려움을 겪고 있는 국가와 사회나 분쟁 상황을 피하고자 하는 이들은 전염병 등에 상대적으로 더욱 노출될 수밖에 없다. 그뿐만 아니라, 코로나 사태에 따른 이동제한 조치들은 이들의 이주를 더욱 지연시킴으로써 부담을 가중하고 있다.

또한 주목할 것은 한편으로는 바이러스가 물리적인 매개를 통해 전파되는 만큼 지정학적 관계가 '포스트 코로나 시대' 사람이동 및 국경 통제와 밀접한 영향이 있지만, 다른 한편으로는 이미 진행되고 있던 정보화와 사이버 영역의 역할 확대 현상이 팬데믹 도래로 비대면 사회를 급속히 앞당기면서 복합지정학적 측면에서의 '비(非)지정학적' 요소의 중요성이 증가할 것이란 점이다. 이 경우 코로나로 앞당겨진 언택트(untact) 사회는 기술과 온라인시대에 자원과 역량 있는 개인과 기업 및 국가들과 그렇지 못한 양극단의 정보격차(digital divide)를 더욱 심화시켜 사회발전과 공동체 삶을 저해하는 요소가 될 수 있다. 정보접근의 빈익빈 부익부 상황이 심화하여 정보 소외 및 부족이 소득 수준의 격차로 이어지는 악순환이 포스트 코로나 시대에 더욱 심화할 우려가 있다. 이 경우 정보 접근이 어렵고 국경폐쇄로 국제사회의 인도적 지원도 힘들고 이미 밀집지역에서 감염 위험에 노출된 난민들이나 불법이주자들의 인간안보(human security)는 더욱 곤궁에 빠질 것이다.

이와 같은 현실을 반영하여 본고에서는 국제인구이동의 추이를 분석하고 최근 코로나 사태로 인한 국제이동 제약이 미치는 함의를 살핌으로써 포스트 코로나 시대의 변화된 국제인구이동 양상이 안보문제에 어떠한 영향을 미칠지 분석하고자 한다. 코로나19 사태가 1년 반 가까이 지속되면서 국제이주노동자나 난민 등 초국적 이동 실태와 변화에 관한 연구와 보고서들이 발표되고 있으나, 이러한 변화가 국제사회 및 안보질서에 미칠 함의에 대해서는 학문적 분석이 충분히 진행되지 않았다. 따라서 본고는 국제사회의 취약 계층인 국제이주민·난민들의 상황이 유례없는 팬데믹과 그에 따른 대응 조치라는 외부적 변인(exogenous shock)에 의해 어떠한 영향을 받는지를 논의함으로써 국제이주민·난민들의 이동과 정착이 각국의 포괄안보(comprehensive security) 전략 수립에 미치는 영향을 분석하고자 한다. 이러한 맥락에서 본고는 우선 국제인구이동과 안보에 관한 기존 문헌을 검토함으로써 기존에 진행된 연구의 의의와 한계를 지적하여 새로운 분석틀의 필요성을 제시할 것이다. 이를 바탕으로 그 다음에는 초국가적 인구이동이 국제정치적으로 어떠한 함의들을 지니고 있는지 각각 인간안보와 국가안보 차원에서 살펴보고, 학문적·정책적 시사점을 논의하고자 한다.

II. 포괄안보 맥락에서의 초국적 인구이동

1. 안보 영역의 확장과 포괄안보적 접근

국제정치학은 역사적으로 국가 중심의 연구를 진행해왔으며, 이를 반영하듯 오늘날 통용되는 안보라는 개념은 국제관계에 있어 영토주권과 군사전략과 같은 국가 단위의 인식을 기본으로 삼는다. 이러한 관점에서 군사력과 경제력을 중심으로 한 물리적인 국력을 가장 중요한 요소로 여겨왔으며, 전통안보 연구라는 국가 간 갈등과 전쟁, 협력과 평화에 초점을 맞추어 있다. 또한 국제사회가 무정부상태이기 때문에 국가들이 자국의 안전을 도모하기 위해 동원 가능한 모든 수단을 활용해야 하는 것으로 여겨져 왔다. 그러나 전쟁방지와 평화관리라는 전통적 안보 영역을 넘어 기후변화, 무역갈등, 테러, 난민, 사이버 안보, 전염병 문제와 같은 초국적 비전통안보 위협에 대한 국제사회의 공동대응이 중요해지면서 국가 간 관계를 토대로 한 기존의 안보 관점으로는 복잡하고 불확실한 국제정세와 다양한 안보위협을 파악하고 대응책을 마련하기 힘들어졌다.

　대부분 국가에서 전통안보 이슈가 여전히 국가안보전략에 있어 핵심 사안이지만, 국제관계의 안보적 맥락에서 비전통안보 위협을 아우르는 '포괄적 안보(comprehensive security)'에 대한 학문적, 정책적 중요성과 관심이 커지고 있다. 특히 한 국가의 외교안보정책의 수립뿐 아니라 유엔을 비롯한 국제기구들의 담론과 정책개발에 있어 기존에 안보문제로 연구되어온 사안들에 다양한 비군사적, 비전통적 안보이슈들이 더해지며 종합적인 사회과학적 접근이 필요한 실정이다. 포괄안보란 기존 안보 논의에서 거의 유일한 행위자로 여겨졌던 국가뿐만 아니라 초국가기구들이나 테러단체 등을 포함한 국가 하부체계들도 세계 국가와 국민의 안위와 안전에 영향을 미칠 수 있다는 점을 포함하고 있다. 따라서 국가 중심의 전통안보와는 달리, 비전통안보는 개인이나 그룹의 안전에 초점을 맞추어 이를 보장하기 위한 여러 국제행위자의 역할을 핵심 주제로 삼을 필요가 있다.

그런데도 비전통안보와 관련한 연구는 전통안보 연구와 비교해 초보적이고 미천한 역사를 가지고 있다. 기존 선행연구의 경우 우선 양적으로 상당히 미흡할 뿐 아니라, 비전통안보를 총괄적으로 다루는 연구보다는 비전통안보 관련한 개별적 사안을 집중적으로 논의한다거나 그와 연관된 인간안보(human security), 환경안보, 건강안보 등에 관한 각각의 사례연구를 수행하는 데 집중해왔다. 예를 들어, 전통적 안보요소가 비전통안보 영역보다 큰 영향력을 지닌 동북아지역의 경우, 인신매매, 난민, 전염병, 환경오염, 식량부족, 사이버안보 등이 왜 개별 국가나 지역 전체의 안보에 영향을 끼치는가에 대해 논의하고 있으나, 안보의 변화 양상을 포괄적이고 체계적으로 분석할만한 개념, 분석틀, 이론, 정책 등을 제시하지는 못하고 있다. 더욱이, 기존 연구는 비전통안보 그 자체에 천착하여 이러한 새로운 유형의 안보위협이 전통적인 군사적, 정치적 안보문제와 어떠한 연관성이 있는지를 규명하는 노력은 미흡한 실정이다. 비전통안보 이슈는 한 국가에서 발생한 문제가 초국가적 문제와 직접 연계되는 경우가 많기 때문에, 비전통안보 위협의 직·간접적인 요인들을 밝히고 그 대응책 마련을 위한 개별 국가의 노력과 국가 간 긴밀한 협력이 필요하다. 그러나 이러한 협력 과정에 있어 개별 국가들은 군사력 중심의 전통안보에서와 마찬가지로 비전통안보 이슈도 국익 극대화를 최우선 목표로 삼고 '제로섬(zero-sum)' 식 경쟁 관계로 문제를 해결하려는 경우가 많다(이신화 2008).

이러한 비전통안보는 전통안보와의 연관성 이외에도 정치적 및 경제적 측면에서 다양한 연관성을 발견할 수 있다. 우선 포괄안보를 구성하는 두 축인 전통안보적 위협요인과 비전통안보적 위협요인 간 관계의 측면에서 비전통안보 위협요인의 등장은 때로는 전반적인 세계 안보 상황에 긍정적인 역할을 하기도 한다. 이는 비전통안보 요인들이 주로 초국가적 성격을 지니고 있다는 점에서 기인하는 경우가 많기 때문이다. 대표적인 예로, 코로나19로 인한 팬데믹은 세계 보건 체계의 중요성을 부각함으로써 원활한 정보 공유를 포함한 여러 공동대응 노력의 필요성이 제기되는 계기가 되었다. 이에 따라 초동대처가 미흡했다고 비판받은 세계보건기구(WHO)의 다양한 개혁 방안들이 논의되고 있는데 대부분 거버넌스 강화를 통한 투명성과 정보 공유 기능 강화를 주요 목표로 삼고 있다(Kirby 2020; 조한승 2021). 이러한 논의는 새로운 것이 아니며 과거 에볼라 질병이 유행하였을 당시에도 대두되었던 문제였다. 그러므로 국가 간 협력 필요성은 당면 문제에 대해서 일시적으로만 제기되는 것이 아니라, 특히 비정치적 문제에 대한 국가 간 협력이 가능하다는 점을 보여줌으로써 정치적 영역의 협력으로 확산할 수 있다는 점에서 전통안보 위협을 완화할 가능성이 있다고 볼 수 있다. 그러나 정반대의 현상 또한 가능하다는 점을 인식할 필요가 있다. 공동의 문제에 대응하는 과정에서도 국가 간 경쟁은 필연적으로 존재할 수밖에 없으며, 이에 대응하는 데 필요한 원조나 자원확보 혹은 기술개발이 향후 경제성장의 동력이 될 것으로 여겨질 때는 국가 간 갈등과 경쟁이 심화할 수 있다.

2. 초국적 인구이동의 안보적 관점

냉전기 국제이동과 국제이주민의 문제는 국제정치·경제적인 관점에서 이해된 측면이 많았다. 이에 따라 국제이주의 중요한 결정 요인으로 국가 간 소득 수준의 불균형, 자본과 기술의 이동을 포함한 국가 간 경제적 관계, 국제기구로 대변되는 초국가적 제도의 역할, 그리고 국제적인 노동 분화의 변화에 따른 노동 시장의 구조적 변화 등이 제기되었다(Weiner 1992). 이러한 연구들은 자본과 노동의 효율적인 배분이라는 경제적인 논리에 따라 각국의 경제 성장과 번영에 기여하는 긍정적인 요인으로 여겨졌다.

이러한 일반적인 인식은 1980년대 말부터 1990년대 초 사이에 변화하기 시작하였고, 특히 안보의 관점에서 접근할 필요성이 본격적으로 대두되기 시작하였다. 이 과정을 이해하기 위해서는 이 시기에 나타난 두 가지 흐름을 이해할 필요가 있다. 첫째, 이 시기부터 다양한 국제정치적 변화로 인하여 국제이주민의 수가 급격히 증가하기 시작하였다. 폭력적인 분리독립(secessionist)의 확산에 따른 난민의 발생, 구동구권 국가들의 국경 개방, 자연재해의 빈번한 발생, 그리고 통신기술과 이동 수단의 지속적인 개발은 매년 발생하는 국제이주민의 수를 꾸준히 증가시키는 정치적 및 사회적 요인들이었다(Weiner 1992).

둘째, 국제정치학계에서 안보 개념을 확장해야 할 필요성이 1984년 배리 부잔의 논문을 시작으로 확산되기 시작하였다. 그는 안보와

안보 불안(insecurity)이라는 개념이 개인들에게도 보편적으로 적용
될 수 있음에도 불구하고 국가 간 관계로 국한되어 분석된 측면이 강
하다고 지적하였다(Buzan 1984). 이러한 문제 인식을 바탕으로 학자
들은 안보가 단순히 국가 간 전쟁을 방지함으로써 얻는 것이 아닌, 개
인의 생활을 보호하고 보장하는 것까지 포괄해야 한다고 주장하기 시
작하였으며, 나아가 개인이나 집단마다 안보를 규정하는 방식이 다
를 수 있다는 주장이 제기되기도 하였다(Baldwin 1997). 이러한 개념
적 논의는 특히 UN이 지난 1994년에 발간한 인간개발보고서(Human
Development Report)를 통해 인간안보를 기아, 질병 및 억압과 같은
만성적인 위협들로부터의 안전, 그리고 일상에 대한 갑작스러운 위해
를 미치는 파괴에 대한 보호로 정의하면서 더욱 탄력을 얻게 되었다
(UNDP 1994).

이러한 실제적 그리고 이론적 발전에 근거하여 국제이주 문제를
포괄안보적 관점에서 살펴볼 필요가 대두되었다. 이는 국제정치·경제
적 관점과는 달리, 개별 국가들 내의 정치 상황이 국제이주민을 발생시
키는 중요한 요인이라는 점을 강조하고 또한 국제이주민이 국제 분쟁
의 원인이자 결과가 될 수 있다는 점을 부각했다(Zolberg, Suhrke and
Aguayo 1989; Weiner 1992). 위와 같은 논의에도 불구하고, 초기의 많
은 논의는 인간안보와 밀접한 관계를 맺고 있는 현상과 요인들을 비전
통안보의 영역으로 치부하며 전통적인 국가 간 안보 관계와 구분 지어
생각하며 국가안보에 별다른 영향을 미치지 않는 것으로 보았다. 이를
근본적으로 바꾼 계기가 2001년 9.11 테러와 그 보복조치로 미국이 대
대적으로 전개한 대테러 전쟁이었다. 국제이주민·난민들의 이동은 이
후 테러리즘이 발생할 수 있는 통로로 인식되며 국가안보를 위협하는
중요한 원인으로 더욱 조명되었다(Adamson 2006).

한편, 기존 연구들에서 언급되는 이주민·난민들이 안보적 위협이 되는 경우는 다음과 같은 5가지 유형으로 나눠볼 수 있다. 첫째, 이주민·난민을 수용하는 행위가 본국과 수용국 간의 국제 문제를 야기하는 경우, 둘째, 이주민·난민이 수용국 정부에 정치적 혹은 안보적 위협으로 여겨지는 경우, 셋째, 이주민·난민이 문화적 위협으로 인식되는 경우, 넷째, 이주민·난민이 수용국에 사회경제적 문제를 초래한다고 여겨지는 경우, 그리고 다섯째, 수용국이 본국에 대하여 이주민·난민을 위협의 수단으로 활용하는 경우 등이다(Weiner 1992).

이러한 문제들에 대한 국내의 학문적 관심은 다음과 같은 두 가지 이유로 인해 비교적 적은 상황이다. 첫째, 한반도의 분단 상황과 북한 핵 문제, 그리고 미중 패권 경쟁으로 대변되는 동북아시아 지역의 역학 관계 등의 이유로 많은 연구가 전통안보적 관점에 치중하고 있다. 둘째, 한국 정부의 국제이주민·난민들에 대한 정책이 한국과 북한에서 파생되는 해외 이주민과 탈북자들의 거취, 역할, 그리고 처우에만 국한되어 있다. 예를 들어 국제이주민의 증가에 따른 해외 이주와 국내 유입을 효과적으로 운영하여 개인들의 권리를 보장해야 하지만 한국 정부는 국내 행정과 대외 관계의 관점에서 이주민 문제를 다루는 한계를 지니고 있다고 주장한 바 있다(Lee 2003).

탈냉전기에 접어들면서 국제이주민·난민의 발생과 그 함의에 대해 많은 논의가 진행되었으며, 그 과정에서 안보적 관점에서 접근해야 할 필요성이 국제정치학 연구의 한 축으로 자리매김하였다. 위에서 살펴보듯, 국제이주민 문제는 인도주의적 문제로 여겨지거나, 특히 중동 지역에서 발생하는 난민들의 유럽으로의 이주 등 특정 지역에 국한된 문제로 생각되는 경향이 존재한다. 그러나 국제이주 및 난민 이슈는 국가적 안보와 국내적 안정에 지대한 영향을 미칠 수 있는 안보 문제로,

이를 적절히 담을 수 있는 담론과 이론틀의 개발은 시급한 문제라고 할 수 있다. 특히 코로나19 사태로 인해 국제이주민·난민의 추이는 급격한 변화를 맞이할 것으로 예상할 수 있으며, 이를 전망하는 것은 향후 각국의 대외 정책과 국내 정책을 조정하고 정비하는 데 필요한 작업이다. 따라서 국경을 넘나드는 자발적, 비자발적 인구이동이 인도적 문제나 인간안보적 이슈일 뿐 아니라 한 국가에 왜 외교안보적 도전 이슈가 되는지, 그리고 국가 간 관계에 있어 전통안보 이슈와 어떤 연계성을 띠는지를 고찰하기 위해 포괄안보의 시각에서 국가안보와 인간안보의 상호작용을 규명해볼 필요가 있다.

III. 코로나19와 초국적 인구이동 변화

1. 코로나19가 자발적 초국적 이동에 끼친 영향

코로나19는 개별 국가뿐 아니라 전 세계적으로 개인의 이동량을 대폭 감소시켰다. 아직 이 팬데믹은 진행형이라 그 파급효과가 정확하게 파악되지는 않았으나, 유엔경제사회국(UN Department of Social and Economic Affairs, UN DESA)은 2020년 3월~6월 사이에 이주민의 수가 전혀 증가하지 않았다는 전제하에 2019년 중반부터 2020년 중반까지 국제이주민의 수가 약 2백만 명 감소하였다고 추정하고 있다(Migration Data Portal 2021). 이주 허가가 발급된 사례 수를 기준으로 경제협력개발기구(Organisation for Economic Co-operation and Development, OECD) 국가들에 새롭게 정착한 이주민의 수 역시 2020년 4~6월 사이에만 72%가량 하락하였고, 이로 인해 2020년 세계 이주자 수는 역사적인 최저치를 기록하였다(OECD 2020a). 상황이 호전된다고 하더라도 사람들이 해외여행을 줄이고 소위 스테이케이션(staycation: 집에서 휴가를 보내는 현상)이 뉴 노멀이 될 수도 있을 것이란 지적도 많다. 무엇보다 팬데믹으로 최대의 직격탄을 맞은 항공산업의 경우, 전 세계 관제센터에 보고된 항공기 이동, 대륙 간 이동 모두 큰 폭으로 감소하였다. 아직 진행 중인 코로나19 사태의 세계적 추이가 어떻게 전개될지 불확실한 상황에서 초국적 인구이동의 대표적인 경우인 글로벌 여행이 어떤 추이를 보일지를 단언하기는 어렵다. 백신접종 등으로 코로나19 사태가 진정되면 '보복 관광'이 급증할 수도 있으나, 지난 1년여 동안 민간항공의 운항률이 급속도로 줄었다.

여행객의 경우, 세계관광기구(UNWTO)에 따르면 2020년 국제선 입국자가 74% 감소하는 등 세계 관광은 사상 최악의 해를 겪었다. 전 세계 여행지는 전례 없는 수요 감소와 광범위한 여행 제한으로 인해 2020년에 전년보다 10억 명이 해외여행을 덜 했다. 국제여행산업의 붕괴는 1조 3천억 달러의 예상 손실을 초래하였는데, 이는 2009년 글로벌 경제위기 시의 손실보다 11배나 큰 규모다. 여러 국가가 의무적 검사나 검역, 그리고 때에 따라서는 국경 완전 봉쇄 등 여전히 엄격한 여행제한과 같은 이동규제책을 쓰고 있지만, 백신접종이 늘면서 여행제한 완화 및 국제여행 재개를 조심스레 저울질하고 있으나 변이바이러스나 외국인 경계나 혐오 분위기 등이 여전히 걸림돌이다. 이러한 상황은 단순한 여행객의 감소가 아니라 전 세계적으로 여행과 서비스업계에 종사하는 수백만 명의 일자리가 사라질 수 있어 경제위기와도 직결된다. 이미 개인소비와 밀접한 숙박과 음식점업, 관광지, 여행업과 같은 서비스업은 큰 타격을 입었다. 코로나19 사태로 1억~1억 2천만 개의 관광직 일자리가 도산 위기에 처했는데, 그중 많은 수가 중소기업이다(UNWTO 2021).

한편, 코로나19 여파로 국가 간 이동이 제한되면서 외국인 유학생 수가 줄어들고 있다. 한국의 경우, 2003년 1만 2천3백여 명이던 국내 대학의 외국인 유학생 수는 매년 증가하여 2019년 16만 2백 명까지 늘었다. 그러나 2020년 15만 3천7백 명으로 줄어들었는데, 이는 (이미 등록을 마쳤거나 장기적으로 학위를 받고자 계획한) 정규 학위과정 유학생은 12% 정도 늘었음에도 어학연수나 교환프로그램과 같은 비학위과정인 외국인 유학생들이 32.1% 감소하였기 때문이었다(교육부 2021).

유학생에게 재정적으로 의존하는 비율이 높은 미국, 호주, 캐나다 등의 고등교육 기관(HEI)들도 상황은 비슷하다. 미국에서 인구수가 가장 많은 캘리포니아주에서는 해당 통계가 집계되기 시작한 1900년 이래 처음으로 인구가 감소하였는데, 그 주된 이유는 코로나19로 인해 유학생을 포함한 해외 이주 인구가 줄어들었기 때문이었다. 미국 유학생 수는 수년 동안 지속적인 감소 추세였는데, 2020년 코로나19로 인해 큰 폭으로 줄어들어 2019년 대비 국제 학생 등록률이 72%나 감소하였다(USICE 2021). 하지만 미국 소재 세계교육뉴스와 리뷰(WENR)의 2020년 4월 조사에 따르면, 92개국에서 미국의 99개 HEI로 유학 온 615명 학생을 조사한 결과, 67% 학생들이 계속하여 미국에서 공부하는 데 관심을 보였고, 13%는 매우 강한 의지를 표명하였다. 이 결과는 미국의 HEI는 장기적으로 학위과정 유학생들이 크게 감소할 우려는 없음을 나타낸다(Schulmann 2020).

오히려 미국의 경우는 코로나19 사태로 국제 학생들의 등록을 규제하려는 것이 국제사회의 반발을 사기도 했다. 즉 코로나19 이후 미국 등에서의 국제 학생 모집은 중국발 바이러스 확산에 대한 아시아인에 대한 인종차별적 시각과 반(反)아시아 정서, 최대 유학생 파견국인 중국과 미국의 정치·외교적 긴장 고조로 인해 유학생 비자 규제가 강화될 수 있다는 전망도 있다. 이미 4명의 미국 상원의원은 경제가 회복될 시 미국 실업자들에게 가야 할 일자리를 고학력·고기술 유학생들이 '빼앗을 수' 있다고 경고하며 인도, 중국, 한국 등 아시아 유학생들의 주요 관심사인 선택적 실무교육(OPT)프로그램과 H-1B 취업비자 발급을 중단할 것을 촉구한 바 있다(Schulmann 2020).

만약 미국의 외국인에 대한 취업 규제가 강화될 경우, 미국에서의 취업을 목적으로 유학을 택하는 학생들의 경향이 바뀔 확률도 높다. 특히 코로나19를 계기로 더욱 악화한 중국과의 지속적인 갈등으로 중국 유학생 수가 급감하면 미국의 HEI 정책도 바뀔 가능성이 있다. 더욱이 미국에서 유학생들이 줄어들 경우, 미국인들의 대학등록금이 평균 12~17% 증가하고, 국제 학생들이 기여하는 410억 달러가량의 경제적 기여가 줄어들 것이라는 통계가 있다. 또한 미국 내 사회적 다양성이 줄어들고, 연구개발 등에서의 특허 출원과 같은 혁신(innovation) 기술이 감소할 뿐 아니라, 현재 유학생들로 인해 창출되거나 지원되는 45만 5천 개의 미국 일자리가 없어질 수 있다는 주장이 있다(Di Maria 2020).

호주에서는 실제로 2020년 4~6월 사이 유학생 지원이 월 5천 명 미만으로 급감하였고, 호주 대학들의 중요한 수입원인 중국 학생들도 2019년 대비 20%가량 감소하였다. 2019년 호주 대학들이 외국인 학생 학비로 벌어들인 100억 달러 중 37%가 중국인들이 낸 등록금이었다(Visentin and Bagshaw 2021). 이는 반(反)중국 정서의 증가와 코로나19로 인해 호주 대학들에서의 학업이 제대로 이루어지지 않는 것에 대한 중국 유학생들의 불만, 그리고 국가 경제침체로 졸업 후 호주에서 일하고자 유학을 하러 간 학생들의 실망 등이 원인이었다. 더욱이 호주

정부가 코로나19 발원지 국제조사를 요구한 것에 대한 반발로 중국은 무역, 관광, 교육을 포함한 전방위적 보복 조처를 하고 있고, 호주에서 중국인에 대한 인종차별 행위가 증가하고 있다는 이유로 호주 관광과 유학 자제령까지 내리고 있다(Zhao and Jie 2020).

이와 같은 자발적 초국적 인구이동의 변화는 코로나19 여파로 인해 사람들이 유학, 출장, 관광 등을 목적으로 하는 여행을 최소화한 것이긴 하지만, 팬데믹으로 인한 각 국가의 이주 정책 변화와도 깊은 관련이 있다. 코로나 확산 방지를 위해 많은 국가들의 국경통제 조치가 계속 재연장되어 왔고, 여전히 개방 조치가 전면화하는 것은 대부분 국가에서 불분명한 상황이다. 이는 자유로운 국경 간 이동을 보장하는 솅겐 협약을 체결한 유럽연합(EU) 국가 안에서도 바이러스 차단을 위해 국경 전체 또는 일부를 봉쇄하여 출입국 제한을 강화하는 조치가 이루어지고 있다. 특히 바이러스 확산세가 주춤하면서 관광 의존도가 높은 국가를 중심으로 EU 국가 내 국경통제를 완화하자 재확산세가 심각해졌던 2020년 여름의 상황을 고려하여 이탈리아, 독일 등은 입국 규제, 마스크 착용과 코로나19 검사의 의무화를 비롯한 강력한 조치를 재시행하고 있다. 이러한 조치는 세계 경제위기를 경험한 OECD 국가들에서 뚜렷하게 나타나고 있는데, 단순히 바이러스 확산 방지를 위해서만이 아니다. 2008년과 2010년 경제위기를 겪으며 심각한 경제불황과 사회적 통합 문제에 직면했던 이들 국가는 코로나19의 위험성과 불확실성으로 인한 부정적 여파를 사전에 방비하기 위하여 '상황을 앞서 주도하는(proactive)' 이주민 정책을 취하고자 소극적, 배타적 입장을 견지하고 있다(OECD 2020b).

한편, 자발적 초국적 이동이지만 유학이나 여행보다는 '절박한' 이유가 있는 경우가 많은 사례로 이주노동자들을 비롯한 국제이주자들을 꼽을 수 있다. 국제이주자 중 빈곤국 출신인 경우는 자국에 중요한 수입원을 제공한다. 안토리오 비토리노 국제이주기구(IOM) 사무총장은 코로나19로 인한 글로벌 경기침체는 아프리카 출신 이주자들이 2020년 한 해 동안 본국의 가족생계 유지를 위해 송금해야 할 금액의 30%, 즉 200억 달러 정도를 보내지 못하는 등 많은 이주자가 본국으로 보내는 송금액이 앞으로도 상당 기간 급감할 것이라고 하였다. 일부 국가의 경우는 이들 이주자의 송금액이 국내총생산의 15%에 달하기도 한다. 더욱이, 코로나19 사태로 이동제한령이 내려 외국인 계절 이주 노동자들이 들어오지 못해 서유럽 국가 농가에서는 인력 부족 현상이 나타나고 이는 식량 공급 부족 위기로 이어지고 있다. 주로 동유럽 국가나 북아프리카 국가 출신의 이주노동자들이 매년 4월~7월 사이 독일에 30만 명, 프랑스에 20만 명, 영국에 8만 명가량 들어와 육체 노동을 꺼리는 서유럽인들 대신 딸기와 아스파라거스 등 농작물 수확을 도맡아 해왔었는데 생산 차질을 빚게 된 것이다. 즉 이주민은 농식품 시스템(agri-food systems)에 중대한 역할을 해왔는데, 코로나로 인한 이동제한 조치와 그에 따른 노동력 부족 현상은 전 세계적으로 식량 가용성과 시장가격에 영향을 미치는 농업 가치사슬을 저해하고 있다. 이는 바이러스 사태가 종식된 후에도 회복하는 데 상당한 시간이 걸릴 것으로 보인다. 생산, 유통, 소비 단계의 식량 공급망의 붕괴로 이어져 식량 가격이 폭등하고 기아에 처할 세계인구를 전년 대비 2배 증가한 2억 6천 5백만 명까지 이르게 할 것이라는 분석이 나왔다(FAO 2020).

　국제이주노동자들은 영국, 미국, 캐나다 등 서구선진국의 농가뿐 아니라, 육체적 노동에 속하는 헬스케어 종사자의 40%를 차지할 만큼 중요한 역할을 하고 있음에도 불구하고, 비공식적 혹은 불법으로 일하면서 보호받지 못하며 착취당하고 체류국 공공 안전망의 혜택을 제대

로 받지 못하는 경우가 많다. 더욱이 서구선진국에서 코로나19 확산에
대한 비난을 받는 이주자들을 차별하는 정서가 커지고 있다. 하지만 이
러한 반이민정서는 전염병에 대처하려는 노력에 걸림돌이 되면서 건
강과 경제 모두가 위협받고 있다. 왜냐하면 이들이 체류국에서 의료
서비스를 제대로 받지 못하는 경우가 많아 코로나19에 감염될 위험이
있으며, 이는 결국 국제이주자 개인의 기본적인 권리 문제일 뿐 아니
라 사회 전체의 공중보건을 위태롭게 하는 문제이기도 하기 때문이다
(Lisa 2020).

　전염병과 경제침체에 대한 우려는 스페인에서 모로코로의 역이주
로도 이어졌다. 수용국이나 환승국의 코로나19 확산에 대한 두려움으
로 난민이나 이주민들이 떠나는 현상도 점점 확산하였다. 이들은 어디
를 얼마나 떠돌다가 어떤 최종 목적지에 정착할 수 있을지에 대한 아
무런 계획도 없이 불확실성을 감수하고 전염병을 피해 다시 도망 나
온 것이다. 하지만, 여러 나라가 이미 국경을 폐쇄했기 때문에 망명 신
청을 할 수 있는 곳은 극히 제한되어 있다. IOM에 따르면, 코로나19로
동아프리카, 남미, 동남아 출신의 이주민들이 자국으로 돌아가고자 하
나 각국이 국경을 닫아 오도 가도 못하는 상황에 직면하였다(Benton
et al. 2021). 이들이 사는 수용소는 대부분 전염병에 취약하거나 감염
위험에 노출이 쉽다. 이는 앞서 OECD 국가들에 머무는 이주자들의 상
황과 대조된다.

2. 코로나19가 강제 이주 및 난민 문제에 끼친 영향

바이러스는 지구촌 전체를 뒤흔들었지만, 공포에 빠진 상황은 빈곤층,
취약층을 가장 먼저 그리고 가장 많이 무너뜨렸다. 무엇보다 우선 수천

명이 이주민 캠프에 거주하는 난민들은 전 세계에서 가장 취약한 지역 사회에 속하며 다른 사람들보다 바이러스에 걸릴 가능성이 훨씬 크다. 이들은 코로나19 이전부터 식량과 깨끗한 물, 위생시설과 의료혜택과 같은 기본 서비스에 대한 접근도 쉽지 않아 건강상 위험한 상태에 처해 있던 최대 취약계층이다. 2019년 말 기준 전 세계 총인구의 1%에 해당하는 7천 9백 50만 명의 강제이주자(forced displaced people)에는 유엔과 국제사회가 공식적으로 인정하는 난민(refugees)뿐 아니라 망명 신청자(asylum seekers), 국내유민(IDP), 귀환민(returned refuges), 무국적자(stateless persons), 보호가 필요한 사람들(others of concern) 등 6개 유형의 사람들이 포함된다(UNHCR 2021).

유엔난민기구(UNHCR), IOM, 세계보건기구(WHO) 등에 따르면, 이들 중 2/3 이상이 보건시설이 열악한 저개발국에 체류하고 있다. 또한 전체 난민의 84%와 IDP의 99%가 열악한 난민촌이나 유사 지역에 밀집하여 살고 있어 사람 간 거리를 두는 것은 거의 불가능하여 바이러스 감염에 매우 취약할 수밖에 없다. 백신이 개발되지 않은 상황에서 마스크 착용과 비누로 손 씻는 것이 최선의 예방책이지만, 이들에게는 깨끗한 마스크는커녕 물도 부족해 손을 자주 씻는 것이 가능하지 않기 때문이다. 더욱이 식수와 식량 배급을 받기 위해 운집하여 줄을 서야 하는 것 또한 전염병 확산의 위험을 높인다. 현재 전 세계 1천1백 개 이상의 난민캠프를 관리하는 유엔 구호기구들의 최우선 과제는 이 캠프들에서 코로나19 감염 확산을 막는 것이지만, 이는 거의 불가능한 상황이다(UNHCR 2020b).

둘째, 코로나19로 전 세계에서 2억 개의 일자리가 사라질 것이라는 국제노동기구(ILO)에 따르면, 이러한 위기 속에 난민이 일자리나 수입을 잃을 확률은 60% 이상 더 높다(Peyton 2020). 실제로도 튀니

지 난민촌에서 1,172명의 코트디부아르, 기니, 말리, 버키나 파소 출신
의 난민들과 12명의 정보원을 대상으로 2020년 4월 6일~6월 15일간
행한 인터뷰에서 코로나19로 인한 제한 조치로 수입이 줄어들거나 없
어졌다고 답한 난민들이 전체 60%, 수입이 원래 없었다고 한 사람이
36%, 계속하여 일하고 있다고 한 사람이 4%였다(MMC 2020). 설상가
상으로 여성 난민들은 난민으로서뿐 아니라 여자라는 이유로 경제적
활동 등에서 이중차별에 시달린다(Peyton 2020). 또한, 난민을 제외한
다른 유형의 강제 이주자들은 국제법이나 체류국의 법적 보호를 받을
수 없어 체포와 학대의 위험을 감수하는 불안정한 일상을 보내고 있다.
더욱이 코로나19 이전부터 확산하던 난민과 이주민들에 대한 거부감
이 바이러스 발발과 더불어 질병 매개자라는 낙인이 찍히거나 외국인
혐오 정서의 희생양이 되어 사회적으로도 불안한 생활을 하고 있다.

셋째, "자료가 없다고 해서 문제가 없다는 뜻은 아니다"라고 말
했듯이 세계 곳곳의 난민촌들의 경우 의료보건과 정보 접근이 어렵고
국경폐쇄로 국제사회의 인도적 지원도 힘든 상황이다(Collard 2020).
2020년 3월 12일 WHO가 코로나의 세계적 대유행(팬데믹)을 선언한
직후 167개 국가가 바이러스 확산 방지를 이유로 국경폐쇄 조치를 취
했고, 57개국은 망명 신청자에 대해서도 예외를 두지 않고 접근 자체
를 막았다. 바이러스가 유럽 전역을 휩쓸면서 EU를 중심으로 한 '국경
없는 유럽,' 혹은 '하나의 유럽' 정책을 도전하고 있는 가운데 2015~16
년에 버금가는 대규모 난민사태가 재연될 수 있다는 우려가 커졌기 때
문이다. 대표적인 예로 2020년 9월 유럽행 경유지로 터키에 체류하고
있는 360만 명의 시리아 난민과 관련하여 EU가 지원 약속을 지키지
않는 가운데 코로나 확산으로 유럽 국가들이 국경을 통제하기 시작하
자 터키 정부는 그리스와의 국경을 개방하겠다고 위협하며 터키와 유

럽 국가들 간 긴장관계가 고조되었다(Kirişci and Yavçan 2020). 코로 나19 위기에 더해 유럽 내 난민 대란이 재발할 경우, 독일이나 스웨덴 과 같이 난민에 대해 상대적으로 포용적 정책을 펴온 국가들도 예전과 같은 정책을 시행할지는 회의적 시각이 더 많다(Elisabeth, Maneesh and Michael 2020).

넷째, 팬데믹으로 인한 난민들의 인도적 위기 상황은 저개발국에 서 더욱 심각한 양상을 띠고 있다. 아프리카 사하라 사막 남부에 있는 사헬(Sahel) 사막의 분쟁지역에서 발생한 무력 공격은 2020년 3월 중 순부터 4월 중순까지 37%나 증가하였는데, 부르키나파소, 말리, 니제 르 등에서 자국의 분쟁지를 탈출하지 못한 국내유민(IDP)은 3월에만 37만 명(33%)이 증가했다. 이 지역의 분쟁 자체는 코로나19와 관련 이 없지만, 분쟁으로 인해 발생한 난민들이 자국에 갇혀 인도적 위기 상황에 처한 것은 북아프리카와 서아프리카 해안 국가들이 바이러스 확산 통제를 위해 국경을 걸어 잠갔기 때문이었다. 이들을 돕기 위해 UNHCR과 IOM 등은 구호 인력과 의료진의 접근을 허용해달라는 요 청을 해당 국가들에 보내고 있으나 국가안보를 이유로 거절당하기 일 쑤이다(UNHCR 2020b).

다섯째, 방글라데시의 로힝야 난민들이 모여 사는 난민촌에서 일 하는 구호단체장의 말처럼, 바이러스가 '들불처럼 번질 수' 있는 관리 사각지대의 위험은 난민촌만이 아니라 세계 각지의 빈민촌에도 상존 한다. 서아프리카 국가들은 '국민의 코로나이제이션(coronization of populations)'이 코로나로 인한 새로운 형태의 식민화(colonization)가 되고 있다고 우려를 표명하였다. 방역과 의료기반이 취약한 이들 저개 발국, 저소득층과 취약층으로 번지면 걷잡을 수 없는 대참극이 될 것이 기 때문이다(McAuliffe and Bauloz 2020).

IV. 코로나19로 인한 초국적 인구이동의 인간안보와 국가안보적 관점

1. 인간안보와 초국적 인구이동

앞서 논의한 바와 같이 초국적 인구이동은 지난 수십 년간 꾸준히 증가해왔다. 2019년 유엔(UN DESA) 연례보고서에 따르면, 당시 전 세계 국제이주민의 수는 2억 7천 2백 명에 이르렀으며, 이는 1억 5천 3백만 명 정도였던 1990년 대비 급격히 증가한 수치였다. 이 가운데 강제이주자에 속하는 난민과 망명 신청자의 수는 지난 2010년부터 2017년간 1천 3백만 명가량 늘어 이 시기 동안 증가한 전체 초국적 인구이동 규모의 4분의 1 정도를 차지하였다(UN DESA 2019). 이에 대해 OECD는 강제이주민과 인도주의적 위기로부터 파생되는 여러 현안은 국가 간 연대를 강화하고 책임을 공유하는 상호협력을 통해 전 지구적 차원에서 풀어가야 할 중요한 의제임을 강조하였다(OECD 2019).

난민과 망명 신청자들은 발생과 이동, 그리고 정착 등 모든 과정에서 인간안보적 위험에 노출되어 있다. 이는 최근 몇 년간 다수의 강제 이주민들을 발생시킨 리비아 내전만 보더라도 쉽게 확인할 수 있다. 지속되는 분쟁으로 인하여 5만 명이 넘는 난민과 정치적 망명자들이 UNHCR에 등록된 상황이며, 이외에도 27만 명에 달하는 국내강제이주민(Internally Displaced Persons, IDP)이 발생하였다. 2021년 3월 기준 130만 명에 달하는 리비아 국민들이 인도주의적 지원을 필요로 하는 것으로 알려져 있으며, 이들은 보건, 의료 물품, 식량 및 교육 등 생활 전반에 걸친 대부분 물품이 부족한 상황에서 생활하는 등 인간안보를 위협받는 상황에 부닥쳐 있다(UNHCR 2021). 정착지를 찾아 이동하는 과정에서도 다양한 인간안보적 위협이 존재한다. 지중해를 건너는 과정 자체에서 발생하는 위험은 차치하더라도, 통행권을 확보하기 위해 기다리는 동안에도 임시 난민 수용소에서 인신매매, 납치, 감금, 그리고 착취에 노출되어 있다. 위와 같은 문제는 국제이주민들의 자국으로의 유입을 통제하고자 하는 일부 유럽 국가들의 정책과 지속되는 내전으로 인해 붕괴한 리비아의 국가조직이 복합적으로 기여하고 있다(MSF 2019).

유럽에 어렵사리 도착한 경우에도 다양한 인간안보적 위협에 노출되곤 한다. 2016년 3월 유럽연합 국가들은 협정 체결을 통해 리비아를 비롯하여 시리아에서 이주하여 터키를 기항해 유럽으로 향하는 강제 이주민들을 그리스의 여러 도서 지역에 수용하여 망명 절차를 기다리게 하였다(European Council 2016). 그러나 증가하는 망명 희망자의 수와 난민들의 국내 유입을 반대하는 여러 유럽 국가의 정책으로 인하여 열악한 환경에서 난민 수속이 처리되기를 기다리거나 요청이 거부되면 터키나 본국으로 송환되는 경우가 부지기수였다. 난민 신청이 수용되더라도 이들의 생활을 보장해줄 수 있는 사회안전망이 절대적으로 부족하였고, 일상적인 생활을 영위하기 위한 일자리를 찾는 것도 매우 힘든 실정이다(Kakissis 2018).

수용국들의 대응을 살펴보면, 국제이주민의 유입 문제가 과도하게 정치적으로 쟁점화된 측면이 존재한다. 난민 등에 대해 비교적 호의적인 정책을 유지해온 유럽 국가들의 지도자들은 자국의 이민 정책을 강화하겠다고 천명하면서 자극적인 언사를 쏟아낸 바 있다. 일부 연구들은 또한 영국의 유럽연합 탈퇴를 결정지은 브렉시트(Brexit) 투표에서 이민자들에 대한 태도가 중요한 변인 중 하나라는 사실을 확인시켜주고 있다(Goodwin and Milazzo 2017).

그러나 이러한 입장들을 우익 세력들의 정치 전략으로만 단정한다면 이주민들이 정착하게 되는 국가의 구성원들에게 인간안보적 위협이 될 수 있다는 점을 간과하게 한다. 멕시코에서 강간범들이나 마약 밀매상들만이 이민해올 것이라고 경고한 트럼프 미국 대통령의 주장이나(Phillips 2017), 헝가리가 이민자의 나라가 되면 공포스러운 환경이 조성될 것이며 여성들과 여자아이들이 이제는 안전하지 않을 것이라고 경고한 헝가리의 오르간 총리의 과장된 발언들이 지지를 받는 데에는 일자리로 대변되는 경제적 이권은 물론 사회·문화적 정체성이 침식당하는 것에 대해 해당 국가 국민들이 분명 우려하고 있다는 것을 방증한다(Reuters Staff 2018).

이러한 현상을 이해하는 데에 있어 중요한 국제질서적 변인은 세계화 현상이다. 냉전 체제의 붕괴 이후 국경의 개방과 통신 및 이동 기술의 발전으로 급격히 진행된 세계화는 상품과 자본 및 인구이동을 촉진하였으며, 이로 인해 세계적 차원의 부의 증진에 크게 기여하였다. 그러나 그 이면에는 경제적 불평등을 악화시키는 등 다양한 사회경제적 문제들을 야기하기도 하였다(Heine and Thakur 2011). 이처럼 세계화는 전반적인 경제 수준을 높임으로써 삶의 질을 향상하여 인간안보적 문제 해결에 기여하기도 하였다고 볼 수 있다. 그러나 업무위탁(offshoring)과 해외 생산 등을 더욱 가능케 하면서 일부 국가들에서 일자리 상실을 초래하였고, 이러한 측면에서 인간안보에 위협이 된 측면도 존재한다(Conteh-Morgan 2002).

경제학자들과 대다수 정치인은 금융개혁과 무역개방 등으로 대변되는 세계화의 흐름의 필요성을 역설하고 지지함에 따라 그 이면에 내재되어 있는 부정적인 문제들로 인해 손해를 입은 사람들 혹은 인간안보 위협에 처하게 된 사람들이 그 원인을 다른 곳에서 찾게 했다. 그 결과 북미와 유럽 국가들에서 이민자들의 유입이 실업률이나 범죄율의 증가나 과도한 복지 지출을 유발하지 않는다는 여러 연구에도 불구하고(Fromentin 2013; Ousey and Kubrin 2018), 그 비판은 난민을 포함한 국제이주민들에게 돌아가게 되었다. 이들 난민이나 초국적 이주자들 역시 인간안보의 위협에 처한 인도적 보호 대상임에도 불구하고, 이들을 자국의 경제적, 사회적 불안을 야기하는 가해자로 치부하는 경향이 커지게 된 것이다.

　이러한 가운데, 코로나19는 초국적 인구이동이 지닌 인간안보적 위협을 더욱 부각할 것으로 전망된다. 특히 전염병 초기에는 중국을 포함하여 한국이나 이탈리아 등 확진자 수가 여러 나라로부터 외국인들이 입국하는 것이 개별 국가들의 전염병 확산을 결정하는 요인으로 판단됨에 따라 이들을 인간안보 위협으로 각인시키게 되었다. 이는 단기적으로는 물론 장기적으로도 국제이동을 경색시키는 효과를 낳았다. 지난 수년 동안 많은 국가들이 국제사회의 수요에 맞춰 이민 정책을 개선하고 개혁하기 위해 노력해왔으나(UN DESA 2019), 전염병 통제라는 시급한 국내적 당면과제에 직면한 현 상황에서는 어느 국가라도 국제이주민을 수용하는 방향으로 정책을 추진하는 것은 국민적, 정치적 지지를 받기 힘들다. 장기적으로는 거시경제적 변화나 세계 노동시장의 근본적인 변화로 인해 국제이동이 변화할 것이나, 특히 국제이주자들이 코로나19의 전파자가 될 수 있다는 우려로 인해 국가들은 적어도 팬데믹 상황이 진정될 때까지는 소극적이거나 배타적인 이주정책을 견지할 가능성이 크다(Yayboke 2020).

　나아가, 코로나 시대가 촉진한 비대면 '언택트(Untact)' 기술의 발전으로 대변되는 '4차 산업혁명적' 변화는 노동의 수요와 공급을 근본적으로 변화시킬 것이며, 이 역시 국제이동 인구에 대한 수요에 영향을 줄 것으로 전망해볼 수 있다. 하지만 난민이나 국제이주자를 포함한 취약층들은 코로나19 확산으로 감염병과 경제위기에 매우 취약할 뿐 아니라 비대면 사회의 디지털 정보격차(digital divide)를 경험하게 되었다. 이로써 이주자들은 코로나19 시대의 인간안보 관점에서 사회적 격차(social divide)가 팬데믹 격차(pandemic divide)와 연계되고, 더 나아가 디지털 디바이드로 이어지는 악순환에 처하게 되었다(김상배 2020).

2. 국가안보와 초국적 인구이동

국제이주민 문제는 주로 인간안보의 영역에서 다루어질 만한 요소들을 많이 내포하고 있으며, 이를 반영하듯 비전통안보의 맥락에서 분석하고 전망한 경우가 대부분이다. 그러나 이번 팬데믹 사태가 특히 부각시킨 측면 중 하나는 국제이동의 문제가 국가안보에도 지대한 영향을 미친다는 사실이다. 팬데믹 이전 초국적 인구이동이 지닌 국가안보적 위협은 테러 가능성에 집중하였다. 9.11테러 이후 미국과 서구 유럽을 비롯한 여러 지역에서 잠재적인 테러 위협에 대한 우려를 근거로 난민·이주민들의 유입과 정착을 반대하는 세력이 증가해 왔는데, 많은 학자들은 이를 이민 문제의 안보화(securitization)로 규정한다(Adamson 2006). 안보화란 코펜하겐 학파(Copenhagen School)의 확대된 안보 개념을 주로 논의하는 이론으로, 안보라는 개념이 객관적인 상황이 아니라 특정 요소가 화행(speech-acts)을 통하여 위협요인으로 제시되고 확인되는 사회적인 과정을 통해 규정된다는 주장을 일컫는다(Williams 2003). 즉, 국제이동 문제가 국가안보 사안으로 여겨지는 이유는 실제 위협이 되기도 하지만 이를 위협으로 인식하고 규정(혹은 조작)하는 정치적 및 사회적 논의가 더욱 결정적인 변인이라는 입장이다.

이러한 안보화 과정을 통해 국제이주민 문제가 국가안보적 의제로 간주되기 시작하였다. 이는 코펜하겐 학파의 대표적인 주장 중 하나인 '사회안보(societal security)'의 맥락에서 논할 수 있다. 사회안보란 변화하는 환경, 그리고 잠재적이거나 실재하는 위험 속에서 본질적인 속성을 유지할 수 있는 특정 사회의 능력과 연관된 것으로, 이러한 사회안보는 '우리'라는 정체성을 위협할 수 있는 모든 요인으로부터 침해될 수 있다고 보고 있다(Wæver et al. 1993; Buzan, Wæver and Wilde 1998). 이러한 사회안보 이론을 활용하여 국가뿐 아니라 시민사회가 안보의 주체이며 안보이슈는 사전에 정해져 있는 것이 아니라 안보화 과정을 통해 안보위협으로 규정되는 안보문제의 상대화를 설명할 수 있다. 따라서 이 학파는 일부 국내 유권자가 정치적 주권과 문화적 자율성의 상실을 근거로 유럽통합 과정을 '위협'으로 인식하였고, 외국이주자·난민들 또한 국가 정체성에 대한 위협으로 받아들인다고 주장하였다. 다시 말해, 국가안보 현안으로 국제이민을 규정하고 있으나, 그 본질은 국민들의 인간안보에 대한 위협이다.

이에 반해 최근 연구들은 국제이주민들이 보다 직접적으로 국가안보와 연관되는 여러 과정을 확인하고 있다. 그중에서 여러 내전 연구들은 특정 국가의 분쟁이 주변 국가들의 정치적 불안정을 초래한다고 주장하고 있다. 내전 상황에서 탈출한 난민들은 직접적으로 폭력활동에 참여하지 않더라도 간접적으로 무기, 전투원, 이데올로기의 초국적 이동을 유발하고, 주변국들의 인종 구성을 변화시키며, 이들 국가의 경제적 이권 다툼을 심화시킴으로써 분쟁을 확산시키는 결과를 초래하기도 한다(이신화 2016).

이에 반해 아담슨의 연구는 국제이주민 문제가 국가주권, 국가 간 힘의 균형, 그리고 국가 간 분쟁의 양상 등 전통적으로 국가안보의 영역에서 중요하게 다뤄진 문제들에 영향을 미친다고 주장한다. 첫째, 국제이주민들은 국경에 대한 통제를 필요로 하고 다른 국가들과의 협력을 강요함으로써 국가주권을 약화시킬 수 있다. 또한 국제이주민들은 국가 정체성을 변화시켜 이에 근간을 둔 일부 국가들의 국가안보를 위협할 수 있으나 일반적으로는 부정적인 형태의 민족주의적 성향을 약화함으로써 국가안보에 기여할 수 있다고 보고 있다. 둘째, 인구는 개별 국가의 국력을 가늠하는 중요한 지표로서 이주민의 유입이나 유출은 중요한 국가안보 변인이다. 특히 세계화된 국제경제 속에서 인적 자원은 국가경제에 기여하고, 이민자들의 기술력과 전문성은 국방을 강화하며, 이민자들이 공공외교 대사로서 기능하여 수용국의 외교력을 증진할 수 있다는 점에서 국가안보에 영향을 준다. 셋째, 국제이주민들은 국제 분쟁의 양상을 변화시킬 수 있다는 점에서 중요한 국가안보 요인이다. 국제이주민과 난민들의 공동체는 본국에 남겨진 동포들을 지원함으로써 분쟁을 지속시키고, 범죄 조직을 양산함으로써 수용국의 사회안보를 위협하며, 테러 활동의 근간이 될 수 있다는 점에서 국가안보적 위협이 된다(Adamson 2006).

이들 중 첫 번째와 두 번째 메커니즘이 코로나19 시대에 특히 해당한다고 볼 수 있다. 우선 첫 번째 요인의 경우, 각국이 시행하는 국경 폐쇄 조치는 국내 전염병 통제라는 주권 행사의 관점에서 볼 수 있다. WHO는 코로나 시대에서의 초국적 이동이 비상상황이나 인도주의적 이유, 필수 인원의 이동, 본국 송환, 그리고 식량과 의료품과 연료 등 생필품의 운반을 항상 우선시해야 한다고 권고하고 있다. 또한, 이를 위해 정책결정자들이 다양한 방식으로 코로나바이러스의 해외 유입의 위험이 지닌 부담을 개별 국가들이 감당할 능력이 되는지 판단하여 이

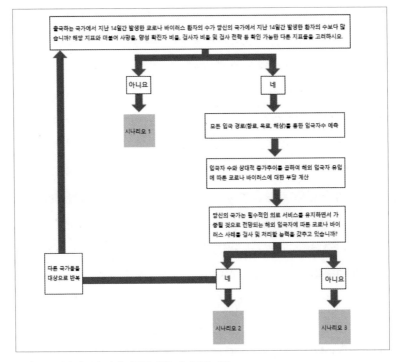

그림 3-1 해외 입국자 정책 결정을 위한 의사결정 나무

출처: World Health Organization (WHO), "Risk Assessment Tool to Inform Mitigation Measures for International Travel in the Context of COVID-19," December 16, 2020. https://www.who.int/public ations/i/item/WHO-2019-nCoV-Risk-based_international_travel-Assessment_tool-2020.1 (검색일: 2021년 3월 20일)

주(註): 시나리오 1에서는 가장 기본적인(basic) 입국제한 조치만을 시행하고, 시나리오 2에서는 이러한 기본적인 조치에 추가적인(supplementary) 조치의 시행을 고려하며, 시나리오 3에서는 기본적인 조치와 추가적인 조치 모두를 시행할 것을 권장하고 있다.Ryu(2017, 22).

를 바탕으로 정책을 결정할 것을 권장하고 있다(WHO 2020a). 보다 구체적으로, WHO는 국가들의 결정을 돕기 위해 다음과 같은 의사결정 구조를 제안하기도 하였다(그림 3-1 참조).

이와 같은 지침은 국가들이 지나치게 엄격한 조치를 발동하지 않도록 유도하여 인도주의적 혹은 보건상의 이유로 초국적 이동이 지속될 수 있도록 하기 위한 것으로 보인다. 그러나 각국이 해외 입국자에 따른 추가적인 환자 발생에 대응할 수 있는 국가 역량(capacity)을 스스로 판단할 수 있게 함으로써 국가들이 국내외 정치 상황에 따라 입국 제한 조치를 결정할 수 있는 여지를 남겨두었다. 앞서 언급하였듯이, 망명 신청자들에 대한 예외 규정을 두지 않은 국가들의 입국 제한 조치 등에서 볼 수 있듯이, 여전히 여러 나라가 전염병 확산을 근거로 과도하게 대응하는 모습을 보인다.

최근 세계 각국에서 접종을 시작한 백신 역시 협력적인 모습보다는 경쟁적인 측면이 두드러진다는 점에서 자국 우선주의적 기질이 드러난 '백신 민족주의' 성향을 띠고 있다. 접종 전부터 미진한 백신 생산 속도나 선진국들의 백신 사재기 현상으로 인해 상대적으로 가난한 개발도상국들은 자국민들에 대한 충분한 백신 접종을 진행하기까지 최소 3~4년은 걸릴 것으로 전망되어(DUGHIC 2021), 80여 개 국가에서는 2023년 전까지 코로나 백신이 일반 국민에게 배포되기 힘들 것이라 분석한 연구들이 나왔다(EIU 2021). 이러한 문제를 타개하기 위해 WHO가 주도하여 백신 공동구매와 배분을 맡은 국제 프로젝트인 코벡스(COVAX)를 발족하여 개발도상국으로의 백신 배포에 힘쓰고 있으나(WHO 2021a), 공급부족과 선진국들의 백신 선점 문제를 근본적으로 해결하기는 어렵다.

이와 연관 지어 새롭게 대두되는 현상에는 백신 접종 여부를 여권에 등록하는 이른바 '백신 여권(Vaccine Passport)'의 도입과 백신의 종류를 둘러싼 논쟁이다(Mzezewa 2021). 백신 여권의 경우, WHO를 비롯한 일부 국가들은 해당 기술의 도입이 백신 보급의 불균형을 더욱 악화시키고 백신을 보급 받지 못하는 일부 국가 국민에 대한 이동의 자유를 부당하게 제약함으로써 세계적 불평등을 더욱 고착화할 것이라고 반대하고 있다(WHO 2021b). 한편, 백신의 종류를 두고도 경쟁이 점차 치열해지는데, 특히 러시아와 중국의 경우 백신 보급을 자국의 이익을 추진하는 데에 적극적으로 활용하리라 전망된다(EIU 2021). 일례로, 중국은 최근 자국의 백신을 접종한 외국인들의 중국 입국을 허용하겠다고 밝힘으로써 코로나 사태 대응을 자국의 영향력 확산이라는 외교적 목표와 결부시키고 있다(Kuo and Berger 2021).

한편 국가들이 코로나에 대응하는 데에 있어 국가 간 역학 관계가 많은 영향을 주고 있어 기존에 존재했던 갈등 요인들을 증폭시키는 역할을 하여 국제적 긴장을 야기하고 있고, 이 또한 장기적으로 초국적 이동을 저해하는 요인이 될 것으로 예측해볼 수 있다. 당장 한국의 경우 코로나 사태가 처음 확산하던 2020년 봄 당시 중국이나 미국 등 확진자 수가 여러 국가에서 출발하는 해외 입국자들은 계속 허용하는 한편, 상대적으로 확진자 수가 낮고 초기 대응에 성공했다고 평가받았던 일본으로부터의 입국을 강하게 제한한 것은 미국과 중국 양국의 정치·경제적 중요성과 냉각된 한일 관계와 무관하다고 보기 힘들 것이다. 당시 한국과 일본이 사증면제 조치를 상호 중지한 것은 방역을 위해 필요에 의한 정책이라고 하더라도 이미 경색되어 있던 양국의 정치·외교적 관계를 더욱 악화시키는 일이었다.

코로나 문제는 그 이전부터 전방위적으로 가열되던 미·중 패권 경쟁을 더욱 감정적으로 만들었다. 트럼프 행정부는 코로나19를 '중국 바이러스'라고 부르며 전염병 확산에 대한 책임을 중국에 물겠다고 공공연하게 밝혀왔으며(Gladstone 2020), 중국은 이에 대해 전염병을 정치쟁점화한 트럼프 대통령을 강하게 비판하였다(Levine 2020). 또한 중국이 실험실에서 바이러스를 개발하는 과정에서 전염되었다거나, 미국 군인들이 우한 지역에 바이러스를 퍼뜨렸다는 소문들이 공공연하게 제기되고 공유되기도 하였다. 코로나19를 둘러싼 미·중 간 책임 공방은 양 정부의 전략경쟁뿐 아니라 양 국민 간 불신을 고조시켜 2020년 7월 퓨 리서치센터(Pew Research Center)가 발표한 여론조사에 따르면 73%의 미국인들이 중국을 부정적으로 보는 사상 최악의 수준을 기록하였다(Silver, Devlin and Huang 2020; Feng 2020). 이러한 흐름 속에 2021년 초 출범한 바이든 행정부 역시 강력한 반중(反中) 정책을 견지하고 있다.

이와 관련하여 WHO를 둘러싼 논쟁 또한 국제질서의 안정을 위협하는 요인으로 국가안보에 악영향을 미칠 것으로 전망된다. 이미 많은 연구가 유엔이나 국제통화기금(IMF), 그리고 세계무역기구(WTO)나 세계은행(World Bank)과 같은 국제기구들로 대변되는 미국 중심의 자유주의적 국제질서(Liberal International Order)에 중국이 도전할 것으로 예측한 바 있다(Johnston 2003; Schweller and Pu 2011; Stephen and Skidmore 2019). 중국의 막대한 기여금으로 인하여 WHO가 중국의 코로나 사태 대응과 정보 공유에 대하여 우호적인 입장을 지녔다는 비판이 바이든 행정부가 들어선 이후에도 지속되고 있는데, 조 바이든 대통령은 취임 즉시 WHO에 재가입하였으나, 2021년 2월 WHO가 실시한 중국에 대한 코로나바이러스 관련 조사에 대해 '깊은 우려'를 표하는 등 중간적인 입장을 취하고 있다. 이는 국제기구에서의 미·중 간 영향력 경쟁이 본격화되는 것을 반증하고 있다(Leonard 2021).

이처럼 코로나19는 보건문제라는 인간안보적 요인임에도 불구하고, 그 발생 과정이나 국가들이 대응하는 방식, 국가 간 역학 관계, 그리고 국제질서 등의 변인으로 인하여 국가안보적 성격이 짙은 국제 현안으로 부상하였다. 이러한 현상이 주는 함의는 코로나19 사태에 국한하여 살펴볼 경우, 앞서 9.11테러 발생 후 국제이주민 문제를 잠재적인 테러 위협으로 안보화하는 과정이 발생하였듯이, 포스트 코로나 시

대에는 국제이주민을 잠재적인 전염병 확산 요인으로 안보화함으로써
이에 대한 규제가 강화될 것으로 예상해볼 수 있다. 보다 거시적으로
보면, 코로나19 위기는 인간안보적 요인으로 치부되거나 국내 문제로
여겨지던 현상들이 세계화 시대를 맞이하여 초국적인 문제이자 국가
안보 문제로 전이되는 과정을 보여줌으로써, 사이버 안보나 환경 문제
등 다른 초국적 문제에 대한 각국의 인식에 영향을 줄 것으로 보인다.

더욱이 WHO는 코로나 팬데믹은 사라지지 않는 풍토병이 될 것
이고, 설사 종식된다고 하더라도 오래지 않아 더 큰 전염병이 닥쳐
올 수 있다고 경고한다(Steinbuch 2020). 이 경우 이미 코로나19로 인
해 문제시 되고 있는 세계적인 봉쇄와 국제적 자유의 침해박탈 및 영
세 소상인들과 지구촌 경제침체 현상 등이 인간안보 이슈를 넘어 심각
한 국가안보 및 세계 안보위협으로 다가올 것이다. 또한 많은 전염병학
과 공중보건 전문가들을 포함한 과학자들이 기후변화를 전염병 발병
과 확산의 가장 큰 원인으로 꼽고 있는 것을 감안할 때 환경안보와 같
은 비전통안보 이슈가 국가안보의 직접적 위협요인이 되고 있다. 이렇
듯 코로나19가 증폭시킨 포괄안보의 중요성은 인간안보 문제가 부각
되었다고 전통적 국가안보의 중요성이 약화하지 않았다는 사실을 확
인시켜 주었다. 이에 더해 코로나19 사태에 대한 국가들의 각자도생식
정책과 국가 간 공동대응 결여가 문제시되는 가운데, 위기 시에는 무엇
이든 가용자원을 효과적, 효율적으로 결집하여 활용할 수 있는 역량 강
화를 위해 사회안전과 국가안보 및 국제협력을 하나의 프레임으로 보
는 포괄적 안보패러다임을 구축하는 것이 중요하다는 국제적 공감대
가 서서히 넓어지고 있다.

V. 결론

포스트 코로나 시대의 초국적 인구이동과 국제이주민·난민이 어떠한 변화를 겪게 될 것인지에 대해서는 다양한 시각과 전망이 존재한다. 일부 전문가와 학자들은 이주노동자의 수요가 줄어드는 형태로 각국의 경제 구조가 재편되고, 이민자들에 대한 반감이 확산하며, 이주민을 제한하는 정책이 확대되고, 팬데믹으로 인해 정책결정 과정이 변화할 경우 제2차 세계대전 이후 지속되었던 '이주민의 시대(The Age of Migration)'가 종언을 고하게 될 수 있다고 전망하기도 한다(Gamlen 2020). 반면, 코로나 사태로 인하여 반드시 이주민의 수가 감소할 것이라고 볼 수 없으며, 각국의 이주민 정책이 코로나 사태로 인하여 '조용히' 개혁되면 긍정적인 효과를 지닐 수 있다고 전망하는 학자나 전문가들도 있다(Dennison Geddes 2020). 더욱이 2100년까지 세계 총 195개국 중 183개국의 출산율이 인구유지 수준인 2.1명에 미달하고, 한국을 비롯한 23개국 인구가 2100년까지 절반으로 줄어들기 때문에 대규모 이민유입을 위한 국경개방이 불가피하고 이민자들과의 공정한 경쟁이 국가발전의 중요한 척도가 될 것이란 분석이 있다(The Lancet 2020).

그러나 많은 전문가가 공통적으로 지적하는 것은 이번 팬데믹 사태를 전 세계 국가들과 국제사회가 국제이주민과 초국적 인구이동 문제를 인간안보적 관점에서 접근하여 혁신적인 변화의 계기로 삼아야 한다는 점이다. 국제법적 지위가 불분명한 강제이주민과 난민들은 물론, 해외에 거주하고 있는 세계 시민들은 개별 국가들에서 제공하는 사회적 안전망의 테두리 밖에 위치할 가능성이 큰데, 전체 국가와 사회의 보건 안전을 담보하기 위해서는 이들의 인간안보 역시 보장해야 한다는 관점에서 체제 개혁의 필요성이 드러난다고 볼 수 있다(Freier 2020). 사실 1990년대 중반 국제적 주목을 받던 인간안보 담론은 그 개념의 모호성과 광범위성에 대한 비판 및 9·11테러와 중국의 부상에 따른 국가안보 이슈에 대한 국제적 관심으로 다소 묻혔다. 이제 코로나19 위기가 전 세계에 인간안보의 위협으로 다가오면서, 인간안보적 접근이 국제무대에서 '부활 모멘텀'을 얻게 되었고 학문적으로나 정책적으로 안보 영역의 확장 계기와 가능성을 제공하고 있다.

하지만 이러한 변화의 필요성을 인간안보적 관점에서만 접근할 것이 아니라 국가안보적인 관점까지 고려하여 정책을 수립하는 것이 중요하다. 앞서 언급한 바와 같이, 안보화와 백신 외교(vaccine diplomacy)를 통한 팬데믹과 초국적 인구이동의 정치 쟁점화로 인하여 포스트 코로나 시대에 대한 각국의 경쟁은 치열하게 전개되고 있다. 또한 전염병을 통제하고 백신접종을 통해 집단 면역체제를 갖추는 것은 문제를 해결하는 것이기도 하는 동시에 경제회복이라는 국가안보의 핵심적인 의제로 다가가는 초석이기도 하다는 점에서 인간안보와 국가안보가 밀접하게 맞닿아 있는 의제라는 점을 분명히 보여주고 있다.

보다 포괄적인 국제정치학적인 관점에서 볼 경우, 이번 사태는 인간안보와 국가안보가 어떻게 상호 연관을 줄 수 있는지 보여주는 선례가 될 것이며, 특히 지난 30여 년 동안 급격히 진행되어온 세계화로 인하여 국제이주민·난민 이슈를 포함하여 기후변화와 사이버 안보 등 다양한 국제적 문제들이 초국적인 성격을 지니고 있다는 것을 나타내고 있다. 이는 문제의 성격에 따라 인간안보나 국가안보에 국한된 접근 방식이 아닌, 양쪽을 모두 포함한 포괄안보적 관점에서 문제를 인식하고 해결해야 한다는 점을 상기시켜주고 있다.

참고문헌

교육부. 2021. "2020년 국내 고등교육기관 내 외국인 유학생 통계," https://www.moe.go.kr/newsearch/searchTst.jsp (검색일: 2021년 5월 7일)

김상배. 2020. "코로나19와 신흥안보의 복합지정학: 팬데믹의 창발과 세계정치의 변환." 『한국정치학회보』 52(4), 53-81.

이신화. 2008. "비전통안보와 동북아지역협력." 『한국정치학회보』 42(2), 411-434.

_____. 2016. "시리아 난민사태: 인도적 위기의 안보적 접근과 분열된 정치적 대응." 『한국과 국제정치』 32(1).

조한승. 2021. "코로나 팬데믹과 글로벌 보건 거버넌스: 실패의 원인과 협력의 모색." 서울대학교 국제문제연구소 워킹 서류 190호, 4월.

Adamson, Fiona B. 2006. "Crossing Borders: International Migration and National Security." *International Security* 31(1).

Baldwin, David A. 1997. "The Concept of Security." *Review of International Studies* 23(1): 5-26.

Beech, Hannah. 2020. "Coronavirus Finds Fuel in a World of Migrants." *The New York Times*, April 10.

Benton, Meghan, Jeanne Batalova, Sameul Davidoff-Gore, Timo Schmidt. 2021. *COVID-19 and the State of Global Mobility in 2020*. Geneva: International Organization for Migration(IOM).

Buzan, Barry. 1984. "Peace, Power, and Security: Contending Concepts in the Study of International Relations." *Journal of Peace Research* 21(2).

Buzan, Barry, Ole Wæver, Jaap de Wilde. 1998. *Security: A New Framework for Analysis*. New York: Lynne Rienner Publisher.

Collard, Rebecca. 2020. "You Can't Practice Social Distancing If You're a Refugee." *Foreign Policy*, March 20.

Conteh-Morgan, Earl. 2002. "Globalization and Human Security: A Neo-Gramscian Perspective." *International Journal of Peace Studies*. 57-73.

Dennison, James and Andrew Geddes. 2020. "Why COVID-19 does not Necessarily Mean that Attitudes towards Immigration will become more Negative." International Organization for Migration (IOM).

Di Maria, David L. 2020. "6 Ways a Drop in International Students Could Set Back US Higher Education." *The Conversation*, May 26.

Duke University Global Health Innovation Center(DUGHIC). 2021. "Vaccine Procurement: Tracking Covid-19 Vaccine Purchases Across the Globe." https://launchandscalefaster.org/covid-19/vaccineprocurement (검색일: 2021년 3월 20일)

Economist Intelligence Unit (EIU). 2021. "More than 85 Poor Countries will not have Widespread Access to Coronavirus Vaccines before 2023." January 27, https://www.eiu.com/n/85-poor-countries-will-not-have-access-to-coronavirus-vaccines/ (검색일: 2021년 3월 23일)

Elisabeth, Mangrio, Paul-Satyaseela Maneesh, Strange Michael. 2020. "Refugees in Sweden During the Covid-19 Pandemic—The Need for a New Perspective on Health and Integration." *Frontiers in Public Health*, October.

European Council. 2016. "EU-Turkey Statement." March 18, https://www.consilium.europa.eu/en/press/press-releases/2016/03/18/eu-turkey-statement/ (검색일: 2021년 3월 20일)

Feng, Emily. 2020. "As U.S. Views Of China Grow More Negative, Chinese Support For Their Government Rises." *NPR*, September 23.

Food and Agriculture Organization of the United Nations (FAO). 2020. "Migrant Workers and the COVID-19 Pandemic." April 7.

Freier, Luisa Feline. 2020. "COVID-19 and Rethinking the Need for Legal Pathways to Mobility: Taking Human Security Seriously." International Organization for Migration (IOM).

Fromentin, Vincent. 2013. "The Relationship between Immigration and Unemployment: The Case of France." *Economic Analysis and Policy* 43(1): 51-66.

Gamlen, Alan. 2020. "Migration and Mobility after the 2020 Pandemic: The End of an Age?" International Organization for Migration (IOM).

Gladstone, Rick. 2020. "Trump Demands U.N. Hold China to Account for Coronavirus Pandemic." *The New York Times*, September 22.

Goodwin, Matthew and Caitlin Milazzo. 2017. "Taking back Control? Investigating the Role of Immigration in the 2016 Vote for Brexit." *The British Journal of Politics and International Relations* 19(3): 450-464.

Heine, Jorge and Ramesh Thakur. 2011. *The Dark Side of Globalization*. Tokyo, Japan: UN University Press.

Huysmans, Jef. 1998. "Security! What do you Mean? From Concept to Thick Signifier." *European Journal of International Relations* 4(2).

Johnston, Alastair Iain. 2003. "Is China a Status Quo Power?" *International Security* 27(4): 5-56.

Kakissis, Joanna. 2018. "'Europe Does Not See Us As Human': Stranded Refugees Struggle in Greece," *NPR*, March 9.

Kirby, Jen. 2020. "How to Fix the WHO, According to an Expert." *Vox*, May 29.

Kirişci, Kemal and Başak Yavçan. 2020. "As COVID-19 Worsens Precarity for Refugees, Turkey and the EU Must Work Together." Brookings, June 11. https://www.brookings.edu/blog/order-from-chaos/2020/06/11/as-covid-19-worsens-precarity-for-refugees-turkey-and-the-eu-must-work-together/ (검색일: 2021년 2월 16일)

Kuo, Lily and Miriam Berger. 2021. "China to Foreign Travelers: Take our Coronavirus Vaaccine, Enjoy a Streamlined Visa Process in Return." *The Washington Post*, March 17.

Lee, Shin-wha. 2003. "Human Security Aspects of International Migration: The Case of South Korea." *Global Economic Review* 32(3).

Leonard, Ben. 2021. "White House demands Transparency from WHO, China on Early COVID Findings." *Politico*, February 13.

Levine, Mike. 2020. "China's Ambassador to US Slams Trump for COVID-19 Blame." *ABC News*, August 5.

Lisa, Schlein. 2020. "COVID-19 Discrimination Against Migrants Threatens Health, Economy, IOM Says." *Voice of America*, May 7.

McAuliffe, Marie and Celine Bauloz. 2020. "The Coronavirus Pandemic could be Devastating for the World's Migrants." *World Economic Forum*, April 6.

Medicines Sans Frontieres (MSF). 2019. "Trading in Suffering: Detention, Exploitation and Abuse in Libya." December 23, https://www.msf.org/libya%E2%80%99s-cycle-detention-exploitation-and-abuse-against-migrants-and-refugees (검색일: 2021년 3월 20일)

Migration Data Portal. 2021. "Migration Data Relevant for the COVID-19 Pandemic." March 10, https://migrationdataportal.org/themes/migration-data-relevant-covid-19-pandemic (검색일: 2021년 3월 27일)

Mixed Migration Centre (MMC). 2020. "The Impact of COVID-19 on Refugees and Migrants in Tunisia – a Focus on Employment and Livelihoods." *MMC North Africa Snapshot*, July.

Mzezewa, Tariro. 2021. "Coming Soon: The 'Vaccine Passport'." *The New York Times*, March 2.

Organisation for Economic Co-operation and Development (OECD). 2019. *International Migration and Displacement Trends and Policies Report to the G20*, Paris: OECD.

_____. 2020a. *International Migration Outlook 2020*, Paris: OECD.

_____. 2020b. "Managing international migration under COVID-19." OECD Tackling Coronavirus(COVID-19): Contributing to a Global Effort. June 10.

Ousey, Graham C. and Charis E. Kubrin. 2018. "Immigration and Crime: Assessing a Contentious Issue." *Annual Review of Criminology* 1: 63-84.

Peyton, Nellie. 2020. "Refugees Working in Shops and Cafes have been Hit Hardest by Coronavirus." *World Economic Forum*, July 16.

Phililips, Amber. 2017. "'They're Rapists.' President Trump's Campaign Launch Speech Two Years later, Annotated." *The Washington Post*, June 17.

Reuters Staff. 2018. "Hungarian PM Steps up Anti-immigrant Campaign after By-election Loss." *Reuters*, March 2.

Rudra, Nita. 2008. *Globalization and the Race to the Bottom in Developing Countries*, Cambridge. UK: Cambridge University Press.

Sardarizadeh, Shayan and Olga Robinson. 2020. "Coronavirus: US and China trade Conspiracy Theories." *BBC*, April 26.

Schulmann, Paul. 2020. "Perfect Storm: The Impact of the Coronavirus Crisis on International Student Mobility to the United States." *World Education News (WENR)*, May 26.

Schweller, Randall L. and Xiaoyu Pu. 2011. "After Unipolarity: China's Visions of International Order in an Era of US Decline." *International Security* 36(1): 41-72.

Silver, Laura, Kat Devlin, and Christine Huang. 2020. "Unfavorable Views of China Reach Historic Highs in Many Countries." Pew Research Center, October 6, 2020, https://www.pewresearch.org/global/2020/10/06/unfavorable-views-of-china-reach-historic-highs-in-many-countries/ (검색일: 2021년 3월 23일)

Steinbuch, Yaron. 2020. "WHO Warns COVID-19 Pandemic is 'Not Necessarily the Big One'." December 29, https://nypost.com/2020/12/29/who-warns-covid-19-pandemic-is-not-necessarily-the-big-one/(검색일: 2021년 5월 2일)

Stephen, Mattew D. and David Skidmore. 2019. "The AIIB in the Liberal International Order." *The Chinese Journal of International Politics* 12(1): 61-91.

The Lancet. 2020. "World Population Likely to Shrink after Mid-century, Forecasting Major Shifts in Global Population and Economic Power." Institute for Health Metrica and Evaluation (IHME), http://www.healthdata.org/news-release/lancet-world-population-likely-shrink-after-mid-century-forecasting-major-shifts-global (검색일: 2021년 5월 10일)

UN Department of Economic and Social Affairs, *International Migration 2019: Report* (ST/ESA/SER.A/438) (2019), iv, https://www.un.org/en/development/desa/population/migration/publications/migrationreport/docs/InternationalMigration2019_Report.pdf (검색일: 2021년 3월 20일)

UN Development Programme (UNDP). 1994. *Human Development Report*, New York: Oxford University Press.

UN High Commissioner for Refugees (UNHCR). 2020a. "Figures at a Glance," June 18, https://www.unhcr.org/asia/figures-at-a-glance.html (검색일: 2021년 5월 1일).

_____. 2020b. "UNHCR COVID-19 Preparedness and Response." August 11.

_____. 2021. "Refugee Situation in Libya." https://data2.unhcr.org/en/country/lby (검색일: 2021년 3월 20일)

UN World Tourism Organization (UNWTO). 2020. "Impact Assessment of the Covid19 Outbreak in International Tourism." December. https://www.unwto.org/impact-assessment-of-the-covid-19-outbreak-on-international-tourism (검색일: 2021년 3월 22일)

_____. 2021. "Tourist Arrivals Down 87% in January 2021 as UNWTO Calls for Stronger

Coordination to Restart Tourism." 31 March. https://www.unwto.org/news/tourist-arrivals-down-87-in-january-2021-as-unwto-calls-for-stronger-coordination-to-restart-tourism (검색일: 2021년 12월 20일)

U.S. Immigration and Customs Enforcement (ICE). 2021. "SEVIS by the Numbers: Annual Report on International Student Trends," https://www.ice.gov/doclib/sevis/pdf/sevisBTN2020.pdf (검색일: 2021년 5월 1 일)

Visentin, Lisa and Eryk Bagshaw. 2021. "Universities Brace for Chinese Student Hit after COVID." *The Sydney Morning Herald*, February 27.

Wæver, Ole, Barry Buzan, Morten Kelstrup, Pierre Lemaitre. 1993. *Identity, Migration and the New Security Agenda in Europe*. London: Pinter.

Weiner, Myron. 1992. "Security, Stability, and International Migration." *International Security* 17(3).

Williams, Michael C. 2003. "Words, Images, Enemies: Securitization and International Politics." *International Studies Quarterly* 47.

World Health Organization (WHO). 2020a. "Considerations for Implementing a Risk-based Approach to International Travel in the Context of COVID-19." December 16, https://www.who.int/news-room/articles-detail/considerations-for-implementing-a-risk-based-approach-to-international-travel-in-the-context-of-covid-19 (검색일: 2021년 3월 20일)

_____. 2020b. "Risk Assessment Tool to Iinform Mitigation Measures for International Travel in the Context of COVID-19." December 16, https://www.who.int/publications/i/item/WHO-2019-nCoV-Risk-based_international_travel-Assessment_tool-2020.1 (검색일: 2021년 3월 20일)

_____. 2021a. "COVAX: Working for Global Equitable Access to COVID-19 Vaccines." https://www.who.int/initiatives/act-accelerator/covax (검색일: 2021년 3월 20일).

_____. 2021b. "Interim Position Paper: Considerations Regarding Proof of COVID-19 Vaccination for International Travellers." February 5. https://www.who.int/news-room/articles-detail/interim-position-paper-considerations-regarding-proof-of-covid-19-vaccination-for-international-travellers (검색일: 2021년 3월 20일)

World Toursim Organization (UNWTO), "2020: Worst Year in Tourism History with 1 Billion Fewer International Arrivals." January 28, https://www.unwto.org/news/2020-worst-year-in-tourism-history-with-1-billion-fewer-international-arrivals (검색일: 2021년 4월 22일)

Yayboke, Erol. 2020. "Commentary: Can I Stay or Can I Go Now? Longer-term Impacts of Covid-19 on Global Migration." Center for Strategic and International Studies (CSIS), April 20, 2020. https://www.csis.org/analysis/can-i-stay-or-can-i-go-now-longer-term-impacts-covid-19-global-migration (검색일: 2021년 3월 19일)

Zhao, Yusha and Shan Jie. 2020. "Australian Universities Lose Attraction." *Global Times*, August 13.

Zolberg, Aristide R, Astri Suhrke and Sergio Aguayo. 1989. *Escape from Violence. Conflict and the Refugee Crisis in the Developing World*. Oxford: Oxford University Press.

제4장　　　초연결 시대 감염병 커뮤니케이션과
　　　　　국가의 디지털 프로파간다

송태은(국립외교원)

I. 들어가며

인류 역사에서 장티푸스, 홍역, 흑사병, 결핵, 스페인 독감, 콜레라, 천연두, 황열병 등 대규모 전염병은 사람의 삶과 정치, 경제에 지대한 영향을 끼치며 인류 역사의 흐름을 바꾸어왔다. 최근에는 2002년 사스(SARS)와 2012년 메르스(MERS)에 이어 2019년 말 중국 우한에서 나타난 코로나19 팬데믹은 현재까지 지속되면서 세계 역사를 코로나19 전과 후로 나눌 수 있을 만큼 세계인의 삶에 근본적인 변화를 가져왔다. 코로나19 팬데믹이 야기한 가장 흥미롭고 주목할 만한 현상 중 하나는 글로벌 정보커뮤니케이션 양상이다. 코로나19 감염병은 세계화(globalization)로 인해 이미 심화된 상호의존성에 균열을 일으키며 세계인의 물리적 이동과 교류의 단절을 초래하고 있지만 오히려 정보커뮤니케이션 차원에서의 연결성은 더욱 강화되었기 때문이다. 즉 팬데믹으로 인해 세계 인구의 물리적이고 가시적인 접촉과 교류는 급속하게 감소되었지만 온라인 공간을 통한 정보교류와 소통은 그 어떤 시기보다도 더 활발해지고 빈번해졌다.

코로나19 감염병의 출현 이전에 이미 디지털 정보통신기술(Information & Communication Technology, ICT)의 급속한 발전과 디지털 네트워크의 지구적 확장, 그리고 사물인터넷(Internet of Things, IoT)에 의한 디지털 네트워크의 전방위적 연결은 초연결 사회(hyper-connected society)를 가시화시키고 있었던 터였다. 많은 국가들이 국경을 봉쇄하고 자국 내 이동을 통제하는 정책을 실시했지만 그러한 폐쇄적인 방역 조치로 인해 인터넷 공간을 통한 정보 유통과 실시간의 쌍방향 커뮤니케이션의 수요는 더욱 증가했다. 코로나19 팬데믹으로 인해 감염병 정보를 실시간으로 전달하며 위기를 차단하기 위한 행위자들 간의 커뮤니케이션은 개인과 기업, 국가 기관을 막론하고 어느 때보다 활성화되었다. 모든 개인과 조직, 기관은 시공을 초월한 실시간 비대면 대화와 회의, 교육과 훈련을 통해 팬데믹 이전의 활동을 이어가고 있고, 그 어떤 시기보다 높아진 '연결성(connectivity)'을 세계 전체가 경험하게 되었다.

세계화로 인해 확산이 더 빨라진 감염병은 비대면 사회(a contact-free society)를 도래시켰고, 비대면 사회는 다시 온라인 공간을 통해 초연결 사회를 더욱 강화시키는 역설적인 결과를 가져온 것이다. 흥미로운 것은 이러한 과정에서 감염병 바이러스의 전 세계적 확산만큼 감염병을 둘러싼 다양한 정보와 담론이 전 세계적으로 급속하게 확산되며 팬데믹 현상에도 영향을 주고 있는 점이다. 즉 감염병과 관련된 다양한 정보와 뉴스가 급증하면서 이렇게 급증한 정보와 담론 중 팬데믹을 극복하기 위한 노력에 도움을 주는 내용의 정보도 있지만, 반대로 팬데믹 극복을 지체시키고 오히려 감염병의 확산에 더 기여하는 내용의 오정보(false information, misinformation)와 가짜뉴스(fake news)도 같이 빠르게 확산되었다.

이 같은 오정보와 가짜뉴스 등 잘못된 정보의 가장 큰 문제는 팬데믹과 같은 '위기' 상황에서 사회의 구성원에게 정확한 정보가 신속하게 전달되는 것이 빠른 위기 극복과 사회의 정상적인 기능의 회복에 있어서 가장 중요한데 바로 그 과정을 지체시키고 방해한다는 점이다. 그런데 이번 코로나19 감염병은 미국과 중국이 전방위적으로 세계적 영향력의 우위를 다투는 미중 패권경쟁 와중에 발생함에 따라 미국과 유럽을 위시한 서구 민주주의 국가군과 중국을 위시한 권위주의 국가군의 진영 간 내러티브(narrative) 경쟁까지 초래했다. 즉 양 진영은 감염병 발원의 책임소재를 가리는 논쟁과 감염병을 어떤 국가와 진영이 더 잘 극복하는지 방역정책의 우위를 논하는 경쟁적인 담론을 전개했다. 전 세계적인 팬데믹을 극복하기 위해 초국가적 협력이 가장 절실한 시기 각국은 오히려 그러한 협력에 방해가 되는 담론 싸움을 초래하거나 휘말렸던 것이다.

팬데믹 와중의 이러한 국가 간 갈등 외에도 각국은 국내적으로도 그동안 사회에 잠재해 있던 다양한 세력과 계층, 집단 간 갈등과 분열이 가시화되는 경험을 겪었고, 그러한 갈등 대부분은 감염병 확산의 원인과 경로 등 책임소재의 추궁에서 비롯되고 있다. 더불어, 감염병과 관련된 잘못된 정보가 갖는 심리적 효과도 감염병 내러티브의 확산 및 감염병 극복 과정에 지대한 영향을 끼치고 있다. 특히 국제정치의 측면에서는 각국 정부 행위자가 확산시킨 정보는 일종의 경쟁적인 국가 담론으로서 온라인 공간에서 디지털 프로파간다 양상을 보여주기도 했다. 이러한 맥락에서 이 글은 팬데믹 상황의 글로벌 정보커뮤니케이션에서 어떤 이슈를 중심으로 팬데믹 정보와 담론이 각국으로 확산되었고, 그러한 다양한 내러티브가 왜 부각되거나 경쟁했으며 어떤 국제정치적 영향을 끼쳤는지 살펴본다.

먼저 이 글 II절에서는 감염병과 같은 위기 상황에서 정보와 커뮤니케이션이 담론 형성과 관련해서 끼치는 심리적 영향력을 살펴본다. 위기 상황에서 사람들이 어떤 정보와 이슈에 주목하는지, 특히 오정보나 허위정보 및 가짜뉴스, 그리고 프로파간다의 성격을 갖는 내러티브에 대한 주목과 관심이 위기 과정에서 어떤 역할을 하며 어떤 영향을 끼치는지 논의한다. III절에서는 감염병의 발원설과 감염병 극복의 방역정책과 관련된 체제우위 및 진영경쟁과 다자주의 세계 리더십 등 국가가 중심이 된 국제정치적 차원에서 어떤 내러티브가 경쟁을 하며 감염병 담론을 형성했는지 살펴본다. 마지막 IV절에서는 팬데믹 시기 글로벌 정보커뮤니케이션의 역할과 함의를 짚어보는 것으로 이 글을 마무리한다.

II. 팬데믹 시기 정보·커뮤니케이션의 역할

1. 정보의 인지적·감정적 영향력

21세기 현대의 고도화된 디지털 정보커뮤니케이션 기술은 코로나19 감염병에 대한 다양한 정보가 빠르게 생산되고 유포되며 논쟁적인 담론과 내러티브가 풍부하게 형성될 수 있는 정보환경을 제공했다. 감염병이 전 세계적으로 확산되는 현상과 함께 이미 전 지구적으로 연결되어 있는 디지털 커뮤니케이션 네트워크를 통해 코로나19 감염병과 관련된 다양한 정보, 이슈 및 담론도 함께 생산, 공유, 확산되었으며, 이러한 정보와 담론은 각국 정부의 국내 정책과 대외 정책에도 영향을 끼쳤다.

팬데믹 같은 위기 상황에서 정보와 커뮤니케이션의 역할과 영향력이 중요한 것은 각국 정부와 국제사회가 감염병 확산을 차단하고 백신을 개발하며 궁극적으로 팬데믹을 종식시키려는 위기 대처 및 정책 실행 과정에서 각국 정부가 제공하는 정보와 메시지가 신뢰할 만한 것이어야 하기 때문이다. 또한 그러한 정보가 왜곡되지 않고 대중과 국제사회에 전달되는 것은 보건 및 방역 정책의 실행에서 다양한 행위자의 협조와 지원을 얻어낼 수 있는 조건이 된다. 따라서 팬데믹 극복 과정에서 국가의 정책과 국제사회의 협력에 더 우선하는 중요한 것은 정보와 커뮤니케이션 변수이다. 만약 그러한 정보와 메시지를 각 행위자가 신뢰한다면 현대의 인터넷과 소셜미디어 및 고도화된 다양한 디지털 정보통신기술은 정부기관의 위기 대처에 유리하게 작동할 수 있다. 하지만 반대로 각국 정부기관의 정보와 메시지보다도 가짜뉴스와 허위조작정보(disinformation)가 더 지배적인 담론으로 부각될 경우 각국은 방역 및 보건 정책 등 팬데믹에 의한 위기를 해결할 사회적 동원력을 확보하지 못하고 추구하는 정책은 실패할 가능성이 높아질 것이다.

현재까지도 지속되고 있는 코로나19 팬데믹과 함께 가장 논란이 된 이슈는 감염병 및 국가기관의 방역정책과 관련된 다양한 허위정보와 가짜뉴스 문제였다. 코로나19 바이러스가 생물무기나 백신·약 판매용으로 만들어졌다는 음모론이 세계적으로 광범위하게 확산되기도 했다. 우리 사회에서도 소금물 분무기로 입안을 소독한 교회의 집회로 인해 감염병이 확산되거나, 팬데믹 초기 공급이 크게 부족했던 마스크가 북한에 보내졌다거나, 교회 신자의 검사 결과는 무조건 양성 판정이 나온다는 가짜뉴스가 확산되기도 했다. 이러한 잘못된 정보는 감염병을 확산시킨 원인을 놓고 사회 내 차별과 편견을 증폭시키거나 국가 간, 진영 간 책임 공방을 가열시켰으며 다양한 음모론을 양산하며 국가의 효과적인 방역활동과 국제사회의 협력을 방해했다. 그러면 사람들은 왜 그러한 허위정보와 가짜뉴스에 주목하고 영향을 받았을까?

인지신경과학(sensory neuroscience)의 연구에 의하면, 인간이 갖고 있는 놀라운 능력 중 하나는 세상의 온갖 놀랄 만한 일들 중 '예상 밖의 정보나 사건을 신속하게 탐지하는 능력'이라고 한다. 인간의 인지력은 예상되지 않은 놀라움(surprise)을 주는 '새롭고 참신한 것(novelty)'에 주목하고 집중하는 인지방식을 길러왔다는 것이다. 인간은 '새로운 자극(novel stimuli)'을 경험할 때 도파민(dopamine)이 증가하는데, 참신한 것, 새로운 것을 경험하는 것이 일종의 '보상'

이 되어 기억과 학습 과정에서 동기를 부여하고 기억과 학습을 강화하는 데에 중요한 역할을 담당한다(Wise 2004, 483–494; Barr 2020). 이러한 인지신경과학의 발견은 심리학의 동기이론(theories of motivation)의 주장과도 일맥상통한다. 동기이론은 '참신성(novelty)'이나 '놀라움(surprise)'의 성격을 가진 정보가 인간이나 동물의 '탐색(exploratory)' 혹은 '회피(avoidance)' 행위를 유발하여 결과적으로 학습을 촉진시키는 주요한 변수들이라고 주장한다(Deci & Ryan 1985; Baldassarre & Mirolli 2013).

이러한 이유로 인간의 뇌는 상당히 감정적으로 도발적인 정보를 더 강하고 오랫동안 기억하게 되고, 그렇기 때문에 프로파간다(propaganda) 목적을 갖는 가짜뉴스 정보는 '허위기억(false memories)' 현상을 쉽게 유발할 수 있다. 멀피와 그의 동료의 실험에 의하면 가짜뉴스 정보나 프로파간다 메시지가 특히 개인의 '믿음 혹은 신념'과 관련될 경우 사람들은 허위기억 경향을 강하게 나타냈으며, 특히 낮은 수준의 인지적 능력을 갖는 개인의 경우 그러한 경향성이 높게 나타났다(Murphy et al. 2014, 217-248). 다시 말해, 가짜뉴스와 프로파간다 메시지는 사람의 기억과 학습에 강한 동기부여를 줄 수 있을 만큼 주목받을 수 있는 종류의 내용인 경우가 많고, 그러한 정보와 메시지가 특히 '도덕적 감정(moral emotion)'을 강하게 자극하는 내용을 담을 경우 소셜미디어 플랫폼(social media platform)과 같은 온라인 네트워크를 통해 빠르게 확산될 수 있다. 결과적으로 감정적으로, 도덕적으로 개인의 격한 반응을 일으킬 만한 내용의 가짜뉴스는 사람들이 세상을 인식하고 다양한 의사결정을 내리는 데에 강력한 영향력을 발휘할 가능성이 높아지는 것이다.

스티글리츠와 당수안(Stieglitz & Dang-Xuan)은 트위터(Tweeter)

에서 객관적인 내용의 글보다 감정적인 내용의 글이 더 빈번하게, 그리고 더 빨리 확산되는 경향이 있음을 발견했다(Stieglitz & Dang-Xuan 2014, 217-248). 또한 사람들은 비극적인 내용의 정보를 공유할 때 서로 연결되어 있다는 연대감을 더 쉽게 느낀다고 한다(Hoffner et al. 2009, 193-216). 따라서 그러한 정보를 공유하는 행위는 동료 그룹 내에 동질적인 상황과 위치를 느끼게 하는 등 사회화 효과를 낳을 수 있다(Lee & Ma 2012. 331-339). 특히 오피니언 리더들은 자신의 사회적 역할과 영향력을 발휘하기 위해 자신이 접한 정보를 공유하려는 성향을 더 강하게 갖는다(Katz & Lazarsfeld 1955). 즉 유명 정치인이 정치적 프로파간다 메시지를 전파할 목적으로 사회가 처한 위기와 관련하여 감정이 실린 정보를 전달할 경우 그러한 메시지가 여론에 끼칠 수 있는 파급력은 일반인이 전달하는 감정적 정보보다 훨씬 클 가능성은 쉽게 예상해볼 수 있다.

2. 디지털 프로파간다 메시지의 영향력

커뮤니케이션 분야에서 '위험(risk)'이나 '위기(crisis)'는 위기관리의 주체와 이해당사자 및 대중이 어떻게 위기를 인식하는지, 그리고 위기와 관련된 이슈를 미디어가 어떤 프레이밍(framing)을 통해 다루며 정부 기관은 어떻게 그러한 정보를 제공하고 정부 평판을 관리하는지도 위기관리의 중요한 영역으로 간주한다. 예컨대 군사안보 분야에서 위기로 인식하지 못하는 부분을 커뮤니케이션 분야에서는 대중 여론 대응 차원에서 위기로 인식할 수 있다. 특히 실시간으로 정보가 빠르게 유통되고 확산되는 현대의 고도화된 디지털 정보커뮤니케이션 환경에서는 허위정보나 가짜뉴스도 쉽게 생산되고 확산되므로 정부나 미디어 등 주요 행위자들이 위기 상황과 관련된 커뮤니케이션을 어떻게 수행하느냐에 따라서 발생한 위기가 고조되거나 진정되는 데에 실제적인 영향을 끼칠 수 있다.

특히 감염병 확산과 같은 위기의 대응에 있어서 골든타임의 확보를 위해서는 국가와 사회 전체의 초기 대응이 중요하다. 감염병의 감염원과 감염 경로 등 감염병 확산과 관련된 정확한 정보를 신속하게 공유하고 그러한 정보에 의거하여 직시의 적절한 의사결정을 내리는 것은 위기커뮤니케이션(risk communication)에서 가장 핵심적인 사안이다. 이러한 측면에서 현대의 정보커뮤니케이션 환경은 사물인터넷(IoT), 빅데이터(Big Data), 안면인식 기술(facial recognition technology)과 같은 인공지능(Artificial Intelligence, AI) 기술, 실시간의 쌍방향 커뮤니케이션이 가능한 소셜미디어의 대중화 등으로 위기 시 전방위적인 커뮤니케이션을 지원할 수 있는 최적의 조건을 갖추고 있다. 빅데이터는 위기나 재난의 발생을 미리 예측하거나 위기 발생 이후 재난 대응 과정에서 골든타임 시기를 포착, 확보하는 등의 활동에 유용하며, 모바일 핸드폰의 QR 코드(Quick Response code)는 건물 출입 시각과 건물명 등 주요 정보를 제공할 수 있는 정보통신기술로서 확진자 발생 시 개인에게 그러한 상황을 알릴 수 있게 하는 등 효과적인 위기커뮤니케이션 수단이다.

예컨대 코로나19 감염병의 확산 초기 한국에서 마스크의 원활한 수급이 어려워지면서 공적 마스크의 재고를 알려주는 모바일 어플리케이션 서비스가 만들어질 수 있었던 것은 빅데이터를 활용할 수 있었던 정보환경 덕분이었다. 어플리케이션 개발자들이 자발적으로 구성한 '코로나19 공공데이터 공동대응팀'은 정부가 보유한 마스크 재고 빅데이터를 공개해줄 것을 제안했고, 이에 한국정보화진흥원과 건강

보험심사평가원이 공적마스크 판매처와 판매현황 등을 오픈 응용프로그래밍 인터페이스(application programming interface) 형식으로 제공하면서 서비스 구축이 가능했다. 이 어플리케이션 서비스는 마스크 수급 현황, 코로나19 확진자의 동선 및 선별진료소 등 정부가 공개한 다양한 정보를 함께 제공했다.

이 밖에도 정보커뮤니케이션이 효과적인 위기관리에 기여한 사례는 온라인 집단지성(collective intelligence) 동원력을 통해서도 나타났다. 미국 위스콘신 국립영장류연구센터의 연구원들은 기업용 메신저 서비스인 '슬랙(slack.com)'에 수십 명의 동료 과학자들을 초대하여 '우한 클랜(Wuhan Clan)'이라는 온라인 연구공간을 만들고 코로나19와 관련된 실험 내용을 실시간으로 업로드하며 코로나19 팬데믹 극복을 위한 공동연구를 수행했다. 국내에서도 신약개발 전문가들의 모임으로 시작된 '혁신신약살롱'에서 이번 코로나19 사태를 놓고 페이스북(facebook)에서 활발한 토론을 하며 코로나19 관련 치료제와 바이러스 연구 동향 등에 대해 최신 정보와 의견을 신속하고 심도 있게 공유하며 관련 연구를 수행하기도 했다.

이렇게 코로나19 팬데믹 시기 현대의 디지털 정보통신기술은 팬데믹 위기를 완화시키고 극복하는 데에 중대한 위기관리 수단을 제공했지만, 동시에 감염병 바이러스와 함께 허위정보와 가짜뉴스를 빠르게 확산시키며 개인 생명과 사회의 안전을 위협하는 역할도 했다. 허위정보가 개인을 더 큰 감염 위험에 놓이게 한 사례 중 가장 충격적인 경우 중 하나는 미국에서 트럼프 대통령이 자외선 노출과 살균제의 신체주입을 권하여 그러한 권고를 실행한 미국 시민들이 더 큰 건강 문제를 경험한 일이다. 사이풀 이슬람 세계보건기구(WHO) 국제설사병 연구센터 방글라데시본부 감염병학부 연구원 연구팀의 조사결과에 따르면, 전 세계적으로 고농도의 알코올, 메탄올, 소나 낙타의 배설물이 감염을 방지한다는 허위정보를 믿고 그대로 따르다가 사망한 사람은 2020년 1월부터 3월 사이에 800명에 이르며 병원에 입원한 사람은 무려 5,800명이었다고 발표했다(동아사이언스 2020/8/13). 더군다나 가짜뉴스와 같은 허위조작정보를 생산하고 소셜미디어 플랫폼에서 확산시키는 행위자가 갖는 동기는 대개 정치적이거나 혹은 경제적인 목적, 즉 수익창출을 위한 목적인 경우가 대다수이므로 사용자가 원하고 동의하는 콘텐츠를 지속적으로 공급할 수 있느냐의 여부가 중요하고 그만큼 정보가 갖는 내용의 자극성은 더욱 높아지게 된다.

물론 참신하거나 격한 감정적 반응을 일으키기 위해 고안된 허위조작정보나 프로파간다 메시지가 개인과 대중의 관심과 주목을 받는 것과 이러한 정보를 개인과 대중이 신뢰하는 문제, 즉 개인이 특정 정보에 노출되는 것과 어떤 기준을 통해 그러한 특정 정보를 분별하는가의 문제는 서로 다른 종류의 인지 과정이다. 더군다나 그러한 정보가 치명적인 감염병과 같은 위기와 관련될 경우 개인의 정보 분별력은 스스로의 생명과 안전에 직접적인 영향을 끼치므로 개인의 판단에 영향을 끼칠 수 있는 가용한 정보와 메시지는 더욱 중요해진다. 또한 개인이 어떤 방식으로 주어진 정보를 분별하고 판단하는지도 정보 자체의 정확성 여부만큼 개인의 정보 분별 과정에 영향을 끼친다. 인지심리학의 연구에 따르면, 사람은 소위 '인지적 구두쇠(cognitive miser)'로서 인지적 활동에 사용하는 자신의 에너지와 노력을 아끼기 위해 가용한 모든 정보를 면밀하게 검토하기보다 결론에 이르기 위한 효율적인 전략으로서 '인지적 첩경(cognitive shortcuts)'을 이용한다. 즉 개인은 많은 사람들이 지지하거나 혹은 광범위하게 공유된 정보 등 믿을 만한 정보라고 여길 만한 근거를 통해서 정보를 판단하는 경향을 보이는 데, 이러한 경향성은 개인이 정보의 진실이나 정확성을 개의치 않기 때문이 아니라 정보에 대한 판단을 위해 정신적 수고를 덜기 위한 경향성 때문이다(Sniderman, Brody & Tetlock 1991; Edwards 1961, 473-498).

따라서 개인이 선호하는 정치인이나 전문가 등 오피니언 리더, 언론이나 단체 등은 개인이 특정 정보를 판단하는 주요 기준, 즉 인지적 첩경이 될 수 있다. 즉 개인이 선호하거나 신뢰하는 특정인이 주류 언론이나 혹은 특정 정보원에 대한 불신을 드러낼 경우 이러한 불신은 개인의 그러한 정보원에 대한 신뢰도에 결정적인 영향을 끼칠 수 있고, 결과적으로 대안 정보원을 찾는 행위를 야기할 수 있다(Watts et al. 1999, 144-175). 그런데 전염병의 창궐과 같이 개인의 생명과 안전을 위해 정확한 정보 분별이 필요한 시기 주류 미디어와 정부에 대한 대중의 신뢰가 낮거나, 감염병과 관련된 정보 자체의 양이 너무 크거나 혹은 서로 다른 정보가 경쟁하거나, 허위정보와 가짜뉴스가 광범위하게 확산되어 있을 경우 개인의 인지적 첩경을 이용한 인지전략은 합리적 판단을 내리기에 상당히 불안정한 전략이 될 수 있다.

그러면, 가짜뉴스와 같은 허위정보를 분별할 수 있는 개인과 사회의 능력을 고양시키는 노력은 팬데믹 시기 정보와 커뮤니케이션이 위기를 오히려 고조시키기도 하는 부정적인 문제를 해결할 수 있을까? 팬데믹 시기 잘못된 정보가 코로나19 바이러스만큼 위험할 수 있는 경우는 잘못된 정보가 단순히 '허위(false)' 혹은 '거짓'이 아니라 이러한 정보가 메시지 수신자를 기만하려는 목적으로 '의도적으로' 고안된 '프로파간다' 메시지일 경우이다. '프로파간다(propaganda)'란 "목표 청중(target audience)의 감정, 태도, 의견, 행동에 영향을 끼치려는 체계적 형태의 의도적 설득행위로서, 이념적·정치적·상업적 목적을 위해 미디어를 통해 통제된 방식으로 메시지를 일방향으로 전달하는 활동"을 말한다.

정치적 프로파간다 활동을 위해 AI의 커뮤니케이션 도구와 기술을 사용하는 '컴퓨터 프로파간다(computational propaganda)' 혹은 '디지털 프로파간다(digital propaganda)'는 스토리텔링 능력을 갖추고 쌍방향 대화가 가능한 알고리즘인 소셜봇(social bots)을 통해 소셜미디어 플랫폼에 다양한 대규모의 가짜뉴스를 확산시킬 수 있다. 이러한 소셜봇은 프로파간다 메시지의 설득기제로서 전통적인 영향이론(influence theory)과 인지심리학(cognitive psychology)의 설득이론(persuasion theory) 및 다양한 하위 이론의 설득전략을 사용하고 있고 '인지적 해킹(cognitive hacking)', '정신적 해킹(mind-hacking)'으로 불릴 정도로 정교하게 고안될 수 있다. 민주주의 사회의 개방된 온라인 공론장이 디지털 허위조작정보에 취약한 이유는 AI 소셜봇의 내러티브가 설득효과가 경험적으로 입증된 고도의 심리적 기제를 사용하기 때문이다.

코로나19 팬데믹 시기 확산되었던 가짜뉴스 중 특히 국가 행위자에 의한 프로파간다는 개인의 생명이나 안전을 위협하는 차원이 아닌 공격목표로 삼은 사회를 교란, 분열시키고 사회 내 잠재되어 있는 갈등을 심화시키며, 민주주의 제도의 권위와 가치를 부인하며 정부의 정당성을 훼손하는 등 '전복적인(subversive)' 목적을 갖는다. 이러한 측면에서 특히 인터넷과 소셜미디어 공간에서 활발하게 전개된 국가발(發) 디지털 프로파간다 활동은 사이버 심리전(cyber psychological warfare)의 성격을 띠고 있다. 즉 팬데믹 시기 나타난 일부 국가의 디지털 프로파간다 활동은 감염병 팬데믹이라는 국가적, 세계적 위기 상황을 극복하는 데에 가장 중요한 타인에 대한 이해와 배려, 사회적 연

대감과 응집력, 국제사회의 초국가적 지원 제공과 협력을 방해하고 그
러한 노력을 좌절시키는 효과를 목표로 전개되었기 때문에 평시 심리
전의 성격을 갖는다. 메시지에 노출된 정보 수신자를 속이거나 허위기
억 현상을 유발하는 것이 목적인 이러한 디지털 프로파간다 메시지는
일반 개인의 개별적인 정보 분별력이 정상적으로 기능하는 것을 좌절
시키는 다양한 인지전략을 사용하고 있다.

  그러면, 가짜뉴스나 프로파간다 성격의 부정확한 정보의 진실 여
부를 가려내고 밝혀진 새로운 사실과 진실을 대중에 다시 알리면 이러
한 정보의 부정적 효과는 상쇄될 수 있을까? 가짜뉴스와 선동적인 프
로파간다 메시지가 확산될 때 그러한 정보에 가장 먼저 반응하며 사실
여부를 확인하는 그룹은 뉴스 미디어와 관련 분야의 전문가들이다. 그
런데 가짜뉴스가 확산되는 속도와 확산의 범위만큼 이러한 전문가들
의 팩트체크(fact check)를 통해 이미 가짜뉴스를 접한 사람들에게 새
롭게 업데이트된 정확한 정보가 신속하게 전달될 수 있느냐의 여부는
완전히 다른 종류의 일이다(송태은 2021, 86). 더불어, 이러한 수정된
정보가 가짜뉴스만큼 사람들의 주목을 받으며 흥미를 유발하며 허위
기억을 수정할 수 있느냐의 여부 또한 상당히 불확실하다. 심지어 뚜렷
한 정치적 목적을 갖고 그러한 허위조작정보를 퍼뜨린 개인이나 세력
이 또 다른 허위조작정보를 만들어 애초에 확산된 정보를 수정하는 등
팩트체커(fact checker)인 양 가장할 수도 있다. 만약 이러한 행위자들
이 사회적으로 이미 평판이 좋지 않은 사람을 매수하여 자신들의 가짜
뉴스를 반대하게 만들 수 있다면 가짜뉴스는 오히려 더 사실처럼 보일
수도 있다.

  더군다나 프로파간다 성격의 가짜뉴스는 심리학과 커뮤니케이션
학에서 효과가 입증된 강력한 설득기제를 사용하는데, 거짓으로 밝혀

진 정보를 수정한 새로운 거짓정보를 마치 새롭게 업데이트된 정확한 정보로서 제시하는 등 거짓정보를 재사용하는 경우 사람들의 그러한 정보에 대한 신뢰도가 높아진다. 또한 '진실착각효과(the illusory truth effect)'의 경우 동일한 거짓의 극단적인 메시지에 지속적으로 노출된 개인은 시간이 경과하면서 자극적인 내용의 정보 자체만을 사실로서 기억하고 정보의 원천이 신뢰할 수 없는 출처였다는 것은 잊게 된다 (Paul & Matthews 2016, 2-3).

III. 코로나19 감염병의 국제정치적 경쟁 담론

1. 발원설 책임전가 내러티브

코로나19 감염병이 중국 우한(武漢)에서 발생하고 세계 각국으로 확산되면서 가장 먼저 시작된 국가 간, 진영 간에 나타난 갈등적인 담론은 감염병의 발원설을 놓고 중국과 서구권 사이에 시작된 책임 공방이었다. 팬데믹 초기 단계에서 혐오스럽고 위험한 감염병의 기원을 놓고 이러한 공방이 일어났을 때 중국 당국이 국제사회의 반발을 야기했던 이유는 중국 정부가 감염병의 존재를 알리지 않고 정보를 은폐했다는 책임을 회피하기 위해 중국 국내 지방언론이나 인터넷 매체가 제기한 다양한 음모론 확산에 가세했기 때문이다. 즉 중국 정부는 정확하고 투명한 정보의 제공보다도 오히려 허위정보의 확산에 가담하며 중국 책임론을 회피하려는 모습을 보임으로써 중국 정부에 대한 국제사회의 신뢰를 스스로 훼손시켰다.

중국이 허위정보를 언급하며 중국이 아닌 서구로부터 감염병이 나타났을 가능성을 제기한 것은 팬데믹 초기 미국 주류 언론이 중국 당국의 초기 대응을 직접적으로 비판하고 중국과 미국 간에 감정적인 상호 비난이 시작되면서부터였다. 먼저 『월스트리트저널(*Wall Street Journal*)』의 2020년 2월 3일 "아시아의 진정한 병자 중국(China is the real sick man of Asia)"이라는 제목의 오피니언 기사는 중국 당국의 잘못된 감염병 대응으로 세계경제가 붕괴될 수 있는 가능성을 제기했다 (Mead 2020). 2월 19일 온라인 브리핑에서 중국 외교부는 이 글의 기고자를 교만하고 무지하다고 비난하며 『월스트리트저널』이 인종차별적이고 사과할 것을 요구했으며, 중국 영문 신문인 『환구시보(环球时报, *Global Times*)』는 『월스트리트저널』이 사과할 용기조차 없다며 비난하는 의견을 실었다(Ling 2020).

이러한 중국과의 공방 속에서 美 국무부는 5개의 중국 관영매체—신화통신사(Xinhua), CCTV(China Global Television Network), 중국일보(China Daily), 중국국제방송(China Radio International), 인민일보(the People's Daily)—를 외국사절단법(Foreign Missions Act)에 의거하여 언론기관이 아닌 중국 정부의 선전기관, 즉 외교기관으로 지정했고 이 언론사의 미국인 임직원을 160명에서 100명으로 줄일 것을 요구하고 미국 내 자산을 국무부에 보고할 의무를 지웠다(BBC 2020.3.2). 이러한 미국 측 조치에 대해 몇 시간도 안 되어 중국은 중국에 주재중인 『월스트리트저널』의 두 명의 기자를 추방했고 중국 외교부는 중국에 대해 인종차별적 언행을 일삼는 미디어를 환영하지 않는다고 언급했다(Ministry of Foreign Affairs of the Peoples Republic of China 2020).

중국발 허위정보를 이용한 감염병 발원설은 크게 두 가지 음모론을 중심으로 온라인 공간에서 확산되었다. 첫 번째는 '미군 발원설'로서 2월 22일 『환구시보』 영문판은 중국을 방문한 미군 장병으로 인해 바이러스가 중국에 유입되었다고 보도했다. 이러한 보도를 『인민일보(人民日報)』 영문판과 주로 음모론을 다루는 것으로 알려져 있는 캐나다의 소규모 언론매체 *Global Research*가 『인민일보』를 인용하면서 미군 발원설이 서구권으로도 확산되었다. 이후 *Global Research*의 보도를 자오리젠(趙立堅, Zhao Lijian) 중국 외교부 대변인이 다시 트위터에 게재하고 각국의 중국 대사관들이 대변인의 게시물을 리트윗하면서 미군 발원설이 전 세계로 확산되었다. 2월 24일 자오리젠은 그러한 발원설이 허구가 아님을 주장하기 위해 3월 11일 미 의회에서 증언하는 로버트 레드필드(Robert Redfield) 미 질병관리예방센터(U.S. Centers for Disease Control and Prevention) 국장이 미국에서 사망한 독감 환자들이 이후 코로나19 감염 환자였다고 증언하는 영상을 트위터에 게재하기도 했다(CNN 2020.3.14).

　두 번째 확산되었던 허위정보는 '이탈리아 발원설'로서 이탈리아 밀라노 소재 마리오 네그리(Mario Negri) 약학연구소 소장인 쥬세페 레무치(Mario Remuzzi)가 2020년 3월 미국 공영라디오방송인 NPR(National Public Radio)과의 인터뷰에서 2019년 11월 이탈리아 북부 롬바르디아에서 노인들이 알 수 없는 바이러스에 의한 폐렴 증상을 보였다고 발언한 것이 발단이 되었다. 이러한 발언에 대해 중국의 『환구시보』, 『CGTN』, 『사우스차이나모닝포스트(*South China Morning Post*, 南華早報)』 등이 이 인터뷰 내용을 기사에 인용했고 이 기사가 중국의 소셜미디어 웨이보(weibo)를 통해 확산되던 중 중국 정부의 고위 인사들이 이러한 기사를 언급하면서 이탈리아 발원설이 서구권과 공방 양상을 보이기 시작했다. 이탈리아 발원설은 중국 당국이 직접적으로 음모론을 생산, 확산시키기보다 서구 발원설을 보도한 중국의 지방언론이나 영문 인터넷 매체, 그리고 소셜미디어에서 확산되는 뉴스를 중국 국영언론이 인용보도를 통해 이슈화시킴으로써 서구 발원설을 확대, 재생산하는 역할을 했다. 또한 이러한 기사를 중국 외교부 인사들이 '조사가 필요한 과학적 이슈'로 규정지으면서 중국 당국은 중국 발원론을 부인하는 전략을 취했다.

중국과의 이러한 공방 속에서 마이크 폼페이오(Mike Pompeo) 국무장관은 중국의 '허위조작정보 유포활동(disinformation campaign)'을 언급하며 '우한 코로나 바이러스'라는 표현을 공식석상에서 사용하고, 트럼프 대통령도 3월 18일 백악관에서 열린 언론 브리핑에서 '중국 바이러스(China virus)'를 반복하여 언급했다. 여기에 유럽 각국도 미국의 반응에 동조하여 코로나19 치료를 받고 있던 영국 존슨(Boris Johnson) 총리의 대행업무를 수행한 도미닉 라브(Dominic Rab) 외무장관, 독일 메르켈(Angela Merkel) 총리, 프랑스 마크롱(Emmanuel Macron) 대통령, 호주 모리슨(Scott Morrison) 총리는 모두 2020년 4월 국내 기자회견에서 일제히 코로나19의 발원과 관련하여 중국에 대한 투명한 정보공개와 정보의 정확성을 요구했다.

4월 23일 중국 외교부는 이러한 서구권의 비판에 대해 중국이 2019년 12월 30일 원인불명 폐렴에 대한 통지서를 우한시 위생건강위원회를 통해 발표했고 2020년 1월 12일 WHO와 코로나19 게놈 서열정보를 공유했다고 반박했다. 또한 미 폼페이오 국무장관의 야생동물 거래시장 폐쇄 촉구 발언에 대해서 중국 외교부는 중국 내에 야생동물을 거래하는 시장 개념 자체가 존재하지 않는다고 주장하면서 중국은 이미 불법적으로 야생동물의 포획과 거래, 유통, 식용을 금지하는 법안을 제정했다고 응답했다.[1] 한편 중국은 미국과 유럽의 중국 책임론에 동조한 호주에 대해 호주산 와인과 소고기 수입을 중단할 것을 경고하

고 호주 보리에 반덤핑 관세를 부과하는 등 호주에 대한 경제적 보복
조치를 취했다.

요컨대 코로나19 감염병의 발원설을 놓고 중국은 서방과의 진실
공방에서 단순히 서구권에 대해 중국의 입장을 전하며 반박하는 데에
서 끝나지 않았다. 중국은 국제사회의 중국에 대한 비난에 대응하여 중
국의 관영매체와 파트너십을 형성하고 있는 다양한 서구 주요 매체들
을 전략적으로 사용하며 당국의 메시지를 전파했고, 특히 중국의 관영
매체는 중국 내 지방매체나 웨이보와 같은 중국 내 소셜미디어가 확산
시키는 프로파간다 성격의 메시지나 허위정보를 재인용하거나 혹은
중국의 고위 관료가 그러한 정보의 존재를 언급하는 방식으로 국제사
회의 비판을 회피해나가는 등 다양한 미디어 전략을 취했다.

2. 체제우위 및 진영경쟁 내러티브

팬데믹이 확산되고 지속되면서 국가 간, 진영 간 치열한 담론경쟁이 빈
번하게 발생한 것은 국가적, 세계적 위기 상황에서 지구적 정보커뮤니
케이션 활동이 양적으로 급증했음을 반증한다. 세계 각국의 확진자 수
와 사망자 수가 다양한 온라인 미디어를 통해 매일 업데이트되고 코로
나19 확산 상황과 관련된 다양한 통계수치가 지속적으로 대중에게 제
공되면서 세계 대중은 각국의 팬데믹 대처 상황을 전체적으로 비교하
고 평가할 수 있는 근거를 얻게 된 것이다. 이렇게 감염병과 관련된 세
계적 정보를 지속적으로 제공받게 된 각국 대중은 자국 정부의 방역정
책이 다른 국가들과 비교할 때 얼마나 성공적이고 효과적인지 객관적

1   https://www.mfa.gov.cn/webfyrbt_673021/jzhsi_673025/t1772736.shtml (검색일:
     2021. 7. 5.)

으로 평가할 수 있는 지표를 얻게 된 것이다. 각국 방역정책의 성과를 즉각적으로 확인할 수 있는 이러한 디지털 정보커뮤니케이션 환경 속에서 각국 정부는 자연스럽게 방역의 성과 및 국내 경제의 회복력 등 국가 간에 서로 우위를 경쟁하는 모습을 연출하게 되었다. 감염병 팬데믹이 지속되는 가운데 두드러졌던 서구 민주주의 진영과 중국 및 러시아의 권위주의 진영 간 체제우위와 가치와 이념, 세계 리더십 위치를 둘러싼 경쟁은 본질적으로 국내외 청중, 즉 세계여론을 자국이 속한 진영의 세력권 형성에 유리하도록 호소하는 국가 프로파간다 경쟁 양상을 띠게 되었다.

체제우위 및 진영경쟁 양상을 띤 첫 번째 내러티브는 방역정책과 관련한 정보공개와 의사결정 방식 등 국가의 정치체제와 관련된 우열 및 인정과 관련되었다. 즉 팬데믹과 함께 국가 간, 진영 간 체제경쟁의 내러티브가 나타난 것이다. 중국 우한에서 코로나19 감염병이 처음 나타나고 타국으로 확산되는 초기 방역 과정에서 세계 각국 정부가 중국 당국의 대처에 반발했던 가장 큰 이유는 정확한 정보의 투명한 공개가 부재했던 점이다. 감염병 대처를 위한 방역정책과 감염병에 의한 각종 사회문제 및 경제위기를 해결하는 데 있어서 가장 중요한 변수는 감염병과 관련된 정확한 정보의 확보와, 사회의 다양한 층위 간의 신속하고 합리적인 정보커뮤니케이션 활동이다. 그렇기 때문에 자연스럽게 서구권 오피니언 리더들은 다양한 매체에서 중국의 폐쇄적인 의사결정과 정보의 은폐성을 중국의 권위주의 정치체제와 연결하며 문제 삼았던 것이다.

코로나19 감염병이 확산되기 이전부터 이미 전방위적으로 전개되고 있던 미중 경쟁 양상은 코로나19 팬데믹과 관련된 미디어와 전문가들의 다양한 토론과 논쟁이 어떤 정치체제의 방역정책이 효과적이고 어떤 국가의 방역모델을 성공적인 모범사례로 삼을 것인지, 그러한 국가의 정부와 시민사회의 특징은 무엇인지에 대해 관심을 두었다. 특히 상대적으로 신속하게 국내 감염병 확산이 진정 국면에 진입한 국가들은 자국의 방역정책을 타국과 공유하고 국제사회에 홍보하는 데에 집중했다. 방역뿐만 아니라 교육현장에서의 화상강의의 신속한 도입 등 팬데믹 시기 다양한 영역에서 새로운 위기대응 모델을 시도하고 정착시킨 한국의 경우 세계 각국으로부터 방역 방식과 관련된 전문지식과 기술 제공을 요청받았고, 정부는 K-방역에 대한 다양한 화상 브리핑 등을 통해 타국의 도움 요청에 응했다. 한국 정부는 긴급재난지원금이나 한국판 뉴딜 정책 등을 타국과 공유하면서 코로나19 감염병의 장기화 상황에서 사회적 거리를 유지하면서도 지속가능한 성장이 가능한 경제를 구축할 수 있음을 지속적으로 홍보했고, 포스트 코로나 시대 한국의 경제회복 모델을 구축하려는 노력을 펼쳤다.

중국의 경우 사회주의 관리체계가 국민의 건강을 보호하는 데에는 효과적인 시스템임을 강조하는 등 자국의 방역 정책의 우수성을 홍보하고 선전하는 데에 초점을 두며 중국 정부가 내세우는 주요 개념이나 빈번하게 사용하는 내러티브를 방역정책 선전에도 적극 활용했다. 중국은 2017년 10월 중국 공산당 제19차 당대회에서 처음 언급된 이후 2018년 3월 수정된, 헌법에 정식으로 삽입한 '인류운명공동체' 이념을 내세우며 피해국에 대한 지원을 확대했고, 하위개념으로서 '인류위생건강공동체' 용어를 사용하기 시작했다. '인류운명공동체' 이념은 왕이(王毅) 외교부장의 공산당 기관지 기고글(4월 15일), 시진핑(習近平) 주석의 우즈베키스탄 대통령과의 통화(5월 7일), 리커창(李克强) 총리의 전인대 정부업무보고(5월 24일)에서 지속적으로 언급되었다. '평화로운 국제환경과 안정적인 국제질서의 수립을 위한 각국의 냉전적 사고 지양, 비동맹, 테러리즘 반대, 경제세계화, 문명의 다양성 존중' 등의 내용은 '인류운명공동체' 이념의 주요 내용 및 골자를 이루고 있다.

흥미롭게도 미중 경쟁이 격화되는 가운데 발생한 팬데믹은 그동안 미국과 중국 간에 주로 군사력과 경제력의 하드파워(hard power)를 중심으로 했던 패권경쟁에 가치, 이념, 체제 우월성을 노골적으로 국제사회에 선전하며 세계청중의 지지를 얻으려는 소프트파워(soft power) 경쟁을 표면화시키는 결과를 초래했다. 코로나19 감염병은 미국과 중국 간에 감염병 확산 차단의 국내 위기대처 능력을 둘러싼 서구 민주주의 진영과 중국과 러시아 등 권위주의 진영 간 체제 우월 경쟁의 내러티브 경쟁을 본격적으로 촉발시킨 것이다. 중국의 우한 봉쇄 과정에 대해 2월 15일 WHO 게브레예수스(Tedros Adhanom Ghebreyesu) 사무총장이 "중국의 조치가 세계에 대처할 시간을 벌어주었다"고 발언하고, 이어 2월 20일 파키스탄 칸 총리 및 러시아 푸틴 대통령도 3월 19일 중국식 대처에 대해 우호적으로 평가하는 발언을 하는 등 권위주의 국가의 수장들은 중국의 권위주의 모델을 옹호했다.

반면 미국과 유럽은 우한 봉쇄와 같은 중국의 급진적인 조치를 권위주의 특유의 가혹한 조치라고 비판했다. 그러나 국내 감염병 확산 추세가 꺾이지 않자 이탈리아는 영토 전역을 봉쇄했고 영국도 비슷한 조치를 취했다. 코로나19 사태는 이스라엘 네타냐후 총리의 부패 행위와 관련된 재판을 연기할 사유가 되는 등 민주주의 일부 정부에게도 권력 유지를 위한 내부 통제 및 시민 감시체제를 구축할 수 있는 기회가 되기도 했다. 더군다나 이러한 방역 과정에서 유럽의 선진 민주주의 국가들은 의료시설이 마비되고 시민들의 사재기 및 마스크 착용 거부 등 시민사회의 무질서가 나타나는 등 중국식 대처를 비판할 만한 국내 방역 정책의 우수성이나 시민사회의 성숙함을 보여주지 못했다.

3. 세계 리더십 경쟁 내러티브

국가 간, 진영 간에 나타난 체제우위 내러티브에 이어 나타난 내러티브는 누가 세계적 리더십을 발휘하며 포스트 코로나 시대를 이끌 것인가에 대한 경쟁적인 국가 간 담론이었다. 각국이 국내 감염병 확산에 몰두해야 하는 시기 국제사회에서 세계적 리더로서 자국을 내세웠던 것은 두 가지 이유를 꼽아볼 수 있다. 첫 번째는 팬데믹에 의해 야기된 전 세계적인 위기 상황에서 미국이 보건협력 분야에서조차 다자주의적 접근법을 거부하고 세계보건기구(WHO)의 국제기구로서의 권위를 인정하지 않으며 세계적 공공재를 제공하는 우호적 패권의 역할을 취하기를 거부했기 때문이다.

　트럼프 행정부의 미국은 2020년 3월 25일 G7 외교장관 화상회의에서 공동성명에 코로나19를 '우한 바이러스'로 명기할 것을 주장했고, 이를 다른 회원국들이 거부하면서 공동성명 채택이 불발되었다. 4월 19일 G20 보건장관 화상회의에서도 미국은 WHO의 중국 정부에 대한 우호적인 태도를 비판하며 'WHO에 대한 지지' 문구 포함을 이유로 공동성명 채택을 반대했고, 이에 G20은 대신 WHO를 언급하지 않는 성명으로 대신했다. 미국은 팬데믹 초기 WHO의 정보은폐를 비판하며 미 국무부와 USAID에 WHO를 대체할 기구를 찾아서 활용할 것과 WHO 지원금을 공중보건 NGO를 통해 직접 제공할 것을 지시했고, 결국은 WHO에 대한 자금 지원을 전액 중단할 것을 결정하기에 이르렀다.

　팬데믹 와중에 세계 리더십 내러티브가 경쟁적으로 나타난 두 번째 이유는 세계적으로 각국이 성공적인 방역정책의 우위경쟁을 벌이고 있는 상황에서 감염병의 국내 확산을 효과적으로 차단하지 못하여 국내 정치적 입지가 불안해질 수 있는 상황을 염려한 각국의 정치전략적 프레이밍(framing)의 결과이다. 특히 기존의 선진 강대국 정부는 악화되는 국내 방역의 실패와 급증하는 확진자와 사망자 추이에 따라 악화되는 국내 여론을 관리하고 국제사회에서의 자국의 입지 제고를 통해 국내적 지지를 만회하고자 하는 시도를 취했다. 이렇게 미국이 만든 세계적 리더십의 공백과 국내 정치적 동기에서 각국은 미국을 대신할 세계 리더로서의 자국을 내세우기 시작했고 지구적 보건거버넌스(global health governance) 체제를 이끌 세계적 리더십의 자격에 관한 내러티브가 경쟁적으로 나타났다. 각국의 국내 방역정책의 효과, 즉 방역정책의 성공이 보건거버넌스 리더십의 자격과 연결되면서 세계 각국 간 방역 거버넌스 정책을 둘러싼 세계적 이니셔티브 제안 경쟁도 치열해졌다. 즉 강대국이든 중견국이든 감염병을 극복할 수 있는 성공적인 국내 거버넌스 능력이 다자주의(multilateralism) 외교를 통해 획득되는 국제무대에서의 리더십 자격의 조건으로 제시된 것이다.

다자주의 협력과 국가 간 긴밀한 공조가 가장 필요한 시기 미국이 스스로 세계적 리더십을 행사하지 않자 중국은 우한 상황이 진정 국면에 접어들면서부터 서구권에 대한 의료지원 활동을 전개하며 본격적으로 마스크 외교를 펼치고 다자주의 리더십을 보여주고자 했다. 중국은 타국 정상과의 통화를 통해 코로나19 대응을 위한 논의를 이어갔고 뮌헨안보회의(Munich Security Conference, MSC), ASEAN+3, G20, BRICS, 상하이협력기구(Shanghai Cooperation Organization, SCO) 등 다자회의에서 다자주의에 입각한 중국의 협력을 강조했다. 또한 중국은 우한의 감염병 확산이 진정되자 유럽에 의료물자를 제공하고 의료진을 파견하는 등 자국을 미국을 대신할 세계적 리더로서 위치시키려 했다. 하지만 이 과정에서 중국은 서구권이 바이러스 발원지라는 음모설을 제기하고 EU 전체가 아닌 유럽 각국에 의료물자를 개별적으로 지원함으로써 서방과 유럽을 분열시키려 한다는 의심을 받았다. 또한 중유럽과 남유럽에 대한 지원 조건으로 중국 체제의 감염병 대처 우수성 홍보를 요구하는 등 구호 활동에 숨겨진 체제선전의 정치적 동기를 드러냈다. 이에 디해, 중국이 제공한 진단키트의 정확도는 30%에도 미치지 않는 등 중국이 지원한 방역물자의 품질에 대해 유럽은 실망했고, 스페인, 네덜란드, 영국, 체코는 중국의 구호물품을 반환하기도 했다.

서구권의 내러티브는 중국의 다자주의 리더십에 패권적 목적이 있다는 것과 중국이 그러한 다자주의 리더십을 펼치기에는 중국의 인권유린 및 민주주의 가치의 결여 등 리더로서 자격을 갖추지 못하고 있음을 지적하며 중국의 자격 결격론 내러티브로 맞섰다. 미국 의회는 세계적 팬데믹 확산에 대해 중국의 책임을 묻기 위한 일련의 법안을 발의했는데, 이러한 국내 정치적 과정을 통해 미국은 중국이 팬데믹의 책임 있는 당사국이지 세계적 리더십을 발휘할 자격을 갖추지 못한 국가임을 강조했다. 이러한 서구권의 내러티브에는 각국의 자국 방역 정책 실패 및 팬데믹에 의한 경제의 악화 등으로 인한 국내 여론의 비판을 외부로 돌리려는 정치적 동기도 작동했다.

2020년 4월 17일 미 연방 하원에서는 중국 정부를 상대로 코로나19로 인해 피해를 입은 미국인이 소송을 제기할 권한을 갖게 하는 '2020년 WHO에 대한 국가 허위보고 피해자 보상법(H.R.6524-Compensation for the Victims of State Misrepresentations to the World Health Organization Act of 2020)'이 발의되었다. 또한 5월 12일 미국 린지 그레이엄(Lindsey Graham) 연방 상원위원이 발의한 '코

로나19 책임법(S.3683-Covid19 Accountability Act)'은 중국이 원인 조사에 충분하게 협조하지 않을 경우 미국이 중국에 대해 광범위한 제재를 할 수 있다는 것과 습식시장(wet markets) 폐쇄와 팬데믹 기간 동안 홍콩 민주화 운동 시민들을 석방할 것을 중국에 요구하였다. 트럼프 행정부는 코로나19 팬데믹 이전부터 신장 위구르, 홍콩, 대만 및 티베트에 이르기까지 중국이 '핵심 이익'으로 선언한 주요 사안에 대하여 지속적으로 중국을 압박해온 바 있다. 미 의회에서는 2018년 12월 티베트 상호 여행법, 2019년 12월 티베트 정책 지지법을 통과시켰고, 2020년 6월에는 위구르족 인권정책법 등을 통과시키면서 미국은 중국이 '인권을 유린하는 비민주주의 국가'임을 비판하며 국제사회에 중국의 위험성을 지속적으로 확인시켰다.

국내 방역정책을 성공적으로 펼치지 못한 유럽도 미국을 대신할 다자주의 리더로서 EU를 내세우며 다양한 다자주의 이니셔티브를 빈번하게 활용했다. 2020년 5월 3일 호세프 보렐(Josep Borrell) EU 외교·안보 고위대표는 프랑스의 한 주간지와의 인터뷰에서 중국이 EU의 경제적 협력국이지만 기존 세계질서에 대해 대안 모델을 추구하는 시스템적 경쟁자이며, 중국이 UN을 중심으로 하는 다자주의가 아닌 중국 중심의 '선택적 다자주의(selective multilateralism)'를 추구한다며 중국식 리더십에 경계심을 드러내기도 했다.

유럽은 미국과 중국이 보여주지 못한 국제연대와 협력의 이니셔티브를 취하며 세계적 감염병 대응에 있어서 중국식 권위주의 모델이 부상하는 것을 차단하면서 최소한 서방의 리더십이 와해되지 않으려는 모습을 보여주었다. 2020년 5월 4일 EU는 '코로나19 인도적 지원 공약회의'를 개최하고 EU 20여 개국과 한국, 중국, 일본, 캐나다, 호주, 멕시코, 남아공, 터키, 사우디, 아랍에미레이트 등 40여 개 공여국과 UN, WHO, 세계은행(World Bank), 빌&멀린다 게이츠 재단(Bill & Melinda Gates Foundation) 등이 참여하여 75억 유로(약 10조 500억 원)의 기금을 조성하기로 결정했다. 5월 19일에는 세계보건총회(WHA)에서도 EU의 주도로 WHO의 개혁, 코로나19 관련 공정하고 독립적이며 종합적인 조사의 수행, 그리고 백신 치료제에 대한 투명하고 평등하며 시기적절한 접근권 보장 등의 내용을 담은 결의안이 채택되었다.

하지만 시간이 경과하면서 방역정책의 우위를 다투는 국가 간, 진영 간 경쟁은 이제 백신 개발과 공급을 둘러싼 백신외교로 발전되고 있다. 미국과 유럽은 코로나 사태 초기 대응에는 실패했으나 백신 개발을 서둘러 국내 접종률이 높은 반면, 타국으로의 백신 공급보다 국내 백신 공급과 접종에 집중하고 있다. 중국과 러시아는 미국, 캐나다, 유럽 선진국의 구매 경쟁으로 백신을 확보하지 못한 중동, 중앙아시아, 동유럽, 남미, 동아시아의 개발도상국에 백신을 저렴하게 대거 공급하며 활발하게 백신외교를 펼쳤고, 이들 개도국의 백신 접종률이 빠르게 증가하면서 중국과 러시아는 인도주의적 리더, 기술 선구자의 이미지를 구축하고 있다(뉴시스 2021). 하지만 접종자 중 90%가 중국의 시노백 백신을 맞은 칠레에서 확신자 수가 접종 전에 비해 두 배 이상 늘었고, 중국산 백신을 접종하여 세계에서 접종률이 5번째로 높은 터키에서도 최근 신규 확진자가 역대 최대치를 기록하면서 중국산 백신의 효과가 의심되고 있다. 최근 중국은 유럽에 대해 백신의 정치화와 민족주의에 반대한다고 문제를 제기하며 팬데믹 초기 서구가 중국에 대해 문제 삼았던 선택적 다자주의를 오히려 중국이 거론하며 서구권을 비판하며 진정한 의미에서의 다자주의 리더십을 발휘하고 있는 국가는 서구 선진국이 아니라 중국임을 강조하고 있다(매일경제 2021.4.8; Jian

& Hao 2021.1.26).

4. 국가발 가짜뉴스와 디지털 프로파간다

세계 각국에 마스크를 비롯해 의료물자를 지원한 중국이 미국을 대신할 세계적 공공재를 제공하는 새로운 리더로서 인정받지 못하고 오히려 국제사회의 반감을 샀던 이유는 대규모의 보건공공외교를 펼친 중국의 메시지가 노골적인 국가 프로파간다 활동으로 인식되었던 데에 있다. 중국이 이탈리아에 의료지원팀을 파견하고 의료물자를 지원한 후 이탈리아의 소셜미디어 공간에서는 "Go China, go Italy"를 의미하는 #forzaCinaeItalia 혹은 "중국, 고마워요"를 의미하는 "#grazieCina"와 같이 중국에 호의적인 메시지의 게시물이 대규모로 등장했고, 동시에 EU의 방역정책을 비판하는 게시물이 대거 등장하는 현상이 나타났다. 이탈리아 언론 포르미체(Formiche)와 마케팅 업체 알케미(Alkemy)가 공동으로 조사한 결과 2020년 3월 11일–23일 사이 인공지능(Artificial Intelligence, AI) 알고리즘(algorithm) 프로그램인 봇(bots) 트위터 계정이 이탈리아어로 쓰인 친중국 해시티그(hashtag)가 달린 트윗글을 하루 평균 50회 이상 게시하는 등 친중국 트윗글이 총 약 47,821건에 이르는 것으로 밝혀졌다.[2]

퓨리서치센터(Pew Research Center)의 세계 여론조사 결과에 의하면 중국에 대한 세계 대중의 반감이 중국의 타국에 대한 의료지원에도 불구하고 중국의 코로나19 팬데믹을 다루는 방식으로 인해 세계 대

---

2 "How China unleashed Twitter bots to spread COVID-19 propaganda in Italy." https://formiche.net/2020/03/china-unleashed-twitter-bots-covid19-propaganda-italy (검색일: 2021. 3. 17.)

중으로부터 부정적인 평가를 받고 있는 것으로 결론짓고 있다(Silver et al. 2020a; 2020b). 퓨리서치센터의 여론조사 결과에서 스페인과 이탈리아의 대중국 비호감 여론이 상대적으로 다른 유럽국보다 조금 낮은 것은 중국이 국내 방역이 안정화 국면으로 진입한 후 스페인과 이탈리아에 의료지원을 제공한 것과 무관치 않아 보인다. 또한 주목해야 할 부분은, 중국이 중국의 일대일로 프로젝트에 참여하고 있는 서구권 언론매체를 중국 당국의 팬데믹과 관련된 프로파간다 메시지를 확산시키며 서구권 대중의 반감을 무마하는 유용한 통로로 사용한 점이다. 중국은 코로나19 사태 이전 시기 이미 이탈리아의 다양한 매체와 편집계약 및 양해각서(MOU)를 맺고 중국의 주요 관영매체인 신화통신(Xinhua), 중국경제데일리(China Economic Daily), 중국미디어그룹(China Media Group, CMG) 등과 파트너십 관계를 구축해왔던 것이다(Bechis 2020). 즉 중국 관영매체와 파트너십을 형성하고 있는 서구 매체들은 코로나19 팬데믹 상황에서 중국의 의료물자 지원에 대해 자연스럽게 중국에 대해 호의적으로 보도할 수 있었던 것이다.

이 밖에도 중국은 미국의 방역 실패를 부각하고 중국의 우위를 선전하는 프로파간다 성격의 대규모 가짜뉴스를 유포시키는 데에 있어서 러시아의 관영매체인 *Sputnik*나 *Russia Today*의 가짜뉴스를 중국의 소셜미디어가 인용하며 재확산시키는 방식을 택하기도 했다. 팬데믹 기간 동안 중국은 사실과 가짜뉴스를 혼합하여 메시지의 신뢰도를 높이려 하는 등 러시아의 사이버 심리전 방식을 대거 모방한 것으로 밝혀지고 있다. 중국은 유럽의 보건·방역 기관이 감염자들이 사망하도록 방치하고 있고, 미국이 미국 전역을 폐쇄하려는 계획을 세우고 있다는 가짜뉴스를 유통시켰고, 혹은 미국 내에 인종차별 문제를 부각시키는 등 코로나19에 대한 대중의 관심을 다른 이슈로 돌리기 위한 정보도 대규모로 확산시켰다. 다만 중국의 디지털 프로파간다 활동은 러시아가 2016년 미 대선을 시작으로 하여 서구권 대중에 대해 전개한 허위조작정보 확산의 규모만큼 광범위한 본격적 수준의 사이버 심리전 방식으로 전개되고 있지는 않고 있으며, 미 국가정보위원회(U.S. National Intelligence Council)가 작성한 비밀해제된 보고서 "2020년 미 대선에 대한 해외위협(Foreign Threats to the 2020 US Federal Elections)"에서 위원회는 중국으로부터의 미국에 대한 선거개입이나 사이버 심리전을 전개한 정황은 부재한 것으로 결론 내렸다(U.S. National Intelligence Council 2021). 미국외교협회(Council on Foreign Relations, CFR)의 조슈아 컬랜칙(Joshua Kurlantzick)은 그러한 이유로서 중국이 세계 리더로서의 평판을 얻는 것을 중시하기 때문에 러시아가 전개한 노골적인 방식을 사용하지 않는다고 해석했다(Kurlantzick 2020).

　　러시아는 2016년 미 대선 때부터 이용한 사이버 심리전 방식인 러시아 군정보기관인 정찰총국(GRU)과 인포로스(Inforos.ru) 등 러시아 정부의 후원을 받고 있는 민간 인터넷 업체를 통해 코로나19와 관련하여 서구권을 비난하는 내용의 허위조작정보를 소셜미디어에 확산시켰다. 유럽대외협력청(European External Action Service)의 전략커뮤니케이션단(StratCom division)은 러시아와 중국이 후원하는 민간업체가 코로나19 감염병과 관련된 허위조작정보와 음모론 내러티브를 퍼뜨리고 있음을 경고하기도 했다(Eder 2020). 러시아는 보스니아, 헤르체고비나, 몬테네그로 등 서부 발칸(Western Balkans) 지역의 세르비아계 대중을 대상으로 서구 백신은 부패했고 러시아 백신이 우월하다거나, NATO의 방역지원보다 러시아의 도움이 더 효과적이며, NATO는 감염병 위기에 놓여 있는 회원국들을 방치하면서도 NATO에는 금전적

기여를 하도록 압박한다는 등 다양한 가짜뉴스를 확산시키며 NATO
와 EU에 대한 부정적 인식을 조장하고 있다. 이 밖에도 러시아는 코로
나19 바이러스는 미 CIA가 만들었고 팬데믹은 서구의 비밀조직이 만
들어낸 허구라는 음모론도 확산시켰고, 그 결과 이 지역의 러시아와 중
국에 대한 여론은 긍정적으로 변화하는 것으로 나타나고 있다(Sunter
2020).

　또한 리투아니아 국방장관에게 전달되있다는 옌스 스톨텐베르그
(Jens Stoltenberg) NATO 사무총장 명의의 리투아니아어와 영어로 쓰
인 서신의 내용도 유럽의 블로그와 유투브(Youtube) 및 트위터 등 소
셜미디어 공간에서 확산되었는데, NATO군 내에 코로나19 감염이 확
산되고 있다는 내용을 담은 이 서신은 NATO의 조사 결과 가짜뉴스로
밝혀졌다. 이 밖에도 2020년 4월 폴란드, 라트비아, 리투아니아 대중
을 대상으로 NATO군이 팬데믹으로 인해 이 지역에서 철수하려 한다
는 등 유럽권의 분열을 암시하는 가짜뉴스도 집중적으로 확산되었다
(NATO 2020). 이러한 방식으로, 팬데믹 시기 중국, 러시아, 이란발 허
위조작정보는 방역협력과 백신기술 공유에 있어서 서구권이 갈등 관
계에 놓여 있다거나 NATO와 EU가 팬데믹으로 서로 분열한다는 등
서구권의 갈등을 부각하거나, 미국뿐 아니라 영국, 프랑스, 호주 등 민
주주의 선진국의 방역 실패와 권위주의 진영의 우월한 방역정책을 강
조하는 메시지를 담고 있다(Kurlantzick 2020).

　이러한 국가발 디지털 프로파간다 메시지는 중국이 바랐던바, 중
국의 세계 리더로서의 이미지를 부각시키기보다 오히려 중국에 대한
부정적인 세계여론을 더욱 확대시켰다. 퓨리서치센터가 2020년 6월
16일-7월 14일 동안 미국 성인 1,003명을 대상으로 여론조사를 실시
한 결과 중국에 대한 미국 내 부정적인 여론이 73%로 역대 최고치를

기록했다. 이러한 결과는 미국 대중이 코로나19 발원과 확산의 원인 및 책임의 소재가 중국에 있다고 판단하는 인식이 광범위하게 공유되고 있음을 말해준다. 64%의 응답자가 중국의 코로나19 대응을 부정적으로 평가했고 78%의 응답자가 감염병의 전 세계 확산에 중국 정부가 책임이 있다고 답했다. 미국인 57%가 중국을 경쟁자로 여기며 26%는 '적'으로 인식했다. 이러한 응답 결과가 주목할 만한 것은 과거 2012년 중국을 적으로 여겼던 수치에 비해 2배 상승한 것이며, 시진핑 주석을 신뢰하지 않는다는 평가도 77%에 이르렀다(Silver, Devlin & Huang 2020b). 요컨대 중국은 코로나19 팬데믹의 국내 방역에 있어서는 다른 국가들에 비해서 비교적 신속하게 진정국면에 진입했음에도 불구하고 세계여론으로부터는 전혀 긍정적인 평가를 받지 못하고 있는 것이다.

더불어, 팬데믹 시기 동안 강화된 미국의 중국에 대한 인권 유린국 프레이밍이 미 대중 여론에 끼친 효과는 추가적인 분석을 통해 밝혀질 필요가 있지만, 2021년 2월 퓨리서치센터의 미국 대중에 대한 여론조사 결과, 미국인의 중국에 대한 인식이 '코로나19 감염병'보다 '인권' 이슈에 의해 영향을 받는 것으로 나타났다. 〈그림 4-1〉에서 보는 바와 같이 2021년 2월의 조사에서 미국인들은 중국을 떠올릴 때 '인권' 관련 이슈를 생각하게 된다는 응답이 20%였고, 경제(19%), 정치체제(17%) 등이 2위와 3위를 차지했으며, 코로나19 감염병은 7%에 머물렀다. 퓨리서치센터의 또 다른 여론조사에서 2018년 이후 미국인의 주요 아시아 국가에 대한 긍정-부정 이미지는 거의 변화가 없는 것으로 나타났지만, 오로지 중국에 대한 긍정-부정 이미지만이 100을 최고의 긍정 이미지로 할 때 42에서 28으로 급격하게 부정적으로 바뀌었다(Moncus & Silver 2021).

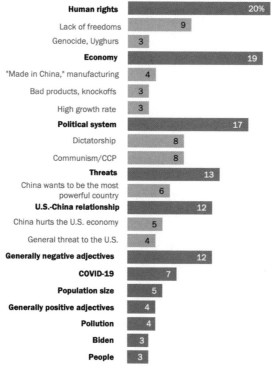

그림 4-1 미국인이 생각하는 중국의 이미지

출처: Schumacher and Silver(2021).

IV. 나오며

수많은 이슈와 내러티브를 생산시킨 코로나19 팬데믹은 비대면 사회와 경제 시스템을 지향할 수밖에 없는 뉴노멀(new normal) 세계가 풀어야 할 다양한 문제의 성격, 문제의 범위 및 문제의 해결 방식에 있어서 각국 정부와 사회가 고민할 지점들을 다양하게 제시했다. 즉 감염병 팬데믹은 세계가 새롭게 맞이하고 있는 도전의 성격이 단순히 전염병의 극복이 아니라 앞서 상술한 진영 간 경쟁, 체제와 가치의 경쟁뿐만 아니라 자유무역과 다자주의 대(對) 디커플링과 각자도생 간 긴장, 국가의 사회통제와 감시 대 민주주의 사회에서 개인이 누리는 자유와의 긴장 등 서로 충돌하는 담론들을 대거 등장시키고 부각시켰다. 이와 같은 일련의 거버넌스, 정치체제, 사회통제 및 감시 방식에 대한 진영 간 경쟁과 담론싸움은 결과적으로 민주주의 진영과 권위주의 진영의 정치체제와 가치의 우월성에 대한 세계여론에 대한 호소와 선전 및 프로파간다 활동으로 이어졌고, 현대의 디지털 정보커뮤니케이션 환경은 그러한 프로파간다 메시지가 전파되는 데에 최적의 공간을 제공했다.

흥미로운 것은 팬데믹을 어떻게 극복해야 하고 뉴노멀 세계는 무엇을 추구해야 하는지 국제사회가 해답을 찾는 과정은 이미 구축되어 있는 시공에 제한받지 않는 디지털 정보커뮤니케이션 기술을 통해 어렵지 않게 진행되어 갔다는 것이다. 각국 정부와 전문가층은 다양한 화상회의를 소집하며 곧바로 대화를 이어나갔고 다양하게 등장하는 세계담론에 대해 세계청중은 디지털 정보커뮤니케이션 매체를 통해 토론하고 논쟁했다. 즉 세계는 감염병 팬데믹으로 인해 서로 분리되는 것 같았으나 디지털 정보커뮤니케이션 기술의 도움으로 다시 긴밀하게 연결되며 이전의 관계를 어렵지 않게 이어나갔다. 결국 자발적으로 참여하는 시민들의 집단지성과 국가가 갖고 있는 고급정보 및 전문지식에 의한 공조와 협업, 그리고 지금 국제사회가 필요로 하는 다자주의 리더십은 현대 디지털 시대 팬데믹과 같은 세계적 위기를 극복하기 위해 효과적인 문제해결 방식이 될 것으로 보인다. 즉 국가들이 중심이 되어 경쟁적으로 만들어내고 있는 다양한 내러티브보다도 디지털 정보커뮤니케이션 환경이 갖는 문제해결력을 제대로 사용하는 것이 팬데믹 위기를 극복하는 데에 더 효과적인 방법이 될 것이다.

앞으로도 고도로 발전될 디지털 정보커뮤니케이션 환경이 인류가 겪을 다양한 위기에 어떤 영향을 끼칠지는 국제정치의 다양한 행위자가 이 커뮤니케이션 공간에서 어떤 내용의 메시지를 발신하며 이 공간을 어떤 목적으로 사용할지에 따라 다양한 모습을 보여줄 것이다. 코로나19 팬데믹은 정보커뮤니케이션의 역할이 위기를 극복하는 데에도 도움을 줄 수 있음을 보여주었지만, 동시에 허위정보를 통해 위기를 더 고조시킬 수 있는 가능성도 보여주었다. 즉 현대의 디지털 정보커뮤니케이션 환경에서는 현실에서 다양한 원인에 의해 발생하는 위기 외에 디지털 프로파간다 활동을 통해 의도적으로 위기가 만들어지거나 혹은 기존의 위기가 더 악화될 수도 있는 가능성을 보여주었다. 요컨대 위기 자체보다 위기를 구성하는 정보커뮤니케이션 주체의 내러티브도 현실적인 영향력을 갖는 것이다. 이러한 맥락에서 위기와 정보커뮤니케이션의 관계는 더 다양한 측면에서 연구될 필요가 있다. 특정 위기 상황에서 어떤 내러티브와 담론이 어떠한 방식으로 형성되는지 추적하는 것과, 그러한 내러티브와 담론이 위기를 극복하는 과정에서 어떤 인지적, 심리적 영향력을 끼치는지 살펴보는 것은 국내적으로, 그리고 세계적으로 발생하는 위기의 과정을 조망하고 예측하는 데에도 도움이 될 것이다.

참고문헌

뉴시스. 2021. "러시아·중국, '백신 외교 전쟁' 질주…'포스트 코로나 시대 노린다'."(2월10일) https://www.news1.kr/articles/?4209084

동아사이언스. 2020. "코로나19 가짜뉴스로 1~3월 사이 800명 숨졌다."(8월 13일) http:// dongascience.donga.com/news.php?idx=39006 (검색일: 2021. 1. 5.)

매일경제. 2021. "시진핑, 메르켈에 "코로나백신 정치화·민족주의 안돼"."(4월 8일) https://www.mk.co.kr/news/world/view/2021/04/336058 (검색일: 2021. 4. 15.)

송태은. 2021. "디지털 시대 하이브리드 위협 수단으로서의 사이버 심리전의 목표와 전술: 미국과 유럽의 대응을 중심으로." 『세계지역연구논총』 39(1).

Baldassarre, G. and M. Mirolli. eds. 2013. *Intrinsically Motivated Learning in Natural and Artificial Systems.* Berlin: Springer-Verlag.

Barr, Rachel Anne. 2020. "The sneaky science behind how fake news hacks your brain." (January 22). https://www.mic.com/p/the-sneaky-science-behind-how-fake-news-hacks-your-brain-19495851 (검색일: 2020. 5. 3.)

BBC News. 2020. "US places new restrictions on Chinese journalists." *BBC News* (March 2). https://www.bbc.com/news/world-us-canada-51715132 (검색일: 2020. 8. 3.)

Bechis, Francesco. 2020. "Polls show concerning effect of Chinese coronavirus charm offensive in Italy." Atlantic Council (April 17). https://www.atlanticcouncil. org/blogs/new-atlanticist/polls-show-concerning-effect-of-chinese-coronavirus-charm-offensive-in-italy (검색일: 2021. 6. 13.)

Deci, E and R. Ryan. 1985. *Intrinsic Motivation and Self-Determination in HumanBehavior.* New York, NY: Plenum Press.

Eder, Florian. 2020. "Russia and China promote coronavirus 'conspiracy narratives' online, says EU agency." (April 21) https://www.politico.eu/article/russia-and-china-promote-coronavirus-conspiracy-narratives-online-says-eu-agency (검색일: 2021. 3. 17.)

Edwards, Ward. 1961. "Behavioral Decision Theory." *Annual Review of Psychology* Vol. 12 (February).

Fifield, Anna, Carol Morello, and Emily Rauhala. 2020. U.S. designates major Chinese media outlets as government entities. *Washington Post*(February 18). https:// www.washingtonpost.com/world/asia_pacific/us-designates-5-major-chinese-media-outlets-as-government-entities/2020/02/18/d82b3ece-5210-11ea-80ce-37a8d4266c09_story.html (검색일: 2021. 4. 5.)

Greene, M. 2019. "False Memories for Fake News During Ireland's Abortion Referendum." *Psychological Science* 30(10).

Hoffner, Cynthia A., Yuki Fujioka, Jiali Ye, and Amal G.S. Ibrahim. 2009. "Why We Watch: Factors Affecting Exposure to Tragic Television News." *Mass Communication and Society* 12.

Jian, Gao and Su Hao. 2021. "Doubtful US will embrace real multilateralism." *Global Times* (January 26). https://www.globaltimes.cn/page/202101/1214045.shtml (검색일: 2021. 3. 3.)

Katz, Elihu and Paul Lazarsfeld. 1955. *Personal Influence*. New York: Free Press.

Kurlantzick, Joshua. 2020. "How China Ramped Up Disinformation Efforts During the Pandemic." In Brief (September 10). https://www.cfr.org/in-brief/how-china-ramped-disinformation-efforts-during-pandemic (검색일: 2021. 3. 17.)

Lee, Chei Sian and Long Ma. 2012. "News Sharing in Social Media: The Effect of Gratifications and Prior Experience." *Computers in Human Behavior* 28(2).

Ling, Shengli. 2020. "The Wall Street Journal does not even have the courage to say sorry?" *Global Times* (February 18). https://world.huanqiu.com/article/9CaKrnKprw2 (검색일: 2020. 7. 21.)

Mead, Walter Russell. 2020. "China Is the Real Sick Man of Asia" *Wall Street Journal* (February 3). https://www.wsj.com/articles/china-is-the-real-sick-man-of-asia-11580773677 (검색일: 2021. 1. 4.)

Ministry of Foreign Affairs of the Peoples Republic of China. 2020. "Foreign Ministry Spokesperson Geng Shuang's Daily Briefing Online" (February 19) https://www.fmprc.gov.cn/mfa_eng/xwfw_665399/s2510_665401/2511_665403/t1746893.shtml (검색일: 2020. 12. 9.)

Moncus, J.J. & Laura Silver. 2021. "Americans' views of Asia-Pacific nations have not changed since 2018 – with the exception of China" Pew Research Center (April 12). https://www.pewresearch.org/fact-tank/2021/04/12/americans-views-of-asia-pacific-nations-have-not-changed-since-2018-with-the-exception-of-china (검색일: 2021. 4. 16.)

Murphy, Gillian, Elizabeth F. Loftus, Rebecca Hofstein Grady, Linda J. Levine, Ciara Stefan Stieglitz and Linh Dang-Xuan. 2014. "Emotions and Information Diffusion in Social Media: Sentiment of Microblogs and Sharing Behavior." *Journal of Management Information Systems* 29(4).

NATO, "NATO's approach to countering disinformation: a focus on COVID-19." (July 17, 2020) https://www.nato.int/cps/en/natohq/177273.htm (검색일: 2021. 5. 23.)

Paul, Christopher and Miriam Matthews. 2016. "The Russian Firehose of Falsehood Propaganda Model: Why it Might Work and Options to Counter It." *Perspective*. RAND corporation(2016). https://www.rand.org/pubs/perspectives/PE198.html (검색일: 2018. 4. 18.)

Schumacher, Shannon and Laura Silver. 2021. "In their own words: What Americans think about China" Pew Research Center (March 4, 2021). https://www.

pewresearch.org/fact-tank/2021/03/04/in-their-own-words-what-americans-think-about-china (검색일: 2021. 3. 21.).

Silver, Laura, Kat Devlin & Christine Huang. 2020a. "Unfavorable Views of China Reach Historic Highs in Many Countries: Majorities say China has handled COVID-19 outbreak poorly." Pew Research Center (October 6) https://www.pewresearch.org/global/2020/10/06/unfavorable-views-of-china-reach-historic-highs-in-many-countries (검색일: 2021. 6. 13.)

Silver, Laura, Kat Devlin & Christine Huang. 2020b. "Americans Fault China for Its Role in the Spread of COVID-19." Pew Research Center (July 30). https://www.pewresearch.org/global/2020/07/30/americans-fault-china-for-its-role-in-the-spread-of-covid-19 (검색일: 2021. 3. 17.)

Sniderman, Paul, Richard Brody, and Philip Tetlock. 1991. *Reasoning and Choice: Explorations in Political Psychology*. New York: Cambridge University Press.

Stieglitz, Stefan and Linh Dang-Xuan. 2014. "Emotions and Information Diffusion in Social Media: Sentiment of Microblogs and Sharing Behavior." *Journal of Management Information Systems* 29(4).

Sunter, Daniel. 2020. "Disinformation in the Western Balkans." *NATO Review* (December 21). https://www.nato.int/docu/review/articles/2020/12/21/disinformation-in-the-western-balkans/index.html (검색일: 2021. 3. 17.)

U.S. National Intelligence Council. 2021. "Foreign Threats to the 2020 US Federal Elections." ICA 2020-00078D (Declassified document) (March 10). https://www.dni.gov/files/ODNI/documents/assessments/ICA-declass-16MAR21.pdf (검색일: 2021. 4. 15.)

Watts, Mark D., David Domke, Dhavan V. Shah, and David P. Fan. 1999. "Elite Cues and Media Bias in Presidential Campaigns: Explaining Public Perceptions of a Liberal Press." *Communication Research* Vol.26.

Westcott, Ben and Steven Jiang. 2020. "Chinese diplomat promotes conspiracy heory that US military brought coronavirus to Wuhan." *CNN* (March 14) https://edition.cnn.com/2020/03/13/asia/china-coronavirus-us-lijian-zhao-intl-hnk/index.html (검색일: 2020. 12. 6.)

Wise, Roy A. 2004. "Dopamine, learning and motivation." *Nature Reviews Neuroscience* 5.

제2부　　코로나19와 세계정치의 동학:
　　　　　이슈연계의 메커니즘

제5장

코로나 팬데믹과 글로벌 보건
거버넌스: 실패의 원인과 협력의 모색

조한승(단국대학교)

* 본 연구의 초고는 『세계지역연구논총』 제39집 1호(2021)에 투고되어 게재되었음을 밝힙니
다.

I. 머리말

2020년 코로나 팬데믹은 개인의 건강에 관한 문제가 지구적 규모에서 공동체의 안전과 질서에 직접적으로 연결되어 있음을 여실히 보여주었다는 점에서 가장 대표적인 신흥안보의 사례이다. 미지의 치명적 감염병 확산에 직면하여 인류는 집단적 감염에 의한 엄청난 재앙을 겪을 수 있다는 공포에 휩싸이게 되었고, 각국의 사회 공동체 시스템이 순식간에 혼란에 빠지거나 심지어 일부 기능이 마비되는 상황까지 만들어졌다. 다시 말해 코로나19는 사회의 복잡하고 다층적인 이슈 연계망 속에서 개인적 차원의 안녕 혹은 안전에 관한 이슈가 공동체 차원의 안보이슈로 전화(轉化)하는 대표적 사례가 되었다(김상배 2016).

신종 감염병으로서 코로나19는 의·약학과 같은 보건 영역에서 다루어져야 하는 문제이다. 하지만 바이러스의 근원지와 발생 원인을 규명하고 질병 정보를 어떻게 관리해야 하는지를 두고 미국, 중국, WHO(세계보건기구) 등 여러 행위자들 사이에 갈등이 벌어지면서 비(非)보건 문제로 전이되었다. 또한 방역을 위한 국경 차단, 백신 및 치료약 보급, 봉쇄에 따른 사회적 피해 책임 등에 관한 서로 다른 입장은 기존의 강대국 패권경쟁 및 글로벌 남북문제와 결부되어 행위자들 사이에 새로운 대결과 연대의 구도를 형성하고 있다. 다시 말해 신흥안보의 맥락에서 코로나 사태는 단순히 '건강'에 관한 문제로만 그치는 것이 아니라 행위자들 사이의 정치적, 안보적 힘의 논리로 전화되어 재해석되는 것이다. 물론 코로나 팬데믹 상황에서의 이러한 행위들은 물리적 공간과 군사적 영향력을 강조하는 전통적 지정학의 힘의 논리에 따르는 행위와 동일하지는 않다. 코로나19를 둘러싼 행위자 상호관계는 방역, 백신, 치료법에 대한 접근을 포함하는 비군사적, 비공간적 차원에서의 영향력의 상호관계로 나타난다는 점에서 이른바 '복합지정학'의 관점에서 해석될 수 있다(김상배 2017).

신흥안보 이슈로서 코로나19를 둘러싼 글로벌 행위자들 사이의 복합지정학은 글로벌 보건 거버넌스에도 심대한 영향을 미친다. 글로벌 보건 거버넌스는 개별 국가의 경계를 넘어 범지구적으로 발생하는 보건 문제를 보다 효과적으로 해결할 수 있도록 국가의 보건당국과 국제기구, 그리고 다양한 종류의 비국가 행위자들이 활용하는 공식적·비공식적 일련의 제도, 규칙, 과정을 의미한다(Fidler 2010, 3). 글로벌 보건 거버넌스 내의 대부분의 행위자들은 보건을 글로벌 공공재로 인식하고 감염병과 같은 보건 문제의 신속한 대응과 예방을 위한 협력의 필요성을 인정한다. 특히 WHO는 글로벌 보건협력 네트워크의 중심에서 질병의 발생과 확산을 감시하는 역할을 수행할 뿐만 아니라 글로벌 보건활동의 우선순위를 설정하고 각 행위자들의 협력을 유도하며 다양한 보건 관련 제도를 관리하는 핵심 행위자이다.

하지만 코로나 바이러스가 빠르게 확산하고 많은 희생자가 발생하자 미국, 중국 등 주요 국가들은 이 이슈를 더 이상 보건만의 문제가 아닌 신흥안보의 문제로 받아들이고 갈등을 벌였다. 글로벌 보건 문제를 둘러싼 이해관계를 조율하여 글로벌 공공재로서의 보건을 증진해야 하는 핵심 행위자인 WHO가 위기를 적절하게 관리하지 못했다는 문제가 제기되면서 글로벌 보건 거버넌스는 심각한 신뢰성의 문제에 직면했다. 특히 WHO에 가장 큰 재정적 기여를 제공하는 미국의 트럼프 대통령이 WHO 탈퇴를 선언하면서 글로벌 보건 거버넌스는 코로나 감염병 위기의 극복이라는 보건 과제뿐만 아니라 기존의 보건협력 네트워크의 신뢰성 실추라는 정치적 도전에 직면하게 되었다.

이러한 배경 하에서 이 연구는 글로벌 공공재로서의 보건 개념을 공유하는 글로벌 보건 거버넌스 행위자들이 신흥안보 차원의 보건이슈 발생에 대한 대응방식을 두고 갈등을 벌이는 원인을 분석하는 것을 목적으로 한다. 특히 WHO, 미국, 중국 등 글로벌 보건 거버넌스의 중추적 역할을 담당하는 행위자들 상호관계에 주목하여 코로나 팬데믹 대응에 실패한 원인을 패권경쟁, 국제기구의 신뢰성, 미국의 보건안보 협력 리더십 등 3개 차원에서 분석한다. 아울러 코로나 바이러스 백신 개발과 보급에 관련된 최근의 글로벌 보건 거버넌스의 활동과 더불어 국가, 국제제도, 대형 제약회사를 포함한 주요 행위자의 상호관계를 살펴보고 협력의 가능성을 타진한다.

II. 글로벌 보건 거버넌스의 발전과 위기

1. 글로벌 보건 거버넌스의 역할

19세기 지중해와 다뉴브강 연안의 무역 네트워크에 포함된 항구도시들에서 감염병 전파 차단을 위한 위생위원회가 수립되어 무역선에 검역증을 발급하는 업무가 시작되면서 국제보건협력에 대한 공동의 이해관계가 형성되었고 근대적 의미의 글로벌 보건 거버넌스가 태동했다. 1851년 최초의 국제위생회의가 개최된 이후 1903년까지 11차례의 회합이 이루어졌고, 일련의 국제위생협정이 체결되었다. 이들 협정은 1903년 국제위생규칙(ISR)으로 통합되었고, 오늘날의 국제보건규칙(IHR)의 기원이 되었다. 1902년 최초의 보건 관련 국제기구인 미주국제위생기구(ISBA)가 워싱턴에 수립되어 미국 주도로 서반구에서의 질병퇴치사업이 시작되었다.[1] 이어 1907년 파리에서 12개 국가들이 국제공중보건사무소(OIHP)를 설립하여 콜레라 등 질병 예방을 위해 선반과 항구에 대한 검역 업무를 수행했다. 제1차 세계대전 이후 수립된 국제연맹보건기구(LNHO)는 태생적 한계로 인해 기능이 제한적이었으나, 제2차 세계대전을 겪으면서 국제보건협력이 더욱 강조되어 1948년 WHO가 수립되어 글로벌 보건협력 네트워크의 중심 역할을 수행해오고 있다.

오늘날 글로벌 보건 거버넌스는 인류의 건강을 위협하는 질병의 발생과 확산을 막고 주민들의 건강을 증진하기 위한 다양한 활동을 벌이고 있다. 보건에 대한 국제기준과 지침을 설정하고, 보건정보를 감시, 수집, 분석, 배포하는 역할을 수행하며, 글로벌 보건 증진을 위한 기술협력, 기금조성, 개발지원, 홍보 등의 활동을 전개한다. 아울러 글로벌 보건 거버넌스는 보건 관련 정책, 규칙, 우선순위에 대한 다양한 의견을 교환하고 조정하며 결정하기 위한 의사소통 네트워크의 기능도 가지고 있다.

그동안 글로벌 보건 거버넌스가 전개해온 역할 가운데 가장 대표적인 것 하나는 말라리아, 천연두 등 건강을 위협하는 치명적 질병을 예방 및 퇴치하는 사업을 전개하는 것이다. 1980년 WHO는 천연두의 완전 퇴치를 선언하였으며, 에이즈의 예방과 치료를 위한 사업에 미국 등 주요 국가와 보건 NGO, 자선재단 및 제약회사들이 참여하여 에이즈 치료약을 개발하고 저가 복제약을 보급하여 에이즈가 더 이상 죽음의 불치병으로 인식되지 않도록 만들었다.

---

1   미주국제위생기구(ISBA)는 이후 미주위생기구(PASB), 미주보건기구(PAHO)로 확대 발전하였고, 오늘날 WHO 미주지역사무소(AMRO)로 계승되었다. 오랜 역사적 배경과 미국이라는 강력한 행위자 덕분에 WHO 미주지역사무소는 WHO의 6개 지역사무소 가운데 가장 독립적인 조직으로 평가된다.

글로벌 보건 거버넌스의 또 다른 중요 역할은 질병정보를 감시, 공유하는 네트워크를 형성하여 신속한 대응으로 질병의 확산을 억제하는 것이다. 글로벌 유행경보대응네트워크(Global Outbreak Alert and Response Network, GOARN)는 WHO가 중심이 되어 각국 보건당국과 의료기관, 그리고 국제기구와 보건 NGO들이 참여한 질병정보 네트워크이다. GOARN은 특정 지역에 감염병이 발생하면 전문가를 신속하게 파견하여 상황을 파악하고, 수집된 정보를 각국 보건당국에 전달하여 필요한 조치를 취하도록 함으로써 질병의 확산을 예방하고 관리하기 위한 목적으로 2000년에 수립되었다.[2] 2020년 기준 GOARN에 속한 파트너는 전 세계 600여 개의 보건의료 행위자이며, 이를 통해 지난 20년 동안 90개국 이상, 150개 이상의 감염병 유행 상황에 대해 3,000여 명의 전문가가 파견되었다(WHO 2020b). 2003년의 사스, 2014년의 에볼라 발병 당시 GOARN은 전문가를 현지에 파견하여 상황을 파악한 후 질병정보를 WHO와 각국 보건당국에 전달하여 국제사회가 신속하게 대응할 수 있도록 만들었다.

그 밖에 주요 역할로서 보건에 관한 국제적 규칙을 제정하는 규범적 활동과 방역 및 치료법을 개발하고 교육·훈련하는 기술협력 활동이 포함된다. 1969년 세계보건총회(International Health Assembly)에서 채택된 세계보건규칙(International Health Regulations, IHR)은 WHO가 중심이 되어 일련의 국제적 보건위생 규칙들을 현대적으로 체계화한 것이다. 이후 새로운 질병이 등장하고 대응 체계의 발전이

---

2   감염병 유행 대응 활동을 위해 GOARN은 WHO로부터 행정적, 기술적 지원을 받지만, WHO로부터 직접적인 자금지원을 받지는 않는다. GOARN 팀 구성에 필요한 자금은 미국의 비영리단체인 Nuclear Threat Initiative(핵위협방지구상)가 WHO에 제공하는 Global Emergency Response Fund로부터 지원받는다. 팀을 구성한 이후 현장에서의 대응에 필요한 재원은 WHO 회원국들의 후원금으로 충당된다.

이루어지면서 IHR은 수차례 개정되었다. 또한 인터넷, 머신러닝, 소셜미디어 등 ICT(정보통신기술)를 보건의학에 적극 적용하여 보다 신속하고 효과적인 대응을 위한 'e - 보건 정책' 개념을 개발하여 각국의 보건정책에 반영되도록 만들었다. 최근에는 드론, 인공지능 등 첨단기술을 활용하여 물리적 거리와 환경의 제약을 극복하는 보건의학 서비스가 가능하도록 만드는 노력도 글로벌 보건 거버넌스에서 이루어지고 있다.

2. 글로벌 보건 거버넌스 행위자 상호관계의 정치화

글로벌 보건 거버넌스에는 '글로벌 공공재'로서의 보건 개념을 공유하며 WHO 헌장에 명시된 "모든 사람의 최고의 가능한 건강에의 도달"을 위해 협력하는 다양한 행위자가 참여한다. 각국의 보건당국과 WHO와 같은 국제기구가 가장 핵심적인 행위자로 활동하지만, 국경 없는 의사회와 같은 글로벌 보건 NGO, 게이츠 재단(Bill & Melinda Gates Foundation)과 같은 자선재단, 존스홉킨스대학 보건안보센터(Johns Hopkins Center for Health Security)와 같은 보건연구기관, 화이자와 같은 대형 제약회사 등을 포함하는 민간 행위자의 역할도 적지 않다. 최근에는 글로벌 백신연합(GAVI)과 에이즈·결핵·말라리아 퇴치를 위한 글로벌펀드(GFATM)와 같이 국가, 국제기구, 비국가 행위자가 함께 기금을 만들어 보건사업을 펼치는 민관파트너십(PPP)의 역할도 더욱 커지고 있다. 또한 글로벌 보건안보구상(Global Health Security Agenda, GHSA)과 같이 특정 보건이슈에 대한 목적을 공유하는 여러 행위자들이 느슨한 연대를 형성하는 다자간 이니셔티브도 존재한다.

1990년대 중반 유엔에서 인간안보 개념이 수립되고 2000년 유엔 밀레니엄개발목표에 보건에 관련된 목표들이 다수 포함되면서 국제개발원조 사업에서 보건협력 분야의 비중이 획기적으로 증가했다.[3] 이에 따라 그동안 보건과 직접적인 관련이 낮았던 국제적 행위자들이 글로벌 보건 거버넌스에서 활동하는 경우가 빈번해졌다. 예를 들어 유엔개발계획, 유니세프, 세계은행, 세계식량계획 등 개발협력 분야의 행위자들의 참여와 영향력이 확대되고 있다. 또한 제약 및 바이오 산업의 경제적 파급효과가 커지면서 신약개발, 복제약 제조 등에 관련된 지식재산권 분쟁이 불거지면서 세계무역기구 등 국제통상 분야의 행위자 역할도 주목을 받고 있다.

글로벌 보건 거버넌스에서 행위자들 사이의 상호관계는 다른 영역에 비해 협력적이라고 기대된다. 왜냐하면 건강한 삶은 민족, 종교, 이념, 빈부를 초월하여 누구나 추구하는 보편적 가치이기 때문에 같은 하위정치(low politics) 영역이라도 정체성과 가치관의 차이에 따라 입장 차이가 크게 나타나는 인권이나 문화에 비해 보건에서의 협력이 보다 용이하다. 또한 보건의료 분야는 의학적 전문지식이 매우 강조되기 때문에 정치이념이나 민족적 정체성과 같은 추상적 개념이 아닌 과학적, 객관적 접근에 기반을 둔 정책결정에 합의하기 용의하다.

그럼에도 불구하고 글로벌 보건 거버넌스 행위자들이 언제나 같은 목소리를 내는 것은 아니며, 글로벌 보건 문제가 언제나 조화롭게 해결되는 것은 아니다. 글로벌 이슈 연계망이 확대되면서 보건 분야의 전통적 경계가 모호해지고 다양한 비(非)보건 분야와의 상호작용도 증

---

3   유엔의 MDG에 포함된 총 8개의 목표 가운데 아동사망률 감소, 모성보건 증진, 에이즈, 말라리아 등 질병 예방 등 3개 목표는 보건에 직접 관련된 것이고, 기아근절, 지속가능환경 등 다른 목표들도 보건과의 관련성이 큰 것으로 평가된다.

가하고 있으며 비국가 행위자의 역할과 영향력이 급속하게 커지고 있다. 점점 더 많은 행위자가 글로벌 보건 거버넌스에 참여하면서 행위자들 사이의 이해관계가 점점 더 복잡해지고, 상이한 이해관계를 조율, 조정, 관리하는 것도 점점 더 어려워진다. 케네스 월츠가 지적한 것처럼 행위자와 이슈가 다양해지고 복잡해질수록 행위자 사이의 상호관계가 복잡해지고 상호접촉의 증가에 따른 갈등의 가능성도 커진다(Waltz 1979).

비록 글로벌 보건 거버넌스 행위자들이 공공재로서의 보건 개념을 공유한다고 하더라도 무엇을 우선해야 하느냐를 두고는 의견이 엇갈리는 경우가 종종 발생한다. 이 경우 행위자의 힘의 차이가 정책결정에 영향을 미치는 경우가 빈번하며, 때로는 의제설정과 자원배분에 대한 의사결정 제도가 특정 행위자에게 유리한 환경이 만들어지는 경우도 있다. 그 결과 거버넌스 운영과 지속에 꼭 필요한 행위자 사이의 신뢰성과 상호협력의 동기가 상실되면서 '공유지의 비극' 현상이 나타나게 된다. 코로나 위기 상황에서 누구나 협력의 중요성을 알고 있음에도 불구하고 공동체 붕괴에 대한 공포가 협력의 동기를 압도하면서 상호신뢰가 깨어지고 각자도생으로 나아갔던 사례가 이를 잘 보여준다.

글로벌 보건 거버넌스에서 보건이슈가 보건으로서의 의미를 넘어서서 이념적, 정치적 맥락에서 다루어진 사례는 코로나 팬데믹이 처음이 아니다. 신국제경제질서(NIEO)가 주창되던 1970년대 기초보건의료(primary health care)를 둘러싸고 미국 중심의 서방세계와 소련 중심의 사회주의권 사이의 갈등은 보건이슈가 냉전시대 이념대립과 연계되어 발생했다. 1978년 알마아타 선언(Declaration of Alma-Ata) 채택 과정에서 서방세계는 결핵, 말라리아 등 치명적 질병의 치료, 예방, 퇴치 사업을 우선순위로 두는 수직적(선별적) 접근을 주장한 반면, 사회주의권과 저개발국은 위생시설 개선과 마을 진료소 건설과 같은 수평적(보편적) 접근을 추구했다. 이들 접근 모두 보건증진을 위해 필요한 것이지만 재원을 어디에 우선적으로 투입하고 그 혜택을 누가 받느냐에 대한 결정은 정치적인 것이었다.

글로벌 보건이슈가 국가주권과 충돌하는 경우도 있다. 2005년 IHR 개정 과정에서 대만에게 세계보건총회 옵저버 자격을 부여하여 글로벌 유행경보대응네트워크(GOARN)에 포함시켜야 한다는 주장이 제기되었으나 중국은 대만의 옵저버 지위는 자국의 주권을 침해하는 것이라며 반대했다. 국제사회의 압력으로 대만의 옵저버 지위가 인정되었으나 이후 글로벌 보건 거버넌스에서 중국의 영향력이 커지자 2016년 중국의 압력으로 대만의 옵저버 지위가 다시 박탈되었다. 2006년 조류독감(H5N1) 바이러스 샘플 채취를 둘러싼 바이러스 주권 논쟁 역시 보건과 국가주권 사이의 충돌이었다. 당시 WHO는 인도네시아에서 바이러스 샘플을 채취하여 백신을 개발하고자 했으나 인도네시아 정부는 자국의 이익이 배제되었다고 주장하며 샘플 채취를 거부했다.

보건을 둘러싼 이해관계 충돌은 주권국가뿐만 아니라 비국가 행위자에서도 예외가 아니다. 에이즈가 급속히 확산하자 태국, 남아프리카공화국 등은 에이즈 치료 복제약을 제조하기로 결정했고, 이에 대해 거대제약업계는 WTO의 지식재산권에 관한 협정(TRIPS)에 따른 특허권 보호를 이유로 소송을 제기했다. 이 과정에서 공공재로서의 보건이 기업의 영리추구보다 우선시되어야 한다는 국제 여론이 형성되었고, 많은 시민사회 단체들과 유명인사들이 복제약 제조에 대한 지지를 표명했다. 특히 클린턴 전 대통령이 주도하는 클린턴 재단은 미국 내 정치적 영향력을 이용하여 2002년 에이즈 이니셔티브(HIV/AIDS

Initiative)를 추진하고 약품의 단가를 낮추는 협상을 제안했다(Waning et al. 2009, 520-528). 때마침 미국의 탄저균 테러 사건이 발생하여 미국 정부가 TRIPS 협정 31조 강제실시권(compulsory licensing)을 탄저균 치료약에 적용하면서 제약회사들이 에이즈 치료 복제에 대한 소송을 취하했다.[4] 최근에도 시민사회단체들이 국제적으로 연대하여 암, 백혈병 등 비전염성 질병 치료약에 대해서도 독점적 특허권 적용을 완화할 것을 요구하는 여론을 형성하고 있다(Moon 2008/2009).

이러한 사례들은 글로벌 보건 거버넌스 행위자 상호관계가 언제나 보건이슈에만 제한되어 이루어지는 것은 아니며 언제나 협력적인 모습으로만 나타나는 것이 아님을 보여준다. 신흥안보 차원에서 이슈의 연계가 복잡해지고 다양한 행위자가 포함되면서 보건이슈에 대한 이해관계도 복잡하고 다양해졌다. 특히 치명적인 신종 감염병의 급속한 확산에 직면하여 집단적 공포에 사로잡힌 행위자들은 글로벌 공공재로서의 보건을 위한 협력보다는 생존을 위한 각자도생을 우선 모색하게 된다. 이러한 공유지의 비극 상황에서는 거버넌스의 안정적 기능 유지를 위한 행위자 간 신뢰가 급속히 깨진다. 2020년의 코로나 위기 상황에서 글로벌 보건 거버넌스가 제 역할을 하지 못하고 존재 위기에 빠진 것도 이런 맥락에서 설명될 수 있다.

---

4 TRIPS 협정 31조에 명시된 강제실시권은 특허권의 남용으로 인한 공적 피해를 막기 위해 특허권자의 허락 없이 국가가 강제로 특허를 사용할 수 있도록 하는 수단이다. 이에 따라 국가는 국가안보 등 비상사태나 공공의 비영리적 목적을 위해 강제실시권을 행사할 수 있다. 에이즈가 급속도로 확산되자 태국, 남아프리카공화국 등은 공중보건 목적으로 강제실시권을 발동하여 에이즈 치료 복제약을 제조하여 저렴하게 공급했다. 그러나 대형 제약회사들과 미국 등 일부 국가들은 이것이 신약개발에 대한 투자와 노력을 외면하여 결과적으로 신약개발의 동기와 의지를 제약할 수 있다고 지적하며 지식재산권 보호를 보다 강화하는 내용의 TRIPS-Plus를 주장했다.

3. 코로나19와 글로벌 보건 거버넌스의 위기

2009년 WHO가 신종플루(H1N1)를 팬데믹으로 선포한 지 약10년 만에 코로나19를 팬데믹으로 선포했다. 글로벌 보건위기가 발생하면 WHO는 질병정보와 감염경로를 파악하고 경계의 수준을 판단하여 각국 보건당국이 적절한 조치를 취할 것을 권고한다. WHO가 감염병 확산의 경계 수준을 판단하는 것은 WHO 본부 및 지역사무소, 그리고 개별국가의 보건당국과 전문기관을 포함하는 다양한 글로벌 보건 행위자들과의 유기적 상호관계를 통해 이루어진다. 이들 행위자는 질병정보를 감시, 보고, 분석, 교환하는 네트워크를 형성하고 있으며, 이를 통해 방역 및 예방 조치들이 이루어져 많은 사람들이 건강한 삶을 영위할 수 있다. 다시 말해 글로벌 보건 네트워크 속에서 글로벌 보건 행위자들은 공공의 이익을 위해 협력한다고 기대된다.

하지만 2020년 코로나 위기 상황에서 글로벌 보건 네트워크는 기대한 역할을 다하지 못했다. 글로벌 차원에서 WHO는 코로나 바이러스의 심각성을 뒤늦게 판단했을 뿐만 아니라 마스크 착용의 필요성에 대한 기본적 정보도 올바르게 전달하지 못했다. 이는 지역 수준의 대응에서도 마찬가지였다. 중국에서 처음 발병했음에도 불구하고 발병지에서 가장 가까운 나라인 한중일 보건장관회담과 같은 지역 보건협력 네트워크가 별다른 기능을 하지 않았다. 오히려 중국은 정보를 은폐, 축소하였고, 일본은 올림픽 개최에만 매달려 초기대응에 실패했으며, 한국에서는 한국인 입국제한 조치를 내린 국가들에게 감정적 불만을 토로했다.

지역적 네트워크가 가장 잘 발달한 서구에서도 보건위기에 대한 대응은 취약했다. 유럽연합 국가들 사이에서 인플루엔자 감시 및 조기 경보 네트워크를 운영하고 있는 유럽질병예방관리센터(ECDC)는 감염병 정보의 수집·처리·통보 시스템을 갖추었으며, 2017년에는 이를 개선하기 위한 감시재정비 사업까지 추진했다(ECDC 2019). 그럼에도 불구하고 이번 코로나 위기에 대해서는 이러한 기제들이 효과를 거두지 못했다. 심지어 ECDC 본부가 위치한 스웨덴은 다른 나라들과 달리 집단면역정책을 추진했다가 실패했다. 북미와 호주에서도 마스크 공급 차질에 따른 대혼란을 겪었고, 미국은 중국과 WHO를 비난만 했을 뿐 정작 자국 내 감염병 확산을 차단하기 위한 조치에 실패함으로써 선진국 가운데 가장 많은 희생자가 발생했다. 이처럼 코로나 위기에 대해 글로벌 보건 거버넌스의 초기 대응은 실패했으며, 특히 일부 주요 국가들은 감염병 예방과 치료에 필요한 질병정보를 마치 군사정보처럼 은폐하고 왜곡하려는 모습을 보임으로써 사태를 더욱 악화시켰다.

감염병 확산을 막기 위해 접촉을 최소화하기 위한 노력으로서 출입국 차단, 항공편 중단 등의 방역조치는 불가피하다. 그럼에도 불구하고 2020년의 상황은 그런 불가피함을 넘어서 글로벌 보건 거버넌스의 신뢰성이 추락하고 거버넌스 존재와 역할에 대한 의구심마저 만들어졌다. 특히 강대국 사이의 패권경쟁 속에서 감염병 위기가 강대국의 대결 수단의 하나로 사용되었다. 최초 발병국인 중국은 감염병 확산과 바이러스 정보를 은폐하는 태도를 보였고, 미국은 WHO가 중국의 눈치를 보느라 적극적인 대응 조치를 미루는 바람에 글로벌 보건위기를 초기에 막을 수 있는 기회를 놓쳤다고 비판했다. 막대한 자원을 투입하고 강력한 행정력을 동원하여 자국 내 확산을 억제하는 데 성공한 중국은 중국책임론을 일축하고 역공격을 펼치면서 오히려 미국, 유럽에서의 바이러스 확산은 해당 국가의 무능력과 결함에 기인하는 것이라고 주장했다(New York Times 2020).

글로벌 보건 위기가 더욱 커지는 상황에서 글로벌 보건협력의 가장 중요한 행위자들 사이의 갈등이 2020년 내내 계속되었다. WHO의 테드로스 게브러여수스 사무총장은 WHO가 국제기구로서 중국에 편파적이며 무능력하다는 트럼프 대통령의 비판에 대해 "미국은 더 많은 시신자루를 보기를 원하는 것이냐"고 힐난하면서 "강대국은 정직한 리더십을 보여주어야 한다"고 반박했다(U.S.News 2020). 그러자 트럼프 대통령은 WHO에 대한 자금지원 중단에 뒤이어 WHO와의 관계단절을 선언했다. 〈그림 5-1〉과 같이 WHO 재정에서 미국은 가장 큰 비중을 차지하기 때문에 미국의 지원 중단은 WHO의 운영과 사업에 심각한 타격을 미친다. 물론 게이츠재단을 포함하여 여러 국가 및 단체들이 팬데믹 극복을 위해 WHO에 더 많은 후원의사를 표명했기 때문에 WHO 운영이 당장 곤란에 빠지지는 않을 것이다(The Economic Times 2020). 하지만 국제사회에서 가장 영향력 있는 국가인 미국과 글로벌 보건 네트워크의 중심인 WHO와의 갈등은 글로벌 보건 거버

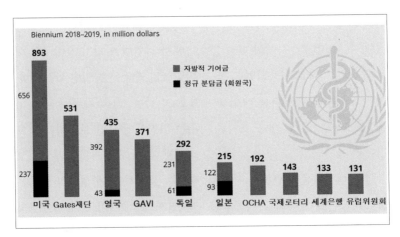

그림 5-1 WHO 재정기여 상위 10개 행위자 (약정 기준)
출처: WHO.

넌스의 활동에 혼란을 초래해 당면한 코로나19 극복뿐만 아니라 글로벌 보건협력과 보건증진에 부정적인 영향을 미칠 것이 자명했다.

III. 거버넌스 위기의 원인

앞서 살펴본 것처럼 글로벌 보건 거버넌스 행위자 사이의 갈등은 과거에도 여러 차례 있었으나 글로벌 보건 위기 상황에서 행위자 갈등을 조율하는 WHO와 글로벌 리더인 미국이 정면으로 맞부딪치면서 국제기구인 WHO가 신뢰성 논쟁의 당사자가 되어버린 경우는 찾아보기 어렵다. WHO에 대한 유일 초강대국 미국의 불신과 비난은 WHO 중심으로 구성된 현재의 글로벌 보건협력 네트워크의 존재 이유와 지속가능성에 대한 문제제기로 해석된다는 점에서 기존의 갈등 양상보다 훨씬 심각하다. 그렇다면 어떤 원인들이 2020년의 글로벌 보건 거버넌스 위기를 불러일으킨 것인가? 아마도 가장 직접적인 원인은 코로나19라는 미지의 치명적 감염병의 급속한 확산이겠지만, 정치적 차원에서 다음과 같은 원인들이 상호작용하면서 2020년의 글로벌 보건 거버넌스 위기가 가속화되었다고 설명할 수 있을 것이다.

1. 강대국 패권경쟁의 보건 영역 전이

먼저 강대국 중심의 국제체계 수준에서 위기의 원인을 발견할 수 있다. 코로나 팬데믹 초기부터 'Make America Grate Again'을 추구하는 트럼프와 '中國夢'을 모색하는 시진핑은 코로나 바이러스 근원지 논쟁을 포함하여 상호비방과 대결을 고조하는 정책을 펼치면서 이번 기회에 상대방의 위세를 꺾어버리겠다는 강경 대응으로 나아갔다. 이러한 행태는 미국과 중국의 패권경쟁이 안보와 무역의 영역을 넘어서서 코로나 팬데믹을 계기로 보건 영역으로까지 확대된 것이다(McTague 2020). 다시 말해 새로운 지정학적 질서를 형성하는 과정에 마침 보건 위기가 발생했고, 패권경쟁을 벌이는 강대국들이 이를 상대방을 견제하는 수단으로 사용했다는 것이다.

시진핑 집권 이후 중국은 이른바 G2 국가로 빠르게 성장하면서 국제적 영향력을 확대하는 정책을 펴고 있다. 중국은 일대일로 전략을 통해 내륙으로는 시안으로부터 키르기스스탄, 카자흐스탄, 우즈베키스탄, 파키스탄, 이란, 터키를 거쳐 유럽을 연결하는 지역을, 그리고 바다로는 상하이로부터 남중국해, 말라카해협, 뱅골만, 아라비아해, 서인도양, 홍해, 수에즈 운하를 통해 아드리아해까지 나아가는 해양 수송로에 대한 친선우호 관계를 수립하는 정책을 펼치고 있다. 이를 통해 중국의 미래성장의 동력으로 삼고 더 나아가 정치적, 군사적 주도권을 확보하려는 것이 궁극적인 목적이다.

냉전 종식 이후 미국은 중국의 경제개발과 대외개방이 중국의 민주화와 미국 주도의 세계경제에의 편입을 가져올 것이라고 기대하면서 중국에 대한 관여정책(engagement policy)을 전개했다. 하지만 중동지역에서의 오랜 전쟁, 2008년 뉴욕발 금융위기, 여러 지역에서의 민주주의 후퇴 등으로 미국의 영향력이 위축되는 반면, 빠른 경제성장을 바탕으로 중국이 글로벌 영향력을 확대하자 미국은 중국에 대한 전략을 변경했다. 미국은 아시아 회귀 정책에 이어 아시아태평양 전략을 구축하면서 무역, 외교, 군사적인 차원에서 중국에 대한 견제를 본격적으로 전개했다.

문제는 미국과 중국 사이의 패권경쟁이 글로벌 공공재로 간주되는 보건 분야에서도 힘의 경쟁으로 나타났다는 점이다. 특히 중국은 단시간에 국제적 지위를 인정받고 더 많은 지지를 끌어내기 위해 아시아, 아프리카 등 저소득 국가들에 대한 개발원조를 통해 해당 지역에서 중국의 외교적 위상을 높이려는 전략을 구사하며, 특히 보건 관련 원조 사업에 많은 공을 들였다. 중국의 국제 보건개발협력 정책인 건강 실크로드(Health Silk Road) 정책은 일대일로 전략의 일환으로서 개발도상국, 특히 중앙아시아와 아프리카 국가들에게 감염병 예방과 통제, 공중보건협력, 보건 인프라 건설, 보건 전문인력 파견 등의 원조를 제공하는 내용이다. 이를 통해 중국은 해당 지역 정부와 주민들 사이에 중국에 대한 우호적인 이미지를 형성하고, 중국의 위상을 제고하고자 했다. 중국이 보건원조를 얼마나 중요하게 여기고 있는지는 다른 분야의 개방원조 사업 대부분은 차관(loan) 형식인 데 비해 보건원조는 무상공여(grant aid) 비중이 압도적이라는 사실에서 잘 나타난다(Liu et al. 2014).

하지만 글로벌 보건 분야에서 주도적 지위는 오래전부터 미국이 가지고 있었다. 미국은 세계 최초의 보건 관련 국제기구 수립을 주도했고, 일찍부터 감염병 문제를 국가안보와 결부시켜 접근했다. 1942년 국방 말라리아 통제소(Office of National Defense Malaria Control Activities)를 설치했고, 1970년 체계적인 질병 대응을 위한 전문기관인 질병통제예방센터(CDC)를 설치하여 다른 나라들의 질병대응체제 구축의 모델이 되었다. 또한 냉전 종식 이후 클린턴 행정부에서 오바마 행정부에 이르기까지 미국은 감염병과 바이오 테러를 포함하는 보건안보위협에 대응하기 위해 노력했다. 1996년 클린턴은 글로벌 보건 감시 네트워크 구축을 위한 "21세기 신종감염병 예방전략" 마련을 지시했고, 이에 따라 1999년 국가전략비축(Strategic National Stockpile)

정책을 만들어 전략적 차원에서 백신과 의약품을 비축하는 계획을 수립했다. 조지 W. 부시는 2002년 보건안보 관련 법안을 정비하고, 2003년 에이즈구호를 위한 대통령 긴급계획(PEPFAR)을 추진하여 세계적 차원에서의 에이즈 극복 노력을 지원했다. 오바마는 신종플루, 에볼라 등 신종 감염병의 확산이 미국 사회를 혼란에 빠뜨릴 수 있다고 판단하여 2014년 글로벌 보건안보구상(GHSA)을 출범시켜 글로벌 보건안보협력의 새로운 플랫폼으로서의 역할을 수행하도록 하였다. 이어 2015년 백악관 국가안보회의(NSC)에 글로벌 보건안보 대응팀(Directorate of Global Health Security and Biodefense)을 두어 신종 감염병 발생 가능성이 높은 지역에 대한 질병감시와 보건원조를 통해 현장에서 초기에 감염병 확산을 차단하는 적극적인 보건안보정책을 추진했다.

문제는 보건 영역에서 미국과 중국의 역할이 글로벌 공공재로서의 보건이라는 취지를 살리지 못하고 제로섬의 패권경쟁의 논리 속에서 상대방을 견제하는 수단으로 사용되었다는 점이다. 1978년 기초보건의료에 대한 알마아타 선언을 앞두고 전개된 미국과 소련 사이의 논쟁이 냉전 논리의 세력 대결로 이어진 것처럼 2020년 코로나 팬데믹에 직면하여 미국과 중국은 협력보다는 경쟁과 대결의 수단으로 팬데믹을 이용했다. 상대방 국가에서 환자가 급증하는 모습을 보면서 자신의 체제와 대응정책이 우월하다고 발언하거나, 감염병 발생과 확산에 관한 정보를 마치 군사정보처럼 간주하여 은폐하고 왜곡함으로써 모두에게 유익하지 않은 결과를 초래했다. 감염병이라는 공동의 위협에 직면하여 상호 이해와 협력보다는 상대방에게 밀리지 않겠다는 패권경쟁 논리를 우선시함으로써 공공재로서의 보건 논리는 무시되었다.

2. WHO 리더십에 대한 불신

국가와 국제기구 사이의 상호관계를 설명하는 주인-대리인 이론 (Principal-Agent theory)에 의하면 국가는 주인(P)으로서 대리인(A)인 국제기구에게 특정한 역할을 수행하도록 임무를 위임한다. 하지만 국제기구는 글로벌 공공재를 제공하는 사업을 수행하면서 다른 행위자를 매개자(Intermediary)로 끌어들여 독자적인 영향력을 행사하는 등 자율적 조정자(Orchestrator)로서 기능하려는 경향을 보인다(Abbott et al. 2015). 이에 국가는 주권비용이 증가하는 것을 억제하기 위해 국제기구에 대한 감시와 감독을 강화한다. 국제 안보 및 금융 분야의 국제기구들과 달리 보건 분야의 국제기구는 상대적으로 높은 자율성을 가지고 있다. 특히 글로벌 백신사업의 경우 GAVI와 같은 제3의 행위자를 매개자(I)로써 사업에 참여시킴으로써 WHO는 스스로 조정자(O)가 되어 다양한 행위자들의 역할을 조율하는 자율적 기능을 수행한다(조한승 2018). 이런 관점에서 본다면 코로나 위기에서 미국(P)은 WHO(A)가 지나치게 독자적으로 행동한다고 보고 기구에 대한 감독의 기능을 강화하려는 시도를 벌였고, 급기야 분담금 납부 중단과 탈퇴 카드까지 꺼내든 것으로 해석될 수 있다.

WHO의 자율성에 관한 기구와 국가 사이의 갈등은 이번이 처음은 아니지만 최근의 갈등은 WHO의 의사결정 과정에 직접적인 영향을 미치는 사무총장의 리더십에 대한 불신에 기인한다. 많은 전문기구가 그러하듯 WHO 총회(World Health Assembly)는 형식상 최고의결기관이지만 WHO의 실질적 결정은 집행이사회와 사무총장에 의해 이루어진다. WHO 집행이사회는 총회에서 선출된 이사국의 대표로 구성되며 WHO 사업의 자문과 재정 및 기능에 대한 긴급조치를 수행한다. WHO는 보건이라는 전문분야를 다루는 특성상 대부분의 이사들이 직업외교관이 아니라 보건전문가이며, 따라서 각종 사업에 대한 의사결정에 있어 보건의학 전문성이 강조된다. 그동안 이와 같은 전문가들로 구성된 이사회에 의해 WHO 사무총장 단일 후보가 추천되고 총회의 형식적 승인을 받아 임명되어 왔으며, 사무총장직의 핵심 조건의 하나는 보건의학적 전문성이었다. 예를 들어 한국인 최초로 국제기구 수장으로 선출된 이종욱 박사의 경우 일찍부터 WHO 직원으로서 남태평양에서 의료 활동을 벌였고, 백신 분야에서 최고 권위자로 인정받았으며, 이런 전문성을 바탕으로 2003년 제6대 WHO 사무총장으로 선출되었다.[5]

하지만 보건의학적 전문성에 대한 강조는 보건의학 수준이 높은 서유럽과 일부 아시아 국가 출신의 사무총장이 연속해서 선출되는 결과를 낳았고, 아프리카 등 저개발 지역 국가들의 불만이 제기되었다. 그 결과 2012년 WHO 총회에서 사무총장 선출방식의 변경이 이루어져 기존 집행이사회가 추천한 단일 후보에 대한 총회 승인 절차가 폐지되고 집행이사회의 복수 추천과 총회 과반 다수결에 의한 선출제도로 개정되었다. 이에 따라 2017년 사무총장 선거를 앞두고 집행이사회는 저개발국과 중국의 지지를 받은 에티오피아 관료 출신 테드로스 아드하놈 게브러여수스(Tedros Adhanom Ghebreyesus), 미국과 유럽 국가들의 지지를 받은 영국 출신의 감염병 전문가 데이비드 나바로(David Nabarro), 중동국가들의 지지를 받은 파키스탄 출신 심장병 전

---

5   이종욱 사무총장은 한국에서 대학을 졸업한 후 하와이 대학에서 전염병학 석사학위를 취득했다. 그는 WHO 사무총장으로 취임한 후 백신차르(Vaccine Czar)라고 불리며 다양한 백신사업을 전개했으며 국제백신연구소(IVI)를 설립하는 데 앞장섰다. 하지만 사무총장 재직 중 2006년 5월 21일 제네바 집무실에서 유엔회의 보고서를 준비하다가 과로로 쓰러져 뇌출혈로 사망했다.

문가 사니아 니시타르(Sania Nishtar) 등 3인을 추천했고, 이들에 대한 투표가 총회에서 실시되었다. 2차에 걸친 투표에서 테드로스가 니시타르와 나바르를 차례로 꺾고 사무총장으로 당선되었다.

문제는 이 과정에서 사무총장직의 중요 조건으로 간주되던 보건의료 전문성보다는 총회에서 회원국들 사이의 정치적 이해관계가 더 큰 영향력을 미쳤다는 사실이다. 총회 다수를 차지하는 여러 저개발국들은 깨끗한 물 공급, 위생시설 확충, 의료시설 접근성 확대 등을 강조하는 사회의학적 접근을 선호하기 때문에 아프리카 출신 사무총장이 당선될 경우 WHO가 저개발국의 보건환경 개선을 위한 사업을 더 많이 벌일 것이라고 기대하여 테드로스 아드하놈 게브러여수스를 지지했다. 그는 보건학을 전공했고 에티오피아 보건부 장관을 지낸 바 있으나, WHO 사무총장 후보로 나서기 전까지 4년간 외무장관직을 수행할 정도로 그의 경력은 보건의학 전문성보다는 행정 관료로서의 성격이 보다 두드러졌다.

여기에 보건 분야에서 영향력 확대를 꾀한 중국의 영향력도 한몫했다. 중국은 앞서 설명한 양자 보건원조뿐만 아니라 다자간 보건외교에서도 적극적인 행보를 보였다. 2006년 홍콩 보건장관 출신의 마가렛 찬(Margaret Chan)이 WHO 사무총장으로 선출될 때 중국의 영향력이 크게 작용했다. 전술한 것처럼 WHO 사무총장 선출방식 개정은 찬 사무총장의 두 번째 임기가 시작하자마자 이루어졌고, 이는 개도국뿐만 아니라 중국에게 매우 유리한 것이었다. 또한 대만의 세계보건총회 옵서버 지위 박탈도 마가렛 찬 사무총장 임기 중에 이루어졌다. 찬 사무총장은 이러한 결정이 결코 중국의 압력에 의한 것이 아니었다고 주장했지만(Chung 2017), 그녀의 임기 10년 동안 WHO가 중국에 매우 친화적인 정책을 다수 추진한 것은 부정할 수 없는 사실이다

(Vanderklippe 2020).

찬 사무총장의 후임인 테드로스 아드하놈 게브러여수스 사무총장 역시 중국과 매우 밀접한 관계를 맺고 있었다. 그의 모국 에티오피아는 2000~2019년의 20년 동안 중국으로부터 121억 달러 규모의 차관을 지원받았다. 그가 외무장관직에 있었던 때는 중국에 대한 에티오피아의 부채가 연평균 52%씩 증가하는 추세였던 시기였다(Sun et al. 2017). 에티오피아의 대외 채무 약 59%는 중국 자본이며, 에티오피아가 최근 개통한 756km의 에티오피아-지부티 연결 철도 사업비 40억 달러 대부분은 중국 자금으로 조달되었고, 철도건설의 기술 및 인력 역시 중국 국영기업인 중국철도건설(中国铁建)과 중국토목공정(中国土木)에 대부분 의존했다(Maini 2019). 에티오피아의 중국 자본에 대한 의존은 에티오피아 정부가 중국에게 채무경감을 요청할 정도로 심화되었다(Zhou 2019).

이런 현상은 에티오피아뿐만 아니라 아프리카 여러 저개발국에서 공통적으로 나타났다. 이러한 배경을 고려할 때 에티오피아 외무장관 출신의 WHO 사무총장이 코로나19 사태 초기 중국 책임론을 부정하고 중국 입장을 옹호하는 모습을 보였다는 미국 등 서방 국가들의 문제제기가 터무니없는 비방에 불과한 것이라고 일축하기 어렵다. 즉, WHO에 대한 불신의 원인은 기구 자율성을 추구했던 WHO가 스스로 리더십 위기에 빠져버렸기 때문이었으며, 이는 결과적으로 코로나19 사태에 직면한 글로벌 보건 거버넌스의 혼란으로 나타났다.

3. 트럼프 행정부의 정책 실패

외교정책결정의 결집효과(rally around the flag effect) 가설에 의하면

정책 실패에 따른 국내 지지여론의 이탈을 막기 위해 지도자들은 적대적 외부 행위자와의 대결 구도를 형성하여 지지여론의 반등을 모색한다. 실제로 코로나 바이러스의 급속한 확산으로 국민들이 동요하고 생필품 사재기 현상이 발생하는 등 국내 여론이 악화되자 미국을 포함한 여러 나라의 지도자들이 국민의 불만과 동요에 따른 정치적 부담을 회피하기 위해 경쟁적 관계의 다른 나라 또는 국제기구에 그 책임을 전가하는 모습을 보였다(Alcaniz and Hellwig 2020; Jaworsky and Qiaoan 2020). 그리고 이러한 행동은 결과적으로 글로벌 보건 거버넌스 행위자 사이의 신뢰를 크게 약화시켰다.

앞서 설명한 것처럼 클린턴 행정부에서부터 오바마 행정부에 이르기까지 미국은 치료약과 백신이 개발되지 않은 치명적 감염병의 확산이 미국과 더불어 인류 전체에게 심각한 위협을 초래할 것이라고 보아 보건안보 개념을 구체화하고 이에 관한 각종 정책을 수립하였다. 특히 에이즈, 신종플루, 에볼라 등 신종 감염병의 대응을 위해서는 다른 나라들뿐만 아니라 국제기구, 의료기관, 제약회사 등 다양한 행위자들과의 긴밀한 협력과 공조 및 지원이 필요하다고 판단했다. 따라서 미국은 글로벌 보건 거버넌스에서 WHO와 더불어 가장 중요한 행위자로서 스스로를 인식하고 글로벌 공공재로서의 보건을 위한 리더십을 발휘해왔다.

하지만 트럼프 행정부는 전임 행정부의 보건안보정책을 대거 축소하거나 폐지했다. 보건안보를 중시하고 다자적 협력을 강조한 전임자들과 달리 트럼프는 전통적 군사안보와 이민자 억제정책을 강조하면서 보건안보를 상대적으로 덜 중요할 뿐만 아니라 예산의 불필요한 낭비라는 인식을 가졌다. 그는 오바마 행정부가 설치한 NSC 보건안보 대응팀을 해체했고, 에이즈가 감소세에 접어들었다는 이유로 에이즈

구호를 위한 대통령 긴급계획(PEPFAR) 예산 삭감을 추진했다. 또한 해외 질병정보 업무를 수행하는 CDC 인력을 대거 감축하면서 중국에 대한 파견요원을 11명에서 3명으로, 중국 현지채용 인력은 39명에서 11명으로 대폭 줄였다(The Guardian 2020). 2015년 오바마 행정부가 감염병 비상사태를 대비하여 수립한 보건용 마스크 생산시설 확충 계획을 트럼프 행정부는 오랫동안 실행에 옮기지 않았다.[6] 결국 2020년 미국에서 코로나19 사태가 걷잡을 수 없이 커지고 마스크 대란이 발생하여 시민들이 엄청난 고통을 겪은 이후에야 이 계획을 다시 추진하기로 결정했다(Washington Post 2020). 보건안보에 대한 트럼프 행정부의 무지에 가까운 행태에 대해 오히려 미국 의회가 깊은 우려를 표시하였고, 2020년 2월 트럼프 행정부가 요구한 CDC 예산 20% 삭감안을 의회가 거부할 정도였다(Krisberg 2020).

트럼프 행정부의 보건안보정책 실패는 GHSA를 포함한 다자간 보건안보협력에서의 미국 리더십을 스스로 포기하는 결과를 가져왔다. 2005년 세계보건규칙(IHR)이 개정되어 각국이 질병 발생을 신속하게 보고하고 정보를 공유하도록 되었으나 여전히 일부 국가들은 주권침해나 재정적 어려움을 핑계로 소극적인 태도를 보였으며, 무엇보다 보건에 관한 민간 행위자의 참여가 불가능하다는 한계가 나타났다. GHSA는 민간을 포함한 다양한 글로벌 보건 행위자들 사이의 협력과 공조의 플랫폼을 제공하여 치명적 신종 감염병 발생이 예상되는 지역에 대한 보건감시를 강화하고 보건역량강화를 지원하여 질병 확산을 초기에 차단함으로써 글로벌 보건안보 위기를 최소화하는 것이 목적이었다(강선주 2015). 하지만 백악관 NSC 글로벌 보건안보 대응팀이

---

6 오바마 행정부가 수립한 계획에는 하루 150만 장의 N95 보건용 마스크를 생산할 수 있는 시설을 갖추는 내용이 포함되었다.

해체되면서 GHSA에서 미국의 주도력도 사라져서 GHSA의 기능이 사실상 마비되었다. 실제로 코로나 팬데믹이 선포된 상황에서 GHSA의 활동은 거의 없었다.[7]

코로나 팬데믹에 직면하여 트럼프 행정부의 보건안보정책은 실패했다. 정책 실패의 파급효과는 단순히 미국 내 감염자 폭증과 사회적 혼란에만 그치는 것이 아니다. 마초맨 이미지를 보이며 America First를 외치던 대통령마저 감염되는 상황에서 WHO 탈퇴를 선언하고 그동안 공들여온 글로벌 보건안보협력을 부정하는 행태는 글로벌 보건 거버넌스에서 미국의 리더십을 스스로 실추시키는 결과를 초래했을 뿐이다. 뒤늦게 트럼프가 2020년 G7 정상회담을 자신 소유의 마이애미 골프 리조트에서 개최하겠다고 언급했을 때 당연히 의제에 글로벌 보건이슈가 포함될 것임이 명백함에도 불구하고 독일의 메르켈 총리는 일찌감치 불참을 선언했다.[8] 이는 주요국 지도자가 글로벌 보건 거버넌스에서 트럼프 행정부의 역할을 더 이상 신뢰하지 않음을 공공연하게 보여준 것으로 해석될 수 있는 것이다.

이처럼 미국의 리더십 실추는 글로벌 보건 거버넌스의 신뢰성에도 부정적인 영향을 미친다. 신임 바이든 대통령이 WHO 복귀를 약속하여 거버넌스가 최악의 위기로 치닫는 것은 피할 수 있게 되었지만 한번 흔들린 신뢰를 다시 회복하기에는 적지 않은 대가가 필요하다. 특히 코로나 위기를 극복한 이후에 포스트-코로나 시대의 글로벌 보건 거버넌스 재구축을 위한 개혁의 목소리가 커질 것으로 예상되는데 미국이 그러한 논의를 주도적으로 이끌어나가기에는 너무나 심각하게

---

7   GHSA 홈페이지에서 2019년 5월부터 2020년 9월까지 코로나 팬데믹에 대한 GHSA 운영위원회의 짧은 성명을 제외하고 새로운 활동에 대한 업데이트가 이루어지지 않았다.

8   2020년의 G7 정상회담은 코로나 팬데믹 상황의 악화로 결국 개최되지 못했다.

위상이 실추되었다. 하지만 새롭게 형성되는 행위자 사이의 연대와 경쟁 속에서 바이든의 미국이 팬데믹에서 나타난 각국의 각자도생 행태를 극복할 만한 확실한 대안을 제시하고 선도적으로 거버넌스 복구에 나서준다면 미국의 위상 회복이 예상보다 빨라질 수도 있을 것이다.

IV. 포스트-코로나 시대 글로벌 보건협력의 모색과 도전

코로나 팬데믹은 글로벌 보건 거버넌스의 문제점과 한계를 보여주었지만, 보건협력이 얼마나 중요하고 필요한 것인지를 확인시켜주는 계기가 되었다. 감염병 바이러스는 인간의 접촉을 통해 전파되기 때문에 일시적으로 국경을 차단하고 이동을 제한하는 것이 불가피하다. 하지만 고립을 선택한다고 이 위기를 계속해서 피해갈 수는 없으며 개별 행위자 단독으로 문제를 해결할 수도 없다. 오히려 질병 정보를 공유하고 상호 이해와 협력을 통해 공동의 방역 조치를 마련하고 예방과 치료를 위한 방법을 함께 모색하는 것이 궁극적 문제해결의 방향이다.

따라서 글로벌 보건 거버넌스 행위자들은 위기 극복을 위한 협력과 공조의 방안을 강구해야 한다. 이를 위해서는 글로벌 보건 이슈를 힘의 관계를 중시하는 전통적 지정학적 시각에서 분리시켜야 한다. 최근 환경, 보건, 기술, 정보, 커뮤니케이션 등 새로운 이슈들의 복잡한 상호연계를 강조하는 복합지정학의 측면에서 외교의 신흥무대가 주목을 받고 있으며(김상배 편 2020), 글로벌 보건이슈도 이러한 관점에서 접근되어야 한다. 코로나 사태로 미국, 유럽 등 전통적 선진국들의 위상이 위축된 상황에서 각국은 글로벌 보건외교의 어젠다를 선점하고 자국의 위상을 자리매김하려는 각축전을 벌이고 있다.

1. 백신 민족주의 극복을 위한 협력과 한계

코로나19 감염병의 백신과 치료약 개발이 활발하게 전개되고 있다. 보통 10년 이상 걸리는 신약 개발이 불과 1년 이내에 이루어지는 모습은 코로나 팬데믹이 심각한 위기라는 것을 의미하는 동시에 제약 및 바이오 기술이 빠르게 진보하고 있음을 보여준다. 신약 개발이 오래 걸리는 이유 가운데 하나는 안전성 확보를 위해 임상실험에 소요되는 비용 때문에 선진국의 거대 제약회사나 연구기관이 아니면 엄두조차 낼 수 없기 때문이다. 기술력이 높은 대형 제약회사라고 할지라도 시장성이 크지 않으면 약품을 개발하려고 하지 않는다. 남미에서 소두증 아기 출산으로 잘 알려진 지카 바이러스는 브라질 월드컵과 리우 올림픽으로 관심이 높아져 백신 개발이 시작되었으나, 시장성이 낮다고 판단되어 프랑스 바이오 기업인 사노피(Sanofi)는 백신 개발을 중단했다.

백신과 치료약 개발이 효과적으로 이루어지기 위해서는 제약기술, 자본, 시장 등의 진입장벽을 극복할 수 있어야 하는데 코로나 팬데믹은 그러한 장벽을 일거에 뛰어넘은 사례로 기록될 것이다. 전 세계 거의 대부분의 국가에서 감염자가 발생했기 때문에 바이러스 정보를 빠르게 확보할 수 있었다. 주요 국가 및 기구가 앞장서서 백신 개발을 위해 많은 자본을 투자하여 제약회사 및 연구기관과 선구매 계약을 체결했기 때문에 백신 개발에 가장 큰 걸림돌인 시장성 문제도 일거에 해소되었다. 물론 임상실험 기간이 너무 짧아서 안전성 문제가 완전히 해소되지 못했으나 2021년 말까지 선진국들에서는 백신 접종을 통한 집단면역이 가능할 것으로 예상된다.

백신과 치료약의 개발과 접종에 열을 올리고 있는 선진국들과 달리 남반구 저개발 국가에서는 코로나19 환자가 급증하고 있음에도 치

료는커녕 제대로 된 방역조치조차 취하지 못하는 경우가 많다. 주로 저
개발 지역에서 시작되어 확산되었던 기존의 감염병과 달리 2020년의
코로나19는 북반구 선진국을 중심으로 빠르게 전파되었다. 이는 잘 발
달된 글로벌 교통 및 무역 네트워크가 감염병 전파의 경로가 되었음을
증명한다. 선진국에서 보건위기가 더 빠르고 더 광범위하게 확산됨에
따라 선진국은 자국의 방역에 전력을 기울이느라 저개발 지역에서의
감염병 확산에 대해서는 신경 쓸 여력이 없었고, 그만큼 저개발 지역은
선진국의 보건지원을 받기가 어려워졌다.

2020년 6월 1일 중남미, 남아시아, 아프리카 국가들로 구성된 40
개 국가들은 WHO와 더불어 코로나19 방역 및 치료를 위한 기술을 공
유할 것을 요청하는 '행동을 위한 연대 요구(Solidarity Call to Action)'
를 발표했다(WHO 2020a). 여기에 참여한 저개발국들과 개발협력 국
제기구들은 코로나19에 대한 대응이 글로벌 공공재로 간주되어야 하
며, 저개발국에 대한 보건지원은 궁극적으로 글로벌 보건위기를 해소
하여 선진국에게도 유익하다는 주장을 폈다. 하지만 미국, 유럽 등 선
진국들은 백신 개발의 기술과 지식을 무조건 공유하는 것이 오히려 연
구기관과 제약회사의 신약 개발 의지와 동기를 꺾어 결과적으로 치료
와 예방을 저해하는 효과를 초래할 것이라고 주장하며 저개발국의 요
구를 거부했다(U.S. HHS 2020).

주요 선진국들은 거대 제약회사들에게 코로나 바이러스 백신 개
발을 위한 긴급자금을 지원하면서 백신 개발이 성공할 경우 자국에 독
점적으로 백신을 공급하는 계약을 체결했다. 하지만 이러한 백신 확보
경쟁은 "백신 민족주의"를 초래하여 백신의 부익부 빈익빈 현상이 초
래되고 있다. 일부 부유한 선진국들은 자국 국민들에게 공급하고도 남
을 만큼의 백신 물량을 확보하였다. 예를 들어 2020년 12월까지 미국

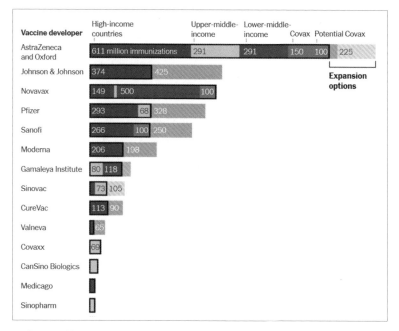

그림 5-2 국가 소득수준별 백신 제조업체와의 계약 물량 (2020.12. 기준)
출처: *New York Times*(December 15, 2020).

은 워프 스피드(Warp Speed) 정책을 통해 화이자, 모더나 등 제약회
사로부터 총 8억 1천만 도스를 확보하였고, 추가계약으로 15억 도스까
지 확대할 수 있다. 하지만 빈곤한 저소득국들의 수급 물량은 2021년
말까지 자국 국민의 20%조차 접종하기 어려운 수준이다(Hafner et al.
2020).

　이러한 백신 민족주의 혹은 백신 독점 행태에 반대하여 백신을
글로벌 공공재로 간주하고 코로나19 대응수단에 대한 접근성을 확
대해야 한다는 목소리가 꾸준히 나오고 있다. 2020년 4월 WHO, EU
집행위원회, 게이츠 재단 등이 주도하여 출범한 ACT-A(Access to
COVID-19 Tools Accelerator)가 대표적이다(European Commission

2020). 이를 구체화하기 위해 WHO, CEPI(Coalition for Epidemic Preparedness Innovations), GAVI 등 핵심적인 글로벌 보건기관들과 싱가포르, 스위스 등은 백신 공급이 특정 국가에만 독점적으로 이루어져서는 안 된다고 주장하며 백신의 충분하고도 공평한 분배를 위한 다자간 연합인 COVAX(COVID-19 Vaccines Global Access Facility)를 추진했다. COVAX는 백신의 공동구매 개념으로서 우선 20억 달러를 모금하여 2021년 말까지 20억 도스 분량의 코로나 백신을 개발, 공급함으로써 세계 인구의 20%에 대한 접종을 통해 코로나 팬데믹의 기세를 꺾는 것을 목표로 한다. WHO가 주도하여 190개 국가들이 참여했으며, CEPI는 백신의 개발을, GAVI는 백신의 공급을 담당하고 있다(Berkley 2020). 공동기금 마련에 참여한 국가들은 자국 인구의 20%를 접종할 수 있는 백신을 확보할 권리를 가지며, 나머지는 저개발 국가들 주민에게 공급된다.[9] 한편 COVAX Facility에 참여한 국가들 가운데 92개 저소득 국가들은 순수하게 인도적 목적의 모금 프로그램인 COVAX AMC(Advance Market Commitment)을 통해 백신을 공급받게 된다(GAVI 2021).

COVAX와 같은 다자간 연대는 백신의 신속한 개발과 안정적이고 저렴한 가격의 백신 공급에 크게 기여할 것으로 예상된다. 하지만 방역과 백신에 대한 국가들 사이의 경쟁이 해소되는 데에는 많은 어려움이 남아 있다. 중국은 미국과의 차별성을 노리고 COVAX 참여 없이 자국이 개발한 백신을 단독으로 아시아, 아프리카, 남미 저개발 국가들에게

9 COVAX Facility에 기금을 제공한 대부분의 선진국들은 자체적인 백신 확보 계획을 수립하여 COVAX를 통한 1차 공급 물량은 저개발 국가들에게 우선 공급하겠다는 입장을 밝혔다. 하지만 백신 도입 계획에 어려움을 겪고 있는 한국 등 일부 선진국들은 1차 공급 물량부터 자국 몫을 확보하겠다고 발표했다.

공급하겠다는 과시용 외교를 벌이다가 코로나19 최초 발병국가로서 무책임하다는 여론의 비난으로 뒤늦게 COVAX에 참가하기로 결정했다. WHO 탈퇴를 선언했던 미국도 2021년 1월 바이든 정부가 들어선 이후에야 비로소 WHO 복귀가 결정되어 COVAX 참여가 이루어졌다. 백신 공급을 둘러싼 갈등은 미국과 중국, 선진국과 저개발국 사이에서 만 나타나는 것이 아니라 서방 선진국 사이에서도 나타났다. 2020년 8월 캐나다는 모더나와 2천만 노스 도입 계약을 체결하고 추가로 3,600만 도스를 옵션으로 구입하기로 하였지만 모더나가 최초 생산분 2천만 도스를 미국에 우선 공급하기로 발표하자 캐나다 정부는 여론과 야당의 비난에 직면했다(CTV NEWS 2020).

이러한 모습들은 여전히 주요 행위자들이 보건을 글로벌 공공재로 인식하기보다는 국가의 위상과 영향력 제고의 수단으로 바라보고 있음을 의미한다. 즉, 글로벌 감염병 위기를 계기로 전통적 지정학 논리와 차별되는 글로벌 보건이 부각되고 있으나, 아직도 힘의 경쟁 논리가 강하게 영향을 미치고 있는 것이 현실이다. 행위자의 개별 이익을 공공선과 어떻게 조화를 이룰 것인가가 포스트-코로나 시대 글로벌 보건협력이 풀어야 할 과제이며, 이를 위해서는 글로벌 보건 거버넌스의 신뢰성이 먼저 회복되어야 한다.

2. 보건안보협력 회복, 신기술 활용, 제도개선의 노력

코로나 팬데믹에 대한 초기대응의 실패를 경험하면서 장기적으로 글로벌 보건안보 강화를 위한 다자간 협력의 중요성이 다시 강조되었다. 특히 미국의 정책 오류와 실패로 그동안 진행되어 온 GHSA 등 글로벌 보건안보협력 시스템이 마비되었기 때문에 주요 보건 행위자들은 새로운 보건안보협력의 주도권을 확보하고 위상을 강화하기 위한 노력을 벌이고 있다. 일찌감치 독일은 자국이 주도한 다자주의 동맹을 기반으로 2020년 4월 '코로나19 극복을 위한 다자주의동맹 공동선언'을 이끌어냈다. 유럽과 중남미 24개 국가들이 참여한 이 선언은 팬데믹 극복을 위한 다자주의 협력을 강조하는 것이었지만, 코로나 사태를 계기로 글로벌 보건안보 시스템의 강화가 모색되어야 한다는 공감대를 확인한 것이었다(Loringhoven 2020). 한편, 2020년 5월 유엔에서 출범한 '보건안보 우호국 그룹'은 코로나 사태의 장기화로 인해 글로벌 평화, 경제, 사회적 측면에서 부정적 효과가 커지고 있으며, 이를 극복하기 위한 새로운 플랫폼의 필요성을 강조한 것이다. 이 그룹은 감염병 문제 해결뿐만 아니라 미래세대가 건강하게 살아갈 수 있는 방안을 논의하는 것을 목적으로 하며, 한국, 카타르 캐나다, 덴마크 등 40여 국가들이 참여했다. WHO도 다자적 보건외교에서 중심역할을 되찾으려 노력하고 있다. 2021년 3월 WHO 사무총장은 한국을 포함한 23개국 정상 및 EU 상임의장과 함께 미래 팬데믹 대비를 위한 새로운 국제조약 마련과 글로벌 보건 시스템 강화를 촉구하는 공동기고문을 발표하였다(CNBC 2021).

코로나 사태를 경험하면서 감염병 정보의 감시, 공유, 경보를 위한 정보·통신 기술의 활용에 대한 논의도 활발하다. 신기술을 활용해 보다 정확하고 신속한 감염병 정보 수집을 통해 보건안보 위협요인에 대해 신속하게 대응할 수 있을 것이라는 전망이 나오고 있으며(Budd et al. 2020, 1183-1192), 실제로 IT 기업과 보건당국 및 국제기구 사이에 보건안보 경보시스템 구축을 위한 협력이 전개되고 있다(CNBC 2020). 반면 대량의 감염병 및 건강 정보를 무분별하게 수집하는 과정에서 개인의 프라이버시가 침해되기 때문에 새로운 규범이 필요하다는 주장도 제기되고 있다(Ng 2020).

이 밖에도 코로나 팬데믹 이후 글로벌 보건안보를 위한 여러 논의들이 글로벌, 혹은 지역 수준에서 이루어지고 있다. 이러한 노력들은 대부분 새로운 감염병 위기가 다시 등장할 수 있으며, 이를 위한 대비는 글로벌 행위자들의 협력을 통해 이루어져야 한다는 데 동의하는 것이다. 특히 주목할 점은 WHO를 외면한 미국이 코로나 위기에 실패한 모습을 보임에 따라 포스트-코로나 시대의 글로벌 보건안보 협력은 WHO가 중심이 되는 글로벌 보건 거버넌스의 틀이 유지되어야 하며, 오히려 기존의 네트워크를 보완하고 강화하는 방향으로 전개되어야 함을 강조하고 있다는 사실이다(Wenham 2020, 196-203). 그와 동시에 주요 국가들은 포스트-코로나 시대의 보건협력에서 주도적 지위를 차지하기 위해 국내 규정을 재정비하고 새로운 제도를 마련하는 등 국내 정책 차원에서의 변화도 함께 벌여나가고 있다.[10]

V. 맺음말

코로나 팬데믹을 통해 인류는 치명적 감염병이 개인의 건강에만 영향을 미치는 것이 아니라 사회 공동체의 안전과 질서를 뒤흔들 수 있는 보건안보 위협이 될 수 있음을 인식하게 되었다. 아무리 강한 군사력과 경제력을 가진 나라라고 할지라도 감염병 위협 앞에서 무기력한 모습을 보면서 보건안보 위협에 대해서는 힘의 관계를 중시하는 전통적 지정학 중심의 접근이 아닌 새로운 접근이 필요하다는 사실이 확인되었

10 한국도 국제적 보건안보협력 사안에 선제적으로 대응하기 위해 2020년 7월 21일 외교부와 보건복지부 사이에 업무협력사항을 개정하였다.

다. 감염병은 이념과 국적을 초월하며, 접촉만으로도 누구든 심각한 위험에 빠질 수 있다는 점에서 행위자 사이의 대결과 혐오보다는 방역을 위한 적극적 공조와 질병정보 공유가 바람직하다. 다시 말해 감염병의 철저한 예방과 빠른 회복을 위해서는 개별 행위자만의 노력만이 아니라 모두의 이해와 협력이 수반되어야 한다. 글로벌 보건 거버넌스는 공공재로서의 보건이라는 인식을 공유하는 행위자들 사이의 협력 네트워크이다.

그럼에도 불구하고 글로벌 공공재로서의 보건이라는 인식을 공유하는 행위자들이 참여하고 있는 글로벌 보건 거버넌스는 코로나 팬데믹 현상에서 위기에 직면했다. 여러 가지 요인들이 복합적으로 상호작용하여 이러한 위기를 초래했다. 먼저 국제체계 차원에서 미국과 중국의 패권경쟁이 군사적, 경제적 대결에만 머물지 않고 글로벌 보건의 영역에까지 전이됨으로써 강대국간 협력을 통한 초기대응의 기회를 상실했다. 둘째, 글로벌리제이션의 확산 속에서 국가 행위자의 역할이 위축되는 상황은 결과적으로 글로벌 공공재 제공 역할에서 자율성을 확대하려는 국제기구와 국가 사이의 긴장관계를 불러일으켰다. 특히 WHO 사무총장 선출에 대한 총회의 영향력이 커지고 사무총장의 전문성보다는 정치적 영향력이 강조되면서 가장 큰 기여를 제공하는 미국과의 갈등이 고조되었고, 결국 위기 상황에 대한 서로 다른 접근을 가지고 WHO와 미국이 힘겨루기를 벌이는 양상을 낳았다. 이는 글로벌 보건 네트워크의 중심 역할을 담당하는 WHO의 신뢰성 추락으로 이어져 위기에 대한 적절한 대응의 걸림돌로 작용했다. 끝으로 미국 트럼프 행정부는 보건을 글로벌 공공재로 간주하는 것이 아니라 단기적인 자국이익추구의 관점에서 바라봄으로써 그동안 추구해온 글로벌 보건안보의 리더십 역할과 위상을 스스로 부정하는 결과를 초래했다.

　　백신의 개발과 공급을 가지고 여전히 갈등이 남아 있으나 머지않은 장래에 이 위기는 극복될 것이다. 포스트-코로나 시대에 글로벌 보건 거버넌스가 다시 올바르게 기능하기 위해서는 현재의 코로나 위기에서 교훈을 얻어 문제를 개선하기 위한 노력이 필요하다. 특히 WHO의 개혁과 글로벌 보건안보협력 시스템 재건과 같은 국제협력과 더불어, ICT, 인공지능, 로봇 등 신기술을 보건 협력에 적용하고 공동의 가치를 창출할 수 있는 새로운 아이템을 개발하는 노력이 중요하다. 전통적 힘의 외교와 구분되는 신흥외교무대로서 보건외교는 비강대국도 중요한 배역을 담당할 수 있는 기회를 가져다준다. 중견국가로서 한국이 글로벌 보건협력의 어젠다를 개발하고 새로운 규범을 주도하여 연대를 강화한다면 신흥 보건외교 무대의 주역으로서 자리매김하게 될 것이다.

참고문헌

강선주. 2015. "바이오안보(Biosecurity)의 부상과 글로벌 보건안보 구상(Global Health Security Agenda)." 주요국제문제분석(외교안보연구소). 2015-7.

김상배. 2016. "신흥안보와 미래전략: 개념적·이론적 이해." 김상배 편. 『신흥안보의 미래전략』. 서울: 사회평론아카데미.

_____. 2017. "신흥안보의 복합지정학과 한반도: 이론적 논의." 김상배·신범식 편. 『한반도 신흥안보의 세계정치』. 서울: 사회평론아카데미.

김상배 편. 2020. 『신흥무대의 중견국 외교: 복합지정학의 시각』. 서울: 사회평론아카데미.

조한승. 2018. "백신사업 사례를 통해 본 글로벌 거버넌스의 행위자 상호관계 연구: 국가, 국제기구, 비국가 행위자 관계를 중심으로." 『세계지역연구논총』 36(1).

Abbott, Kenneth W., Philipp Genschel, Duncan Snidal, and Bernhard Zangl. 2015. *International Organizations as Orchestrators*. Cambridge: Cambridge University Press.

Alcaniz, Isabella, and Timothy Hellwig. 2020. "WHO's to Blame? Coronavirus and the Politics of Blame Shifting." *Duck of Minerva*, Academic blog on world politics (May 26). https://duckofminerva.com/2020/05/

Berkley, Seth. 2020. "COVAX Explained." GAVI website (September 3). https://www.gavi.org/covax-facility

Budd, Jobie. et al. 2020. "Digital Technologies in the Public-health Response to COVID-19." *Nature Medicine* 26.

Chung, Kimmy. 2017. "Beijing never pressured me in office, former WHO chief Margaret Chan says." *South China Morning Post* (July 7).

CNBC. 2020. "Digital technologies in the public-health response to COVID-19." (March 3).

_____. 2021. "Global Leaders Call for a Pandemic Treaty, Saying Another Outbreak Is 'Only A Matter of Time'." (March 30).

CTV NEWS. 2020. "PM Put All Vaccine 'Eggs' in One Basket, Didn't Consider Other Options." (November 29).

ECDC. 2019. Single Programming Document, 2019-2021. Stockholm: ECDC.

European Commission. 2020. "Coronavirus: the Commission signs first contract with AstraZeneca." (August 27).

Fidler, David P. 2010. "The Challenges of Global Health Governance." Council on Foriegn Relations working paper (May).

GAVI. 2021. "COVAX AMC." https://www.gavi.org/gavi-covax-amc (January 26).

Hafner, Marco, Erez Yerushalmi, Clement Fays, Eliane Dufresne, Christian van Stolk.

2020. *COVID-19 and the Cost of Vaccine Nationalism*. Santa Monoca, CA: RAND.

Jaworsky, Bernadette N., and Runya Qiaoan. 2020. "The Politics of Blaming: the Narrative Battle between China and the US over COVID-19." *Journal of Chinese Political Science* 25. https://doi.org/10.1007/s11366-020-09690-8

Krisberg, Kim. 2020. "Trump Budget Proposal a Disinvestment in US Health: Cuts to CDC, HRSA." *The Nation's Health* 50(2).

Liu, Peilong. et al. 2014. "China's Distinctive Engagement in Global Health." *The Lancet* 284.

Loringhoven, Arndt Freytag von. 2020. "COVID-19 and the Alliance for Multilateralism." *UN Chronicle* (April 30).

Maini, Tridivesh Singh, and Mahitha Lingala. 2019. "BRI and the China-Ethiopia Relationship." *The Geopolitics* (December 10).

McTague, Tom. 2020. "The Pandemic's Geopolitical Aftershocks Are Coming." *The Atlantic* (May 18).

Moon, Surie. 2008/2009. "Medicines as Global Public Goods: The Governance of Technological innovation in the New Era of Global Health." *Global Health Governance* 2(2).

New York Times. 2020. "U.S.-China Feud Over Coronavirus Erupts at World Health Assembly." (May 18).

Ng, Alfred. 2020. "COVID-19 could set a new norm for surveillance and privacy." *C-Net* (May 11).

Sun, Irene Yuan, Kartik Jayaram, and Omid Kassiri. 2017. *Dance of the Lions and Dragon*, Report of McKinsey & Company (June).

The Economic Times. 2020. "Gates Foundation to give $150 million more to combat COVID-19 globally." (April 16).

The Guardian. 2020. "Trump's Staff Cuts Have Undermined Covid-19 Containment Efforts, Watchdog Finds." (March 24).

U.S. Department of Health and Human Services(HHS). 2020. "U.S. Statement on the Solidarity Call to Action for Global Access to COVID-19 Technologies." (May 29).

U.S.News. 2020. "WHO Calls for 'Honest Leadership' From U.S., China After Trump's Defunding Threats." (April 8).

Vanderklippe, Nathan. 2020. "Margaret Chan reshaped the WHO and brought it closer to China." *The Globe and Mail* (June 12).

Waltz, Kenneth. 1979. *Theory of International Politics*. Reading, MA: Addison-Wesley.

Waning, Brenda, Warren Kaplan, Alexis C. King, Danielle A. Lawrence, Hubert G. Leufkens, and Mattew P. Fox. 2009. "Global Strategies to Reduce the Price of Antiretroviral Medicines: Evidence from Transactional Databases." *Bulletin of the World Health Organization* 87(7).

Washington Post. 2020. "Federal Government Spent Millions to Ramp Up Mask

Readiness, but That Isn't Helping Now." (April 4).

Wenham, Clare. 2020. "What is the future of UK leadership in global health security post COVID-19?" *Progressive Review* 27(2).

WHO. 2020a. "Making the Response to COVID-19 a Public Common Good － Solidarity Call to Action." (June 2).

_____. 2020b. "What is GOARN?" (April 24) https://extranet.who.int/goarn/sites/default/files/GOARN_one_pager_20200424.pdf

Zhou, Laura. 2019. "Ethiopia in Talks with China to Ease 'Serious Debt Pressure' Tied to New Silk Road Rail Link, Envoy Says." *South China Morning Post* (March 21).

제6장 코로나19와 지구적 가치사슬 변화의 국제정치경제

이승주(중앙대학교)

I. 문제 제기

코로나19의 발생과 확산은 향후 국제질서의 향방에 대한 치열한 논쟁
을 촉발하였다(Campbell and Dosh 2020; Green and Medeiros 2020;
Haass 2020; Nye 2020). 특히 코로나19는 지구적 가치사슬(global
value chains, GVCs)의 취약성을 명확하게 드러냄으로써, 세계화에 대
한 저항과 미중 무역전쟁으로 이미 높아진 세계경제질서의 불확실성
을 한층 증폭시키는 요인으로 작용하였다. 코로나19가 GVCs에 미치
는 영향은 무엇인가? 이 글은 GVCs의 구조적 변화가 2000년대 초부
터 이미 진행되었으며, 코로나19가 미중 전략 경쟁과 결합하여 GVCs
의 구조적 변화를 가속화시키는 요인으로 작용하고 있다고 주장한다.

첫째, GVCs는 무역자유화에 따른 세계화의 진전과 4차 산업혁명
으로 상징되는 기술 혁신에 힘입어 2000년대에도 지속적으로 확장되
었다. GVCs의 확장은 세계 무역에서 차지하는 GVC 무역 비중의 증
가에서 잘 드러난다. GVC 무역의 비중은 1970년 37%에서 1990년
41%로 불과 4% 증가하였으나, 1900년에서 글로벌 금융 위기가 발생
한 2008년까지 12% 증가한 52% 수준에 이르렀다(World Bank Group
2020). 2000년대 양자 FTA와 메가 FTA가 무역 장벽을 낮추어 GVCs
의 확장을 가능하게 하였던 제도적 환경이었다. 다자 무역 협상의 타결
로 세계 평균 관세율이 1985년 10%에서 2018년 2%로 감소하였을 뿐
아니라, 메가 FTA는 기존 무역 장벽뿐 아니라 정부 규제 등 국경 내 장
벽(behind the border barriers)을 지속적으로 완화함으로써 GVCs의
확장을 촉진하였다.

한편, 통신과 운송 비용의 감소에 더하여 디지털 기술의 확산은
GVC 무역을 한 차원 더 높은 수준으로 끌어올리는 요인이 되었다. 기

술 혁신은 2000년대 이후 FTA의 효과와 결합되어 지리적으로 산재된
GVCs의 관리와 운영의 기술적 장애 요인을 대폭 완화함으로써 초국
적 기업들이 생산의 최적 입지를 찾아 GVCs를 확대할 수 있도록 하였
다.[1] 중국의 임금 상승, 신속한 공급의 중요성 증가, 자국 또는 역내 국
가들로부터 조달을 촉진하는 무역 정책, 지리적으로 산재된 공급사슬
관리의 위험성에 대한 인식 제고도 공급사슬의 구조적 재편을 촉진하
는 요인으로 작용하였다(Evenett 2020).

　둘째, 2018년 무역전쟁으로 표면화된 미중 전략 경쟁 역시 GVCs
의 구조적 변화를 촉진하였다. 미중 전략 경쟁은 GVCs의 불확실성
을 증대시키는 결과를 초래하였다. 미중 양국이 상대국보다 유리한 위
치를 점하기 위해 경제와 안보를 긴밀하게 연계하는 경제적 통치술
(economic statecraft)을 적극 활용한 결과이다(Aggarwal and Reddie
2020). 전략 경쟁으로 인해 미중 양국이 경제적 수단을 활용하여 상대
국을 압박하는 효과를 극대화하는 한편, 상대국의 압박에 대해서는 취
약성을 보완해야 할 필요성을 증가시킨 것이다. 높은 수준의 상호의존
이 상대국을 압박하고, 반대로 상대국으로부터 압박을 받을 수 있는 수
단으로 인식되었다. GVCs의 지정학적 함의가 증가함에 따라, 미중 양
국은 공급사슬의 재편, 더 나아가 디커플링(decoupling)의 가능성을
본격적으로 검토하기 시작했다.

　셋째, 코로나19는 GVCs의 구조적 변화를 더욱 증폭시키고 있다.
코로나19는 2020년 세계 GDP가 3.3% 감소하는 등 경제에 미치는 충
격이 컸을 뿐 아니라(IMF 2021), 일부 국가 또는 지역의 생산 차질이
전체 GVCs를 교란시킬 수 있음을 여실히 보여주었다. 세계 경제 통합

1　이 과정에서 주요국들의 GDP 대비 미국의 무역 의존도가 일제히 증가하였다. 미국의 경
　우, 1945년 6%에서 2016년 27%로 증가하였다(Nordhaus 2018).

의 지속적인 증가를 가능하게 했던 GVCs의 취약성이 고스란히 드러
난 것이다. GVCs의 교란으로 인한 경제적 충격의 확산은 GVCs의 취
약성을 보완하는 동시에 세계화에 대한 반발에 대처하는 국내정치적
과제를 제시하였다(Deloitte 2020). 더 나아가 코로나19로 인해 드러난
공급사슬의 취약성은 미중 전략 경쟁과 결합해 안보화되어 미중 양국
이 지정학적 고려를 투사하는 경쟁의 장이 되었다(Suzuki 2021). 이처
럼 코로나19는 직접적으로 GVCs에 영향을 미치고 있을 뿐 아니라, 미
중 전략 경쟁과 결합되어 GVCs의 질적인 변화를 초래하고 있다. 이는
코로나19가 GVCs에 영향을 미치는지 여부를 넘어 영향을 미치는 과
정과 경로에 대한 체계적인 검토가 필요함을 의미한다.

II. 21세기 GVCs 무역 네트워크의 변화

2000년대 GVCs의 변화 방향에 대하여 다양한 전망이 제시되어 왔다.
첫째, 4차 산업혁명의 진전에 따른 기술 혁신이 GVCs의 구조적 변화
를 불가피하게 할 것이라는 전망에 대하여 상당한 공감대가 형성되었
으나, 구조적 변화의 방향에 대해서는 전망이 엇갈렸다. 한편으로는 사
물인터넷(IoT), 인공지능(AI), 빅데이터(big data) 분석의 보편화 등으
로 인해 공급사슬의 정점에 있는 기함 기업(flagship company)이 공급
사슬의 효율성을 극대화하는 데 긍정적인 영향을 미칠 것이기 때문에
GVCs의 지구적 확장을 더욱 가속화할 것이라는 예측이 제시되었다.
다른 편에서는 기술 혁신이 노동의 상대적 비용을 감소시켜 리쇼어링
또는 가치사슬의 거리를 단축시키는 변화가 대두될 것이라는 전망도
제시되었다.

이처럼 다양한 전망이 제시되는 가운데 GVCs 자체는 물론, GVCs를 기반으로 한 무역 네트워크의 구조적 변화가 발생하였다. 세계 무역은 크게 최종재 중심으로 이루어지는 전통적 무역과 소재와 부품 등 중간재 중심으로 이루어지는 GVC 무역으로 구분된다. 첫째, 전통 무역을 중심으로 살펴보면, 2000년~2017년 기간 중 무역 구조의 변화를 압축적으로 보여주는 전통 무역 네트워크에서는 '연속성과 변화'가 모두 나타난다. 연속성의 차원에서 볼 때, 전통 무역 네트워크에서 기본적으로 역내 국가들 사이의 무역 네트워크가 유지되고, 지역 간 무역 네트워크는 허브 국가들을 중심으로 연결되는 현상이 나타났다. 변화의 측면을 보면 아시아 지역의 전통 무역 네트워크에서 변화가 두드러졌는데, 2000년대 초반 지역 허브였던 일본을 2017년 중국이 대체하였다. 아시아 전통 무역 네트워크가 중국 중심으로 재편된 것이다.

전통 무역 네트워크에 나타난 변화와 연속성이 의미하는 것은 무엇인가? 무역 네트워크의 관점에서 볼 때, 아시아 무역 네트워크와 북미 무역 네트워크가 일방향적으로 연결되는 전통적 특징이 유지되는 가운데, 중국이 일본을 대체하여 아시아 무역 네트워크의 허브로 부상하는 변화가 발생하였다. 전통 무역 네트워크의 변화가 초래한 체제적 영향 가운데 하나는 지구적 불균형(global imbalance)의 구조화이다. 중국이 GVCs에서 생산과 조립을 담당함에 따라 중국은 최종 소비재 중심으로 교역하는 국가들에 대해 무역흑자를 유지하고, 에너지와 중간재 중심의 교역을 하는 국가들에 대해서는 무역적자를 기록하는 교역 구조가 형성되었다. 무역 불균형이 미중 경제 관계를 넘어 지구적 차원에서 구조화되는 것은 중국이 세계의 공장으로서 역내 국가들로부터 중간재를 수입하여 최종재를 역내 국가뿐 아니라 역외 국가들에게 수출하는 무역 구조가 형성된 것과 밀접한 관련이 있다(이승주

2019).[2]

중국이 역내 국가들로부터 에너지와 중간재를 수입하여 조립·가 공한 후, 북미와 유럽 지역으로 수출한 결과, 미중 무역 불균형이 확대 되었다. 이 과정에서 특히 미국과 중국 사이의 무역 불균형이 지속적 으로 확대되었다. 2008년 약 2,600억 달러 규모였던 미중 무역 불균형 은 이후에도 증가하여 2018년 사상 최대인 4,393억 달러까지 증가하 였다.[3] 미중 무역 불균형의 확대는 양자 경제 관계의 문제를 넘어 GVCs 의 재편과 연계되면서 구조화되는 과정을 거치게 되었다. 무역 상대국 을 기준으로 할 경우, 2018년 중국의 전체 무역흑자 4,800억 달러 가운 데 대미 무역흑자가 3/4을 차지하였다. 미중 무역전쟁의 주요 원인이 된 양국 사이의 무역 불균형이 존재하는 것 자체를 부인하기는 어렵다.

삼각 무역 구조가 유지되는 한 아시아 전통 무역 네트워크의 허브 로서 중국의 부상은 미중 무역 불균형의 확대를 의미하는 것이었다. 아 시아 무역 네트워크와 북미 무역 네트워크가 일방향적으로 연결된다 는 것은 최종재 무역에서 아시아 지역이 북미 지역에 무역흑자를 기록 하고 있음을 의미한다. 전통 무역 네트워크에서는 1990년대까지 아시 아 무역 네트워크의 허브였던 일본을 중국이 대체하였을 뿐, 중국이 역 내 아시아 국가들로부터 수입하여 미국으로 수출하는 '삼각 무역 구 조(triangular trade structure)'가 지속되고 있는 것이다(Bernard and

---

2   제품에 투입된 지적재산권과 서비스의 가치가 수출로 기록되지 않기 때문에 기존 무역 통계가 미국의 수출을 과소 계상하는 경향이 있다는 지적이 있다. 숨어 있는 가치를 반 영할 경우, 미국의 대중 수출액은 16.6% 증가, 대중 무역적자가 7.8% 감소한다(Xing 2020).

3   무역전쟁이 본격화된 2019년 미중 무역 불균형은 3,208억 달러로 감소하였다. "United States Census Bureau, Trade in Goods with China." https://www.census.gov/ foreign-trade/balance/c5700.html

Ravenhill 1995; Haddad 2007). 그 결과 1990년대 미일 무역 불균형이 2000년대 미중 무역 불균형으로 대체되었을 뿐 아시아 지역과 북미 지역 사이의 무역 불균형은 계속 유지되고 있다. 결국 미중 무역 불균형은 미중 양국만의 문제가 아니라 전통 무역 네트워크에 참여하고 있는 역내 국가들이 연관되어 있는 지역 간 불균형, 더 나아가 글로벌 불균형의 한 단면이다. 이처럼 전통 무역 네트워크의 연속성과 변화는 미중 무역전쟁 이면에서 작용하는 구조적 요인이다.[4]

둘째, GVC 무역 네트워크는 전통 무역 네트워크와 다른 특징이 나타난다. GVC 무역 네트워크에서는 아시아 지역 가치사슬과 북미 및 유럽 지역 가치사슬 사이의 연계가 약화되는 가운데 가치사슬의 아시아 지역 내 집중도가 높아지고 있다. 2000년대 초반 미국이 아시아 국가들에 대한 핵심 기술의 공급 허브 역할을 하면서 지역 허브인 일본을 매개로 아시아 지역 가치사슬이 북미 지역 가치사슬과 연계되었다. 그러나 2017년 GVC 무역 네트워크에서는 중국이 아시아 지역 가치사슬의 허브로 부상하는 가운데 미국과의 연계가 사라지고, 아시아 지역 가치사슬이 중국을 정점으로 하여 역내 국가들 사이의 연계가 심화되는 변화가 나타났다.

이러한 현상은 특히 위탁 생산 등 단순 조립 생산을 위한 '단순 GVCs(simple GVCs)'보다는 여러 국가에 걸쳐 형성된 광범위한 가치사슬에 참여하고 있는 국가들 사이에 부품과 모듈의 이동이 빈번하게 이루어지는 '복합 GVCs(complex GVCs)'에서 더욱 두드러진다. 아시아 지역의 경우, 전방과 후방 복합 GVCs의 비중이 각각 2000년 38.5%와 39.6%에서 2017년 43.9%와 46.2%로 증가하였다(WTO 2019).

---

4   글로벌 불균형에 대한 설명으로는 Feldstein(2008); Woo(2008) 참조.

GVCs의 지역 간 연계의 약화가 복합 GVCs를 중심으로 2000년대에 진행되었다는 것은 미중 공급사슬의 분리가 첨단 산업을 중심으로 이미 진행되고 있었으며, 미중 무역전쟁은 이러한 구조적 변화를 표면화한 것이라고 할 수 있다.[5] 복합 GVCs를 기준으로 할 때, GVCs의 지역 간 연계 약화 추세는 미중 전략 경쟁이 본격화되기 이전인 2010년대부터 진행되고 있었던 것이다.

한편, 아시아 지역 가치사슬의 역내 집중도 증가는 가치사슬 내 생산 활동이 최종재의 생산을 위한 단순 가공 및 조립 중심 단계에서 가치사슬이 세분화·고도화되는 변화에 따른 것이다. 중국이 GVCs 내에서 상향 이동이 가치사슬의 역내 집중도 증가를 촉진하였다. 중국 기업들의 GVC 참여 방식과 그에 따른 무역에는 광범위한 다양성이 있으나,[6] 중국이 지역 가치사슬의 허브로 부상하는 과정에서 중국 기업들이 GVCs 내에서 상향 이동하는 추세적 변화가 대두되었다.[7]

글로벌 금융 위기는 GVCs의 재편을 촉진하는 요인으로 작용하였는데, 이를 계기로 2010년대 중국은 아시아 지역에 형성된 GVCs의 허브로서의 위치를 확보하게 되었다. 이 과정에서 중국이 고부가가치 생산 부문에서 핵심적 위치에 도달한 것은 아니지만, 단순 조립 및 생산을 주로 담당하던 데서 벗어나 가치사슬 내에서 부가가치가 높은 단계

---

5   아시아의 GVC 수출의 목적지로서 북미 지역과 유럽 지역의 비중이 감소한다는 것은 장기적으로 가치사슬 간 연계가 약화되고 지역 가치사슬의 자기 완결성이 강화될 가능성이 있음을 의미한다.

6   중국 기업들이 참여하는 GVC 무역에 대한 광범위한 분석에 대해서는 Dallas(2015) 참조.

7   시진핑 정부가 탄소 배출 저감과 환경 개선에 대한 의지를 천명하고, 환경, 사회, 거버넌스(Environment, Social, Governance, ESG) 등 비재무적 성과를 기준으로 기업 가치를 평가하는 최근의 추세 역시 중국 기업들이 전통 제조업 중심에서 탈피하여 첨단 산업 중심의 공급사슬을 구성해야 할 필요성을 한층 증대시키고 있다.

로 상향 이동하였다.[8] 아시아 지역의 다른 개도국들이 가치사슬에 새롭게 진입함으로써 아시아 지역 가치사슬의 지리적 범위가 확대되었다. 중국은 이 과정에서 한국, 일본, 타이완, 기타 아시아 국가 등 대다수 역내 국가들과의 생산 연계를 갖는 허브의 위치를 차지하게 되었다. 중국의 상향 이동은 아시아 지역 차원의 가치사슬의 지리적 확대를 초래하는 한편, 가치사슬의 허브가 일본에서 중국으로 변화하는 양적·질적 변화를 초래하였다.

역내 집중도 강화는 지역 가치사슬의 수평적 확장과 수직적 위계화라는 두 가지 현상을 수반하였다. 이 두 가지 현상은 아시아 지역 가치사슬의 복잡성을 획기적으로 증가시켰으나, 기술 혁신은 복잡도가 높아진 가치사슬을 관리·운영하는 비용과 리스크를 낮추는 데 기여하였다. 수평적 확장은 중국 산업 구조의 고도화가 진행됨에 따라, 중국이 수행하던 생산 기지 역할을 아시아의 다른 개도국들이 대체함으로써 지역 가치사슬이 지리적으로 확대되는 변화를 의미한다. 후발 개도국들이 아시아 지역 가치사슬에 참여하게 되면서 지역 차원에서 GVCs의 지리적 범위가 확대되었다.

수직적 위계화는 GVCs 내에서 조립과 생산을 담당하여 '세계의 공장'으로 불리던 중국 기업들이 가치사슬 내에서 상향 이동함에 따라, GVCs에 참여하는 기타 국가들이 2차 허브, 3차 허브 및 주변 노드로서 핵심 허브인 중국과 수직적 관계를 형성하는 것을 뜻한다. 이러한 현상은 GVCs가 발달한 대표적인 산업인 ICT 산업에서 특히 두드러진다. ICT 산업에서 형성, 유지되고 있는 GVCs의 특징은 중국이 역내 국가들과 독일과 노르웨이 등 일부 역외 국가들로부터 중간재를 수

---

8   2020년 5월 전인대에서 향후 5년간 1.4조 달러 규모의 첨단 기술 인프라 투자 계획을 발표한 것은 중국 기업들의 가치사슬 내 상향 이동을 뒷받침하기 위한 조치의 일환이다.

입하여 최종재를 미국에 수출하는 구조가 드러난다. 특히, 복합 GVCs
에서는 전통적인 부품 공급국인 독일로부터 수입에는 큰 변화가 없
는 반면, 중국이 한국, 타이완, 일본 등 역내 국가로부터 소재와 중간
재 수입이 증가하였다. 더 나아가 중국이 베트남, 싱가포르 등 역내 국
가들로부터도 중간재의 수입을 확대하는 현상이 대두되고 있다. 그 결
과 중국이 아시아 지역에서 핵심 허브의 위치를 차지하고, 한국, 일본,
대만, 말레이시아가 2차 노드를 형성하며, 홍콩, 태국, 브루네이, 라오
스, 필리핀이 3차 노드의 위치를 차지하는 구조를 형성하고 있다(WTO
2019).

III. 코로나19와 GVCs

1. 코로나19 이후 세계 무역

코로나19가 확산되는 과정에서 세계 각국은 무역 조치를 적극적으로
취하였다. 주목할 것은 수출 통제와 수출 확대 조치가 동시에 이루어졌
다는 점이다. 의료 장비와 개인 보호 장비 등 주요 필수품을 생산하는
국가들은 수출 통제 조치를 취한 반면, 필수품을 수입에 의존하는 국가
들은 수입 촉진 관련 조치들을 적극적으로 취하는 대조적인 현상이 동
시에 진행된 것이다(Evenett et al. 2021). 구체적으로 2020년 9월 기준
의료 장비와 식품에 대하여 이루어진 무역 조치는 660건에 달했다. 이
가운데 328건은 수출 제한 조치이고, 332건은 수입 자유화 조치이다
(Evenett 2020). 수출 통제 조치를 취한 국가는 91개국에 달하고, 수출
통제 조치의 방식은 수출 금지, 수출 인증, 수출 쿼터, 수출 면허, 국가

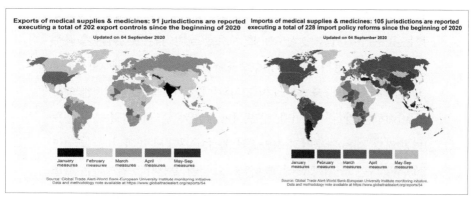

그림 6-1 세계 각국의 수출 통제와 수입 확대 조치
출처: Evenett(2020).

징수, 최소 국내 공급 의무화 등 매우 다양해서 202가지 유형에 달한
다. 이 가운데 의료 장비와 의약품에 관세를 부과한 국가의 수가 코로
나19 발생 이전 89개국에서 발생 이후 105개국으로 증가하였다.[9] 수출
제한 조치가 증가한 것은 수출국 내에서 수출이 국내 공급을 우선 충
당하는 데 문제를 초래할 수 있다는 우려가 제기된 것과 관련이 있다.
보호주의가 증가하는 상황에서 수출 통제 조치를 취하지 않은 국가는
캐나다, 일본, 멕시코, 뉴질랜드와 일부 아프리카 국가들로 국한된다
(Evenett 2020). 한편, 코로나19가 확산되는 과정에서 수입 자유화 조
치가 병행되었다. 구체적으로 코로나19 발생 이후 105개국이 의료 장
비와 의약품에 대한 수입을 확대하기 위해 228개의 조치를 취한 것으
로 나타났다(그림 6-1 참조).

　수출 제한과 수입 확대를 위한 조치가 동시에 증가한 것의 의미는
무엇인가? 우선, 수출 제한과 수입 확대 조치가 세계 무역 질서에 미치

9　코로나19 발생 이전 살균제와 비누에 관세를 부과한 국가의 수는 각각 100개국, 141개
　국이었다(Evenett 2020).

는 영향은 차별적이지만, 두 조치 모두 중상주의적 동기에서 비롯되었
다는 공통점이 있다. 생산 역량을 보유한 국가들은 코로나19가 급속
하게 확산되는 상황에서 국내 수요를 우선 충당하려는 자국 우선주의
의 결과이다. 둘째, 도입된 무역 조치의 수가 무역 규모에 미치는 영향
에 비례하는 것은 아니지만, 수출 통제 조치와 수입 자유화 조치가 모
두 증가한 것은 지구적 가치사슬의 특성이 반영된 결과이다. 2020년
3월 WHO는 개인 보호 장구의 수요 급증을 충당하기 위해서는 제조
규모가 40% 증가되어야 할 것이라고 추산한 데서 나타나듯이(WHO
2020), 코로나19의 확산은 의료 장비와 의약품을 수입에 의존하는 국
가들의 수입 확대 필요성을 급격하게 증대시켰다. 또한 지구적 가치사
슬이 세분화됨에 따라, 생산 역량을 갖춘 국가들 또한 생산을 위해 소
재와 부품의 수입을 확대해야 할 필요성이 커졌기 때문에, 수입 확대
조치가 불가피한 측면이 있다. 셋째, 무역 조치 가운데 약 100건은 종
료 시점이 명시되지 않았다는 점에서 이러한 조치들이 일시적 현상이
라기보다는 향후 상당 기간 세계 무역 질서에 지속적인 영향을 미치는
새로운 변화의 요인이 될 수 있다.

2. 코로나19와 GVCs의 변화

코로나19 이후 수요의 확대와 수출 제한 조치로 인해 지구적 가치사
슬의 병목 현상이 더욱 가시화되었다. 중국 미 상공회의소(AmCham
China)의 조사 대상 기업 가운데 54%는 코로나19가 수입에 영향을 미
쳤으며, 56%는 수출에 영향을 미쳤다고 응답하였다. 구체적으로 코로
나19가 수입에 제한적 영향을 미쳤다고 응답한 비율은 36%, 수입에
'강한' 또는 '심각한'(50% 이상) 영향을 미쳤다고 응답한 기업의 비율

은 각각 16%, 4%로 나타났다. 44%의 기업들이 수출에 제한적 영향을 받았다고 응답하였고, 수출에 '강한' 또는 '심각한' 영향을 받은 기업의 비율은 각각 8%, 4%로 나타났다(AmCham China 2020, 7). 코로나19가 물류, 공장 가동률 저하, 인력 부족, 배송망, 재고 관리, 현금 흐름, 공급원 대체 등 다양한 방식으로 공급사슬의 교란이 초래되었다. 코로나19 확산 초기 GVCs를 통한 제품의 공급이 원활하게 이루어지도록 국경 개방을 유지하는 것이 중요하다는 주장이 다수 제기된 것은 이러한 우려 때문이었다(Bown 2020; Mirodout 2020).

중국에서 의료, 제조, 운송 분야 종사자들에게 마스크를 지급하기 위해서는 일일 생산 규모가 2억 4천만 개에 달해야 했는데, 중국은 수요 급증에 대응하여 2020년 4월 마스크의 일일 생산량을 1월 대비 90배 이상 확충하는 등 신속하게 제조 규모를 확대하였다(OECD 2020). 그러나 문제는 중국 내 수요 급증은 중국의 수출 능력을 제한하여 세계적 차원에서 마스크 부족 현상을 심화시킬 수 있다는 점이다. 특정 국가에서 수요가 급증할 경우 국내적으로 우선 충당하는 경향이 있기 때문에, 지구적 가치사슬의 병목 현상을 악화시킬 수 있다.

2020년 3월 설문 조사에 따르면, '포춘(Fortune) 1,000대 기업' 가운데 938개 기업이 코로나19의 영향을 받은 것으로 나타났다. 1,000대 기업들은 자신들이 직접 영향을 받기도 하였지만, 부품을 공급하는 1차 공급자 또는 2차 공급자가 코로나19의 영향을 받으면서 간접적인 영향을 받기도 하였다. Institute for Supply Management의 조사에 따르면, 75%의 기업들이 공급사슬의 교란을 이미 겪은 것으로 나타났다. GVC 무역에서 병목 현상이 발생한 것이다.

EY Barometer의 조사 역시 유사한 결과를 보이고 있다. 조사 대상 가운데 73%의 기업들이 부품 생산과 조달의 어려움과 경제 침체로 인해 코로나19의 영향을 심각하게 받았다고 응답한 것으로 나타났는데, 산업별로는 자동차, 첨단 제조업, 소비재가 영향을 많이 받은 것으로 나타났다(EY Barometer 2020). 코로나19의 영향에 대응하는 방식은 매우 다양한 것으로 나타났는데, 공급사슬의 재편을 위한 구체적인 조치를 취하고 있다고 응답한 기업들이 52%로 가장 높은 비중을 차지하였다. 이 밖에 조사 대상 기업들 가운데 36%는 자동화에 대한 투자를 늘리고 있으며, 31%는 디지털 전환, 39%는 노동력 관리의 변화를 가속화하는 등 공급사슬의 취약성을 보완하기 위해 다양한 노력을 하는 것으로 나타났다(EY Barometer 2020).

공급사슬의 변화를 전혀 고려하고 있지 않은 기업의 비율은 8%에 불과하였는데, 자동화, 디지털 전환, 노동력 관리 부문에서 변화를 고려하고 있지 않다고 응답한 기업의 비율이 각각 23%, 31%, 26%인 것과 매우 대조적이다(그림 6-2 참조). 기업들이 미중 전략 경쟁과 코로나19가 공급사슬에 미친 영향을 그만큼 심각하게 인식하고 있다는 점을 상징적으로 보여준다. 지역별로는 아시아 지역의 기업들이 공급사슬의 재편을 보다 적극적으로 검토하는 것으로 나타났는데, 이 역시 미중 무역전쟁의 영향을 크게 받은 것과 관련이 있는 것으로 보인다.

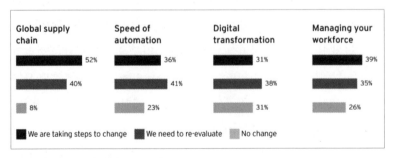

그림 6-2 코로나19 이후 기업의 대응 전략
출처: https://www.ey.com/en_gl/ccb

공급사슬의 변화를 추구하는 기업들의 경우, 지역별로 다소 차이가 발견된다. 북미의 경우, 조사 대상 24개 산업 부문 가운데 12개 산업 부문이 해외 공급사슬에 의존하고 있으며, 이 가운데 13.8조 달러 규모의 10개 산업 부문이 공급사슬의 일부를 이전하였거나 이전할 계획을 갖고 있는 것으로 나타났다. 한편, 아시아(중국 제외) 기업들은 10개 산업 부문, 유럽 기업들은 11개 산업 부문에서 공급사슬의 일부를 이전하였거나 이전할 계획이 있는 것으로 나타났다(BofA 2020).

북미의 초국적 기업 가운데 2/3가 공급사슬의 (최소한) 일부를 중국 밖으로 이전시킬 계획을 가지고 있다. 내구성 소비재, 기술 하드웨어(tech hardware), 반도체 부문의 기업들이 특히 생산시설의 이전을 검토 중이다. 북미 기업들 가운데 거의 절반이 리쇼어링의 대상 국가로 동남아와 인도를 고려하고 있다. 인도, 베트남, 태국 등이 북미 기업들의 이러한 시도를 활용하여 저부가가치 부문 공급사슬의 이전을 위해 경쟁 중인 것으로 나타났다(BofA 2020).

아시아 기업들은 중국 이외의 동남아시아 및 인도 지역으로 공급사슬을 이전하고, 일부 북미 지역으로 이전할 계획을 갖고 있는 것으로 나타났다. 유럽 기업들은 12개 산업 부문 가운데 2개 부문만 북미 지역으로 공급사슬의 이전을 고려 중이며, 동남아시아와 인도 및 기타 지역을 주요 이전 대상으로 고려하는 것으로 나타났다(BofA 2020). 미국 기업들은 트럼프 행정부와 바이든 행정부가 추진하고 있는 리쇼어링 또는 "Made in All of America"에 상대적으로 더 협조적인 반면, 아시아 및 유럽 기업들은 여러 지역으로 공급사슬을 다변화하는 데 우선순위를 부여하는 것으로 보인다.

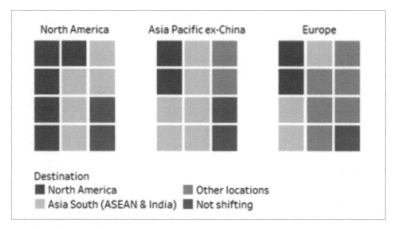

그림 6-3 초국적 기업들의 공급사슬 이전 대상 지역
출처: BofA(2020).

3. 미중 전략 경쟁과 코로나19의 상호작용

무역전쟁의 전개 과정에서 미국과 중국은 기술 기업들을 중심으로 형성된 공급사슬의 재편을 위한 준비 작업을 착수하였다. 미국 정부의 입장에서 볼 때, 공급사슬의 재편이 두 가지 차원에서 필요하다. 첫째, 미중 경제가 공급사슬에 기반하여 상호 의존해 있는 상황에서 무역전쟁을 수행하는 것은 자국 기업에게도 피해가 발생할 수 있다. 둘째, 공급사슬을 통한 연계는 중국 기업들이 미국의 핵심 기술 역량을 습득하고 기술 업그레이드를 촉진할 수 있는데, 이는 미국이 중국과 기술 경쟁을 전개하는 데 있어서 장기적으로 불리한 요소로 작용할 수 있다. 이러한 점에서 미중 전략의 경쟁의 외연은 무역이었으나, 본질은 미래 경쟁력을 선제적으로 확보할 기술 경쟁이다.

　　미중 무역전쟁과 보호주의의 강화가 GVCs에 미치는 영향은 상당하다. 전통적으로 주요국 정부들은 자본재보다는 중간재, 중간재보다는 최종재에 높은 관세를 부과하는 경향을 보였다. 그러나 2010년 이후 주요국 정부들이 중간재에 더 높은 관세를 부과하는 변화를 보였는데, 이는 GVC 무역을 제한하는 효과가 더 크다. 그 이유는 21세기 생산 방식과 관계가 있다. 21세기 생산은 특정 국가가 아닌, '메이드 인 세계(made in the world)'이다. 이러한 생산 방식은 통신 및 운송 혁신과 제도 개혁으로 인해 다수의 국가들이 지구적 생산 과정에 참여할 수 있게 된 결과이다. 중간재에 대한 관세는 국경을 넘나들 때마다 부과되기 때문에 GVCs는 관세 부과의 효과를 배가시킨다. 이러한 현상은 2016년 트럼프 대통령이 당선되기 이전부터 나타나기 시작하였다. 다만, 트럼프 행정부는 '불공정 무역,' '국가 안보' 등을 이유로 중간재에 대한 보호무역 조치를 한층 강화하였다는 차이가 있다(Bown 2018). 그 결과 전후 경제성장의 견인차였던 무역 증가율이 정체되고, 주요국들에서 정책의 내향성이 강화되는 현상이 대두되었다. 이처럼 보호주의와 미중 무역전쟁은 기업들이 GVC의 거리 축소와 재편을 모색하도록 하는 계기가 되었다(Blanchard 2019).

초국적 기업들은 단기적으로 코로나19를 계기로 소재와 부품의 재고 물량을 최적화하는 기존의 '저스트-인-타임(Just in Time, JIT)' 생산 방식에서 위험의 직간접적 영향을 완화하기 위하여 부품 재고 분량을 충분히 확보하기 위해 노력하고 있다. 코로나19와 미중 전략 경쟁이 동시에 전개되는 상황에서 초국적 기업들은 중장기적으로 공급사슬의 변화를 함께 모색할 수밖에 없게 되었다. 공급사슬이 전 지구적으로 산재되어 있기 때문에, 기존에는 상호 연결성이 공급사슬의 효과적 관리의 핵심 요인으로 간주되었다. 그러나 코로나19는 효율성 중심의 기존 공급사슬 모델의 한계를 드러냄에 따라, 초국적 기업들은 공급사슬의 취약성을 보완하고 회복 탄력성을 높이는 외부 위험과 '충격에 강한 공급사슬(anti-fragile supply chain)'의 형성이 효율성 못지않게 중요한 요소로 부상하였다(Brun 2020). 코로나19를 계기로 공급사슬의 형성과 관리에 있어서 비용 절감과 같은 효율성과 위험 완화 전략에 대한 균형적 접근의 필요성이 증대된 것이다.

공급사슬의 재편을 위한 노력은 대체로 두 가지 방향에서 추진되고 있다. 첫째, 공급사슬의 디지털화다. 디지털화는 공급사슬 내의 모든 행위자들이 데이터에 대한 접근을 가능하게 하고, 공급사슬 내 생산과정의 투명성을 향상시킴으로써 병목 현상이 발생하는 지점을 신속하게 감지·대처하는 효과가 기대된다. 더 나아가 디지털화는 공급사슬 내에서 생산자와 소비자들이 유기적으로 협력할 수 있는 생태계를 형성함으로써 돌발적 위기와 충격에 유연하고 탄력적으로 대응할 수 있는 시스템을 구성하는 효과가 있다. 둘째, '다수의 공장과 다수의 부품 공급자(multiple factories and multiple suppliers)'를 확보하는 전략이다. 이는 예기치 않은 상황이 발생할 경우, 병목 현상을 초래하는 지점을 우회하는 신축성 있는 네트워크를 구성하는 전략이다.[10]

초국적 기업들이 개별 기업 수준에서 공급사슬의 디지털화와 다변화를 시도하는 가운데, 주요국들은 국가 차원의 공급사슬 전략을 구상하고 있다. 코로나19는 공급사슬의 핵심 공정을 중국에 의존할 것인가, 심지어 생명의 안전을 담보하는 의약품마저 중국에 의존할 것인가, 중국이 핵심 소재를 독점하도록 허용하는 것이 현명한 선택인가 등의 근본적인 문제를 제기하였다. 특히 코로나19 이전 공급사슬의 재편이

10　이와 관련, 가치사슬 관리 시스템의 업그레이드를 통해 부품 관련 정보를 신속하게 업데이트하는 반응성(responsiveness), 전체 공급사슬을 '플러그-앤드-플레이(plug-and-play)' 방식으로 재설계하는 재배열(reconfiguration), 조직 구조, 사업 프로세스의 개선을 통한 복원력(resilience) 등 '3R'이 공급사슬의 취약성을 감소시킬 수 있는 새로운 기준으로 대두되고 있다(Winter 2020).

트럼프 행정부의 대중 견제 전략의 수단으로 정책 결정 집단 내에서 논의되고 추진되었다면, 코로나19 이후 공급사슬에 기반한 해외 생산의 취약성을 일반 대중이 선명하게 인식하는 계기가 되었다. 코로나19 이후 마스크, 진단키트, 방호복, 세정제, 인공호흡기 등 코로나19 환자들을 치료하는 데 필요한 필수 의료품, 의료기기, 생필품의 품귀 현상이 초래되자, 일반 대중들이 의료 장비와 필수품의 해외 생산에 대하여 새로운 인식을 갖게 되었다. 특히, 3M, Owens&Minor, PerkinsElmer 등 미국 기업이 중국에서 생산하는 제품의 대미 수출을 위해 미국 정부가 중국 정부와 별도의 논의를 거쳐야 했던 것은 필수품의 해외 의존, 특히 대중국 의존이 얼마나 불안정한 것임을 자각시키기에 충분하였다.

코로나19를 계기로 미중 갈등이 더욱 격화되자, 중국이 의료 분야 공급사슬을 교란시킬 능력을 보유하고 있으며, 이를 전략적으로 활용할 가능성이 있다는 우려가 제기되었다(Bashar and Yeo 2020). 미국의 대응 방식은 크게 두 가지로 나타났다. 첫째, '국방생산법(Defense Production Act)'의 발동에서 나타나듯이, 미국 정부는 국내 생산 능력을 증대시키기 위한 노력을 배가하였다. 이는 미중 무역전쟁으로 인해 진행되기 시작한 미중 양국 간 공급사슬의 절연 또는 약화에 대비하여 국내 생산 기반을 강화하려는 것이다. 둘째, 공급사슬을 보다 견고하게 만들기 위해 중국 중심으로 형성된 공급사슬의 재설계를 추구하였다. 미중 무역전쟁의 과정에서 부과된 고율의 관세에 더하여, 코로나19가 미국 기업의 공급사슬 재편을 가속화하는 요인으로 작용하고 있다.

공급사슬의 취약성이 안보의 문제로 전환되면서 이에 대한 대응 또한 개별 기업 수준의 대응책에서 국가적 차원의 대응으로 그 성격을 달리하게 되었다. 공급사슬의 재편을 매개로 경제-안보 연계가 이루어진 것이다. 바이든 행정부가 '안전성(secure)', '복원력(resilient)', '다변화(diverse)'를 미국의 공급사슬 재편의 기본 방향으로 제시한 데서 나타나듯이, 공급사슬 재편을 위한 정책의 방향성이 나타난다. 이와 동시에 미국 정부는 공급사슬의 취약성을 보완하는 문제를 미중 디커플링 등 대중국 정책과의 연계를 시도하였다. 구체적으로 미국 정부는 최종 소비자에 대한 접근성을 높이기 위해 국내 또는 인접 국가에 공급사슬을 형성하는 한편, 중국에 대한 과도한 의존을 낮추기 위한 공급사슬의 재편을 추구하였다. 트럼프 행정부는 물론, 바이든 행정부가 5G, 반도체를 포함한 첨단 기술 분야에서 리쇼어링을 우선 추구하는 한편, 국제협력을 위해 민주주의 또는 동지국가(like-minded countries)를 강조하는 것은 코로나19와 미중 전략 경쟁이 결합된 결과이다.

미 상공회의소가 2020년 3월 실시한 서베이에 따르면, 중국에 진출하여 활동하는 미국 기업들은 코로나19 이후 중국 경제가 신속하게 정상화될 것으로 예상했으나, 디커플링이 더 확대될 것으로 예상하였다. 84%의 기업들은 코로나19 때문에 단기적으로 생산시설과 공급사슬을 중국 내 다른 지역 또는 제3국으로 이전할 계획이 없는 것으로 나타났다(AmCham 2020). 12%의 기업들은 코로나19로 인해 생산 및 공급사슬을 중국 내 다른 지역 또는 제3국으로 이전할 계획이 있는 것으로 나타났다. 중국 내 다른 지역 또는 제3국으로부터 부품 조달을 할 계획을 갖고 있는 기업은 24%로, 공급사슬의 이전을 계획하는 기업보다 많은 것으로 나타났다. 중국 내 다른 지역 또는 제3국으로부터 부품 조달을 할 계획하지 않은 기업의 비율은 72%로 여전히 높다. 중국 지역의 장기적 공급사슬 전략에 대한 코로나19의 영향이 없을 것이라고 응답한 기업이 53%인 반면, 판단을 유보한 기업은 52%, 중국 의존도를 줄이겠다는 기업은 4%였다(AmCham 2020).

거대한 구매력을 갖춘 중국 시장에 대한 접근성을 유지·향상시키는 것이 중요할 뿐 아니라, 공급사슬의 핵심지로서 중국의 비교우위는 분명하다. 중국이 제조업 세계 부가가치 생산의 약 30%를 차지하고 있는 현실에서 탈중국은 결코 용이하지 않다. 더욱이 중국은 공급사슬의 '삼위일체'인 비용, 품질, 배송을 모두 수준급으로 제공할 수 있을 뿐 아니라, 뛰어난 인적자원과 인프라 등 공급사슬을 관리하는 데 최적 조합을 갖춘 국가이다. 인적자원의 경우, 중국 노동자의 생산성이 동남아 노동자의 4배에 달하고(그림 6-4 참조), 물류비용을 기준으로 하더라도 태국의 미국 수출 시간이 중국의 거의 2배에 달하는 등 공급사슬의 최적지로서 중국의 매력은 여전하다. 더욱이 중국의 경제성장이 지속됨에 따라 구매력을 갖춘 중산층이 대규모로 존재하는 시장으로서 중국의 중요성은 비교할 수 없을 정도로 여전히 중요하기 때문에, 공급사슬의 완전한 탈중국화는 이루어지지 않을 것이다.

다만, 중국 내부적인 변화로 인해 노동집약적 산업 부문(섬유, 의류, 완구, 신발, 가구 등)을 중심으로 한 공급사슬의 재편은 이미 진행되

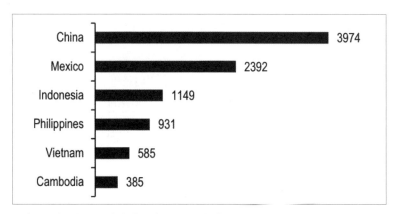

그림 6-4 제조업 노동생산성 비교(제조업 부가가치/근로 인구)
출처: BofA(2020).

고 있다. 중국 정부가 쌍순환 정책을 추진하면서 내수 및 서비스 중심 경제 구조로 전환을 추진하고 있고, 임금 상승, 환경 기준 강화, 정부 규제 등 구조적 환경의 변화 때문에 공급사슬의 변화가 불가피한 측면이 있다. 산업에 따라서는 공급사슬의 재설계가 매우 빠른 속도로 진행될 수 있다. 베트남, 말레이시아, 캄보디아 등으로 생산시설을 비교적 용이하게 이전할 수 있는 의류 기업들은 비용 절감과 공급사슬의 안정성을 제고하는 효과를 기대할 수 있다. 전자 부품과 자동차 부품의 경우, 멕시코와 브라질이 새로운 대안으로 대두되고 있다.

한편, 미 상공회의소의 서베이 결과에 대해서는 신중한 해석이 요구된다. 중국 내 미국 기업들 가운데 대다수가 생산시설의 이전 계획이 없다고 밝힌 데서 나타나듯이 미국 정부의 디커플링 정책에 호응하는 데 현실적인 장벽이 존재하는 것은 사실이다. 그럼에도 부품 조달의 다변화를 계획하고 있는 기업들의 비율이 24%에 달하는 것은 중국에 편중된 공급사슬의 취약성을 개선할 필요성 역시 상당하다는 것을 드러낸다. 또한 중국 내 미국 기업 가운데 44%는 디커플링이 가능하지 않다고 응답하였다. 이 수치가 불과 1년 전인 2019년 66%에 비해 20% 포인트 감소한 것은 그만큼 공급사슬 재편이 더 이상 가능성 수준에 머물지 않고 현실화하는 것이 불가피한 것으로 인식하는 기업들이 증가한 것이다. 이러한 변화는 중국 내 미국 기업들이 국가 수준에서 미중 디커플링이 궁극적으로 진행될 가능성이 점증할 것으로 판단하고 있음을 시사한다. 코로나19로 디커플링이 가속화될 것이라고 응답한 기업의 비율이 20%인 반면, 디커플링 추세가 감소할 것이라고 응답한 기업은 없었던 것이 이러한 가능성을 뒷받침한다(AmCham 2020).

이러한 전망에 기초할 때, 기업들이 공급사슬에서 중국 의존도를 낮추려는 시도를 현시점에서 급격하게 추구하기보다는 향후 생산시설의 확대 또는 이전을 결정하는 과정에서 점진적으로 추진할 가능성이 높다. 미 상공회의소의 서베이 결과는 기존 생산시설의 '즉각적인' 이전 계획이 없다고 밝힌 기업의 비중이 높다는 것을 의미하는 것이라는 점에서(AmCham 2020), 미국 기업들이 '향후'에도 지속적으로 현재와 같은 규모와 수준으로 생산시설을 중국 내에 설치하겠다는 것을 의미하지 않는다.

IV. 포스트 코로나 시대 미중 전략 경쟁과 공급사슬 재편의 정치경제

1. 전략적 재연계

코로나19는 미중 전략 경쟁과 결합하여 GVCs가 경제와 안보를 연계하여 상대국을 압박하는 상호의존의 무기화의 수단이 될 수 있음을 보여주고 있다(Farrell and Newman 2020). 이러한 변화에 직면하여 미국은 중국에 대한 수세적 대응에서 탈피하여 입체적 대응으로 전환하는 모습을 보이고 있다. 바이든 행정부가 핵심 기술과 공정의 국내 생산을 증대하는 리쇼어링을 지속적으로 추진하는 국내적 차원의 대응과 가치사슬의 근거리화와 다변화로 대표되는 대외적 차원의 대응을 연계하고 있다. 가치사슬의 근거리화는 2000년대 이후 진행되어 온 GVCs의 지역 간 연계의 약화가 미중 전략 경쟁으로 인해 더욱 가속화될 전망이다.

　토니 블링컨(Anthony Blinken) 국무장관이 미중 양국 경제의 '완전하게 디커플(fully decouple)'하는 것은 가능하지도 바람직하지도 않다고 언급하였듯이(Shalal 2020/9/22), 소비 시장으로서 중국의 매력은 여전하고, GVCs의 완전한 디커플링이 미국에게도 부정적 영향을 초래하기 때문에 실현하기 어려운 것이 현실이다. 그럼에도 경쟁하는 미국과 중국이 상대국에 공급사슬을 통해 생산을 의존하는 데 따른 취약성이 확인되었기 때문에, 중국에 편중된 공급사슬의 재편은 불가피하다. 미중 양국이 국가안보에 직간접적으로 영향을 줄 수 있는 핵심 기술과 첨단 산업에서 과도한 상호의존을 감소시키는 가운데 차이를 관리하고, 공동의 이익이 될 수 있는 분야에서 협력을 모색하며, 기술과 무역에서 동등한 차원에서 경쟁하는 전략적 재연계(competitive recoupling)를 추구할 것으로 보인다(Liang 2021).

바이든 행정부가 국가 전략 차원에서 중국에 대한 의존도를 낮추고 공급사슬의 다변화를 실행하는 데 있어서 동맹국 또는 민주주의 국가들과의 협력을 통해 중국에 대한 견제를 보다 정교화하는 구상을 밝히는 것도 이와 관련이 있다. 바이든 행정부는 중국이 우방국들을 확보하지 못하고 있기 때문에 동맹국과 협력함으로써 대중국 협상력을 높이는 전략을 수립하고 있다. 무역 분야에서 국제협력은 동맹 및 우방국들에 대해서 보호무역 조치를 완화하는 데서 시작될 수 있다. EU와 이미 항공기 분쟁 중임에도 2021년 3월 바이든 행정부가 관세 부과를 4개월 유예하고 코로나19에 대한 대응과 회복에 집중하기로 한 것이 국제협력에 대한 바이든 행정부의 접근을 보여준다.

미국은 핵심 기술의 혁신 역량을 강화하고 주요 첨단 산업의 생산 역량을 확대하는 차원에서 리쇼어링과 공급사슬의 재편을 유기적으로 결합하는 전략을 추진하고 있다. 이 과정에서 미국은 공급사슬의 완전한 디커플링보다는 첨단 기술과 산업에 대한 미국의 우위를 유지하는 데 필수적인 분야의 공급사슬을 재편하는 방식으로 공급사슬 전략을 보다 정교화하는 부분 디커플링(partial decoupling)을 시도하고 있다. 이러한 전략은 코로나19로 인해 '중국+1' 또는 '중국+2' 등의 다각화가 필요한 다국적기업들의 이해와 협력을 이끌어내는 데도 전면 디커플링보다 용이하기 때문에 국가 전략으로서 공급사슬 전략의 통합성을 높인다는 의미도 있다.

2. 공급사슬의 재편과 지역경제질서

코로나19와 미중 전략 경쟁의 상호작용은 지역경제질서에도 영향을 초래하고 있다. 2018년 12월 발효된 CPTPP와 2020년 11월 타결된 RCEP은 역내 무역자유화를 촉진할 뿐 아니라, 지역경제질서에 미치는 영향도 상당하다. RCEP은 기존 "ASEAN+1" FTA를 하나의 FTA로 통합함으로써 인도태평양 지역의 새로운 무역 규칙을 수립하고, 지역 공급사슬을 재편하는 제도적 기반이 된다는 상징적·실질적 의미가 있다. 아시아 국가들 사이에는 이미 52개의 양자 FTA가 체결되었으나, 무역자유화 수준과 원산지 규정 등이 상이하기 때문에 지역 차원에서 GVC 무역을 확대하는 제도로서 한계가 드러났다(Kawai and Wignaraja 2009). 더 나아가 아시아 국가들이 FTA의 경제적 효과뿐 아니라 전략적 효과를 증대시키기 위해 경쟁적으로 FTA 경주에 돌입함에 따라, 지역경제질서가 파편화되는 결과가 초래되었다. CPTPP와 RCEP은 다수의 중복적이고 때로는 경쟁적인 FTA를 메가 FTA로 통합함으로써 지역경제질서의 파편화를 방지하고 지역경제의 통합을 촉진하는 제도로서의 잠재력을 갖고 있다. 특히, RCEP은 원산지규정과 관련 부가가치의 40% 규칙을 적용함으로써 GVC 무역을 원활하게 하는 제도로서 기능할 수 있다. 더 나아가 CPTPP와 RCEP은 지역 차원의 다자무역질서를 수립하여, 지구적 차원의 다자무역체제를 위한 동력을 유지한다는 의미도 아울러 갖는다.

아시아 국가들의 메가 FTA가 총론 수준에서는 GVC 무역 증가와 지역무역질서의 불확실성 감소와 같은 긍정적 영향을 초래할 수 있는 반면, 개별 국가에 차별적인 영향을 미칠 수 있다. RCEP 참가국들이 공급사슬의 역내 집중도를 높일 유인이 커졌는데, 중국은 공급사슬의 소재지로서 경쟁력을 유지하고 있다는 점에서(Wraggo 2020), 중국은 미중 전략 경쟁으로 인한 디커플링 움직임을 RCEP을 통해 어느 정도 상쇄하고, 더 나아가 공급사슬을 고도화하는 간접적 효과도 기대할 수 있다. RCEP 협상의 타결 이후, 미국을 잠재적 피해자로 보는 견해가 대두된 것도 전략 경쟁의 상대국인 중국에 발생하는 유무형의 효과가 적지 않다는 평가에 근거한 것이다. 이러한 점에서 코로나19와 미중 전략 경쟁으로 인해 그 필요성이 인식되고 있던 공급사슬의 다변화를 담을 수 있는 제도적 기반으로서 잠재력을 갖추고 있다.

전략 경쟁을 전개하고 있는 미국, 중국에 대한 견제를 강화하는 차원에서 미국과의 협력 강화를 추구하는 일본과 호주, RCEP에 참여하지 않은 인도는 RCEP의 부정적 영향을 최소화하기 위한 소다자 협력을 추구하고 있다. 일본, 호주, 인도 3국은 코로나19 확산 과정에서 노출된 공급사슬의 취약성에 대응하는 협력 메커니즘으로서 '복원력 있는 공급사슬 이니셔티브(Resilient Supply Chain Initiative, SCRI)'에 합의하였다. RSCI는 특정 국가 또는 지역에 과도한 의존을 줄이고 일본의 기술력, 인도의 생산 능력, 호주의 소재 및 자원을 유기적으로 결합함으로써 기존 공급사슬의 리스크를 분산시키고 복원력을 강화하겠는 구상이다. 특히, RSCI가 공급사슬 재편을 위한 협력의 활성화를 위한 재정 지원에 대한 구상도 밝힘으로써 RCEP 틀 외곽에서 역내 공급사슬과 무역 관계를 재조정하는 지정학적 프로젝트가 될 가능성이 높아지고 있다. RSCI는 반도체, 자동차, 제약, 통신 등 주요 전략 산업의 공급사슬을 중국에서 안보 위협이 없는 역내 다른 국가로 재배치함으로써 디커플링의 효과를 실질적으로 거둘 수 있다는 데 착안한 것이다(Palit 2021). 이러한 구상이 표면적으로 내세우는 목표는 공급사슬의 취약성을 완화하는 데 있지만, 실질적으로는 일본은 중국과 해양 영토 분쟁과 홍콩 문제로 인한 갈등을 겪고 있고, 호주 또한 중국의 공세적 외교의 대상이 되고 있는 상황에서 인도 및 역내 국가들로 공급사슬의 일부를 이전함으로써 최대 무역 상대국인 중국 리스크를 관리하려는 의도가 내포되어 있다. 특히, 일본 정부는 '미래투자회의'를 통해 중국으로부터 부품 공급의 감소가 우려되는 가운데, 특정 국가에 대한 의존도가 높고 부가가치가 큰 제품에 대해서는 생산 거점의 회귀를 우선 추구하되, 이러한 방안이 여의치 않을 경우 아세안 국가 등으로 생산 거점을 다원화하기로 정책 방향을 설정하였다(未来投資会議 2020/3/5). 일본의 이러한 전략은 바이든 행정부가 공급사슬의 재편을 위해 인도, 일본, 호주 등 동맹국들과의 국제협력과도 궤를 같이한다. 일본은 리쇼어링과 제3국으로 생산시설 이전 및 확대를 추진하는 GVCs 재편 전략과 RSCI를 병행 추진함으로써 지역경제질서의 변화 과정에서 위험을 분산시킬 수 있게 된다.

이는 비용 절감, 효율성 향상 등 공급사슬을 형성하는 데 주로 고려되었던 경제적 접근과는 차별화된 것이다. 추후 미국이 RSCI에 참여할 경우, SCRI는 쿼드 차원의 생산 동맹으로 발전할 가능성을 갖고 있다. RCEP과 RSCI는 참여국 수와 의제의 범위에서 차이가 있기 때문에 내등한 수준의 경쟁 관계에 있다고 보기 어려운 것이 사실이다. 그러나 공급사슬 측면에서 RSCI가 RCEP과는 다소 상이한 비전과 접근을 지향하고 있다는 점에서 공급사슬의 재편과 지역경제질서에 상이한 영향을 미칠 것이다. RCEP이 인도태평양 지역 15개국이 참여하여 역내 국가 간 경제 통합을 촉진하는 가운데 중국이 영향력을 확대할 수 있는 수단이라면, RSCI는 쿼드 4개국이 코로나19를 계기로 중국 견제를 목표로 한 생산 동맹을 형성하는 지경학적 수단이다. 더 나아가 쿼드 4개국은 RSCI가 성공적으로 작동할 경우, 한국, 베트남, 뉴질랜드를 포함하는 공급사슬의 쿼드 플러스를 추진함으로써 기존 중국 중심의 공급사슬에 대한 실질적 대안을 제시하고 역내 국가들의 협력을 요청할 가능성이 있다. 탈중국 또는 디커플링 차원보다는 공급사슬의 취약성을 효과적으로 관리할 필요가 있다는 공감대가 형성되었다. 공급사슬의 복원력을 강화하는 수단으로 RSCI에 참여하는 국가들이 증가할 경우, RSCI는 향후 RCEP과 경쟁 관계를 형성할 가능성을 배제할 수 없다. RCEP이 지역 가치사슬에서 허브로서 중국의 위치를 공고하게 하고, 다변화의 대상국으로서 동남아 국가들의 입지를 강화하는 효과가 기대되는 반면, SCRI는 중국 중심 공급사슬의 취약성을 보완하는 데 초점을 맞추고 있다. 이 때문에 RSCI가 경제적 구상인 동시에 지정학적 접근이라고 평가받는다(Palit 2021).[11]

---

11 RSCI의 전략적 의미를 내포하고 있기 때문에 공급사슬의 조정은 반도체, 통신, 컴퓨터, 전자 등 미중 기술 경쟁이 전개되는 분야를 중심으로 우선 진행될 가능성이 높은 반면, 전략적 함의가 크지 않은 분야에 대해서는 RSCI의 영향이 제한적일 것으로 예상된다 (Palit 2021).

V. 결론

코로나19가 미중 전략 경쟁 및 상호의존의 무기화와 결합될 때, 세계경제질서는 어떤 모습을 띨 것인가? 코로나19는 미중 전략 경쟁과 결합되어 GVCs의 변화의 수준과 범위를 명확하게 한 측면이 있다. GVCs의 취약성에 대한 보완의 필요성에 대한 광범위한 공감대가 형성되었다. 또 다른 팬데믹에 대비하여 특정 시점 또는 국가에 대한 공급 의존도를 줄이고 복원력을 강화하는 가운데 수요 패턴의 변화에 탄력적인 공급 능력을 가진 시스템을 구축하는 것이 GVCs 변화의 방향이다(Seric and Winkler 2020). 한편, 미국과 중국을 포함한 주요국들은 상호의존의 무기화를 이미 경험하였다. 특히 코로나19는 GVCs가 상호의존의 무기화에 동원될 수 있다는 것을 보여주었다. 주요국들은 상호의존의 무기화에 대비하여 GVCs의 다변화와 안정화를 추구하고 있다. 미국과 일본 등이 리쇼어링과 니어쇼어링(near-shoring)을 적극 추진하는 것이 대표적 사례이다.

그러나 상호의존의 무기화의 비용 또한 상당하다. 트럼프 행정부가 미중 무역전쟁을 전개하는 과정에서 실행한 관세 부과와 같은 보호무역뿐 아니라, 공급사슬의 분리 시도에 대하여 국내적으로 상당한 우려와 비판이 제기되었다. 관세의 부담이 궁극적으로 미국 소비자와 기업에게 전가되고, 공급사슬의 분리 시도 또한 미국 기술 기업들의 경쟁력 저하를 초래할 것이라는 우려가 대두되었다. 더 나아가 미국 기업과 소비자들이 이러한 부담을 감내하더라도 트럼프 행정부의 보호주의는 중국의 기술 자립을 앞당길 뿐, 중국의 부상을 저지하겠다는 당초의 정책 목표를 달성하기 어려울 것이라는 비관적 전망도 보태졌다.

미국과 중국의 전면적인 디커플링의 지속 가능성을 담보하기 어렵다는 점을 고려할 때, 결국 GVCs의 부분 분리가 현실적인 대안될 가능성이 높다. 세계경제질서 또한 미중 양국의 '관리된 상호의존(managed interdependence)'을 기반으로 형성될 것이다(Roberts et al. 2019). 이는 미국과 중국이 상대를 위협할 수 있는 중요한 수단을 상실한다는 의미이기도 하다. 미국과 중국은 향후 전략 경쟁을 지속할 수밖에 없기 때문에, 갈등이 불가피하지만 상대를 압박하는 협상 레버리지가 약화되는 역설적 상황에 직면하게 되는 것이다. 미국과 중국은 국내적으로 기술 혁신 능력을 향상시키는 데 주력하는 한편, 자국에 동조하는 국가들을 결집하는 네트워크적 방식을 추구함으로써 상대적 우위를 확보하는 전략을 추구할 가능성이 높다.

마지막으로 코로나19의 충격은 선진국보다 개도국에 상대적으로 더 컸다. 포스트코로나 시대 지구적 차원의 지속가능한 발전을 위해서는 팬데믹과 같은 우발적 사건에 의한 충격을 효과적으로 관리하고, 지속가능한 발전의 차원에서 다자 차원의 정책 조정을 위한 시스템을 수립하는 것이 필수적이다. 경제적 요인에만 근거해서 생산 기지를 선택하는 결정은 복합적인 문제를 단순화하는 데 따른 위험성이 따른다. 공급사슬을 국가화 또는 지역화하는 것은 부품 공급 기업의 다양성을 더욱 축소시켜 취약성을 높이고, 개도국들에게는 성장의 기회를 박탈하는 결과가 초래될 수 있다는 점을 고려하여, 다자 차원의 조정 메커니즘의 수립을 고려할 필요가 있다.

참고문헌

Aggarwal, Vinod K. and Andrew Reddie. 2020. "New Economic Statecraft: Industrial Policy in an Era of Strategic Competition." *Issues & Studies: A Social Science Quarterly on China, Taiwan and East Asian Affairs* 56(2): 2040006-1-2040006-29.

AmCham Chin. 2020. Supply Chain Strategies Under the Impact of COVID-19 of Large American Companies Operating in China.

Bashar, Iftekharul and Kenneth Yeo Yaoren. 2020. Global Health Security – Weaponising COVID-19: New Trend in Pandemic Era? April 13. RSIS Commentary.

Bernard, Mitchell and John Ravenhill. 1995. "Beyond Product Cycles and Flying Geese: Regionalization, Hierarchy, and the Industrialization of East Asia." *World Politics* 47(2): 171-209.

Blanchard, Emily. 2019. Trade wars in the global value chain era. June 20. Trade wars in the global value chain era.

BofA. 2020. Global Equity Strategy: Tectonic shifts in global supply chains.

Bown, Chad. 2020. How the United States marched the semiconductor industry into its trade war with China. PIIE Working Paper. 20-16.

Brun, Mikkel Hippe. 2020. Coronavirus and the antifragile supply chain. May 17. https://supplychaindigital.com/supply-chain-2/coronavirus-and-antifragile-supply-chain

Campbell, Kurt and Rush Dosh. 2020. "The Coronavirus Could Reshape Global Order China: Is Maneuvering for International Leadership as the United States Falters." *Foreign Affairs*. March 18. https://www.foreignaffairs.com/articles/china/2020-03-18/coronavirus-could-reshape-global-order

Chadha, Rajesh. 2020. Fractured Global Value Chains post COVID-19: Can India gain its missed glory? May 11. https://www.brookings.edu/blog/up-front/2020/05/11/fractured-global-value-chains-post-covid-19-can-india-gain-its-missed-glory/

Dallas, Mark P. 2015. "'Governed' trade: global value chains, firms, and the heterogeneity of trade in an era of fragmented production." *Review of International Political Economy* 22(5): 875-909.

Deloitte. 2020. COVID-19: Managing supply chain risk and disruption.

Evenett, Simon J. 2020. "Chinese whispers: COVID-19, global supply chains in essential goods, and public policy." *Journal of International Business Policy* 34: 408-429.

Evenett, Simon. et. al. 2021. Trade Policy Responses to the COVID-19 Pandemic Crisis: Evidence from a New Data Set.

EY Barometer. 2020. How do you find clarity in the midst of a crisis? Global Capital Confidence Barometer. March.

Farrell, Henry and Abraham L. Newman. 2020. "Choke Points." Business and Society. Harvard Business Review. https://hbr.org/2020/01/choke-points

Feldstein, Martin. 2008. "Resolving the Global Imbalance: The Dollar and the U.S. Saving Rate." *Journal of Economic Perspectives* 22(3): 113-125.

Green, Michael and Evan S. Medeiros. 2020. "The Pandemic Won't Make China the World's Leader." *Foreign Affairs*. April 15.

Haass, Richard. 2020. "The Pandemic Will Accelerate History Rather Than Reshape: It Not Every Crisis Is a Turning Point." *Foreign Affairs*. April 7.

Haddad, Mona. 2007. Trade Integration In East Asia: The Role Of China And Production Networks.

Hartwich, Frank, Smeeta Fokeer, Anders Isaksson and Fernando Santiago. 2020. Managing COVID-19: How industrial policy can mitigate the impact of the pandemic: Policy actions and coordination will be crucial in mitigating the impacts of the global pandemic on industry. April. https://iap.unido.org/articles/managing-covid-19-how-industrial-policy-can-mitigate-impact-pandemic

Institute for Supply Management. 2020. COVID-19 Survey: Impacts On Global Supply Chains. March 11. https://www.prnewswire.com/news-releases/covid-19-survey-impacts-on-global-supply-chains-301021528.html

Institute of Supply Management. 2020. COVID-19 Resource Center. https://www.ismworld.org/supply-management-news-and-reports/reports/covid-19-resource-center/

Kawai, Masahiro and Ganeshan Wignaraja. 2009. The Asian 'noodle bowl': Is it serious for business? ADBI Working Paper. No. 136. Asian Development Bank Institute (ADBI), Tokyo.

Jackson, Karen and Oleksandr Shepotylo. 2021. "Belt and road: The China dream?" *China Economic Review* 61: 10604.

Mirodout, Sébastien. 2020. Resilience versus robustness in global value chains: Some policy implications. June 18. https://voxeu.org/article/resilience-versus-robustness-global-value-chains

Nordhaus, William. 2018. The Trump doctrine on international trade: Part two. October 8. https://voxeu.org/article/trump-doctrine-international-trade-part-two

"NSC change prepares Japan for new global realities." 2020. *The Japan Times*. April 1.

Nye, Jeseph Jr. 2020. "No, the Coronavirus Will Not Change the Global Order." *Foreign Policy*. April 16.

OECD. 2020. The face mask global value chain in the COVID-19 outbreak: Evidence and policy lessons. May 4.

Palit, Amitendu. 2021. "Resilient Supply Chain Initiative: A Political Driver to Revive Asian Regional Growth." *Georgetown Journal of International Affairs*. January 31. https://gjia.georgetown.edu/2021/01/30/resilient-supply-chain-initiative-apolitical-driver-to-revive-asian-regional-growth/

Pietrobelli, Carlo and Roberta Rabellotti. 2011. "Global Value Chains Meet Innovation Systems: Are There Learning Opportunities for Developing Countries?" *World Development* 39(7): 1261-1269.

Roberts, Anthea, Henrique Choer Moraes and Victor Ferguson. 2019. "Toward a Geoeconomic Order in International Trade and Investment." *Journal of International Economic Law* 22: 655–676.

Seric, Adnan and Deborah Winkler. 2020. COVID-19 could spur automation and reverse globalization – to some extent.

Shalal, Andrea. 2020. "Biden adviser says unrealistic to 'fully decouple' from China." *Reuters*. September 22. https://www.reuters.com/article/us-usa-trade-china-biden-idUSKCN26D1SM

Suzuki, Hiroyuki. 2021. Building Resilient Global Supply Chains: The Geopolitics of the Indo-Pacific Region. CSIS. February.

Winter, Patrick. 2020. Why the evolution of supply chains is picking up speed in Asia-Pacific. July 20.

Woo, Wing Thye. 2008. "Understanding the Sources of Friction in U.S.–China Trade Relations: The Exchange Rate Debate Diverts Attention from Optimum Adjustment." *Asian Economic Papers* 7(3): 61-95.

World Bank Group. 2020. World Development Report 2020: Trading for Development in the Age of Global Value Chains.

Wraggo, Eleanor. 2020. "RCEP: a shot in the arm for Asia's supply chains, a blow to the US." *Global Trade Review*. November 18. https:// www.gtreview.cm/news/asia/rcep-a-sht-in-the-arm-fr-asiassupply-chains-a-blw-t-the-us/

Xing, Yuqing. 2020. "Global value chains and the "missing exports" of the United States," *China Economic Review* 61: 101429.

未来投資会議. 2020. 3月 5日. https://www.kantei.go.jp/jp/98_abe/actions/201909/19 miraitoushi.html

WTO. 2019. Technological Innovation, Supply Chain Trade, and Workers in a Globalized World.

_____. 2020. "Shortage of personal protective equipment endangering health workers worldwide." March 3. https://www.who.int/news/item/03-03-2020-shortage-of-personal-protective-equipment-endangering-health-workers-worldwide

제7장 　　　코로나19 위기와 세계금융
　　　　　　거버넌스

이왕휘(아주대학교)

I. 머리말

코로나19 위기는 세계금융 거버넌스에 어떤 영향을 미칠 것인가? 한 편에서는 이 위기가 이미 큰 충격을 미쳤기 때문에 거버넌스를 근본 적으로 변화시키는 계기가 될 것이라는 예측이 있다(Kissinger 2020; Brands and Gavin 2020; Bremmer, Coronavirus and the World Order to Come 2020; Dunford and Qi 2020; Maull 2021). 다른 한편에서는 이 위기가 2~3년 내에 종결된다면, 거버넌스에 미치는 영향은 미미할 것이라는 반론도 있다(Drezner 2020; Friedman 2020).

아직 이 위기가 진행 중에 있기 때문에 그 영향의 범위와 정도를 구체적으로 평가하기는 이르다. 그렇지만, 2010년대 초부터 시작된 핀 테크, 유동성 증가, 미중 금융 경쟁이 이 위기 이후 가속화되고 있다는 사실이 점점 더 분명해지고 있다. 또한 미국 정부는 위기의 확산을 효 과적으로 제어하지 못한 것은 물론 위기 극복을 위한 국제협력에도 소 극적 태도를 견지하였다. 이 때문에 패권국가로서 미국의 위상과 정 당성이 손상되었다는 평가를 받고 있다. 중국은 최초의 대규모 확산 을 막지 못해 세계적 피해를 줬다는 비판을 받았다. 그러나 위기를 수 습한 후 다양한 원조와 지원을 통해 비판을 무마하려고 노력하고 있다 (Reich and Dombrowski 2020; Norrlöf 2020). 이런 배경에서 이 글은 이 위기가 세계금융 거버넌스에 미치는 기술적·시장적· 국제정치적 요인을 검토한다.

이 위기는 금융 서비스에서 지급결제 방식의 변화를 가속하고 있 다(World Economic Forum 2020). 바이러스의 전파를 막기 위한 사회 적 거리두기와 봉쇄의 결과 경제 거래에서 비대면(untact)의 비중이 급속히 증가하고 있다. 대면 거래가 사실상 불가능한 상황에서는 전자

상거래 플랫폼/생태계를 통한 비대면 거래를 할 수밖에 없기 때문이다. 미국(애플, 구글, 아마존, 마이크로소프트, 페이스북, 페이팔 등)과 중국(바이두, 알리바바, 텐센트 등)의 빅테크와 핀테크는 초국가 금융거래를 위한 지급결제 방식을 개발하기 위한 경쟁에 돌입하였다. 중국을 비롯한 일부 국가들에서는 중앙은행이 중앙은행디지털통화(Central Bank Digital Currency, CBDC)를 발행하기 위한 준비를 하고 있다. 이렇게 비대면 지급결제 방식이 다양하게 발전한다면, 위기가 종식된 이후에도 비대면 거래가 대면 거래에 우위를 점할 가능성이 높다.

금융시장에서 유동성의 폭발적 증가도 세계금융 거버넌스에 심대한 영향을 미칠 수 있다(FSB 2020b). 사회적 거리두기와 봉쇄로 인한 경제적 피해를 완화하기 위해 대부분의 국가에서 경기부양책이 도입되었다. 주요 중앙은행들은 이자율을 0%에 근접하는 수준으로 내리는 것은 물론 국채와 회사채를 대량으로 매입하였다. 정부에서도 실업 구제와 기업 지원을 위해 유례없는 규모의 재정을 투입하고 있다. 이러한 확장적 거시경제정책의 결과 거의 모든 국가가 유동성이 증가하여 자산거품이 발생하였다. 확진자와 사망자가 가장 많이 발생한 미국은 가장 큰 규모의 지원을 실시하였다. 미국이 빨리 위기를 수습하지 못해 금융시장 안정과 재정 건전성 회복에 실패한다면, 세계적 차원의 금융위기가 발생할 수도 있다.

마지막으로 위기로 인한 피해가 불균등하다는 점도 주목해야 한다(Jasanoff et al. 2021). 미국과 비교해서 중국은 위기를 비교적 빨리 수습하여 경제적 피해를 최소화하였다. 또한 비대면 경제의 발전에 필수적인 디지털 지급결제 방식의 개발에서도 민간 금융기관과 중앙은행 모두 세계적 수준으로 평가된다. 미국의 재정적자가 달러화 가치 하락으로 이어질 경우, 위안화가 평가절상될 수도 있다. 이렇게 되면 중국은 디지털 위안을 통해 위안화 국제화를 더 강력하게 추진할 수 있는 동력을 확보하게 된다. 따라서 코로나19 위기 이후 세계금융 거버넌스의 변화에서 미국보다는 중국이 더 큰 역할을 할 수도 있을 것이다(Lin 2021; Ingram 2021).

II. 비대면 금융: 지급결제 방식의 디지털(온라인)화

코로나19 위기가 세계금융에 미친 직접적인 영향은 비대면 지급결제의 가속화라고 할 수 있다(Cohn 2020; Brainard 2020). 위기 전부터 디지털(온라인) 지급결제 방식이 지속적으로 증가하는 추세에 있었다. 사회적 거리두기와 봉쇄로 대면 거래가 제한되자 점점 더 많은 소비자들이 상품 및 서비스 구입, 지급결제, 배달을 완전히 비대면으로 할 수 있는 핀테크 플랫폼/생태계에 의존하고 있다(Davidovic 2020; Loten 2020). 이런 점에서 이 위기는 디지털 지급결제 방식이 급속하게 확산되는 촉매 역할을 하였다고 할 수 있다. 2020년 세계경제는 마이너스 4.3% 성장했지만, 전 세계 소매에서 전자상거래의 비중은 3% 증가하였다.[1]

세계 지급결제 총액은 2020년 상반기에 전년 동기 대비 22% 감소하였다. 2010년대 연평균 7% 증가했던 추세를 감안한다면, 이러한 감소폭이 얼마나 심각한 것인가를 알 수 있다. 감소분의 거의 대부분이 현금을 사용하는 전통적 방식에 집중되었다. 2020년 상반기 미국에서 온라인 지급결제 총액은 전년 동기 대비 30% 증가하였다. 신용카드의

1　UNCTAD(2021, 7). 세계은행과 세계경제포럼의 설문조사 결과도 유사한 결론을 보여주었다. CCAF, World Bank and World Economic Forum(2020).

표 7-1 결제형태별 이용규모 및 증감률 (단위: 십억 원)

2020년		접근(Access) 기기		
		실물카드	모바일·PC	총계
방식	대면	1,255 (-7.4%)	144 (13.3%)	1,398 (-5.6%)
	비대면	-	849 (16.9%)	849 (16.9%)
	총계	1,255 (-7.4%)	992 (16.4%)	2,247 (1.8%)

출처: 한국은행, 2020년 중 국내 지급결제동향, 공보 2021-03-14호 (2021년 3월 16일).

사용은 모바일 결제 방식과 잘 연계되어 아시아 지역에서 주로 점증하였다. 반대로 현금 및 현금자동지급기(ATM)의 사용은 전 세계적 차원에서 축소되었다(Bruno, Denecker and Niederkorn 2020, 6).

우리나라에서도 비대면 지급결제가 증가하는 양상이 나타났다. 2020년 중 스마트폰을 포함한 모바일 기기에서 이뤄진 비대면 결제는 전년 대비 16.9% 증가한 반면, 대면 결제는 5.6% 감소하였다.

그렇지만 미국, 캐나다, 유로(Euro) 지역에서 일시적으로 현금 결제나 현금 보유가 증가하는 현상도 발생하였다. 이런 점에서 위기가 현금 없는 사회로 이행을 가속화하는 효과는 지역별/국가별로 불균등하게 나타날 수 있다(Rogoff and Scazzero 2021; Chen et al. 2021; Zamora-Pérez 2021).

핀테크는 위기 이전부터 급속하게 발전했기 때문에 위기가 종식된 이후에도 비대면 지급결제 방식이 줄어들지 않고 늘어갈 가능성이 다분하다. 2010년대 핀테크와 빅테크(금융기관과 제휴한 IT 기업)의 대출액이 빠른 증가세를 보여주었다. 2013년 약 200억 달러였던 대출액이 2019년에는 8,000억 달러를 상회하였다.

2010년대 세계 500대 금융기관의 시가 총액 비중의 변화 추이를 보면, 대면 위주의 은행이 지속적으로 줄어드는 반면 비대면 위주의 지

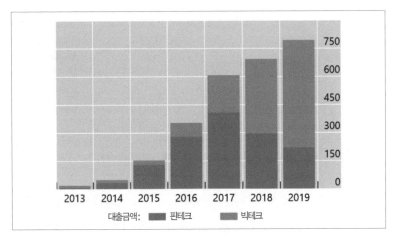

그림 7-1 핀테크와 빅테크의 대출액 (단위: 10억 달러)
출처: Cornelli et al. (2020).

급결제 회사와 핀테크 기업의 비중은 빠르게 늘어났다.

향후 비대면 지급결제 방식을 예측하기 위해서는 세 가지 변화에 주목할 필요가 있다. 첫째는 기술적 차원의 문제이다. 가장 중요한 관

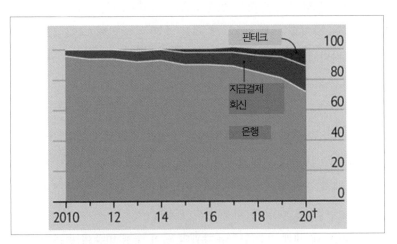

그림 7-2 세계 500대 금융기관의 시가 총액 비중(%)
출처: *Economist* (October 8, 2020).

건은 금융기관과 IT 기업의 경쟁에 있다. 현재까지 핀테크는 금융기관보다는 IT 기업이 주도를 해왔다. 자산을 많이 보유하고 있는 금융기관과 디지털 플랫폼을 독점하고 있는 IT 기업이 경쟁에 어떻게 대응을 하는가에 따라 금융산업의 변화 방향이 결정될 것이다. 대면/현금 거래가 축소되고 비대면/디지털(온라인) 거래가 증가하면, 금융기관보다 IT 기업의 역할이 더 증가할 것이다(이왕휘 2018).

두 번째는 제도적 문제이다. 핀테크에 대해서 정부(중앙은행)가 민간 금융기관과 직접 규제(경쟁)를 할지 아니면 민간 금융기관에 맡겨 둘지가 아직 결정되지 않았다. 지급결제 방식이 통화정책과 재정정책은 물론 경제 전반에 미치는 영향이 크기 때문에, 거의 대부분의 중앙은행에서는 CBDC의 발행을 검토/준비하는 동시에 핀테크 기업에 대한 규제를 체계화하고 있다(Ehrentraud et al. 2020; Khiaonarong and Goh 2020; Allen, Gu and Jagtiani 2020).

마지막으로 선진국과 개발도상국가 사이의 디지털 격차를 간과할

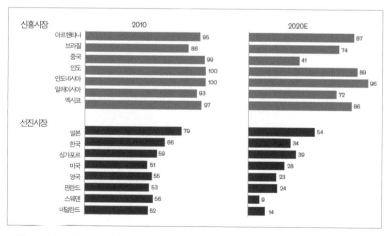

그림 7-3 현금 사용 비중 (%)

출처: Bruno, Denecker and Niederkorn(2020, 6).

수 없다. 전체 지급결제에서 디지털 방식의 비중은 개발도상국보다는 선진국에서 높은 경향을 보여주고 있다(Frost 2020). 개발도상국 중에서는 핀테크 기업이 발전한 중국에서만 현금 사용 비중이 50% 이하였다.

III. 경제적 피해, 경기부양책 및 유동성 증가

코로나19 위기가 세계금융 거버넌스에 미친 영향을 파악하기 위해서는 먼저 경제적 피해를 파악할 필요가 있다. 확진자와 사망자가 많을수록 사회적 거리두기와 봉쇄의 정도가 강하고 기간도 길어지기 때문에, 경제적 피해는 확진자 및 사망자와 비례하는 경향이 있다. 경제적 피해에 따라 경기부양책의 규모와 방법이 달라진다. 대체로 피해가 큰 국가가 재정 및 통화 정책을 적극적으로 활용하였다. 그 결과 이 국가들은 재정적자와 국가부채가 급속히 증가하였다. 이런 점에서 위기를 잘 수습한 국가가 그렇지 못한 국가보다 금융 안정성을 유지하는 데 유리한 입장에 있다고 할 수 있다.

　전 세계적 차원에서 보면, 동아시아가 북미와 유럽보다 훨씬 더 위기를 잘 관리했다고 할 수 있다. 대만, 한국, 중국, 일본 등은 미국, 영국, 프랑스, 독일, 스웨덴과 달리 인구 백만 명당 확진자가 만 명, 사망자가 100명을 넘지 않았다. 따라서 동아시아 국가들은 미국과 유럽 국가들과 같은 전국적 차원의 봉쇄를 하지 않았다. 위기가 아직 완전히 종식되지 않았으며 통계상 오류와 왜곡이 있다는 점을 참작하더라도, 중국이 미국보다 위기를 빠르게 잘 통제했다는 점은 분명하다(Jackson et al. 2021; Fernando and McKibbin 2021).

표 7-2 코로나19 위기 현황 (2021년 3월 24일 기준)

국가	총계			인구 백만 명당		
	확진	사망	검사	확진	사망	검사
미국	30,636,534	556,883	392,235,568	92,165	1,675	1,179,974
중국	90,125	4,636	160,000,000	63	3	111,163
일본	457,754	8,861	9,374,845	3,627	70	74,289
독일	2,689,205	75,708	47,578,793	32,023	902	566,560
영국	4,307,304	126,284	117,279,577	63,208	1,853	1,721,037
프랑스	4,313,073	92,908	60,773,434	65,971	1,421	929,564
인도	11,734,058	160,477	236,438,861	8,443	115	170,121
한국	99,846	1,707	7,441,210	1,946	33	145,049
세계	124,857,930	2,747,593		16,018	352.5	

출처: https://www.worldometers.info/coronavirus/#countries (2021.3.24.)

코로나19 위기의 경제적 피해는 경제성장률에 그대로 반영되었다. 방역을 잘한 한국, 중국, 일본은 경기침체를 빨리 극복하여 성장률 하락폭을 5% 이내로 제한한 반면, 그렇게 하지 못한 영국과 프랑스는 10%에 가까운 하락폭을 피하지 못했다. 미국과 독일은 피해가 컸지만 유례없는 대규모 경기부양책을 통해 하락폭 축소에 성공하였다.

경기침체를 막기 위해 대부분의 주요 국가들은 통화 및 재정 정책을 적극적으로 활용하였다. 먼저 중앙은행은 기준 정책 금리를 0%에 가깝게 인하하였으며, 대출을 확대하는 것은 물론 채권까지 적극적으로 매입하였다. 확진자와 사망자가 가장 많이 발생했던 미국에서 2020년 전반기 광의통화 규모(M2)의 증가율이 20.60%까지 치솟았다.

재난극복을 위한 재정지출 확대도 거의 모든 국가에서 시행되었다. 위기를 통제하기 위한 방역과 치료뿐만 아니라 위기의 경제적 피해를 완화하기 위해 실직과 빈곤에도 대규모 재원이 투입되었다. 중국과

표 7-3 코로나19 위기 이후 경제성장률

국가	2019년	2020년 6월 전망치	2020년 10월 전망치	2020년	2021년 전망치	2022년 전망치
미국	2.2	-8.0	-4.3	-3.4	5.1	2.5
중국	6.1	1.0	1.9	2.3	8.1	5.6
일본	0.7	-5.8	-5.3	-5.1	3.1	2.4
독일	0.6	-7.8	-6.0	-5.4	3.5	3.1
영국	1.5	-10.2	-9.8	-10.0	4.5	5.0
프랑스	1.5	-12.5	-9.8	-9.0	5.5	4.1
인도	4.2	-4.5	-10.3	-8.0	11.5	6.8
한국	2.0	-2.1	-1.9	-1.0	3.1	2.9

출처: IMF(2020b; 2021).

표 7-4 2008년 이후 주요국 광의통화 규모(M2)의 증가율 현황 (전년 대비, %)

국가	2017년	2018년	2019년	2020년 6월
미국	4.90	3.50	6.70	20.60
중국	8.17	8.94	8.74	11.12
일본	3.90	2.50	2.60	5.30
독일	4.50	4.80	4.60	7.20
영국	3.00	4.00	4.00	11.00
한국	5.10	7.30	7.70	10.00

출처: Datastream. 국회예산정책처(2020, 219)에서 재인용.

인도를 제외한 주요국들은 국내총생산(GDP) 대비 10% 이상의 재정을 동원하였다(강구상 외 2020).

적극적인 재정정책은 GDP 대비 정부부채 비율의 증가로 이어졌다. 위기의 피해가 심각한 미국, 영국, 프랑스에서는 증가율이 20% 이상이었다.

중앙은행이 사실상 무제한으로 제공한 유동성과 정부의 대규모 경기부양책은 위기를 통제하고 그 피해를 완화하는 데 기여하였다. 만

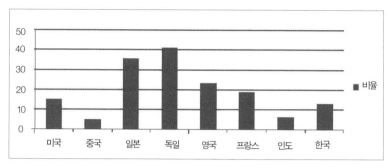

그림 7-4 코로나19 위기 대응 재정조치의 GDP 대비 비율 (%, 2020년 10월 기준)
출처: IMF. 국회예산정책처(2020b, 207)에서 재인용.

표 7-5 주요국 정부부채 비율 변화 (%)

국가	2014년	2019년 (A)	2020년 (B)	변화 (B - A)
미국	104.5	108.7	131.2	22.5
중국	40.0	52.6	61.7	9.1
일본	235.8	238.0	266.2	28.2
독일	75.7	59.5	73.3	13.8
영국	86.2	85.4	108.0	22.7
프랑스	94.9	98.1	118.7	20.6
인도	66.8	72.3	89.3	17.0
한국	39.7	41.9	48.4	6.5

출처: Datastream. 국회예산정책처(2020b, 207)에서 재인용.

약 적극적인 대응책이 없었다면, 미국은 마이너스 8% 성장을 피하기 어려웠을 것이다(FSB 2020a). 그러나 확장적 거시정책에 수반된 부작용이 어떻게 관리될 수 있을 것인가에 대해서는 불확실성이 존재한다. 연방준비제도, 유럽중앙은행(ECB), 일본은행, 영란은행이 금융시장에 공급한 자금이 폭증하면서, 글로벌 유동성이 2020년 하반기에 급증하였다. 비록 이 위기가 금융시장에서 발원하지 않았지만, 중앙은행의 대응은 글로벌 차원에 영향을 미친 금융위기와 같은 양상을 보여주었다.

기존 위기 대응책과 비교해보면, 이번 위기 이후에는 글로벌 유동성 공급과 비금외환보유액의 괴리가 심각하다는 사실을 확인할 수 있다. 경기회복 지연으로 유동성이 빨리 회수되지 않으면 자산 거품이 등장할 수 있다(Jackson et al. 2020; Shin 2020).

금융시장의 유동성 폭증으로 미국에서는 실물경제와 금융시장의 괴리가 심각한 상태이다. 경제성장률이 폭락했음에도 불구하고 주가지수는 역대 최고점에 근접했기 때문이다. 이 때문에 1980년 말 일본과 2000년대 중반 미국에서 주식시장과 부동산시장의 거품이 붕괴했던 사례가 재연될 가능성에 대한 경고가 나오고 있다.

경기침체가 장기화될 경우, 정부와 중앙은행은 통화 및 금융 정책 기조를 변화시킬 것으로 예상된다. 첫째, 정부부채의 이자 부담을 줄이기 위해서 물가인상률 상승을 용인하는 것이다. 물가상승으로 화폐가치가 하락하면, 정부가 갚아야 하는 이자 부담은 경감되기 때문이다. 둘째, 중앙은행은 금융 자유화를 포기하고 금융 억압(financial repression)을 시도할 수 있다(Krueger 2020; Napier 2020). 일본은행을 비롯한 일부 중앙은행은 이미 마이너스 금리를 도입하였을 뿐만 아니라 장단기 금리 격차를 조정하고 있다. 이 정책이 확산된다면, 신자유주의적 금융 거버넌스의 핵심인 금융 및 자본 자유화는 더 이상 국제적 합의로 간주될 수 없다.

반면, 개발도상국에서는 유동성 부족으로 인한 부채위기에 직면해 있다. 경기침체에도 불구하고, 중국을 제외한 거의 대부분의 개발도상국들은 선진국들과 달리 확장적 거시정책을 사용하지 못하고 있다. 재정건전성이 나쁜 상황에서 재정지출을 확대할 경우, 물가상승 압력은 물론 환율의 평가절하 위험이 증가하기 때문이다(IMF 2020a, 36-37). 거시경제 상황이 악화되어 국채 신용도가 하락할 경우 국제금융

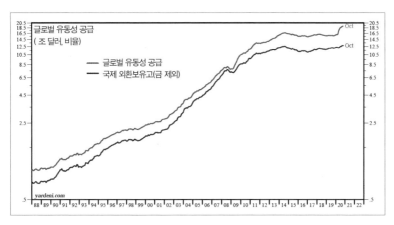

그림 7-5 글로벌 유동성 공급

출처: Yardeni Research, Inc.(2020, 1).

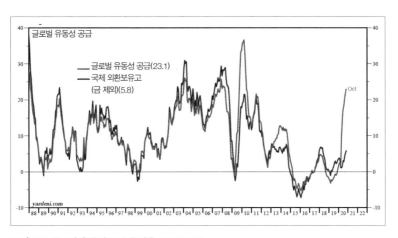

그림 7-6 글로벌 유동성 공급 증가율 (단위: 연 %)

출처: Yardeni Research, Inc.(2020, 1).

시장에서 자금을 조달하는 데 더 높은 이자율을 제공해야 한다.

현재 개발도상국에서 가장 취약한 부분은 외채(외국통화로 빌린 부채)이다. 위기 발생 직후 선진국 금융기관들이 달러화 채권을 급속히 회수했을 때, 개발도상국 통화가치가 급속하게 절하되었다. 주요 선진국에서 양적 완화를 통해 유동성을 공급한 이후 환율이 어느 정도 안정되었다. 그러나 선진국 경제 상황이 아직 안정되지 않았기 때문에, 외환시장의 문제는 그대로 남아 있다.

개발도상국의 외채 문제를 완화하기 위해 국제적 지원이 이뤄지고 있다. IMF는 25개 최빈국이 6개월간 갚아야 할 채무 원리금을 지원했으며 G-20도 77개 최빈국의 120~140억 달러 규모의 부채 상환을 6개월 유예하는 데 합의하였다. 그러나 위기가 계속 확대된다면 이러한 지원의 효과는 빠르게 사라질 것이다. 이런 점에서 외채위기의 가능성은 위기가 종식되는 시점까지 낮아지지 않을 것으로 예상된다.

IV. 미중 디지털금융 패권 전이

코로나가 미중 디지털금융 경쟁에 미치는 영향은 세 가지로 구분될 수 있다. 첫 번째는 금융시장의 성장 잠재력이다. 경제적 피해 규모만 보면, 미국이 중국보다 더 큰 피해를 입은 것은 분명하다. 미국보다 약 2달 먼저 봉쇄를 풀고 경제활동을 재개하였기 때문에 중국의 경기회복이 미국보다 빠르게 진행되고 있다. 또한 GDP 성장률에서도 미국의 하락폭(8.2%)이 중국의 하락폭(4.9%)보다 더 커, 양국 사이의 경제력 격차는 줄어들 것이다.

코로나 이후 성장률 격차는 미국과 중국 간 명목 GDP의 역전을 앞당기는 요인으로 작용할 것으로 보인다. 위기 전에는 중국이 미국을 추월하는 시점이 2033년으로 추정되었는데, 위기 후에는 그보다 5년 이른 2028년으로 앞당겨졌다(CEBR 2020, 71).

국제금융시장의 규모도 이와 비슷한 추세가 코로나19 위기 이전

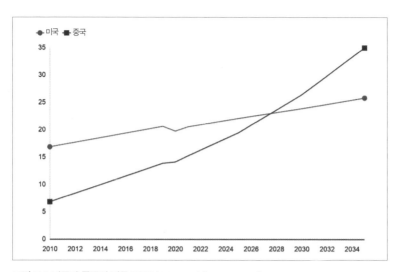

그림 7-7 미국과 중국의 명목 GDP (2020~34년)
출처: BBC(December 26, 2020).

부터 확연하게 나타났다. 유동성 기준으로 중국이 미국을 2013-2014
년 사이에 추월하였다.

코로나 이후 가장 주목받는 지표는 중국의 주식과 채권에 대한 해
외투자이다. 2021년 1월 시가총액을 기준으로 뉴욕증권거래소(NYSE)
가 24.49조 달러, 나스닥(NASDAQ) 19.34조 달러, 상해증권거래소
6.50조 달러, 홍콩증권거래소 6.48조 달러, 일본증권거래소 6.35조 달
러, 심천증권거래소 4.9조 달러, 유로넥스트 4.88조 달러, 런던증권거
래소 3.67조 달러, 인도증권거래소 2.57조 달러 순이다. 중국 3대 거래
소의 시가총액 합계가 2위인 나스닥 시가총액에 미치지도 못하고 있
다. 그러나 2013-2020년 신규주식공모 자금조달액을 보면, 중국의 부
상이 확연하게 드러나고 있다. 이런 추세가 유지된다면, 미국과 중국
사이의 격차는 계속 줄어들 것이다.

해외투자자의 중국 채권 투자도 증가세에 있다. 위기 이후 신용도

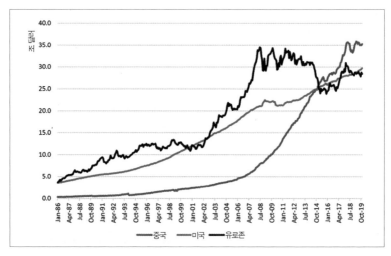

그림 7-8 유동성 공급량: 미국, 중국, 유로존
출처: Howell(2020, 23).

와 부도 가능성만 놓고 보면, 미국 국채가 중국 국채보다 더 안전한 자
산이라고 할 수 있다. 그러나 10년 만기 국채 및 중앙은행 이자율을 보
면, 중국과 미국 사이에 최소 1.50%p 차이가 있다. 또한 경기침체의
선행지표로 간주되고 있는 10년과 2년 만기 국채 스프레드(장단기 금
리 격차)도 미국이 중국보다 높은 편이다. 지난 8월 말 미국 중앙은행
은 물가상승률이 2%가 넘더라도 금리를 인상하지 않겠다는 정책 기조
를 밝혔기 때문에, 이 격차가 최소 2-3년간 변하지 않을 것으로 예상된
다(Altig et al. 2020). 이러한 금리 격차는 해외 투자자가 중국 채권의
보유를 늘리는 가장 중요한 요인으로 작용하고 있다.

중국은 2017년 홍콩 채권 시장과의 교차거래인 채권통(債券通)
개설 이후 해외 투자자의 국채 매입을 용이하게 하기 위해 제도 개혁
을 꾸준히 해왔다. 2020년 9월에는 외국인이 중국 금융기관을 결제대
리인으로 지정하지 않고 채권을 직접 구매할 수 있는 은행 간 채권시

표 7-6 신규주식공모(IPO) 자금조달액 (단위: 억 달러)

순위	2013	2014	2015	2016	2017	2018	2019	2020
1	뉴욕 466	뉴욕 743	홍콩 337	뉴욕 251	홍콩 275	홍콩 366	홍콩 401	나스닥 573
2	홍콩 218	홍콩 293	상해 197	상해 163	뉴욕 193	상해 286	홍콩 269	홍콩 513
3	런던 202	런던 273	뉴욕 180	홍콩 147	일본 164	나스닥 256	상해 268	상해 494
4	나스닥 181	나스닥 245	나스닥 175	나스닥 109	나스닥 132	사우디 245	나스닥 267	뉴욕 310
5	일본 102	호주 160	일본 175	일본 107	독일 130	런던 139	신천 233	심천 183
6	호주 98	일본 115	런던 157	런던 79	상해 107	신천 135	뉴욕 92	런던 109
7	브라질 84	암스테르담 91	심천 94	심천 78	인디아 106	런던 106	브라질 80	브라질 86
8	멕시코 52	심천 73	나스닥 80	한국 59	멕시코 68	멕시코 92	타이 34	타이 46
9	싱가포르 52	사우디 67	독일 78	브라질 58	심천 58	심천 78	호주 34	호주 35
10	타이 51	마드리드 65	암스테르담 77	일본 56	인디아 49	파리 51	독일 33	독일 35268

출처: 野木森稔(2021, 54).

장 직거래시스템(CIBM direct)의 시범실시를 개시하였다. 이와 동시에 중국 국채와 정책은행채권이 블룸버그 바클레이즈 글로벌 채권지

표 7-7 미국과 중국의 국채 비교 (2021년 3월 30일 기준)

	미국	중국
10년 만기 국채	1.747%	3.217%
10년과 2년 만기 국채 스프레드	159.8 bp	36.6 bp
중앙은행 이자율	0.25%	3.85%
국채 신용 등급(Standard &Poor's)	AA+	A+
5년 만기 신용디폴트스왑	10.70 (부도 가능성: 0.18%)	33.91 (부도 가능성: 0.57%)

출처: http://www.worldgovernmentbonds.com/ (검색일: 2021. 3. 30.)

수(BBGA), JP모건 글로벌 신흥시장 국채지수(GBI-EM), 파이낸셜타임 스스톡익스체인지(FTSE), 러셀 세계국채지수(WGBI)에 2019년 4월, 2020년 2월, 2021년 10월 각각 편입되었다. 3대 채권지수에 다 편입됨 으로써 2~3천억 달러 규모의 자금이 유입되어, 중국 국공채에 대한 해 외투자자 보유 비중은 2020년 7월 기준 2.88%보다 훨씬 더 높아질 것 으로 예상된다(북경사무소 2020; 권도현·김선경 2020).

두 번째는 디지털금융 기술이다. 중국은 코로나19 위기를 2018년 이후 추진된 신형인프라(新型基础设施建设)를 가속화하는 계기로 활용 하였다. 위기가 한창이던 2월 18일 공업정보화부는 '차세대기술을 적 용한 전염병 방역 및 조업재개 관련 통지(关于运用新一代信息技术支撑 服务疫情防控和复工复产工作的通知)'를 통해 인공지능·5G·클라우드 등의 활용방안을 발표하였다. 4월에는 국가발전개혁위원회(国家发展 和改革委员会)가 신형인프라의 범위를 인공지능·5G·블록체인·IoT· 위성인터넷 등의 정보인프라에서 융합 인프라, 혁신 인프라로 확대하 였다(조은교 2020).

마지막으로 국제정치적 문제가 있다. 미국은 기축통화로서 달러 화의 특권을 유지하기 위해 중국은 물론 유로권 및 일본의 CBDC가 미

치는 잠재적 영향을 주시하고 있다. 특히 규모는 물론 기술 측면에서
도 미국과 중국 간의 격차가 줄어들고 있기 때문에 디지털 위안에 대
한 견제를 검토하고 있다. 2021년 2월 중국중앙은행 디지털통화연구
소는 홍콩, 태국 및 아랍에미리트연합(UAE) 중앙은행과 다자중앙은행
화폐가교[多边央行数字货币桥, Multiple Central Bank Digital Currency
(m-CBDC) Bridge] 프로젝트를 추진하기로 합의하였다(中国人民银
行数字货币研究所 2021). 또한 중국중앙은행은 위안화 국제결제시스
템(Cross-border Interbank Payment System, CIP)과 중국결제청산협
회(中国支付清算协会)가 국제은행간통신협회(Society for Worldwide
Interbank Financial Telecommunication, SWIFT)와 초국적 금융거래
를 원활하게 할 수 있는 조인트벤처를 추진한다고 발표하였다(中国人
民银行 2021; Reuters 2021). 만약 중국이 디지털 위안을 초국적 거래
에 활용할 수 있는 독자적인 네트워크를 건설한다면, 중국 금융기관
은 미국의 금융제재를 회피/우회할 수 있을 것이다. 이렇게 되면 기축
통화로서 달러화의 위상과 비중은 축소될 것이다(이왕휘 2020; Huang
2020).

V. 결론

코로나19 위기는 봉쇄 및 사회적 거리두기 속에서 비대면 지급결제 방
식의 확산, 위기의 경제적 피해를 완화하기 위한 경기부양책으로 인한
유동성 문제, 미국의 부진과 중국의 약진으로 인한 금융 패권 전이 등
에 영향을 미치고 있다. 물론 이 세 가지 변화 요인이 코로나19 위기의
직접적 결과라고 평가하기는 어렵다. 왜냐하면, 금융의 디지털화, 유동

성의 급증, 미중 금융 패권 전이 등은 이 위기가 발생하기 전부터 감지된 추세들이기 때문이다. 이 때문에 이 위기는 이 추세들의 직접적 원인이기보다는 추세를 가속화하는 요인으로 보는 것이 더 타당하다. 이런 점에서 향후 변화의 핵심은 그 방향성이라기보다는 속도와 범위에 한정될 것으로 예상된다.

디지털금융의 규모와 기술에서 중국이 미국을 앞서고 있지만, 세계금융 거버넌스를 주도할 수 있는 지도력과 정당성을 확보하지는 못하고 있다. 중국은 새로운 거버넌스를 창출할 것인지 아니면 미국이 건설한 기존 거버넌스를 그대로 유지할 것인지에 대해 명확한 입장을 보여주지 않고 있다. 만약 미국과 다른 거버넌스를 추구한다면, 그 지배구조와 운영방식에 대한 청사진을 제공해야 할 것이다.

참고문헌

강구상 외. 2020. 『코로나19 대응 주요국의 재정 및 통화금융 정책』 KIEP 세계경제 포커스 11(3).

국회예산정책처. 2020. "2020년 주요국 경제 현황 분석."

권도현·김선경. 2020. "중국 채권시장의 외국인투자 동향 및 전망." Issue Analysis, 국제금융센터.

북경사무소. 2020. "외국인의 중국 채권시장 투자 동향 및 전망." 한국은행.

이왕휘. 2018. "핀테크(金融科技)의 국제정치경제: 미국과 중국의 경쟁." 『국가전략』 24(2).

_____. 2020. 『미중 디지털 통화 경쟁: 디지털 위안 대 디지털 달러』. 동아시아연구원.

조은교. 2020. "코로나19 이후, 가속화되는 중국 디지털경제의 발전과 시사점." 『KIET 산업경제』 6월호.

한국은행. 2021. "2020년중 국내 지급결제동향." 공보 2021-03-14호(2021년 3월 16일).

Allen, Franklin, Xian Gu, and Julapa Jagtiani. 2020. *A Survey of Fintech Research and Policy Discussion*. Federal Reserve Bank of Philadelphia Working Paper No.20/21.

Altig, David, Jeff Fuhrer, Marc P. Giannoni, and Thomas Laubach. 2020. *The Federal Reserve's Review of Its Monetary Policy Framework: A Roadmap*. Board of Governors of the Federal Reserve System (August 27).

BBC. 2020. "Chinese Economy to Overtake US 'by 2028' Due to Covid." (December 26).

Brainard, Lael. 2020. *The Future of Retail Payments in the United States*. Federal Reserve Board.

Brands, Hal and Francis J. Gavin. 2020. *COVID-19 and World Order: The Future of Conflict, Competition, and Cooperation*. Johns Hopkins University Press.

Bremmer, Ian. 2020. "Coronavirus and the World Order to Come." *Horizons* 16.

Bruno, Philip, Olivier Denecker, and Marc Niederkorn. 2020. *The 2020 McKinsey Global Payments Report*.

CCAF, World Bank and World Economic Forum. 2020. *The Global Covid-19 FinTech Market Rapid Assessment Report*. University of Cambridge, World Bank Group and the World Economic Forum.

Centre for Economics and Business Research. 2020. *World Economic League Table 2021*.

Chen, Heng, Walter Engert, Kim P. Huynh, Gradon Nicholls and Julia Zhu. 2021. *Cash and COVID-19: The Effects of Lifting Containment Measures on Cash Demand and Use*. Bank of Canada Staff Discussion Papers.

Cohn, Gary. 2020. "Coronavirus is Speeding up the Disappearance of Cash." *Financial*

Times (April 29).

Cornelli, Giulio, Jon Frost, Leonardo Gambacorta, Raghavendra Rau, Robert Wardrop and Tania Ziegler. 2020. *Fintech and Big Tech Credit: A New Database.* BIS Working Papers No.887.

Davidovic, Sonja, Delphine Prady and Herve Tourpe. 2020. "You've Got Money: Mobile Payments Help People During the Pandemic." IMF Blog.

Drezner, Daniel W. 2020. "The Song Remains the Same: International Relations After COVID-19." *International Organization* 74(S1).

Dunford, Michael and Bing Qi. 2020. "Global Reset: COVID-19, Systemic Rivalry and the Global Order." *Research in Globalization* 2.

Economist. 2020. "How the Digital Surge will Reshape Finance." (October 8).

Ehrentraud, Johannes, Denise Garcia Ocampo, Lorena Garzoni, and Mateo Piccolo. 2020. *Policy Responses to Fintech: A Cross-country Overview.* FSI Insights No.23.

Fernando, R. and W. J. McKibbin. 2021. *Macroeconomic Policy Adjustments due to COVID-19: Scenarios to 2025 with a Focus on Asia.* ADBI Working Paper No.1219.

Financial Stability Board(FSB). 2020a. *COVID-19 Pandemic: Financial Stability Impact and Policy Responses.*

_____. 2020b. *COVID-19 Pandemic: Financial Stability Implications and Policy Measures Taken.*

Friedman, George. 2020. "The Coronavirus Crisis and Geopolitical Impact." *Horizons* 16.

Frost, Jon. 2020. *The Economic Forces Driving Fintech Adoption across Countries.* BIS Working Papers No.838.

Howell, Michael. J. 2020. *Capital Wars: The Rise of Global Liquidity.* London: Palgrave Macmillan.

Huang, Yiping. 2020. *FinTech Development in the People's Republic of China and Its Macroeconomic Implications.* ADBI Working Paper No.1169.

IMF. 2020a. *External Sector Report: Global Imbalances and the COVID-19 Crisis.*

_____. 2020b. *World Economic Outlook* (October).

_____. 2021. *World Economic Outlook Update* (January).

Ingram, George. 2021. "COVID-19 Exposes a Changed World: A Prescription for Renewing U.S. Global Partnership." Policy Brief, Brookings Institution.

Jackson, James K., Martin A. Weiss, Andres B. Schwarzenberg, and Rebecca M. Nelson. 2020. *Global Economic Effects of COVID-19.* Congressional Research Service.

Jackson, James K., Martin A. Weiss, Andres B. Schwarzenberg, Rebecca M. Nelson, Karen M. Sutter, and Michael D. Sutherland. 2021. *Global Economic Effects of COVID-19.* Congress Research Service.

Jasanoff, Sheila, Stephen Hilgartner, J. Benjamin Hurlbut, Onur Özgöde, and Margarita

Rayzberg. 2021. *Comparative Covid Response: Crisis, Knowledge, Politics - Interim Report*. Harvard Kennedy School and Cornell University.

Khiaonarong, Tanai and Terry Goh. 2020. *Fintech and Payments Regulation: Analytical Framework*. IMF Working Paper No.20/75.

Kissinger, Henry A. 2020. "The Coronavirus Pandemic Will Forever Alter the World Order." *Wall Street Journal* (April 3).

Krueger, Anne O. 2020. "Financial Repression Revisited?" *Project Syndicate* (August 20).

Lin, Justin Yifu. 2021. "China's Economic Outlook against the Backdrop of the COVID-19 Pandemic and US-China Tensions." *Journal of Chinese Economic and Business Studies* 18(4).

Loten, Angus. 2020. "Digital Payments Soar Amid Coronavirus Restrictions." *Wall Street Journal* (March 25).

Maull, Hanns W. 2021. "The Coronavirus Pandemic and the Future of International Order." *Survival* 63(1).

Napier, Russell. 2020. "A New Age of Financial Repression May Soon be upon Us." *Financial Times* (July 22).

Norrlöf, Carla. 2020. "Is COVID-19 the End of US Hegemony? Public Bads, Leadership Failures and Monetary Hegemony." *International Affairs* 96(5).

Reich, Simon and Peter Dombrowski. 2020. "The Consequence of COVID-19: How the United States Moved from Security Provider to Security Consumer." *International Affairs* 96(5).

Reuters. 2021. "SWIFT sets up JV with China's Central Bank." (Fenruary 4).

Rogoff, Kenneth and Jessica Scazzero. 2021. *COVID Cash*. CMFA Working Papers.

Shin, Hyun Song. 2020. "Outlook for the Global Financial System in the Wake of the Pandemic." Bank for International Settlements (September 23).

UNCTAD. 2021. *COVID-19 and E-commerce: A Global Review*.

World Economic Forum(WEF). 2020. *Post-COVID-19 Financial System*. White Papers (14 October).

Yardeni Research, Inc. 2020. *Global Liquidity* (March 26).

Zamora-Pérez, Alejandro. 2021. "The Paradox of Banknotes: Understanding the Demand for Cash beyond Transactional Use." *ECB Economic Bulletin*, Issue 2.

http://www.worldgovernmentbonds.com/ (검색일: 2021년 3월 30일)

https://www.statista.com/statistics/270126/largest-stock-exchange-operators-by-market-capitalization-of-listed-companies/

https://www.worldometers.info/coronavirus/#countries (검색일: 2021년 3월 24일)

野木森稔. 2021. "中国化が進む香港国際金融センタ―米中金融デカップリングと中国市場特化の可能性." 『環太平洋ビジネス情報 RIM』 21(80).

中国人民银行. 2021. "推动金融网关建设 提升跨境金融网络与信息服务水平." (3月23日).

中国人民银行数字货币研究所. 2021. "中国人民银行数字货币研究所加入多边央行数字货币桥
　　研究项目." (2月24日).

제8장

코로나19 팬데믹과 신흥안보의 도전:
식량위기 관련 이슈연계와 위협인식
증폭에 관한 고찰

신범식(서울대학교)

I. 코로나19 팬데믹의 국제정치적 도전

탈냉전 이후 지구정치의 변곡점에는 항상 중대한 사건(event)이 있었다. 베를린장벽의 붕괴와 소련의 해체(1990-91)로부터 시작하여 패권국 미국이 주도해 온 세계는 9.11 테러(2001)를 기점으로 새로운 도전에 직면하였고, 세계금융·경제위기(2007~2009)를 계기로 중국이라는 경쟁자의 부상을 목도하였다. 세계경제포럼(WEF)의 「지구위험보고서(Global Risks Report)」가 2006년 이후 계속 경고해 왔던 전염병 위험이 2020년 코로나19 팬데믹으로 신흥안보의 안보화 이슈의 정점으로 등장하게 되었으며, 이로써 신흥안보 이슈가 지구정치에서 또 하나의 중대 변곡점이 된 것이다. 일각에서는 코로나19 팬데믹이 지구정치의 구조적 변화를 야기할 것이냐에 대해 유보적 입장을 보이기도 한다. 특히 스페인독감, 신종플루, 사스, 메르스 등과 같이 기존 전염병의 전례를 보았을 때에 이번 사태도 근본적 혹은 구조적 변동에 이를 정도의 충격을 주지 않을 수도 있다는 주장이다. 경제적 측면에서도 이미 세계경제의 적응과 회복 가능성에 대한 긍정적인 전망들도 심심치 않게 제기되고 있다.

하지만 코로나19 백신이 개발되고 접종이 시작된 2021년 봄 이후의 상황 전개를 보면서 팬데믹 상황이 빠른 속도로 호전될 것이라고 전망하기에는 아직도 지구 곳곳의 코로나19 상황이 만만치 않다. 2021년 말 기준 델타 변이에 이어 2022년 오미크론 변이가 계속하여 기승을 벌이는 상황에서 코로나19 팬데믹 사태는 기존의 전염병보다 좀 더 길고 광범위한 영향을 끼치면서 개별국가들은 물론 국제정치 전반에 심대한 영향을 끼칠 것이 분명해 보인다.

물론 이 질문에 답하기 위해서는 우선 팬데믹 상황이 얼마나 지속될 것이냐에 답해야 할 것이다. 팬데믹의 지속 기간에 따른 파급 효과의 정도는 상당한 차이를 보일 것이 분명하다. 그런데 이미 2020년과 2021년 두 해는 분명 팬데믹의 시간이었으며, 2022년도 상당 기간 영향을 받을 것이다. 국가별로 방역의 성적이 상이하며, 일부 아시아 국가들의 경우에 우수한 대응 성적을 거두기도 하였지만, 지속적인 변이의 출현은 방역 역량의 한계를 노정하고 있으며, 몇몇 방역 및 대응 우수국가의 노력으로 팬데믹이 극복되기는 어렵다는 점이 분명해졌다. 향후 코로나19 팬데믹이 지구적 수준에서 안정세에 들어서고 팬데믹의 종식이 선언되거나 유행성 감기와 같이 토착화되기까지 시간이 더 필요해 보인다.

코로나19 팬데믹이 지속되면서 지구화의 이완과 국가주의적 대응의 경직적 분절화, 지구적 및 지역적 가치사슬의 재편, 기존 질병·보건·복지 체제의 와해와 재편 등이 진행되었고, 미-중 전략경쟁의 심화와 지속은 한층 더 복잡한 힘겨루기의 양상을 빚어내고 있다. 이미 팬데믹의 도전은 전통적 국제정치의 주된 관심인 지구적 패권국가로서 미국의 리더십에 심각한 타격을 입혔고, 중국의 확장적 대응에 따른 강대국 정치의 압박이 고조되고 있으며, 국제정치에서 다자주의를 약화시킬 조건들은 강화되고 있다.

그런데 이 같은 코로나19의 다각적 및 다층적 영향의 지속성 및 정도에 대하여 논의하기 위하여 우리가 던져야 할 또 하나의 중요한 질문이 있다. 그것은 코로나19 팬데믹 영향의 연관적 고리를 추적하는 과정에서 어떤 종류의 이슈연계, 특히 신흥안보 창발과 관련하여 어떤 이슈연계가 발생할 수 있는가라는 질문이다. 왜냐하면 코로나19 팬데믹은 그 자체만으로도 가공할 재난이지만, 이슈연계를 통하여 엄청난 부정적 영향을 확대할 수 있기 때문이다. 이미 코로나19 팬데믹은 기후변화, 식량문제, 석유전쟁, 재정 적자와 경제위기 등과 같은 이웃한 이슈들에 대해 크고 작은 영향을 미치고 있으며, 이 같은 이슈연계의 고리가 강화될 경우 포스트팬데믹 국제정치는 더욱 심각한 도전과 변화의 압력 하에 노출될 것이 분명하다.

사실 코로나19 사태가 발발하자마자 가장 먼저 국제정치의 동요를 일으킨 부문 중의 하나는 식량 문제였다. 코로나19발 식량위기론은 일부 식량 수출국들의 금수(禁輸) 조치로 주목받았으며 다양한 기후 조건과 결합되면서 위기론이 일었고, 이 같은 식량위기의 위험성은 식량가-유가의 높은 연동성 때문에 2020년 초 발생한 석유전쟁에 의하여 더욱 큰 우려를 야기하기도 했다. 코로나19 팬데믹이 지속되는 중 기후변화, 유가 불안정, 팬데믹에 따른 곡물 수출 통제 가능성의 빈번한 제기 등으로 2021년에 식량가가 지속적으로 상승하고 있다. 식량과 에너지 이슈가 상호 연계되면서 2008~2009년 식량위기가 발생했던 과거의 경험은 코로나19 사태로 인하여 전염병-에너지-식량의 이슈 연계의 삼각고리가 작동하는 "퍼펙트스톰"으로 지구정치를 강타할 가능성에 대해서도 예의 주시하여야 할 것이다.

이런 문제의식 하에 본 장에서는 코로나19 팬데믹이 추동하고 있는 국제정치의 심대한 변환 과정에서 식량위기를 둘러싸고 에너지 및 기후변화 등의 이슈가 어떤 연계의 가능성을 보이고 있는지를 살펴보고, 이 이슈연계의 고리가 위기 고조 및 안보화 과정으로 나아가도록 만드는 이슈연계의 패턴과 조건을 검토해 보려 한다.

II. 신흥안보의 이슈연계와 위협인식의 증폭

신흥안보의 복합지정학[1]을 이해하는 데 있어서 중요한 개념 중의 하나
가 "이슈연계"이다(Kumar et al. 2014). 신흥안보는 그 특성상 어떤 단
일 요인의 작용으로 나타나는 안보적 동인에 대한 설명으로는 그 면모
를 다 파악하기 힘든 특성을 가진다. 따라서 다양한 동인들의 상호 연
결된 상호작용에 의해서 안보화 현상을 설명하는 복합적 연계의 접근
법을 요구한다. 복합적 연계의 접근법이란 사회와 경제 그리고 환경의
문제가 함께 작용하여 창발이 일어나는 안보화 과정과 구조를 보여주
는 접근법을 의미한다.

    이 같은 사고는 이미 세계경제포럼(WEF)에서 매년 출간하는 「지
구위험보고서」(Global Risks Report)에도 잘 반영되어 있다. 이 보고서
는 지구적 위험의 연계성을 지구적 엘리트들이 어떻게 인식하고 있는
지 면밀히 모니터링하면서 어떤 위험요인들이 상호 밀접히 연계되어
있는지에 대한 인식 지도를 제공해 주고 있다. 이러한 지구적 위험성
에 대한 매핑의 시도는 비전통 위험의 복합과 연계에 대한 패턴을 연
구할 수 있는 중요한 출발점이 된다. 가령, 이 장에서 주목하고 있는 주
제로서 식량과 에너지 문제와 관련해서 각 이슈가 어떻게 안보화되는
가를 설명하기 위해서는 그 과정에서 다양한 동인들이 복합적으로 연
계되며 창발(emergence)이 일어나는 과정에 대한 이해가 없이는 온전
하게 설명하기 어려움을 보여준다. 따라서 식량 문제와 관련하여 발생
하는 이슈연계에 대한 연구는 다양한 여타 이슈들과 그 연관성에 대한
이해를 요구하기에 학제적 연구가 필수적이다(Atkinson et al. 2012;

---

1   신흥안보의 복합지정학 및 안보화에 대한 기본적 이해는 김상배(2016) 및 신범식(2018)
을 참조.

Azevedo et al. 2011; Edwards 2010). 이런 이슈연계에 대한 이해와 접근은 신흥안보의 복합적 창발이 이루어지는 과정에 대한 이해의 폭을 넓혀 줄 수 있으며, 이러한 신흥안보에 대한 대응방안을 강구함에 있어서도 지방, 국가, 지역, 지구 수준에 대한 논의와의 복합적 연계성에 대한 관점의 중요성을 드러내준다(가령, Grafton & Kompas 2012). 그렇지 않으면 비대칭적이며 복합적인 지구적 위험에 대처할 수 있는 체계를 구축할 수 없기 때문이다.

따라서 신흥안보 연구에서 강조하여야 할 부분은 다양한 위험의 요인들이 어떤 기제를 통해 상호 연계되며 복합화되는가에 대한 연구의 중요성이다. 2011년 독일 본에서 열린 '넥서스(Nexus) 국제회의'(SEI cord. & ed. 2011) 이후 OECD 등을 중심으로 수자원과 식량 그리고 에너지 등의 복합적인 상호 연계에 대하여 깊은 관심을 가지고 연구들이 시도되고 있다(Kumar et al. 2014).

그런데 코로나19 팬데믹이 야기한 복잡한 안보문제의 출현 및 안보화 창발의 가능성을 이슈연계의 틀 속에서만 이해하기에 어려운 측면이 있다. 실제적 이슈들 간 상호작용 이외에 구체적 위험에 대한 인간의 위협인식이 작용하는 부분을 고려할 필요가 있기 때문이다. 따라서 팬데믹의 위험과 위협이 한층 고조될 수 있는 가능성을 검토하기에 앞서 위협과 위험이라는 개념에 대해 잠시 생각해 볼 필요가 있다. '위협'(threat)은 부정적 사건이 일어날 수 있는 가능성이 극대화되는 과정을 말하며, '위험(risk)'은 자산이나 가치의 손실이나 피해가 발생할 잠재성을 말한다. 위험은 체제에 내재하는 약점으로 이해될 수 있으며, 이 약점은 잠재적으로 위협에 노출됨으로써 취약성(vulnerability)을 구성한다. 이처럼 위협과 위험이라는 두 개념은 깊은 연관을 가지지만, 그 작동 기제는 일정 정도 차별화될 수 있다. 신흥안보의 안보화 과

정에서 위험은 이슈가 작동하는 실제적 기제의 연계에 의하여 극대화
되면서 안보 문제로의 창발로 연결되지만, 위협은 실제 위험에 대한 불
안감을 기반으로 작동하기 때문에 이슈의 실질적 연계뿐만 아니라 위
협인식의 증폭에 의해 안보화되는 경우가 많다. 하지만 위협과 관련된
인간의 인식은 행동으로 표출되고, 이 같은 사회적 영향은 경제는 물론
이고 자연에도 실질적 영향을 미칠 수 있기 때문에 그 경계를 확실하
게 구분하기란 쉽지 않다. 그럼에도 불구하고 "이슈연계"에 의한 위험
의 확산과 심화 가능성을 "위협 증폭"에 의한 고조되는 가능성과 구분
하는 것은 신흥안보 이슈가 안보화되는 과정에 대한 보다 정확한 이해
를 도울 수 있으며, 그 대응책의 마련을 위해서도 유용하다.

　　예를 들면, 코로나 팬데믹으로 인해 고조된 불안감은 위협 증폭을
통해 매우 심각한 결과를 야기할 수 있음을 인식하고 대처할 필요가
있다. 2020년 초에 나타났던 석유전쟁은 코로나 사태 이후 지구적 경
기후퇴와 맞물려 에너지시장의 급속한 재편을 가져올 수 있다는 위기
감을 불러일으켰다. 이에 트럼프 행정부의 적극적인 개입은 위협 증폭
을 조기에 진화하는 적극적 대처에 나서게 만들었으며, 미국의 적극적
중재로 사우디아라비아와 러시아 간의 치킨게임과도 같은 증산 경쟁
을 조절함으로써 갈등 증폭의 가능성이 신속히 봉합될 수 있었다. 한편
코로나 팬데믹은 지구화로 약화되어 가던 국경을 다시 강화시켰는데,
국경의 재활성화는 식량안보의 문제와 관련된 불안감의 고조에 따른
위협 증폭을 야기함으로써 식량 문제를 시장원리가 아니라 안보원리
에 종속시키는 기제로 작동하기도 하였다. 이는 국가들 간의 심각한 식
량안보 확보전으로 비화되어 지정학적 안보 이슈를 창발(emergence)
시키는 계기로 작용할 수도 있었다.

　　또 한 가지 강조해야 할 것이 매개변수의 역할이다. 환경을 비롯한

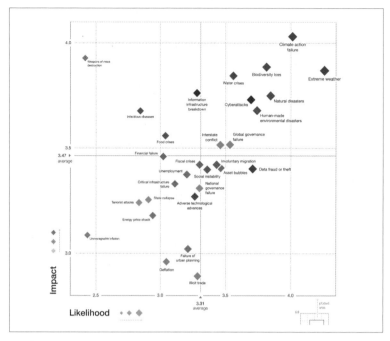

그림 8-1 지구적 위험 지형도 2020
출처: WEF(2019, 3).

에너지 및 보건 등의 신흥 이슈의 안보화 과정에 대한 연구들은 그 과정에서 나타나는 실제적인 이슈연계와 위협 증폭에 대해서 주목해야 하는 한편, 다양한 동인들 사이에서 안보화의 촉매제로 작동하는 매개변수의 역할에도 주목하여야 한다. 기후변화로 인한 생활환경의 변화는 '다르푸르 사태'에서와 같이 "인구이동"을 매개변수로 하여 심각한 갈등을 유발하고 안보 문제로 비화되는 경우가 자주 나타날 수 있다 (Welzer 2012). 마찬가지로 코로나19 팬데믹으로 인해 벌어지고 있는 다양한 변화의 동력들은 복합지정학적 상호작용을 통해 신흥안보화의 과정을 통해 고조될 수 있기 때문에, 이슈연계 및 위협 증폭에 대해 예의 주시하면서 그 과정에 개입하는 다양한 매개 변수를 식별하는 것이

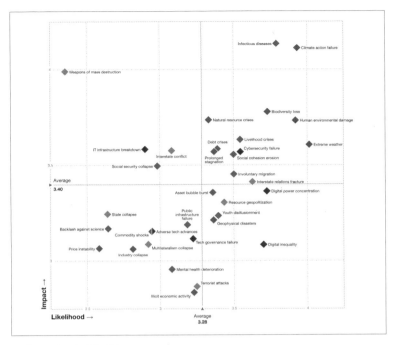

그림 8-2 지구적 위험 지형도 2021
출처: WEF(2020, 12).

중요한 과제가 된다고 할 수 있다.

코로나19의 충격과 관련하여 세계경제포럼(WEF)의 2020년 및 2021년 「지구위험보고서」를 비교해 보면 팬데믹이 가져온 신흥안보의 주요 요인들의 상호작용의 패턴과 기저의 변화를 이해하는 데 유용한 출발점을 찾을 수 있다.

〈그림 8-1, 2〉를 비교해 살펴 보면, 지구적 위험에 관한 인식 지평의 변화가 잘 드러난다. 우선 2020년 지형도(2019년 진행된 조사의 결과)이다. 위험이 발생할 수 있는 기대정도와 예상되는 충격의 정도를 기준으로 X축과 Y축을 삼고, 각각 발생기대치와 충격예측치의 평균값을 기준으로 4개 면을 나누어 표기한 도표인 〈그림 8-1〉을 보면, 비교

적 발생 가능성이 높으면서 충격도가 높은 우상(右上)면에 분포한 위험요인 군집과 발생 가능성이 낮고 충격도 낮은 좌하(左下)면에 분포한 위험요인 군집 사이에 일정한 선형 분포가 나타나며, 유사한 분야의 위험요인들이 몰려서 분포한다는 점이 특징적이다. 발생 가능성도 높고 충격도가 큰 이슈들로는 주로 환경 관련 이슈들이 꼽혔으며, 그 좌하측으로 사이버안보가 자리 잡고, 이어 지정학적 이슈들이 중간에 배치되어 있고 이어서 사회적 이슈가, 그리고 경제적 이슈들이 비교적 좌하면에 많이 분포되어 있었다.

하지만 20201년 지형도(팬데믹이 발생한 이후 2020년에 진행된 조사의 결과)에서는 예상하였듯이 전염병에 의한 재난이 우상향으로 약진하였으며, 전염병 발생과 깊은 연관성을 가지는 것으로 추정되는 기후변화에 대한 대응 실패 관련 발생기대치와 충격예측치도 여전히 높게 나타났다. 그런데 특히 주목되는 것은 2021년 지구위험 분포는 2020년에서 보였던 것과 같은 선형 및 위계적 분포의 특성이 약해지면서 분산도가 높아진 배치의 특징을 보여주었다는 점이다. 결국 코로나19 팬데믹으로 인해 위험과 관련된 인식 지형은 전반적으로 크게 충격을 받아 다방향으로의 분산을 보여준 것으로 추측되며, 그런 변화에도 불구하고 환경 및 기후변화와 관련된 위험 이슈는 여전히 우상면에 견조한 위상을 유지함으로써 팬데믹의 충격에도 불구하고 가장 심각한 위험요인으로서의 위상을 유지하고 있음을 보여주었다.

본 장에서 주목하는 신흥안보 이슈의 연계 고리가 어떤 특징을 보이는가를 알아보기 위해서는 다른 도표들이 필요하다. 2020년 위험 연계성 지도인 〈그림 8-3〉을 보면, 2020년까지 꾸준히 그 위험에 대한 인식의 정도를 높여 온 기후변화 대응의 실패와 극한 기상의 연계가 2020년 이전까지 세계인들에게 가장 중요한 위험이며 위협의 축이었음을 알 수 있다. 이 축은 인간에 의한 환경 파괴와 생물다양성의 상실과 같은 환경 이슈와 연계될 뿐만 아니라 식량과 수자원 위기와 밀접히 상호작용할 수 있는 근접성을 보이고 있으며, 이는 비자발적 이민 및 사회적 불안정성의 증대로 연계되는 구조를 보이고 있다. 이는 사람들의 인식에서의 긴밀성을 보여주지만, 이슈연계의 실질적 위험을 드러내 주는 지도이기도 하다.

하지만 코로나19 팬데믹 특별판으로 발행된 2021년 지구위험보고서의 이슈연계성 지도에서 위험요인들 간의 관계를 묘사하는 틀이 완전히 바뀌었음을 볼 수 있다. 〈그림 8-4〉에서 보는 바와 같이 그것은 모든 위험요인이 다른 모든 위험요인들과 긴밀히 연결되는 형태를 표기하는 방식으로 특정 신흥안보 이슈에 영향을 미치는 동인과의 연계성을 식별하기가 훨씬 어려워진 상황을 반영한다. 그만큼 이슈연계의 고리가 다양한 영역에서 일어날 수 있게 되었다는 인식이 강화된 결과일 것이다. 이 같은 복잡한 이슈연계의 가능성 속에서 2021년 연계 지형도에서 드러난 지구적 위험의 순위는 1) 기후변화대응 실패, 2) 전염병, 3) 고용 위기, 4) 사회적 결속 약화, 5) 생물다양성 파괴, 6) 채무위기, 7) 장기화된 경기침체, 8) 극한 기상, 9) 인간의 환경훼손 등으로 나타났다. 이 같은 위험에 영향을 미치는 동인들(drivers)로 환경과 관련된 이슈가 전반적으로 중요한 역할을 감당하는 가운데, 자원의 안보화 및 국가관계의 균열이라는 지정학적 요소의 중요성이 부각되었으며, 특히 사회적 및 경제적 요인들이 좀 더 중요한 동인들로 세분화되어 분석되고 있다. 이 가운데 '기후대응 실패' '전염병' '생물다양성 파괴' 등 세 가지는 '대량 살상 무기' '천연자원 위기'와 함께 발생 시 중격도가 높은 5대 위험요인으로 뽑혔다. 특히 2021년 보고서에는 팬데믹 이후 심각한 영향을 끼칠 위험요인을 시기별로 제시하였는데, 2021

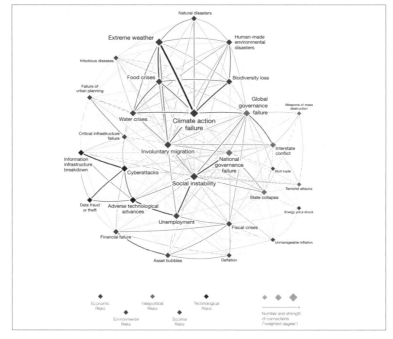

그림 8-3 지구적 위험 연계 지도 2020
출처: WEF(2019, 5).

년부터 2년까지 전염병과 고용위기 및 디지털 불평등을 중대한 위험
으로 보았고, 이후 3년간은 자산버블 붕괴와 정보통신(IT) 기반의 붕
괴, 가격불안정성 및 채무 위기와 같은 경제적 위험이 기술적 위험과
상호작용할 것으로 예측되었다. 5년 이후 장기 위험으로는 대량살상
무기를 비롯하여 생물다양성의 파괴, 천연자원 위기, 기후대응 실패 등
환경 관련 요소들이 다시 부각될 것으로 예상되었다.

세계경제포럼의 지구위험보고서에 나타난 신흥안보 이슈의 상관
성에 대한 이상의 분석을 통해서 다음과 같은 신흥안보 이슈의 지형에
대한 통찰을 얻을 수 있을 것이다. 첫째, 팬데믹으로 위험성 연계의 구
조가 영향을 받아, 유사한 위험성이 인접하면서 나타나는 위계적 배열

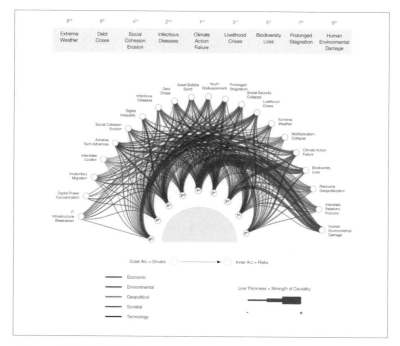

그림 8-4 지구적 위험과 동인들 2021
출처: WEF (2020, 13).

의 구조가 와해되고, 각 분야별로 팬데믹과의 연관성이 높은 위험요인
이 크게 부각되었다는 점이 주목된다. 둘째, 발생 빈도도 높고 충격도
도 높은 위험 지형도의 우상면에 환경 요소 이외에 경제적 위험요인
(부채 문제, 장기 경기침체, 자산버블 붕괴 등), 사회적 위험요인(생계 위
기, 사회적 연대 약화, 비자발적 이주), 지정학적 위험요인(국가관계의 균
열) 및 과학기술적 위험요인(사이버안보) 등이 약진하고 있음을 알 수
있다. 이런 변화는 그 동안 지속해서 강세를 보이던 환경 관련 위험요
인들의 중요성이 줄어든 것은 아니며, 다만 환경 요인 외의 다른 위험
요인들의 중요성이 증대되면서 이전과는 차별화되는 이슈연계의 패
턴이 등장할 소지가 높아졌음을 의미한다. 셋째, 코로나19 팬데믹 발

생 이후 전 세계적으로 양극화 현상이 더 심화되고 있는 가운데, 팬데 믹 이후 빈곤과 불평등을 줄이려는 시도가 약화되고 국제협력을 비롯 하여 사회적 연대도 느슨해지면서 기후위기와 같은 장기적 위험에 대 응할 수 있는 역량이 크게 약화되고 있다는 점에 주의하여야 할 것이 다. 2020년 코로나19 팬데믹 사태는 전염병과 같이 고위험군에 속하 는 장기적 위험요인에 대하여 제대로 대비되지 못하였을 때에 인류 와 국가가 어떤 어려운 상황에 직면하게 되는지를 확실하게 보여주었 다. 이런 의미에서 여전히 가장 위험하고 높은 발생기대치를 가진 위험 군에 속하는 기후변화 위험에 대하여 인류가 장기적으로 대처하지 못 할 경우에 우리가 치러야 할 대가는 가공할 수준의 것이 분명하다. 따 라서 정부, 기업, 사회가 새로운 위기에 대응할 수 있는 집단적 회복력 (resilience)을 기르기 위해 새로운 경제적·사회적 시스템을 마련해야 하며, 국제적인 위험대비 체제의 구축을 위한 협력에 나서야 할 것이 다. 물론 이런 대책을 마련하기에 앞서 위험요인의 이슈연계 및 위협 증폭의 패턴에 대한 이해가 선결되어야 한다.

III. 코로나19 팬데믹과 식량위기

1. 2007~2008년 세계 식량위기

2020년 코로나19 팬데믹과 식량안보의 관계를 살펴보기 위해서는 그 이전에 있었던 2007~2008년 식량위기의 상황에 대한 이해가 필요하 다. 후자의 경우는 이슈연계에 의한 위기발생 기제가 확실했고, 전자의 경우에는 이슈연계의 징후에 의해서라기보다는 위협 증폭에 의한 위

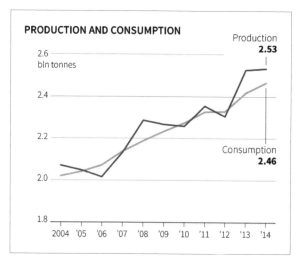

PRODUCTION AND CONSUMPTION

그림 8-5 식량 생산과 소비 추이
출처: http://blogs.reuters.com/data-dive/2014/12/16/how-record-crops-generated-food-inequality/

기감이 위기적 징후들을 발생시켰기 때문이다.

세계 식량위기의 원인을 돌아보면 다양한 요인들이 작용하고 있음을 알 수 있다. 식량위기의 원인은 크게 수요 요인, 공급 요인, 금융 등 기타 요인의 세 가지 측면에서 분석된다(Westhoff 2010, 181-214). 수요 요인은 경제의 성장이나 쇠퇴에 따른 식량 수요의 변화, 육류 소비 증감에 따른 사료곡물 수요의 변화, 바이오 에너지용 곡물 수요의 변화 등을 포함하며, 공급 요인은 기상 요인이나 생산비의 변화, 정책적 변수 등으로 작황, 혹은 시장 유통량에 충격이 생길 경우를 뜻하고, 환율과 투기 수요 등의 영향은 기타 요인으로 구분된다. 특히 식량의 필수재로서의 성격과 국제 곡물시장이 세계 총생산량의 극히 일부만 거래되는 '얇은 시장(thin market)'이라는 사실은, 언제라도 세계 시장을 불안정하게 만들 수 있는 구조적이고 사회심리적인 기반으로 작동하고 있다는 점이 중요하다. 가령, 식량 파동의 경미한 조짐만 생겨

도, 상황이 악화되기 전에 선제적으로 적정 수입량을 확보하려는 수입
국의 노력과 국내 시장의 동요 그리고 세계 곡물시장에서의 가격 상승
수준을 관찰하면서 수출량을 조절하려는 수출국의 계산이 더해지면서
세계 곡물시장에서는 실제로 필요를 초과하는 수요가 생기면서 가격
의 급격한 상승이 나타날 수 있다(김규호 2020).

2000년대 들어 세계 곡물의 연간 총소비량은 개도국의 폭발적 인
구증가와 육류의 소비 증가에 따른 사료용 곡물의 소비 증가로 곡류의
소비가 급격히 증가하여 2004년 약 20억 톤을 넘어 2006년 21억 톤에
달했으나, 이에 반해 총생산량은 약 20억 톤으로 소비량에 미치지 못
했다. 뿐만 아니라 지구 기상환경 변화에 따른 재해의 증가 및 생태계
의 파괴, 수자원의 부족과 관리 미흡, 생산투입 자재 및 경지의 제한,
생산자 소득의 열악화 등으로 안정적인 식량수급에 대한 위기감이 고
조되어 갔다. 또한 세계 곡물 재고량도 감소추세로 약 20%의 재고량
유지도 어려운 위험수위에 처하게 되었다(Benson 2008). 이런 추세가
지속되었다면, 2007~2008년 식량위기는 식량 수급의 문제로 이해하
면 쉽게 이해할 수도 있었을 것이다.

하지만 2007~2008년 세계 식량위기는 그런 식량위기와는 다른
형태의 위기적 구조를 보여준 사례로 주목을 받았다.[2] 물론 이 시기 식
량위기의 주요한 구조적 원인들로는 우선 근본적으로 세계인구의 증
대와 식량 생산 사이에 나타나는 수급불균형이 가장 큰 조건이 될 것
이다(Pimentel 2004). 하지만 최근 들어서는 기후온난화에 의한 기
상이변과 사막화, 생명공학농작물(GMO)에 대한 지역 간 갈등의 영
향 등과 같은 농업 내적인 원인들로부터 중국과 인도 등의 신흥 국가

---

2   이하 2007~2008년 식량위기와 관련된 설명은 신범식(2016)의 글을 정리하였음.

들의 경제성장에 의한 에너지 및 식량에 대한 수요의 급증, 투기 자
본 유입에 의한 세계 곡물시장의 교란, 유가 급등에 따른 곡물의 생산
및 수송비용의 증가 등과 같은 시장 기제와 연관된 원인들이 새롭게
중요해지고 있다(Günther 2001; IFPRI 2010). 하지만 많은 연구들은
2007~2008년 식량위기의 발생에서 촉발요인(triggering factor)으로
작용한 것은 고유가의 시장 압력이 지속되는 조건 하에서 곡물을 이
용한 바이오연료의 생산이 급격히 증가한 것이 가장 중요한 촉발요인
으로 작동했음에 주목해야 한다고 주장한다(Hervé et al. 2011; HSNW
2015). 즉 1990년대 말부터 석유가격과 옥수수가격의 격차가 크게 벌
어지면서 더 많은 수익이 기대되는 바이오연료 생산에 대한 관심과 유
인이 높아졌고, 고유가 시대가 본격화되면서 바이오연료로의 전환이

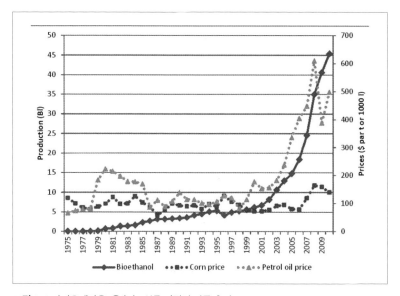

그림 8-6 바이오에탄올, 옥수수, 석유 가격의 변동 추이

출처: http://www.intechopen.com/books/economic-effects-of-%20biofuel-production/biofuels-and-world-agricultural-markets-outlook-for-2020-and-2050

가능한 옥수수 등의 곡물을 용도 전환하여 바이오연료 생산을 늘렸고, 이러한 변화는 식량으로 쓰일 곡물까지 바이오연료로 전환함으로써 식량 가격을 폭등하게 만든 원인이 되었던 것이다.

주목할 것은 이 같은 식량위기의 구조적 원인, 즉 〈그림 8-6〉에서 보이듯이, 곡물가격과 유가 간의 격차가 크게 벌어지는 조건이 지속되면서 관련 요인들이 유사한 패턴으로 상호작용하였기 때문에 유사한 식량위기의 재연 가능성은 그 이후에도 상존하고 있었다는 점이다. 실제로 2011~12년에 유사한 구조적 문제로 인하여 식량위기 상황이 재연될 가능성이 높아지기도 했다. 다행히 이후 상황이 호전되어 2014년 식량생산이 25억 톤을 상회하는 것으로 발표되면서 24억 톤 정도의 소비 수준을 상회하는 공급이 식량 위기의 상황을 벗어날 수 있게 해주었다. 하지만 이러한 위기적 상황의 해소는 유가가 폭락하면서 나타난 효과일 수 있다는 점에서 유가와 곡물가 간의 격차가 가져올 수 있는 식량위기의 구조적 특성이 완전히 해소되었다고 보기는 어렵다.

결국 2007~2008년의 식량위기는 인구 증가 및 식량 소비의 증가라는 상수(常數)적 압력이 존재하는 가운데, 식량생산이 감소하는 작황 상황이 결합되면서 전반적인 식량 시장의 취약성이 높아가던 시점에 발생했다는 면에서 수급 구조상의 문제가 관여되어 있었던 것은 맞다. 식량위기 직전의 전반적인 식량생산 수준이 분명 감소하고 있었다. 하지만 이러한 변화에 대하여 적절히 주시하지 못하고 있었다는 것만으로는 식량위기가 다 설명되지 않는다. 도리어 이같이 취약한 식량 시장이 외부 요인의 영향에 노출되면서 '이슈연계'에 의한 위험의 결합이라는 신흥안보화에 의해 식량위기 상황이 발생한 것으로 보는 것이 타당해 보인다. 당시 세계적인 경제 확장의 시기를 맞아 식량은 물론 특히 에너지 등의 자원에 대한 수요가 급속히 증대되고 있는 가운데 발생한 고유가는 식량 생산에 대한 압박을 높여갔던 것이다. 일견 인구의 증가에 따른 수요를 감당하기에 넉넉한 에너지 생산 수준이 유지되고 있었다고 하더라도, 고유가 상황에서 에너지 의존적인 농업의 생산 구조는 식량생산 부문에서 여력을 확보하기에는 역부족이었던 것으로 보인다. 게다가 이 같은 한계 상황에서 바이오연료에 대한 수요가 증가하면서 주요 선진국의 바이오연료에 의무적 생산 할당을 감행함으로써 식량 자산이 바이오에너지로 전환되는 상황은 결국 식량위기를 촉발시킨 원인으로 작동했던 것이다(Page 2012).

이 같은 상황에서 식량 문제는 한 국가의 문제가 아니라 국제적인 대응책을 마련해야 하는 문제로 떠올랐다(Simpson 2005). "지속가능 발전"의 목표 달성을 위한 국제적 연대를 비롯하여 국제적 자원개발과 농업개발의 결합하는 방식에 대한 연구와 논의가 필요함을 보여준다. 이와 관련하여 한 민간단체의 제안은 여러모로 유용하다. 주요 20개국(G20) 국가들이 세계 농산물의 생산과 재고에 대한 정보를 수집하는 농업시장정보시스템(Agricultural Market Information System)을 만들어 적정 식량생산 정책을 제시하고 준수하는 협력 체제를 구축하자는 제안은 귀담아 들을 만하다. 또 농산물 관련 G20 하에 식량신속대응포럼(Rapid Response Forum)을 결성하여 곡물가격 안정화 노력을 기울일 것을 제안하기도 했다(Gilbert 2011). 각국이 식량안보를 위해 주요 식품 수출을 제한하거나 금지하는 조치를 방지하고 저개발국의 취약성을 개선하기 위한 노력을 확대하여야 할 것을 제안하기도 했다. 저개발국들도 자본투자 확대를 통해 식량 재고를 확충하여야 함은 물론이다. 그리고 EU와 미국 등은 전체 에너지의 20%를 바이오연료로 대제하는 재생에너지 지침을 완화하고, 그 곡물시장에 대한 영향을 상시적으로 모니터링하는 체제의 구축도 필요해 보인다(The Save the

Children Fund 2012). 하지만 안타깝게도 이 같은 국제적 협력체제의
구축은 요원해 보인다.

2. 코로나19 팬데믹과 석유전쟁 그리고 식량위기론

이런 2007~2008년 식량위기와 달리, 2020년 식량위기론의 등장은 이
같은 식량위기의 취약성을 다른 각도에서 조망할 필요성을 제기해 주
는 사례로 볼 수 있을 것이다. 식량위기론에 대한 논의를 전개하기 전
에 코로나19 발발과 거의 때를 같이하여 발생한 세계 석유전쟁에 대해
이해할 필요가 있다.

　석유전쟁이라 불리는 치킨게임은 석유를 생산하는 사우디아라비
아를 위시한 석유수출국기구(OPEC)와 러시아를 비롯한 타 석유수출
국들 사이에 석유시장 점유율을 주도하기 위하여 생산량 증감의 조절
과 그에 대한 협력을 두고 벌어지는 점유율 경쟁을 말한다. 1984년 석
유전쟁에서 사우디아라비아의 석유 증산은 소련 재정에 엄청난 타격
을 입혔고, 소련으로 하여금 새로운 재정 개혁에 나서게 함으로써 소련
몰락의 서막이 되었다는 해석이 존재할 정도이다. 최근 들어서는 2014
년 6월부터 2016년 2월에 재연되었는데, 사우디아라비아, 러시아, 미
국 간 3자 대결이 저유가 압력 하에 구조조정과 생산성 혁신에 성공한
미국 셰일오일 생산자들의 승리로 마무리 되었고, 이어 미국은 세계 최
대의 산유국이 되었다. 그리고 2020년 초에 이 석유전쟁이 다시 발발
함으로써 세계 석유시장의 구조적 문제를 확실하게 드러내게 되었다.
전반적으로 2008년까지 20년 이상 상승하던 국제 유가는 이제 장기
적 하향 추세로 돌아서면서 산유국들의 경제적 압박이 심해지게 된 것
이다. 이 상황에서 2020년 코로나19 사태가 발발하자 석유시장의 구

조적 취약점을 증폭시키고 외화시킴으로써 이슈연계에 의한 안보화가 진전될 수 있는 가능성과 우려가 제기되었던 것이다.[3]

2020년 석유전쟁의 배경에는 러시아와 사우디아라비아의 경쟁이 깔려 있다. 2020년 2월 6일 발표된 IMF보고서에서는 신재생에너지 등으로의 에너지전환이 가속화됨에 따라 세계 석유 수요는 2040년 전후 혹은 그 이전에 정점을 찍고 감소할 것으로 전망하였다. 따라서 기존 산유국들의 재정상태가 악화될 것으로 예측하였는데, 특히 사우디아라비아의 자산이 15년 내에 고갈될 것으로 예측했던 것이다. 이미 이런 예측들이 나왔던 터라 새로운 것은 아니지만, 이 보고서는 그 시기를 훨씬 앞당겨 보았다. 이미 사우디아라비아 빈살만은 '탈석유 신성장 계획 2030'을 일찍이 수립하여 아람코를 상장하려 준비했지만, 장기간 지속된 저유가의 상황에서 유가 상승을 더 기다리지 못하고 2019년 12월에 계획했던 아람코 지분 5%에 훨씬 못 미치는 1.5%만을 해외시장이 아니라 국내 시장에 상장하게 되었다. 상장된 기업 가치는 예상보다 훨씬 낮은 수준이었다. 그리고 사우디아라비아는 본격적인 점유율 싸움에 나서게 된 것이다.

러시아가 사우디아라비아가 제안한 OPEC+ 합의에 나서지 않은 이유는 더 이상 원유 감산의 효과가 없다는 결론에 도달했기 때문이었다. 저유가 시기를 보내면서 계속된 감산 기조에서 수출액이 증가해 왔던 것과 달리 2019년 수출액이 전년 대비 약 80억 달러 감소하였던 것이다. 러시아는 감산을 통한 석유수익의 증대의 한계를 확인하게 된 것으로 보인다. 러시아 에너지부 장관은 코로나로 인한 세계 경제와 석유 수요의 변화를 잘 관찰하려면 추가 감산이 없어야 한다는 입장을 표

---

3   2020년 초 석유전쟁에 관한 논의는 이대식(2020)을 참조.

명하였다. 석유시장 구조조정에 대응하는 전략을 수립할 필요를 강하게 인식한 것으로 보인다. 탈석유 기조를 점차 강화하는 러시아가 매몰비용 위험성이 커가는 자산으로서 석유를 최대한 빠른 시간 내에 팔아 최대한의 현금을 확보하여 경제개혁을 가속화하려는 정책적 기조가 강화되고 있었던 것이다.

　두 거대 석유수출국의 충돌은 코로나19 발발과 미-중 전략경쟁으로 지구적 지도력에서 한계를 노정하고 있던 미국에게 결정적인 위협이 될 수 있었을 뿐만 아니라 지구적인 미국의 석유 시장에서의 지위에도 위협을 가할 수 있었다. 이에 트럼프 행정부는 석유전쟁에 신속이 개입하였다. 기존에 미국 정부는 철저히 시장원칙에 따라 민간 셰일업체들의 대응에 상황을 맡겼으나, 이 전쟁에 대해서 트럼프 대통령은 양국 사이에서 적극적인 중재 외교를 펼쳤다. 미국의 셰일오일의 가격경쟁력이 우위를 가질 수 있는 기간은 길게 남지 않은 것으로 예측되었다. 원유 수출 인프라가 완성되고 적체 물량이 해소되면 미국의 셰일오일의 싼 가격이라는 장점이 오래 유지될 수 있는 조건이 사라질 것으로 예측되었다. 또한 2025년을 전후로 주요 유전의 생산 감소, 생산비 증가 등으로 미국의 셰일오일 생산은 920만 배럴을 찍고 감소할 것으로 전망되었다. 미국도 짧은 기간 내에 시장 점유율을 확보해야 하는 압력에 노출되어 있는 상황인 것이다.

　하지만 트럼프 행정부는 팬데믹 상황에서 이슈연계에 의해 석유시장이 혼돈에 빠지는 것을 좌시하지 않고 신속한 개입과 중재에 나섰다. 왜냐하면 석유전쟁은 트럼프 행정부의 주요 기반인 에너지 산업계의 혼란을 초래하고, 국내정치적 기초를 약화시킬 수 있었기 때문이며, 궁극적으로 미국의 약화를 가속화시킬 조건이 될 수 있기 때문이다. 따라서 이 전쟁에 적극적으로 개입하여 봉합에 나설 수밖에 없었다.

 이상의 관찰에서 나타나듯이 코로나사태와 석유전쟁의 직접적 연관성은 커 보이지 않지만, 석유시장에서의 공급과잉의 상태가 장기화되는 구조적 변수에 대해 코로나 사태는 세계적 경기위축으로 인한 석유소비 감소 및 에너지전환 동기의 강화 등으로 위기 증폭의 기제로 작용하게 되었다. 물론 근본적인 불안정성은 석유시장 구조에 내재하고 있는 것은 사실이다. 미국 화석연료의 수출이 야기한 세계 석유시장의 구조적 변화가 당분간 미국 우세에 의하여 좌우될 것으로 보이지만, 석유시장의 구조적 경쟁의 압력은 고조되어 있으며, 불안정 요인은 상존하고 있는 것이다. 게다가 신재생에너지 등을 향한 에너지전환은 이러한 압력을 더욱 고조시킬 것이 분명하다. 석유시장 공급 측면의 구조적 성격은 현재와 같은 거대 변동의 시기에 코로나19 팬데믹으로 인한 수요 측면의 급격한 변동으로 불안정성이 급증하는 위기 상황으로 전이될 수 있음을 보여주었다. 그러나 미국이라는 강대국이 개입하여 주요 행위자들의 신속한 타협을 이룬 대처가 위기상황의 도래를 차단하는 데 성공하였다. 이후 전반적인 석유소비의 회복에 따른 경쟁 압력은 상당히 해소되면서 석유가격은 상향 안정성을 보이게 되었고, 다시 고유가 기조가 유지됨에 따라 새로운 이슈연계가 시작되었다.

 이처럼 코로나19의 발발과 세계 석유전쟁의 발발은 또 다른 위기론에 불을 지폈다. 2020년 식량위기론은 3월 26일 코로나19 확산에 대응하기 위한 국제공조 방안을 논의하기 위해 개최된 G20 정상회의에서 처음 대두되었다.[4] 유엔 식량농업기구(Food and Agriculture Organization, FAO)의 사무총장은 "다양한 이동 제한 조치가 국내외에서 식량의 생산, 가공, 유통 등에 '즉각적이고 심각한' 영향을 미칠 가

---

4   식량위기론 관련 이하의 설명은 김규호(2020)를 참조.

능성이 있고, 특히 빈곤층과 취약계층이 큰 타격을 입을 것"이라고 경고하였다(FAO 2020.03.26). 이어 3월 31일에는 FAO, WHO, WTO 등 세 개 주요 국제기구의 사무총장이 공동성명을 통해 다시 한 번 세계적인 식량부족 현상의 발생 가능성을 경고하였다(FAO 2020.03.31). 식량의 가용성과 이동성에 대한 불확실성의 증대가 연쇄적인 수출 제한을 유발함으로써 글로벌 식량난을 야기할 수도 있다는 우려를 표명한 것이다. 그들은 세계 각국이 가급적 식량 공급사슬에 지장을 주지 않고 무역 흐름을 지나치게 거스르지 않는 한도 내에서 최소한의 봉쇄 조치만을 고려할 것을 요청하였다. 식량 관련 국제기구들의 이런 경고는 코로나19 팬데믹 발발 이후에 일부 국가들이 취하기 시작한 식량 수출제한 및 수출중단 조치에 대한 국제적 대응의 일환으로 볼 수 있다(김규호 2020). 식량 수출제한 등의 대표적인 조치들로는 다음과 같은 것들이 있었다. 러시아의 경우, 자국 내 일부 지역의 식품 품귀 현상 탓에 2020년 3월 20일부터 열흘간 모든 곡물 수출을 일시 중단했다. 그리고 나서도 2020년 6월 말까지 수출을 700만 톤으로 제한하였으며, 이후 조심스럽게 수출을 재개하는 계획을 밝혔다. 세계적인 밀 수출국인 우크라이나 역시 2020년 3월 30일에 밀 수출을 200만 톤으로 제한하는 수출 쿼터를 설정한 것으로 알려졌다. 그리고 2020년 3월 24일에는 베트남이 쌀 수출을 일시적으로 중단했고, 4월 3일에는 당해 4월 및 5월에 각각 40만 톤씩의 쌀만 수출하겠다는 계획을 발표했다. 이 같은 수출량은 2019년 같은 기간의 수출량과 비교해 볼 때에 약 40%가 적은 양에 해당한다. 중요 쌀 수출국인 캄보디아와 미얀마도 2020년 4월 자국의 식량안보를 위하여 쌀 수출을 금지했다(The Straits Times 2020). 말레이시아는 팜유와 팜박 생산량의 25%를 점유하는 사바주에 4월 중순까지 팜유와 팜박 생산 중단조치를 단행하기도 하였다(Reuters

2020). 이집트와 UAE, 사우디아라비아 등 일부 식량수입국들에서 대규모 곡물 비축 움직임도 나타났다.

이 같은 상황이 위기론을 불러일으킨 것인지, 위기의식이 이 같은 대응을 불러일으킨 것인지 불분명하지만, 한 가지 분명한 것은 2020년 식량위기의 패턴은 2007~2008년의 그것과 차이가 난다는 점이다. 미국 농무부의 '세계곡물수급전망'(USDA 2020)에 따르면, 2019~2020년 세계 전체 곡물의 재고율은 30.4%로 추정된다. 이는 전년 대비 0.1% 정도 감소한 것인데, 세계식량농업기구(FAO)가 권장하는 적정 재고율이 17~18%임을 감안하면, 2020년 봄 세계 곡물재고량은 충분한 편이었다고 할 수 있을 것이다. 미 농무부는 코로나19 팬데믹으로 감소한 러시아의 밀 수출량은 이때를 수출의 기회로 활용하려는 유럽연합(EU)의 수출 증가로 충분히 상쇄될 것이라는 전망도 제시하였다. 특히 중요한 것은 코로나19 팬데믹으로 원유의 소비가 급감하면서 원유가격이 하락한 상황은 해상운임을 낮출 뿐 아니라 바이오연료용 곡물 수요의 감소도 가져왔다. 국제기구의 권고가 주로 물류 경색의 완화나 시장 심리의 안정에 초점을 맞추는 이유도 여기에 있었다. 물론 사태가 장기화될수록 식량 공급에 더 큰 지장을 초래할 가능성을 완전히 배제할 수는 없으나, 주요 수출국에서 곡물은 대부분의 생산 과정이 기계화·표준화되어 있어 노동 공급의 변화에 상대적으로 영향을 적게 받는다는 사실이나, 경제적 위축 및 외식 자제로 인한 식량 수요의 감소 현상 등이 곡물시장의 균형 지지에 도움을 주었던 것으로 보인다. 중요한 것은 어떤 경우에도 모든 국가와 개인의 식량에 대한 접근성을 확보할 수 있어야 한다는 점이다. 특히 구매력이 없거나 약화된 국가와 시민의 경우에도 이를 보장하는 것이 필요하다. 정리해 보자면, 2020년 식량위기론은 이슈연계에 따른 식량 이슈의 안보화의 과정이 아니라 위협 증폭에 의한 위기감 고조가 가져온 위협인식의 측면에서 설명될 수 있을 것이다.

3. 세계 지역별 식량위기 상황과 고유가 전환에 따른 식량위기 가능성

식량 통계의 수준을 세계 수준에서 지역 수준으로 내려서 보면 좀 더다른 식량위기 관련 상황이 관찰된다. 〈그림 8-7〉에서 보는 바와 같이 2020년 5월 기준 식량위기에 처한 지역은 아프리카 주요 국가를 비롯하여 중동지역 및 라틴아메리카 그리고 동아시아 일부 지역이며, 이 나라들에서는 코로나19 팬데믹 발생 이전에도 많은 사람들이 기아와 영양실조를 겪고 있었다. 장기적으로 코로나19 팬데믹과 결합되면서 더욱 악화되고 있는 이 지역에서의 식량위기 상황은 그에 상응하는 완화조치와 적절한 대응조치가 없을 경우 이 지역에서의 식량 공급시스템은 심각히 훼손될 수 있으며 이로 인해 식량안보의 위기는 더욱 심화될 것으로 보인다.

식량 관련 국제기구들의 연합체인 식량안보정보네트워크(Food Security Information Network)의 2021년 보고서(FSIN 2021)에 따르면, 세계 55개 국가의 1억 5,500만 명이 통합식량안보척도(Integrated Food Security Phase Classification, IPC/CH) 3~5단계의 삶을 살고 있다고 한다. 즉 1단계-적정, 2단계-경계, 3단계-위기, 4단계-응급, 5단계-기근/재난 등 척도 가운데, 위기, 응급, 재난 단계에 해당되는 위험한 상황에 처해 있다는 이야기이다. 이 기관의 분석에서 나타나듯이 아프리카와 중동 그리고 남미의 경우 식량위기의 척도는 지속적으로 악화되는 추세를 보이고 있으며, 특히 문제는 2020년 코로나19 팬데믹

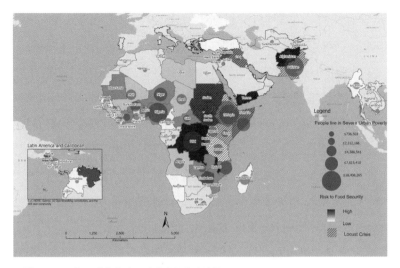

그림 8-7 코로나19 발생에 따른 식량안보 위기 상황 (2020년 5월 기준)
출처: Global Food Security Cluster (https://fscluster.org/)

이후 상황이 더 악화되고 있다는 점이다.[5] 식량 부족으로 인한 위기와 분쟁, 이어지는 경제위기, 그리고 그에 따른 난민 문제는 상호작용을 할 수밖에 없으며, 이러한 이슈연계의 조건이 점차 강화되고 있다는 상황에 주목할 필요가 있다. 특히 이처럼 식량위기의 악화 상황은 지구 온난화로 인한 가뭄과 메뚜기 떼의 출몰 그리고 홍수나 허리케인 등의 극한 기상의 출몰에 의하여 더욱 심화되고 있다는 점은 기후변화가 식량위기를 심화시키는 원인으로 작용하고 있음을 보여주고 있다.

이상의 관찰을 통하여 우리는 코로나19 팬데믹과 식량안보의 직접적인 연관성을 발견하기가 쉽지 않았다. 하지만 지구 수준에서 위협 증폭으로 인한 위기로의 전이가 관리된 것에 비하여 아프리카와 중동

---

5   근년 세계 식량시장 동향에 대해서는 한국농촌경제연구원의 『해외곡물시상 동향』
(http://www.krei.re.kr:18181/new_sub05) 보고서들 및 FAO(2021a; 2021b) 등을 참
조.

및 중남미 지역 수준에서의 식량위기를 고찰해 보면 식량위기와 여러 요소들 간의 상관관계에 대한 보다 복잡한 구도에 맞닥뜨리게 된다.

아프리카를 위시하여 지역적으로 나타나는 식량위기의 원인과 관련해서는 크게 분쟁으로 인한 경제위기와 난민의 발생이 복합적으로 식량위기를 야기하는 패턴, 즉 '인간 행위'에 의한 전통적인 메커니즘의 이슈연계가 작동하고 있음을 알 수 있다. 게다가 기후변화로 인한 이상 고온 현상 및 인도양의 라니냐 현상은 가뭄을 장기화시키고 거대한 메뚜기 떼의 형성에 영향을 미치고, 이런 복합적 위기 상황이 앞서 지적한바 사회적 이슈연계의 기본적 메커니즘에 '자연적 요인'이 가세함으로써 위기를 더욱 심화시키는 기제로 작용하고 있는 것으로 볼 수 있다.

정리해 보면, 2020년 코로나19 팬데믹은 지구적 수준에서는 단기적으로 위협 증폭을 통한 식량위기의 우려를 고조시킴으로써 식량위기론을 불러일으켰지만, 식량 관련 국제기구들의 경고와 조정으로 실질적 식량위기가 발발하지는 않았다. 그러나 코로나19 팬데믹 상황이 지역적으로 작동하고 있는 이슈연계와 결부될 경우 위협 증폭을 통하여 나타난 위기론은 기존 지역에서 작동하고 있던 식량위기의 메커니즘을 더욱 고조시키고 가속화하는 역할을 할 수 있다는 점에서 주의를 요한다 할 수 있다. 게다가 팬데믹의 장기화는 노동력 부족이나 물류 문제 등과 연계되면서 경제위기를 더욱 심화시키고 사회·경제적 불안 및 위기적 요인을 활성화시킴으로써 식량위기가 식량안보를 위협하는 심화된 이슈연계의 단계로까지 진입하게 만들 수 있다는 점에서 2021년 전반적으로 상승하고 있는 식량가격의 상황은 직접적이지는 않더라도 복합적인 이슈연계와는 무관하지 않을 것이라는 추론은 더욱 힘을 얻게 된다.

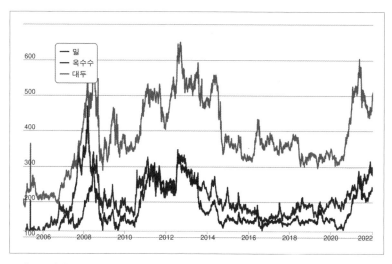

그림 8-8 세계 주요 곡물가 추이 2005~2021 (단위: 달러/톤)
출처: 해외곡물시장정보(http://www.krei.re.kr:18181/new_sub01)상의 CBOT 가격 추이.

코로나19 팬데믹이 발생한 직후의 위협 증폭에 따른 식량위기론
이 잦아들고 세계 곡물시장은 안정세를 유지했다. 각 지역별 악화되는
상황과 글로벌 공급망의 취약성이 예상되는 상황에서 식량위기를 추
동할 수 있는 조건들이 지속하거나 강화되고 있음에도 불구하고, 2020
년 글로벌 곡물시장에서는 식량 가격이 대체로 안정세를 보였다. 식량
위기의 징후가 지구적 수준에서 관리될 수 있었던 것에는 다음과 같은
몇 가지 요인들이 작동한 것으로 볼 수 있을 것이다. 첫째, 세계에너지
시장에서의 유가의 하락 및 하향 안정화 추세가 지속되면서 식량 가격
의 안정화에 중요한 동력을 제공해 주었다. 둘째, 이미 1990년대 이후
에너지 가격과 식량 생산의 연동 패턴이 강화되어 왔고, 2007~2008년
세계 식량위기 및 2010~11년의 애그플레이션(Agflation)의 위기 상
황에 대한 경험과 학습효과를 통해 식량 관련 국제기구의 선제적 초기
대응과 관리가 위협 증폭을 차단하면서 각국의 과도한 대응을 무마하

였다는 점이다. 이런 조건 하에서 저유가에 따른 식량 증산의 효과는 2020년 일정 기간 지속되었다.

하지만 2021년의 상황은 사뭇 달랐다. 주요 곡물 수급의 불안정이 점차 높아갔으며, 그에 따라 곡물 가격은 가파른 상승세를 보였다. 대체로 북반구에서 햇곡물이 출하되는 시기에 곡물가가 하락하는 추세가 있지만, 2021년에는 상황이 달랐다. 그 원인으로는 국제 유가가 급속히 상승한 것이 결정적이었다. 코로나19 팬데믹으로 멈췄던 경제활동이 2021년 다시 전반적으로 재개되면서 유가가 오르기 시작한데다가 지정학적 불안정성의 증대에 따른 고유가 상황이 지속되면서 곡물 가격이 가파르게 올랐다. 러시아 등 주요 밀 수출국의 수출쿼터제 검토나 사우디아라비아와 쿠웨이트 등 산유국의 밀 대량 수입, 국제 유가 급등에 따른 바이오에탄올 생산 증가, 중국의 대두 대량 구매 등의 조치들이 이런 곡물가 고공행진을 지탱하는 요인들이 되고 있다(농촌경제연구원 2021, 10). 팬데믹의 직접 이슈연계는 아니더라도 팬데믹으로 인한 전반적인 사회·경제적 활동의 패턴이 크게 영향을 받으면서 결국 식량문제의 위기화 메커니즘의 작동에 대한 압력을 높이고 있는 것이다.

정리해 보자면, 2020년 전반적으로 확산세를 거듭하고 있던 코로나19 팬데믹 상황 하에서도 식량위기론이 제기했던 심각한 식량안보의 위기로의 이슈연계는 이루어지고 않았다. 하지만 팬데믹 상황이 장기간 지속되면서, 유가 변동의 조건, 해상운송의 문제, 곡물 생산을 위한 노동력 공급 문제, 무역장벽의 심화 등으로 인해 곡물가가 빠르게 상승하면서 식량위기를 추동할 이슈연계에 의한 안보화 국면은 언제라도 도래할 수 있을 것으로 보인다. 특히 분쟁이 계속되고 있는 아프리카의 최빈개도국 등 이미 식량난을 겪고 있는 국가군은 더욱 큰 타격을 입을 것이며, 이런 지역에서는 식량의 절대량의 부족이 가져올 위기적 요인들뿐만 아니라 주민들의 영양의 부족상태가 면역력을 약화시키고 이로 인해 전염병을 더욱 만연시키는 악순환의 고리가 작동함으로써 한층 더 높은 위기 상황으로 전개될 수 있다. 따라서 개별 국가의 대응 못지않게 지구적 차원의 협력적 대응에도 역량을 모을 필요가 있다.

IV. 요약과 정책적 함의

2020년 이후 경험하게 된 코로나19 바이러스 유행으로 우리는 이 바이러스가 지니는 높은 전염력과 적응력 그리고 변이 능력 때문에 이것과의 전쟁 자체만으로도 국가안보에 직접적으로 영향을 끼치는 큰 도전 요인이 됨을 깨닫게 되었다. 하지만 시간이 지나면서 그에 못지않게 코로나19 팬데믹의 사회적 충격으로 인한 개인적 및 사회적 생활양식의 변화가 야기하는 사회·경제적 위기 상황에 대해서도 더욱 주목해야 함을 깨닫게 되었으며, 코로나19 팬데믹의 중장기 영향을 예측함에 있어서 신흥안보에서 논의한 이슈연계에 의한 미래 영향에 대한 전망이 중요함을 깨닫게 되었다. 이를 드러내기 위하여 지구위험보고서에서 나타난 위험인식 지형도의 변화를 관찰하고 식량위기와 관련된 신흥안보적 이슈연계의 고리와 패턴에 대한 관찰의 결과를 검토해 보았다. 여기서 중요한 것은 이슈연계 자체의 위기 복합화 과정은 시간이 지날수록 그 영향을 더하게 될 것이라는 점을 알 수 있었다. 그런데 이슈연계에 의한 안보화 과정에 본격적으로 도달하지 않더라고 짧은 시간 내에 위기를 가속화시킬 수 있는 위협인식의 폭발적 증폭에 대해서

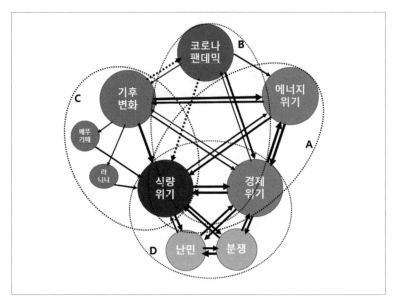

그림 8-9 코로나 팬데믹과 식량위기 이슈연계와 위협증폭

도 깊이 유의할 필요가 있음을 살펴보았다.

2007~2008년에 발생했던 식량위기는 〈그림 8-9〉에서 나타난 식량안보 관련 이슈연계의 패턴 중에서 A의 이슈연계 패턴을 보여주었다. 가장 중요한 연계의 고리로는 고유가 상황이 바이오연료의 생산을 고리로 식량 수요의 증대에 따른 가격 폭등으로 연동되는 이슈연계의 패턴이 나타났던 것이다. 하지만 2020~21년에 나타난 식량위기론과 이후 식량 관련 위험이 고조되는 상황은 다른 패턴이 작동하였음을 알수 있다.

그런데 2020년 코로나19 팬데믹의 발생은 식량위기와 연계되는 다른 패턴을 보여주었다. 두 가지 과정이 어우러졌는데, 단기적으로는 석유전쟁과 위협 증폭이 중요했다. 가령, 석유전쟁의 경우에는 이미 존재하던 탈석유화의 구조적 변동 압력이 코로나19 팬데믹으로 인한 경기의 위축과 지구적 석유소비 감소에 의해 그 효과가 증폭되는 상황으로 이해될 수 있으며, 그에 이어 나타난 식량위기론은 코로나19 팬데믹으로 인한 위협인식의 증폭에 따라 개연적 위험 요소와 식량시장의 구조적 취약성이 결합하면서 발발한 패턴 B의 위협증폭과 이슈연계의 패턴을 보였음을 알 수 있다.

하지만 중기적으로 코로나19 팬데믹의 발발은 세계경제의 심각한 위축으로 인해 사회·경제적 위기를 야기하였으며, 이는 기존에 존재하던 사회적 조건의 하나로서 식량안보 지수를 한층 더 악화시키는 요인으로 작용하였다. 가령, 아프리카와 중동 및 중남미에서는 이미 패턴 C에서 나타나는 전통적인 식량위기 상황이 진행되고 있었는데, 코로나19 팬데믹의 발발로 패턴 C가 패턴 B와 결합되면서 2021년 이후 식량위기의 정도가 고조되고 있는 상황으로 이해할 수 있다. 물론 이 관찰에는 팬데믹에 대한 대응으로 각국 정부가 적극적인 재정 정책을 편 결과 인플레이션 압력이 고조되어 나타나는 2022년 이후의 상황에 대한 고려를 하지는 않더라도 이미 2020년 말부터 이 같은 패턴 C와 B의 결합은 관찰되기 시작했다. 따라서 이후 코로나19 팬데믹과 식량안보의 관계를 이해하기 위하여 전통적인 이슈연계의 패턴 C가 새로운 이슈연계의 패턴 B와 어떻게 결합되고 있는지를 주의 깊게 관찰하여야 하며, 이런 상황이 위협증폭이 개입하거나 지정학적 불안정 상황으로 인한 유가의 폭등이 나타날 경우 이슈연계의 패턴 A와 결합될 가능성에 대해서도 주의할 필요가 있음을 보여준다.

이상의 관찰을 통해 코로나19 팬데믹은 기존 신흥안보 위기를 야기할 수 있는 다양한 위험요인을 새로운 방식으로 더욱 복잡하게 연계시키는 계기 내지 기제로 작동할 수 있음을 보았다. 하지만 복잡한 연계 구조는 때로 자기절제적 조절 메커니즘으로 작동할 수도 있다는 사실을 보았다. 그렇지만 궁극적으로는 식량위기와 관련하여 이슈연계의 패턴 A, B, C가 본격적으로 사회적 내지 국제적인 충돌과 갈등을 야기할 수 있는 이슈연계의 패턴 D로 전화하지 않도록 하는 것이다.

이를 위해서 식량안보와 관련된 세계 식량시장의 안정을 관리하기 위한 국제기구와 모니터링 체제가 원활히 작동하는 것이 중요하며, 자연 요인과 사회적 요인에 의한 이슈연계의 패턴이 작동하지 않도록 국제적인 공조를 유지하는 것이 필수적이다. 그렇지만 최근 코로나19 팬데믹은 이런 노력과 더불어 위협인식 증폭에 대한 적극적인 대처가 대단히 중요하다는 점을 보여 주었다. 가령, 코로나19 팬데믹과 같은 사태가 발발할 경우, 또는 세계 석유전쟁과 같은 위기와 세계경제에 대한 압박이 고조될 경우, 실질적인 이슈연계에 못지않게 그 폭발력을 기하급수적으로 키워갈 수 있는 위협 증폭이 식량안보와 같은 세계안보에 중요한 영향을 미칠 신흥안보 이슈와 연계될 수 있는 취약점들에 대한 지속적인 모니터링과 신속한 대처의 필요성에 대한 주의를 환기하고 있다.

참고문헌

김규호. 2020. "코로나19 발 식량위기론의 부상 배경과 대응 과제." 『이슈와 논점』 1703호 (국회입법조사처, 2020년 4월 27일).

김상배. 2016. "신흥안보와 미래전략: 개념적·이론적 이해." 『신흥안보의 미래전략: 비전통 안보론을 넘어서』. 사회평론아카데미.

농촌경제연구원. 2021. 『해외곡물시장 동향』 10권 6호.

신범식. 2016. "식량·에너지 복합안보와 미래전략." 『신흥안보의 미래전략: 비전통 안보론을 넘어서』. 사회평론아카데미.

_____. 2018. "환경과 안보." 『지구환경정치의 이해』. 사회평론아카데미.

이대식. 2020. "미·러·사우디 '원유 치킨게임'은 왜?" 『인사이트』(4.8), https://www. yeosijae.org/research/817 (검색일: 2020년 5월 1일).

Atkinson, H. J., C. J. Lilley, and P. E. Urwin. 2012. "Strategies for transgenic nematode control in developed and developing world crops." *Current Opinion in Plant Biotechnology*, http://dx.doi.org/10.1016/j.copbio.2011.09.004.

Azevedo, R. A., and P. J. Lea. 2011. "Research on abiotic and biotic stress – what next?" *Ann. Appl. Biol.* 159.

Benson T. et al., 2008. *Global Food Crisis: Monitoring and Assessing Impact to Inform Policy Responses, IFPRI Food Policy Report*. Washington DC, IFPRI.

Edwards, D., and J. Batley. 2010. "Plant genome sequencing: Applications for crop improvement." *Plant Biotechnol* 8.

FAO. 2020. "FAO Director-General urges G20 to ensure that food value chains are not disrupted during COVID-19 pandemic," News archive 2020 (3.26).

_____. 2020. "Mitigating impacts of COVID-19 on food trade and markets: Joint Statement by Directors-General of FAO, WHO and WTO", News archive 2020 (3.31).

_____. 2021a. Food Price Monitoring and Analysis, 9 September 2021 http://www.fao. org/giews/food-prices/regional-roundups/en/

_____. 2021b. Global food prices decline in July, 5 August 2021 http://www.fao. org/news/story/en/item/1418901/icode/

FSIN. 2021. *Global Report On Food Crisis: Joint Analysis For Better Decision*. Food Security Information Network (September).

Gilbert, C. 2011. *International Agreements for Commodity Price Stabilisation: An Assessment*. Paris: OECD.

Grafton, Quentin, and Tom Kompas. 2012. "Asia's energy and food security challenges." *East Asia Forum* 4-4 (December 10).

Günther, Folke. 2001. "Fossil Energy and Food Security." *Energy & Environment* 12-4.

Hervé, Guyomard, Forslund Agneta and Dronne Yves. 2011. "Biofuels and World Agricultural Markets: Outlook for 2020 and 2050." in Dr.-Ing. Marco Aurélio dos Santos Bernardes ed. 2011. *Economic Effects of Biofuel Production.* InTech, http://www.intechopen.com/books/economic-effects-of-biofuel-production.

HSNW. 2015. "Rising fossil fuel energy costs risk global food security." *Homeland Security News Wire* (July 2).

IFPRI, 2010. *Reflections on the Global Food Crisis: How did it happen and how can we prevent the next one?* Washington DC, IFPRI.

Kumar, M. D., Nitin Bassi, A. Narayanamoorthy, M.V.K. Sivamohan eds. 2014. *The Water, Energy and Food Security Nexus: Lessons from India for Development.* Routledge.

Page, Greg. 2012. "How to Ensure the World's Food Supply." *Washington Post* (August 2).

Pimentel, David, and Anne Wilson. 2004. "World Population, Agriculture, and Malnutrition," *World Watch Magazine* 17-5.

Reuters. 2020. "Malaysia's top palm producing state to reopen estate, mills without coronavirus cases." (4. 10).

SEI cord. & ed. 2011. Understanding the Nexus. (Background paper for the Bonn Nexus Conference 「The Water, Energy and Food Security: Nexus Solutions for the Green Economy」 on November 16-18, 2011, in Bonn, Germany).

Simpson, Alan. 2005. "Food and Energy Security: Local Systems Global Solidarity." *ISIS Report* (Sep. 27).

The Save the Children Fund. 2012. *A High Price to Pay: The impact of rising and volatile food prices on children's nutrition and food security.* London: SCF.

The Straits Times. 2020. "Vietnam and Cambodia to ban some rice exports April 5 due to coronavirus." (3. 30).

United States Department of Agriculture. 2020. 「World Agricultural Supply and Demand Estimates(WASDE)-599」 (4. 9).

Walker, D. A. 2010. "Biofuels for better or worse?" *Ann. Appl. Biol.* 156.

Welzer, Harald, 2012. *Climate Wars: Why People Will Be Killed in the 21st Century.* Polity Press,

WEF. 2019. Global Risks Report 2020.

_____. 2020. Global Risks Report 2021.

Westhoff, Patrick. 2010. *The Economics of Food, Upper Saddle River.* NJ: FT Press/ Pearson Education.

(기타 인터넷 자료들)

해외곡물시장정보(http://www.krei.re.kr:18181/new_sub01) (검색일: 2021.12.4)

Global Food Security Cluster 홈페이지(https://fscluster.org/) (검색일: 2021.12.4)

http://www.intechopen.com/books/economic-effects-of-%20biofuel-production/
biofuels-and-world-agricultural-markets-outlook-for-2020-and-2050 (검색일:
2015.2.4)

http://blogs.reuters.com/data-dive/2014/12/16/how-record-crops-generated-food-
inequality/ (검색일: 2015.1.26)

제3부　　　코로나19의 국내외 거버넌스:
　　　　　복합지정학적 차원

제9장　　코로나 사태와 미중 경쟁

전재성(서울대학교)

I. 서론

바이든 정부 출범 이후 미중 관계는 경쟁과 대립의 양상을 띠어가고 있다. 트럼프 정부 시기에 미중 관계는 미국의 자국 우선주의로 경색 국면을 보였지만 미국의 경제 회복에 초점이 맞추어져 주로 단기적이고 경제 영역 중심의 모습을 띠었다. 트럼프 대통령은 중국에 대한 무역과 기술 분야의 압박을 통해 미국의 대중 무역적자를 해소하고 중국에 대한 중장기적 경제우위를 차지하는 데 집중했다. 미국의 국방부는 중국의 영향력 확장 정책에 대해 체계적인 안보적 대응을 추진하고 인도태평양 전략을 본격화해 나갔지만 트럼프 대통령의 개인적 성향과는 일정한 거리를 두고 있었다. 즉, 트럼프 대통령의 대중 전략은 행정부 내에서도 상호 분리되어 있고 대통령의 어젠다는 체계성을 결여한 측면이 컸다.[1]

미중 관계는 구조적으로 점차 전략 경쟁의 모습을 강하게 띠어왔고 향후 패권 경쟁의 양상을 띨 가능성도 커지고 있다. 미중 양국이 핵심이익을 둘러싸고 제로섬 게임의 성격을 가지고 있으며 중국이 미국 주도 국제질서를 비판하는 과정에서 미국 질서를 대체하고자 하는 의도를 부분적으로 드러내고 있기 때문이다. 중국이 소위 평행적 국제질서를 자신의 영향권 하에서 강화하고 지구 거버넌스에서 중국 중심의 질서를 확산시켜나갈 때 미국을 대체하는 질서를 실현하고자 한다는 평가가 강해질 수 있다. 이렇게 되면 핵심이익을 둘러싼 제로섬 게임이 아니라 질서부여자의 지위를 놓고 미중이 대결하는 패권 경쟁의 양상을 띨 수 있다(Ratner et al. 2020).

---

1   미국의 인도태평양전략에 대해서는 다음의 보고서들을 참조. U.S. Department of Defense(2018; 2019a; 2019b); White House(2017).

미국은 중국의 개혁 개방 이후, 특히 냉전의 종식 이후 중국과 협력관계를 유지하며 전략적 관여정책을 펴왔다고 볼 수 있다. 중국이 미국 주도 자유주의 국제질서에서 경제적으로 성장하고 점차 국제규범을 내재화하며, 현재의 권위주의 국가에서 점차 민주주의 국가로 이행할 것이라는 희망을 품고 있었다. 21세기 초 중국의 세계무역기구(WTO) 가입을 비롯, 국제연합을 비롯한 각종 국제기구에서 주도적 지위를 차지해감에 따라 중국에 대한 포괄적 관여가 성공적이라는 평가도 존재했다. 중국이 경제적 부상을 하면서 책임 있는 상관자로서 미국과 세계질서 운영에 협력할 수 있을 것이라는 낙관론도 부상했다(Zakaria 2020; Zoelick 2020).

그러나 2008년 경제위기 이후 중국은 미국 주도 질서에 대한 비판적 견해를 다각적으로 드러냈고 위안화의 기축통화화와 같은 미국 주도 질서에 대한 도전적 행동을 시작했다. 시진핑 주석 등장 이후 미중 관계는 더욱 경쟁적 성격을 띠기 시작하여 트럼프 정부 때 본격적인 경쟁과 대립의 양상을 띠게 되었다. 이러한 중국의 전략 변화가 과연 현상변경적인가, 그리고 중국의 일방적 태도변화 때문인가, 아니면 미국이 중국의 국력 변화에 걸맞은 지위를 인정하지 않은 지위 불만족도 상승 때문인가에 대해서는 여전히 논쟁이 진행 중이다(Greve and Levy 2018).

미중 간의 전략 경쟁이 심화되는 추세 속에서 2019년 12월부터 시작된 코로나 사태는 미중 관계를 일정 부분 변화시키는 역할을 했다. 코로나 사태는 중국에서 시작되어 미국에서 가장 큰 피해를 입혔다는 점에서 미중 관계에 중요한 변수로 작용할 가능성이 충분했다. 더욱이 미중의 전략 경쟁이 트럼프 정부 하에서 최고조에 달하고, 2020년 1월 15일 미중 무역합의 1단계와 시기가 겹치면서 미중 관계가 일종의 변곡점에 달할 때 발생한 것이어서 향후 미중 관계를 결정하는 데 중요한 역할을 했다. 미중 간의 국력 격차가 감소하는 변화가 뚜렷한 시기였고, 중국에 대한 미국의 공세가 뚜렷해지면서 일종의 성과를 거두는 시기였고, 중국의 발전 모델에 대한 미국의 우려 및 공세적 대응이 강화되는 시기였으며, 미국 국내적으로는 대통령 선거가 본격화되는 시기였다는 점에서 코로나 사태가 발생한 시점은 매우 특이한 시기였다.

코로나 사태는 인류 전체에 심대한 충격을 주었다는 점에서 미중은 물론 모든 국가들의 각성을 불러일으킬 만한 사태였다. 코로나 사태 이전에도 이미 국제정치적으로는 세계화의 문제점이 지적되고 있었고, 미국 단극체제가 쇠퇴하고 있었고, 자본주의 및 민주주의의 문제점이 대두하고 있었다. 환경 문제가 심각해지는 와중에 소위 인류세의 문제도 점차 인식되고 있었다. 코로나 사태는 이러한 모든 구조적 문제의 심각성을 더욱 확연하게 드러낸 가속의 역할을 했다. 인류 공통의 위기였으며, 향후 환경위기의 심각성을 예고하기도 한다는 점에서 국제적 협력체제로 이어질 수 있는 기회가 될 수도 있었지만, 이를 주도해야 할 미중 양국의 전략 경쟁 속에서 코로나 사태는 현재까지 새로운 국제협력 체제를 이끄는 게임체인저는 되지 못하고 있다(Haas 2020; Walt 2020).

미중 양국은 코로나 사태에 대한 대응 정책에서 서로를 비난하는 데 집중하고 전략 경쟁의 와중에서 상대방에 대한 우위를 점하고자 하는 의도로 접근해왔다. 코로나 사태가 미중 전략 경쟁의 양상을 완화시키고 새로운 협력의 어젠다로 자리 잡지 못하고 오히려 미중 전략 경쟁을 가속하고 악화시키는 역할을 하게 된 것이다. 미중 양국은 질병과 보건 분야에서 오랜 협력의 역사를 가지고 있다. 과거 사스 사태에서 보듯이 양국은 공통의 질병문제를 해결하기 위한 보건 분야 협력을 지속해왔다. 그러나 코로나 사태는 이러한 상황을 변화시키고 투명한 정보 공개, 공통의 질병 대처, 백신 공동개발 등의 가능성을 실현하지 못했다. 물론 과학과 의료 분야에서 전문가 집단 간의 미중 협력이 부분적으로 유지되고 있는 것은 사실이지만 전문가 협력은 국제정치의 맥락에서 의미가 퇴색되고 있는 것이 현실이다.

코로나 사태가 미중 전략 경쟁의 양상을 악화시킨 것은 사실이지만 경쟁의 성격을 근본적으로 바꾸는 데까지 이른 것은 아니다. 코로나 사태로 미국 경제가 타격을 받아 트럼프 대통령의 낙선에 큰 변수로 작용하고 바이든 정부가 들어섰다고 평가할 수 있다. 그러나 바이든 정부의 많은 변화에도 불구하고 대중 전략에서는 트럼프 정부와 상당히 강한 연속성을 가진다는 점에서 코로나 사태가 미중 관계를 근본적으로 바꾸는 역할을 하지 못한 것이 사실이다. 결국 긍정적, 혹은 부정적 양 방향에서 코로나 사태는 기존의 미중 관계를 부분적으로 변화시켰지만 국제정치의 강대국 경쟁, 전략 경쟁, 혹은 세력전이의 논리 자체를 바꿀 만큼 새로운 어젠다로 등장했다고 볼 수는 없다.

코로나 사태는 주권국가들 간의 이익이 인류 공통의 이익에 우선한다는 점에서 주권국가의 덫에 빠져 있고, 미중 경쟁의 맥락에서 정치화되어 왔다는 점에서 투키디데스의 덫에 또한 빠져 있는 양상이 두드러진다. 보다 광범위하고 장기적인 관점에서 이러한 양상은 일반적이지 않을 수 있겠지만 이중의 덫을 극복하는 것이 당면한 과제인 것은 확실해 보인다.

이 글은 현재까지 진행된 코로나 사태가 미중 경쟁에 어떠한 영향을 미쳤는가를 살펴본다. 우선 미중 경쟁의 기존의 상황을 살펴보고, 코로나 사태가 미중 관계의 각 분야별, 즉 상호 간의 인식적 측면, 상대적인 경제력과 대외경제정책, 안보, 그리고 외교의 측면을 좀 더 구체적으로 살펴보고자 한다. 과연 코로나 사태는 기존의 미중 경쟁을 가속화하는 변수인지, 경쟁의 성격을 변화시키는 매개변수인지, 혹은 기존 경쟁의 성격을 상당 부분 변화시키는 새로운 독립변수인지에 대한 문제의식을 가지고 서술해보고자 한다.

II. 기존의 미중 경쟁과 경쟁의 성격

미중 경쟁을 규정할 때 핵심적인 문제들 중 하나는 경쟁의 성격이 무엇인가 하는 점이다. 서로 간의 다양한 이익을 놓고 벌이는 일반적인 강대국 경쟁, 혹은 핵심이익, 사활적 이익을 놓고 제로섬 게임을 벌이는 전략 경쟁, 국제사회에 규범과 질서를 부여하는 패권의 지위를 놓고 벌이는 패권 경쟁으로 대별해 볼 수 있다. 현재의 미중 경쟁에서 과연 미중 양국이 전략 경쟁을 벌이는 것인지 아니면 패권 경쟁을 벌이는 것인지가 핵심 관심사이다. 중국은 세계질서를 부여해온 미국의 패권에 도전하고 이를 대체할 의도를 가지고 있는 것인가, 미국은 중국의 정책을 패권 도전 정책이라고 인식하고 있는가, 중국은 미국을 대신하여 패권을 행사할 능력을 소유하고 있는가 등이 핵심 변수라고 할 수 있다.

　이러한 질문은 과연 패권이란 무엇이고 어떠한 경우에 패권이 되는 것인지에 대한 질문을 다시 상기시킨다. 패권은 단순히 다른 국가들을 능가하는 종합국력을 소유하는 것만으로는 부족하고 국제사회의 지지와 동의를 받을 수 있는 리더십을 확보하여 지속가능한 국제관계의 규범과 규칙을 부여하고, 국내적으로 확고한 지지기반을 가진 국가라고 할 수 있다(Snidal 1985). 보다 자세히 살펴보면 패권은 우선 능력의 문제이다. 양적인 측면에서 다른 모든 국가들을 압도할 수 있을 뿐 아니라 자신이 설계한 국제관계를 실현하기 위한 충분한 능력, 그리고 질서를 유지할 수 있는 국제적 공공재를 제공할 능력이 필요하다(Mastanduno 2009). 2차 세계대전 이후 미국의 경우 자국의 시장 개방을 통해 다른 국가들의 경제력 향상을 도모하고 자유주의 국제경제질서를 유지할 수 있는 기축통화의 금융권력을 소유하며, 안보를 제공할 수 있는 군사력과 동맹체제를 제공하면서 패권의 지위를 추구할 수 있었다. 단순한 일극(unipole)의 힘을 넘어선 공공재 제공 능력이 필요한데, 일극은 여러 가지 정의가 있을 수 있겠지만 국제사회 전체에서 상당부분, 대략 50%에 육박하는 힘을 가진 국가이지만 질서부여권력, 공공재 제공능력은 이와는 다른 문제이다. 패권이 제공하는 공공재가 순수한 의미에서 경쟁성과 배타성을 넘어선 공공재인가, 아니면 패권국을 따른 국가들에게 한정되는 클럽재, 혹은 사유재 성격을 가미한 공공재인가의 논점이 있지만 대체적으로 능력 면에서 자국의 단기적 이익을 넘어선 중장기 공공재 제공에 따른 이익을 도모한다는 점에서 초강대국, 혹은 일극 국가보다는 더 많은 조건을 가진 국가임을 알 수 있다(Allison 2018).

　둘째는 패권의 의도이다. 지구적 관여를 통해 단기적 이익을 감수하더라도 중장기적, 구조적 이익을 추구하려는 정책 노선이 확고해야 패권국가로 자리 잡을 수 있다. 정책결정자 수준의 합의가 존재해야 하고 국내의 여론과 국제사회를 설득할 수 있는 전략적 비전이 제시되어야 한다. 단기적 손실을 감수하면서 대외적 개입을 폭을 넓히려면 국내 정치적 손실을 감수하고 극복할 수 있어야 하며, 이를 위해서는 강력한 정치연합과 정책연합이 형성되어 있어야 한다. 때로는 국가이익에 심대한 위협이 되는 적의 존재, 패권적 역할을 부분적으로 수행하면서 얻은 경험, 정책결정자들의 정책신념과 목표 등이 중요한 추동력이 될 수 있다.

정책결정자 수준뿐 아니라 국민들의 지지와 동의가 필요하다. 패권사업은 국민들에게 단기적 이익을 가져오기보다는 중장기에 걸친 투자를 요구하는 일이므로 국가 정책의 효과가 국민들에게 직접 환원되지 않는 정책에 대한 체계적 지지 체계를 마련하는 것이 중요하다. 미국의 경우 2차 세계대전 이후 탈군사화의 요구에도 불구하고 세계적 군사패권을 이룰 수 있었던 배경에는 소련과 공산권의 위협, 그리고 한국전쟁으로 가시화된 군사적 위협이 미국의 군사비 증대, 그리고 동맹 네트워크 형성에 중요한 역할을 하였다(Wertheim 2020; Wright 2020).

셋째, 패권국에 대한 국제적 인정과 국제사회의 지지가 필요하다. 패권이 추구하는 세계질서는 대부분 패권국의 국내질서나 정책비전이 외부화되는 경우가 많다. 미국의 패권 역시 윌슨주의에 기반한 민주주의의 외부화라고 볼 수 있으며, 자유주의 국제질서 역시 국내자유주의 철학과 내용 면에서 많은 편차가 있음에도 불구하고 국가들 간의 주권평등, 민족자결주의, 국제기구를 통한 다자적 협의 및 결정, 자유주의 국제경제질서, 인권 중시 등의 요소에 기반한 바 크다. 패권국은 시대에 맞거나 시대를 앞서는 세계질서의 철학적 기초를 제시해야 하며, 투명하고 지원을 끌어낼 수 있는 거버넌스로 국제사회의 인정을 받아야한다(Mearsheimer 2018; 2019).

이러한 관점에서 현재까지 미중 경쟁은 패권 경쟁보다 전략 경쟁의 성격을 더 많이 띠고 있었던 것이 사실이다. 중국 스스로 패권의 능력과 의도, 국제사회의 인정과 같은 부분에서 역부족이라는 사실을 인지하고 있으며, 오히려 지나친 패권도전 의지가 미국과 국제사회의 반발을 불러올 수 있음을 알고 있기 때문이다. 중국이 미국 주도 자유주의 질서 하에서 성장해온 것이 부정할 수 없는 사실이고, 미국을 능가하는 공공재 제공능력을 갖추기 위해서는 경제력과 군사력을 골고루 갖추어야 한다. 그러나 9.11 테러, 2008년 경제위기, 2019년 코로나 위기 등에서 보이듯이 국제사회가 필요로 하는 안보와 군사적 공공재, 지구적 경제위기를 해결할 수 있는 경제력, 특히 기축통화와 국제사회의 신뢰를 얻을 수 있는 경제체제, 세계보건위기를 해결할 수 있는 기술력과 물자에서 중국은 여전히 부족함을 보이고 있다.

의도 면에서도 중국은 미국 패권에 대한 도전을 공공연하게 드러내지는 않고 있다. 2008년 경제위기 이후 당시 중국 인민은행 총재였던 저유샤오찬이 달러체제의 문제점을 지적하고 여러 학자들이 위안화의 국제화, 더 나아가 기축통화화, 국제 금융시스템의 개혁 등을 주장했지만 큰 반향을 불러일으키지는 못했다. 중국은 기존의 도광양회에서 분발유위, 중국몽 등을 정책 수사로 내걸고 있지만 미중 경쟁을 중국의 패권 도전이라고 칭하는 데에는 여전히 많은 유보를 보이고 있으며, 미중 간 협력의 필요성을 강조하는 모습을 보인다. 중국이 과연 국내적 지지를 받고 세계 안보위기를 위해 군대를 보내거나 중국인민군의 희생을 감수할 정도로 패권의 국내기반이 마련되어 있는가도 미지수다. 중국 국민들의 민족주의적 자부심이 향상된 것은 사실이나 패권의 외교정책을 추구하기 위한 단기적 희생을 감수할 만큼 공감대가 형성되어 있는가는 별개의 문제이다.

국제사회의 인정과 지지 역시 중요한 부분이다. 과거 미국의 국내총생산이 영국을 추월하기 시작한 것은 1870년대로 알려져 있지만 패권국가의 위상을 달성하기까지는 70여 년의 시간이 더 필요했다. 이 과정에서 영국을 능가하는 종합국력, 특히 군사력을 갖추어야 했고, 두 번의 세계전쟁을 치루면서 국제적 리더십을 평가받아야 했으며, 2차 대전의 종전 과정에서 전후 질서의 설계자로 질서부여능력을 검증받아야 했고, 미국 국민들의 고립주의, 국가이익 우선주의를 넘어서 중장기적인 지구적 전략의 이익을 확인받고 이에 대한 지지를 획득해야 했다. 이러한 많은 요소들은 오랜 시간에 걸친 개별 사건들에서 확인되어야 하는 상황이었다.

코로나 사태는 미중 간 전략 경쟁이 패권 경쟁으로 가는 과정에서 일어난 사건이라고 볼 수 있다. 중국은 구매력 기준 국내총생산에서 2014년경 미국을 추월했고, 코로나 사태 이후 중국 경제가 회복되어 향후 6% 안팎의 경제성장을 지속할 경우 2030년대, 혹은 그 이전에도 미국을 추월할 것으로 추산된다. 군사력에서는 미국에게 상당 부분 뒤져 있지만 빠른 군사현대화와 강군몽을 추진하고 있다. 미국이 주도하는 국제사회에 대한 불만족도가 높아져 가고 있으며 UN 등 국제기구에서 리더십을 발휘하기 위한 노력을 지속적으로 기울이고 있다. 일대일로 정책 등으로 일정한 한도 속에서 중국의 표준과 규범을 배타적으로 적용하는 영향권을 설정하고자 노력하고 있으며 이는 패권적 질서 부여, 공공재 제공의 역할의 단초라고 볼 수 있다.

이러한 노력은 미국 단극체제 하의 위기들, 즉 9.11 테러, 2008년 경제위기 때에도 일정부분 나타난 바 있다. 9.11 테러 당시에는 중국의 국력이 미국에 한참 뒤져 있었으므로 미국 주도의 지구적 반테러 전쟁을 지지하는 모습을 보였다. 2008년 경제위기에는 앞서 논의한 대로 미국 중심의 금융체제를 비판하고 위안화의 국제화, 그리고 유럽 등 경제위기를 겪는 국가들에 대한 경제적 지원을 추구했다. 또한 미국 자본주의 모델의 문제점을 지적하고 소위 베이징 컨센서스를 내세워 중국의 위기해결 능력을 강조한 바 있다. 그러나 국제사회가 필요로 하는 만큼의 충분한 경제적 지원의 능력이 부족했고 중국이 제시하는 위기극복 모델 역시 권위주의 체제의 발전모델을 주축으로 한 것인바 국제사회가 중국을 패권적 능력을 가진 것으로 보기는 어려웠다(Tozzo 2018).

코로나 사태는 미중 전략 경쟁 속에서 패권 경쟁의 요소들을 확인시켜주는 계기였지만 여전히 중국의 패권적 능력이 부족한 것을 보여주는 한편, 미국은 중국의 패권 추구에 대해 보다 더 적극적으로 대응할 것임을 명확히 한 국면이었다고 평가할 수 있다. 중국은 코로나 사태의 위기 해결 능력을 과시하고 조기 극복의 모델을 제시하고자 노력했다. 동시에 코로나 사태로 어려움을 겪는 나라들에 대한 의료장비 지원, 경제적 지원 등 국제보건 관련 공공재 능력을 보여주기 위해 노력했다. 이 과정에서 미국이 결여하고 있는 패권적 리더십을 부분적으로나마 대체하고 보완하고자 하는 의도를 보여주었다. 그러나 중국의 지원정책이 영향력 확대와 연결되어 공공재 제공 노력이 정치화되어 있다는 비판, 그리고 중국이 제시하는 국제거버넌스의 내부 구조가 투명하지 못하다는 비판에 직면했다(Green and Medeiros 2020).

미국은 아래에서 살펴볼 다양한 이유로 코로나 사태 이후 패권적 리더십을 행사하는 데 실패했다. 9.11 테러나 2008년 경제위기의 극복 과정이 동맹 중시, 국제적 다자주의 활용, 미국의 명분 중시 등에 기반한 것이었던 반면, 코로나 사태는 자국 이익 중심주의, 중국에 대한 책임 묻기 정책으로 일관했다. 그럼에도 불구하고 코로나 사태는 중국이 패권에 도전하는 것은 철저히 제한하고자 하는 체계적인 노력을 시작하는 계기가 되었다. 국제적 가시성이 높은 보건 위기에서 중국의 리더십이 보다 명확히 드러나자 미국은 기존의 미중 관계를 근본부터 재구성하여 일정한 수준의 탈동조화, 미국 중심의 새로운 지배 네트워크 재설정, 중국의 영향력 확대에 대한 견제 등의 정책을 펴기 시작했고, 코로나 사태에 대한 중국의 투명성 부족 등을 정당화의 중요한 기초로 삼는 모습을 보였다.

세력전이, 혹은 패권 경쟁의 기간 중에 기존 패권이 부상하는 세력을 언제, 어떻게 견제할 것인가는 중요한 문제이다. 초기의 세력전이 이론은 부상국이 패권국 국력의 ±20%에 이를 경우 패권전쟁이 발발할 가능성이 높은 것으로 보았다. 그러나 실제의 세력전이 상황에서 패권국이 도전국과 격차가 빠르게 줄어들고 결국 국력 역전이 불가피하다고 볼 경우 선제적 공세를 가해 도전국의 발전 자체를 좌절시키고자 하는 노력을 기울일 수도 있다. 더욱이 부상국의 체제와 이념이 상이하여 세력전이가 현실화될 경우 새로운 질서에서 기존 패권국의 국력 및 지위 유지가 어려울 경우 더욱 강하게 공세정책을 취할 수 있다 (Copeland 2000; Chan 2007). 한편 부상국의 입장에서는 기존 질서로부터 받은 불만족스러운 대우가 세력전이의 의도를 더욱 강하게 할 수 있다. 기존 패권 질서의 정당성이 훼손되어가고 있다고 인식할 경우 패권에 대한 도전을 더욱 강하고 격렬하게 할 수도 있다. 코로나 사태는 이론적으로 미중 국력 격차가 줄어든다는 인식을 미중 양국에게 강화시켰다. 또한 중국 주도 질서가 현실화될 경우에 대한 미국민의 부정적 인식도 강화했다. 코로나 사태로 서구 민주주의 국가들이 고난을 겪는 것을 보고 중국은 서구 모델의 정당성에 대해 의문을 제기하며 자국의 모델에 자신감을 증폭했다. 이러한 과정은 기존 질서에 대한 불만족도와 더불어 패권 도전의 의도를 강화하는 계기로 작용할 수 있다 (Hudson Institute 2019).

돌이켜보면 미중 관계에서 오바마-시진핑 관계는 2013년 소위 신형대국관계로 협력적 경쟁관계를 추구했지만 이후에는 더 이상 지속되지 못했다. 오바마 행정부 후기에 들어서면서 미중 핵심이익의 충돌이 증가했고 오바마 대통령 역시 중국의 패권 역할에 대해서는 견제하는 모습을 보였다. 트럼프 정부는 트럼프 대통령의 개인적 정치이익에 따라 미중 관계가 등락을 거듭하는 모습도 보였지만 미국 전체의 대중 견제 강화 추세와 맞물려 중국에 대한 무역 분쟁, 기술 부문 압박 등이 강조되는 모습을 보였다. 특히 기술 부문은 4차 산업혁명 시기와 결부되어 향후 미중 패권 경쟁의 판도를 결정할 핵심요소로 등장하고 있다. 인공지능, 양자컴퓨팅, 사물인터넷, 5G, 우주 기술 등 다양한 분야에서 미래의 경쟁 판도를 뒤흔들 기술적 요인들이 빠르게 강화되고 있기 때문에 현재까지의 미중 국력 격차가 4차 산업혁명 관련 기술의 변화에 따라 급격히 축소, 혹은 확대될 수 있다는 전망이다.

바이든 정부 출범 이후에도 미국의 대중 견제는 유지되고 있으며 오히려 더욱 체계화되고 있다. 미국은 중국의 추월이 모든 분야에 걸쳐 확실해지고, 패권 상실이 현재화되기 이전에 힘의 우위를 기반으로 중국의 성장을 좌절시키고자 하는 정책을 펴고 있다. 중국의 성장에 개입하여 미중 간 협력적 관계를 유지하고자 하는 대중 관여정책 성과에 대한 비관론이 우세해지는 가운데, 시진핑 주석 주도의 대외정책이 미국에 대한 도전이라는 인식이 비등하고 있다. 바이든 시대의 미국은 중국이 아시아의 지역 강대국이 되는 것은 참을 수 있지만 미국 주도의 질서를 거부하는 배타적 지역을 형성하고 지역 패권국이 되는 것은 용납하지 않겠다는 기조를 좀 더 명백히 하고 있는 것으로 보인다. 지역 패권이 되면 결국 지구적 차원에서도 미국의 패권에 도전할 수 있다는 생각 때문이다.

코로나 사태가 미중 모두에게 큰 희생과 해악을 가져온 것은 사실이지만 패권 경쟁으로 발전하고 있는 미중 전략 경쟁의 맥락에서 양국이 감수하고 있는 절대적 손실이 중요한 것이 아니라 상대적 손실이 중요한 상황으로 변화한 것이다. 코로나 사태 이후 미중 세력균형이 어떻게 변화하는가가 패권 경쟁의 중요한 요소인 상황에서 미중 간 협력에 의한 코로나 사태 극복은 많은 불확실성을 가져올 수 있으므로 미중은 경쟁적으로 코로나 사태를 조속히 회복하여 세력균형에서 우위를 점하는 동시에, 향후 지구 리더십 행사에서도 정당성을 회복하고자 하는 노력을 기울이고 있다.

바이든 대통령 역시 중국을 전략적 경쟁자로 보고 미국의 힘을 강화하고 동맹 및 국제사회와 함께 중국을 압박하는 것을 정책기조로 삼아가고 있다. 2021년 3월 19일 알래스카 미중 고위급 회담에서 상징적으로 드러났듯이 코로나 사태가 백신 개발로 변화 국면을 보임에도 불구하고 미중 간 협력의 기미는 보이지 않는다. 장기적 관점에서 경쟁과 협력을 동시에 병행하고자 하는 바이든 정부가 국제보건협력을 추진할 가능성이 없지는 않지만 미중 전략 경쟁, 혹은 패권 경쟁의 맥락이 잦아들기는 어려울 것이다. 특히 향후 5년간 미중 간의 국력 축적 경쟁이 매우 심화될 것이므로 코로나 사태가 미중 간의 협력을 도모하는 방향으로 갈 것으로 보기는 쉽지 않다.

III. 코로나 사태 이후 미중 간 상호 인식 변화

코로나 사태는 기존의 전략 경쟁을 벌이던 미중 상호 간에 더 대결적 인식을 불러오는 계기가 되었다. 코로나 사태가 발생했을 때, 이를 미중 전략 경쟁의 맥락과는 별도의 인간안보 문제로 규정하고 미중 협력을 축으로 한 지구적 협력체를 만들 기회가 없었던 것은 아니었지만 미중 양국은 한편으로는 국내정치적 목적으로 다른 한편으로는 미중 대결에서 승기를 잡기 위해 크로나 사태를 활용하는 모습을 보여주었다. 미중 양국 모두 코로나 사태의 발생 초기에 정책적 실패를 어느 정도 맛보았다. 시진핑 정부는 중앙집권정치체제의 문제로 지방 관료들의 조속한 보고 실패 및 문제 축소, 미온적 대처, 대외 정보 공유 부족 등의 모습을 보였다. 트럼프 정부 역시 문제의 중요성에 대한 인식 부족, 진단키트 개발 등 초기 대처 실패, 중앙정부와 주정부 간의 긴밀한 협력 부족 등 많은 문제를 겪었다. 특히 트럼프 정부는 위기의 책임을 중국에 돌리는 책임회피, 소위 내러티브 전쟁으로 문제의 본질을 우회하고자 했기 때문에 이 과정에서 미중 협력 속에 공통의 보건위기를 해결할 수 있는 가능성은 더욱 줄어들었다.

먼저 중국의 인식을 보면, 2020년 2월 3일 화춘잉 중국 외교부 대변인은 세계보건기구(WHO)가 무역과 여행 금지를 권고했다고 언급하면서 "미국은 끊임없이 공포를 조성하고 확산시켰다"고 비판한 바 있다. 또한 미국은 중국에 가는 것에 대해 여행경보를 발령하고 최근 중국에서 외국인들의 입국을 금지한 최초의 국가라고 하면서 미국의 대중 협력 부족을 비판하였다. 더 나아가 중국은 미국의 대중 비난에 맞서 코로나 바이러스의 미국 기원설을 주장하기도 하였다. 코로나 바이러스가 미국인의 우한 방문에서 비롯되었다고 주장하는가 하면, 미국 정부가 이미 2013년 H7N9 조류독감 바이러스를 생물학전 행위로 중국에 퍼트린 바 있다고 주장하기도 하였다. 러시아의 정치인 블라디미르 지리노프스키 역시 코로나 바이러스가 중국을 목표로 한 미국인에 의해 만들어진 것이라고 주장하기도 하여 미국을 대상으로 한 비난전도 강화되는 모습을 보였다.

그러나 미중 상호 인식에서 본격적인 공세를 취하는 것은 미국이다. 트럼프 대통령은 코로나 바이러스가 중국의 우한 연구소에서 인공적으로 만들어져 확산되었다는 기원설과 의도적으로 확산되었다는 음모설을 함께 언급하고, G20 회담에서 우한바이러스 명칭을 사용하는 등 중국에 대한 비판공세를 취했다. 2020년 5월 CBS 여론조사에 따르면 공화당 지지자의 67%는 코로나 바이러스가 인공적으로 만들어졌다고 인식하는 반면 민주당 지지자는 30%만 찬성하여 양극화된 모습을 보이기도 하였다. 폼페이오 국무장관은 5월 2일 연설에서 베이징을 잔혹한(brutal) 권위주의 정권이라 칭하고 자유진영에 대한 이념적, 정치적 적대국이라고 언급하기도 하였다. 이러한 논의는 중국 정권의 성격에 대한 비판을 통해 이미 2018년 10월 4일 펜스 부통령의 허드슨 재단에서 예고된 신냉전식의 진영대립의 흐름을 가속화시키는 것이라 할 수 있다.

또한 미국 내 코로나 위기가 심각해지기 이전 미국은 중국의 피해를 유리한 것으로 해석하기도 하였다. 즉, 중국의 경기 침체는 계속될 것이며 현재의 위기에서 그 영향이 얼마나 클지는 아직 불확실지만 일시적으로 힘의 균형이 미국에 유리하게 돌아갈 가능성이 존재한다는 관측도 내놓은 바 있다.

2020년 1월 31일 윌버 로스 상무장관은 폭스 비즈니스와의 인터뷰에서 코로나바이러스가 미국에 가능한 경제적 기회를 제공하는 것이라고 묘사하기도 하였다. 코로나바이러스의 희생자들에게 동정을 표했지만, 그것이 아마도 미국으로의 노동력 반환을 촉진시킬 것이라고 언급하면서 "기업들이 공급망 재검토를 할 때 고려해야 할 또 다른 사항"이라면서 "그래서 나는 그것이 북아메리카로의 일자리 복귀를 가속화하는 데 도움이 될 것이라고 생각한다"고 언급한 것이다. 또한 피터슨 국제경제연구소의 메리 E. 러블리 선임연구원의 경우, 이 바이러스가 중국에 대한 미국의 관세와 마찬가지로 기업들이 공급망을 새롭게 점검하는 데 유익하다고 주장하기도 하였다. 또한 중국 외에서 제품을 제조하는 것을 고려하는 것을 촉진할 수 있다고 언급했다. 이러한 미국의 인식은 코로나 사태를 미중 전략 경쟁의 관점에서 해석하는 인식의 틀을 보여준다는 점에서 시사적이다.

더욱 주목해야 할 점은 미국민의 중국 인식의 변화이다. 코로나 사태는 중국의 사태 대처방법에 대한 미국민의 관심을 강화시키고, 더 나아가 중국 주도 국제질서가 실현될 경우 어떠한 상황이 발생할지에 대한 미국민의 상상력을 자극했다. 코로나 사태 발생 근원 및 초기 사태를 은폐하고 인권을 경시하는 봉쇄정책을 추진하는 것을 보면서 미국민들은 중국 중심 질서에 대한 반대견해를 명확히 했다. 이러한 변화 속에서 트럼프 정부의 소위 신냉전 선언이나, 바이든 정부의 대중 인권 압박 전략이 가능해진 상황이라고 볼 수 있다.

2020년 4월 29일에서 5월 5일 사이에 퓨리서치가 조사한 바에 따르면 미국인들은 중국정부의 코로나 사태 관련 정보를 신뢰하지 않는 것으로 나타났다. 미국민들의 15%만이 중국 정부의 발표를 믿는 반면 35%는 별로 신뢰하지 않고, 49%는 전혀 신뢰하지 않는다고 답변하였다. 반면 유럽연합의 발표에 대해서는 62%가 신뢰한다고 답하고 36%만이 불신한다고 대답했다. 국제보건기구의 발표에 대해서는 59%가 신뢰, 40%가 불신으로 유럽연합과 거의 비슷한 수준의 답을 보였다.

이러한 불신은 중국이 코로나 사태에 대한 대처가 어떠했는가에 대한 미국의 인식에서도 나타난다. 37%의 미국민들은 대처가 열악했다고 보고 26%가 보통이었다고 답변하였다. 적절했다는 인식은 33%였다. 이는 한국의 대처에 대한 미국민의 인식과 비교하면 차이가 난다. 25%의 미국민은 한국의 대처가 월등했다고 보고, 41%는 좋았다고 본 반면, 22%는 적절, 7%만이 열악했다고 인식하고 있다. 이는 독일과 더불어 가장 좋은 평가이고, 미국, 영국, 이탈리아 등에 대한 평가보다도 높은 수준이다.

코로나 사태 이후 미국민의 중국에 대한 견해는 더욱 부정적으로 변화하였다. 트럼프 정부 등장 이후 미국민의 대중 인식에 영향을 미친 요소는 관세, 무역전쟁의 수사들이었지만 여기에 코로나 사태가 덧붙여졌다. 2020년에 들어서면서 대략 2/3에 해당하는 미국민들은 중국에 대해 부정적인 인식을 갖게 되었다. 2005년에는 긍정적인 인식이 43%, 부정적인 인식이 35%에 불과했던 것에 비하면 15년 만에 부정적인 인식이 급상승한 것을 알 수 있다. 이러한 변화는 중국으로 인한 실업 증가, 무역 적자뿐 아니라 중국의 인권정책, 환경 악화 등도 같이 작용하는 것으로 보인다. 중국이 코로나 사태에 대한 대처에서 문제를 보이는 상황에서 미국민들은 자국이 세계를 이끌 리더라는 인식을 더욱 강화하고 있다. 59%의 미국민은 미국이 세계 경제의 중심이라고 보고 있는데, 이는 30%의 미국민이 중국을 세계경제의 중심이라고 보는 것과 대조적이다. 미국민들 중에서도 대체로 공화당 지지층이 중국에 대해 더욱 부정적인 견해를 가지고 있는 반면, 민주당 지지층은 이보다 덜한 정도로 조사된다. 2020년 3월 3-29일 조사에 따르면 현재 72%의 공화당 지지층이 중국에 대해 부정적인 견해를 보이는 반면, 62%의 민주당 지지층이 부정적 견해를 보이고 있다.

중국에 대한 불신 증가는 시진핑 주석에 대한 미국민의 평가와 맞물려 있다. 2020년 3월 조사에서 미국민의 71%는 시진핑 주석의 외교정책에 대해 불신한다고 답한 반면, 신뢰한다는 답변은 22%에 불과했다. 이는 2014년 58%의 불신, 28%의 신뢰와 비교해보면 빠른 변화라

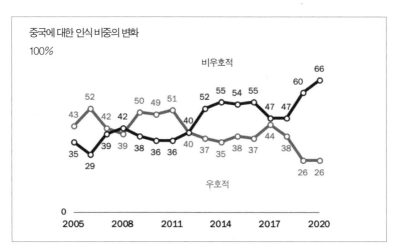

그림 9-1 미국 내 중국에 대한 부정적 인식의 증가

주: "모르겠음"의 응답은 제외.
출처: 2020년 3월 9-29일 퓨리서치 조사.

고 할 수 있다. 이런 상황에서 미국민의 62%는 중국이 주된 위협이라
고 답변하고 있으며, 어느 정도의 위협이라고 생각하는 미국민까지 합
하면 80% 이상이 중국을 위협으로 인식하게 된 것을 알 수 있다.[2]

2021년 2월에 진행된 퓨 리서치 센터의 새로운 설문 조사에 따르
면 미국 성인 10명 중 9명(89%)은 중국을 파트너가 아닌 경쟁자 또는
적으로 간주한다.

또한 많은 사람들이 중국의 인권 증진, 경제적으로 중국에 대한 강
경 노선, 미국 유학 중국 유학생 제한 등 양자 관계에 대한 확고한 접근
을 지지한다. 더 넓게 보면 48%는 중국의 권력과 영향력을 제한하는
것이 2018년 32%에서 미국의 최우선 외교정책 우선순위가 되어야 한
다고 생각한다.

---

2   https://www.pewresearch.org/global/2020/04/21/u-s-views-of-china-increasingly-
     negative-amid-coronavirus-outbreak/

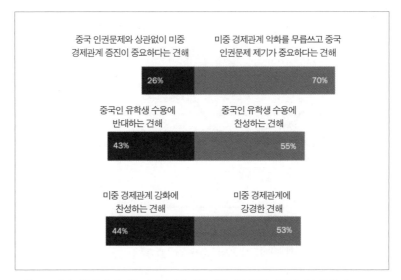

그림 9-2 여러 이슈들에서 미중 양자관계에 대한 미국 내 부정적 인식이 다수를 차지
주: 응답하지 않은 사람은 표시하지 않음.
출처: 2021년 2월 1-7일, 퓨리서치 조사.

　　미국인들은 중국과 관련하여 많은 특별한 우려를 가지고 있으며, 사이버 공격, 중국에 대한 일자리 손실, 중국의 기술력 증가 등 양국 관계의 특정 문제가 지난 1년 동안 주요 문제라는 인식이 커졌다. 미국인의 절반은 현재 중국의 인권 정책이 미국에게 매우 심각한 문제라고 말하고 있다. 이는 작년보다 7% 포인트 상승한 수치이다. 미국인 10명 중 9명은 중국이 국민의 개인적 자유를 존중하지 않는다고 생각한다.

　　미국인들은 또한 중국이 몇 가지 주요 문제를 다루는 방식에 대해 비판적이다. 예를 들어, 지구 기후변화에 대처할 때 79%의 대다수는 중국이 잘못하고 있다고 생각하고 45%는 중국이 매우 잘못하고 있다고 생각한다. 더 많은 미국인들은 중국이 코로나 바이러스 전염병에 대처하는 올바른 방향(43%)보다 잘못된 방향(54%)으로 대처했다고 생각한다. 그럼에도 불구하고 미국인들은 자국의 대처에 대해도 비판적

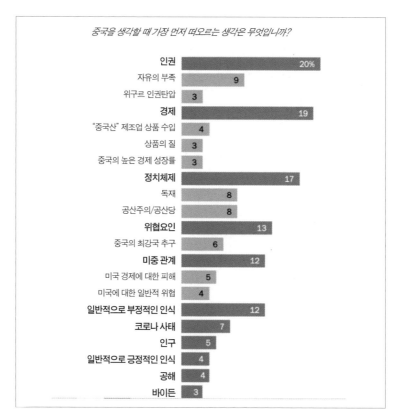

중국을 생각할 때 가장 먼저 떠오르는 생각은 무엇입니까?

인권	20%
자유의 부족	9
위구르 인권탄압	3
경제	19
"중국산" 제조업 상품 수입	4
상품의 질	3
중국의 높은 경제 성장률	3
정치체제	17
독재	8
공산주의/공산당	8
위협요인	13
중국의 최강국 추구	6
미중 관계	12
미국 경제에 대한 피해	5
미국에 대한 일반적 위협	4
일반적으로 부정적인 인식	12
코로나 사태	7
인구	5
일반적으로 긍정적인 인식	4
공해	4
바이든	3

그림 9-3 대중 관계에서 우선시해야 할 이슈 순서
출처: 2021년 2월 1-7일, 퓨리서치 조사.

이다(58%가 비판적).

15%만이 시진핑 주석이 국제문제에 대해 옳은 일을 한다고 확신하는 반면 82%는 그렇지 않다. 그에 대해 전혀 확신이 없는 경우도 43%를 포함한다.

미국인의 60%가 바이든 대통령이 일반적으로 국제문제에 대해 옳은 일을 한다고 확신하는 반면, 중국에 효과적으로 대응한다는 점에서는 53%만이 그를 신뢰한다고 답했다. 이는 설문조사에서 다른 외교

정책 문제를 처리할 수 있다고 확신한다고 말하는 것보다 적다. 당파적으로 보면 민주당원과 무소속 국민들의 83%는 바이든이 중국과 효과적으로 거래할 것이라고 확신하고 있지만 공화당원은 19%만이 바이든에게 확신이 있다.

미국인의 대다수는 중국을 적(34%) 또는 파트너(9%)가 아닌 경쟁자(55%)로 묘사한다. 당파적으로 보면 공화당과 공화당 성향의 무소속의 53%가 중국을 적으로 묘사하는 반면, 민주당과 민주당 성향의 무소속의 20%만이 동일하다고 말한다. 보수적인 공화당원의 거의 3분의 2가 중국이 적이라고 답했으며(64%), 온건 공화당원의 37%만이 같은 입장이라고 답했다.

민주당원은 공화당원보다 중국을 파트너로 묘사할 가능성이 더 높지만, 민주당원의 거의 3분의 2(65%)가 중국을 이러한 방식으로 묘사하면서 중국을 경쟁자로 묘사한다.

미국인의 거의 절반(48%)은 중국의 권력과 영향력을 제한하는 것이 중국의 최우선 외교정책이 되어야 한다고 생각하고, 또 다른 44%는 중국이 어떤 우선순위를 부여해야한다고 생각한다. 7%만이 중국의 영향력을 제한하는 것이 우선순위가 될 수 없다고 생각한다. 중국의 권력과 영향력을 제한하는 것이 최우선 과제라고 생각하는 미국인의 비율도 2018년 이후 16% 상승했다.

코로나 바이러스가 미국에서 널리 퍼진 보건 문제가 된 지 1년이 넘은 현재, 미국인의 절반 이상이 중국이 잘못 대처했다고 답했다(54%). 약 1/4(28%)은 중국의 유행성 대응이 매우 잘못되었다고 생각한다. 43%만이 중국이 코로나 바이러스 발생에 잘 대처했다고 생각하고 12 %만이 중국이 매우 잘했다고 답했다. 그리고 절반 이상의 미국인들이 중국이 전염병 대처에 비판적이지만, 58%의 미국인은 자국의

그림 9-4 절반 이상의 미국인은 중국의 코로나 사태 대응에 부정적 견해
주: 응답하지 않은 사람은 표시하지 않음.
출처: 2021년 2월 1-7일, 퓨리서치 조사.

대처에 대해 비판적이다.

코로나 사태 발생 이후 1년 반에 걸쳐서 굳어져가고 있는 미국민의 대중 인식은 대중 관여의 폭을 줄이고 있고, 바이든 정부의 대중 경쟁 정책의 기반이 되고 있다. 특히 공화당의 대중 인식이 경색되면서 바이든 정부의 대중 견제가 성공을 거두지 못할 경우 바이든 정부의 입지가 취약해질 수밖에 없는 상황이 되어가고 있다.

IV. 코로나 사태와 미중 경제 관계

코로나 사태는 미중 양국 중 어느 국가가 빨리 회복하는가에 따라 향후의 패권 경쟁의 방향을 결정할 중요한 변수로 떠올랐다. 코로나 사태는 미중 간 국력 격차를 줄여 세력전이를 앞당길 수 있다는 인식을 가속화했다. 중국은 2020년 2.3%의 경제성장률을 보여 주요국들 중에서 유일하게 플러스 성장을 기록했다. 반면 미국은 마이너스 3.5%의 성장률을 기록하여 미중 간의 격차는 커졌다고 할 수 있다. 중국은 2021년 3월 5일 개막한 전국인민대표대회에서 2021년 경제성장률 목표를 6%

이상으로 제시하였다. 국제적인 주요기관들은 2021년 중국 성장률을 8-9%로 예상하고 있다. 이는 코로나 사태 발생 이전 분기에 마이너스 6.8%였다가 2사분기부터 다시 플러스 성장을 한 덕분이다.

미국 경기 역시 IMF 관측에 의하면 2021년에 코로나 사태 이전의 성장률을 보이기는 어렵지만 빠른 경제회복세를 보일 것으로 예상하고 있다. 2021년 4분기 경제성장률이 마이너스 2.5%였던 반면 향후 3년간 미국의 성장률은 연간 2%대로 예상하고 있다. 이러한 변화가 향후 어떠한 미중 간 국력 격차로 이어질지 아직 알기는 어렵다. 2020년 코로나 사태가 악화되었을 때 코로나 대처 성공 여부에 따른 경제력 회복 속도는 매우 중요한 문제였다. 그러나 백신 개발 이후 미국의 접종률이 세계 최고를 기록하면서 미국의 상황이 호전될 것으로 예상하고 있다.

2020년을 돌아보면 중국은 1분기 경제성장률을 −6.8%로 발표한 이래 양회에서도 올해 성장 목표치를 발표하지 않았다. 2020년 4월 17일 중국 정부 발표에 따르면 국내 총생산(GDP)은 전년 대비 1월에서 3월 사이 6.8% 하락하였다. 로이터 여론조사에서 분석한 6.5% 하락 예측보다 큰 폭이며 지난 4분기에는 6% 증가에 비해 크게 역전된 것이다. 중국의 경제규모 수축은 공식적인 분기 별 GDP 기록이 시작된 1992년 이후 처음 있는 일이다.

그러나 이후 급반등하여 다른 국가들이 마이너스 성장을 하는 와중에 경제성장의 동력을 찾고 있다. 2분기에 3.2%로 급반등하였고, 3분기에는 4.9% 증가하는 모습을 보였다. 올해 성장률 역시 IMF의 전망에 따르면 1.9% 성장으로 보여 세계 많은 국가들에 비해 경제성장을 기록할 전망이다.

애초에 코로나바이러스 발병은 중국이 부채 증가, 내수 냉각, 미국의 공격적인 관세 등과 맞서면서 경기 둔화와 동시에 발생하였다. 2019년 GDP 성장률은 6.1%로 목표치 최하에 근접해 전년도의 6.6%를 크게 밑돌고 있는 상황이었다. 소강사회를 이룩해야 하는 올해, 중국은 개혁개방 이래 최초로 역성장을 하였고 경제성장을 지속해야 하는 과제를 안게 되었다.

　　코로나의 발생지인 후베이 성이 중국 산업의 중심지라는 점에서 타격이 더 큰 것으로 보인다. 후베이성의 수도인 우한은 중국 산업의 중심지에 위치해 있고 이 도시는 베이징/톈진, 청두/충칭, 마카오/홍콩, 상하이와 경계를 이루는 지역인, 중국의 핵심 산업 지역에 위치하고 있다. 후베이성에는 7개의 주요 경제 구역도 존재하고 있다. 중국 국가경제가 2019년 성장세가 둔화되었을 때에도 우한은 7.8%로 높은 성장률을 유지했기 때문에 2020년 1분기 중국 경제의 하락에 큰 요인이 되었다고 보인다. 고기술 부문과 디지털 경제의 부가가치는 우한 GDP의 24.5%, 40%를 차지할 것으로 추정되었고, 우한은 2020년에도 전망이 밝았던 것이 사실이다. 후베이 정부가 주목한 대로 세계 500대 기업 중 300여 곳이 우한에 자리를 위치하고 있고 새로 추가된 첨단기술업체 수가 900여 개로 사상 최대를 기록한 바도 있다. 제14차 우한시 인민대표자회에서 발표된 정부 업무 보고서는 우한시 GDP가 2020년에는 7.5퍼센트에서 7.8퍼센트 사이로 성장할 것이며 22만 개의 일자리가 새로 창출될 것이라고 추정하고 있었던 상황이었다.

　　그러나 사태 해결 이후 중국경제가 빠르게 회복되었다. 2003년 사스 발병 당시와 비교해보아도 당시 중국의 소매판매 증가율은 4.3%로 바닥을 쳤지만, 즉시 반등했고 3분기 성장률은 9.7%로 마감한 바도 있다. 이와 비슷하게, 2003년 5월과 6월에 여객운송은 각각 42%와 22%가 감소했다가 9월에 다시 회복되기도 하였다. 식료품, 도매업, 여행업

등 직접 타격을 받는 분야가 핵심적인 관건이라고 할 수 있다.

중국 정부는 2008년처럼 대규모의 양적 완화를 하지는 않고 제한된 경기부양책을 실시하는 정책을 폈다. 문제는 경제성장률의 숫자가 아니라 올해가 중국 소강사회 달성이라는 정치적인 부분으로 코로나 사태의 원인이 있지만 권위주의 사회의 특성상 정치적 목적 달성이 중요한 상황이기 때문에 성장률의 정치적 여파가 주된 변수였다.

코로나 사태는 미국을 더욱 심각하게 약화시키며 2008년 경제위기 이후 최악의 실업률을 보였다. 결국 코로나 사태는 경제력의 상대적 손실게임에서 미국을 더욱 약화시킨 것이다. 실업자가 2,000만 명 이상 발생했고, 실업률은 10% 이상을 기록했다. 그러나 달러화에 대한 신뢰 및 미국 중심의 금융질서에 대한 신뢰는 전반적으로 유지되었다.

코로나 사태로 명확해진 사실로, 2019년 말까지만 해도 미국의 경제회복은 여타 나라들에 비해 월등한 것이었지만 잠재된 문제점이 노출되었다. 트럼프 정부의 경기부양 및 실업률 저하 정책은 대중 무역적자 감소, 동맹국의 분담금 압박, 다자기구에 대한 책임 회피 등에 기초한 것이었지 미국 경제발전의 주축이 되는 경제기초를 강화하는 장기적 정책을 추구한 것은 아니었다. 코로나 사태로 인한 미국 경제의 난관은 물론 일시적이고 갑작스러운 것이었지만 트럼프 정부 하의 경제회복 기초가 위기를 이겨낼 만큼 성과를 거둔 것이 아니라는 점을 보여주었다.

이러한 미국의 난관은 2020년 1월 15일 미중 간 1단계 무역합의의 성과를 더욱 예측 불가능하게 만든다. 무역협정에 따르면, 중국은 향후 2년 동안 콩, 기계, 에너지 제품을 포함한 2,000억 달러의 미국 제품을 추가로 구매할 것을 약속한 바 있다. 이러한 고액에 도달하기 위해서 중국 회사들은 협정 직후 많은 양의 미국 제품을 구매하기 시작

할 필요가 있지만 코로나 사태로 사실상 불가능해졌다. 또한 중국 정부
는 또한 몇 달 안에 미국 농업 및 금융 회사 시장을 개방하기 위해 신
속하게 행동할 예정으로 있었고, 이러한 부문에 대한 대대적인 개혁을
할 예정이었다. 코로나 사태는 항공편 증편과 관광 감소를 불러왔고 중
국 항공사의 부담을 가중시켜 올해 미국 신형 항공기의 구매를 감소시
킬 가능성이 커졌다. 중국 정부가 올 초 발병에 대한 대응에 치중할 수
밖에 없는 상황에서 무역협정의 약속을 이행하기 위한 행동계획 수립
은 목표미달로 평가받고 있다.

　이와 관련하여 1단계 무역협정의 최종 문장 중 하나가 핵심인데,
이 규정은 "당사자의 통제 밖에 있는 자연재해나 그 밖의 예측할 수 없
는 사건이 당사자가 본 계약에 따른 의무를 적시에 준수하는 것을 지
연시킬 경우 당사자들 간의 협의를 요구한다"고 규정하고 있다. 전반
적으로 중국이 약속을 이행하지 않는 것은 미국에 비판적 견해들을 불
러일으키고, 잠재적으로 무역협정이 체결되기 전 불안한 관계로 되돌
릴 수 있다는 전망이 존재할 수밖에 없는 상황이다.

V. 미중 간 위기 대처 능력 및 모델 경쟁

코로나 사태에 대한 초기 대처에서 중국의 투명성 부족과 중앙집권체
제에서 비롯된 관료적 회피주의 등이 지적된 바 있다. 2019년 12월 8
일에 발병이 보고되었지만, 우한시 보건위원회는 몇 주 후까지 공식 통
보를 하지 않았고 우한 관리들은 이 병의 심각성을 경시하고 의도적으
로 뉴스 보도를 억제하려고 주력했다고 알려져 있다. 또한 질병이 인간
들 사이에서 전염될 수 있다는 증거가 없다는 것을 유지했고, 의료 종

사자들은 감염되지 않았다고 주장하기도 하였다. 중국 검열관들은 정부가 인터넷, 언론, 시민사회에 대해 극적으로 더 엄격한 통제를 시행한 덕분에 사스 전염병 때보다 훨씬 더 쉬운 공공 영역에서 발병 관련 언급을 삭제하는 데 성공했다고 보도하였다. 한 연구에 따르면 중국의 메시징, 소셜 미디어, 모바일 결제 앱인 위챗의 발병 관련 언급은 우한시 보건위원회가 처음 발병 사실을 인정한 12월 30일부터 1월 4일 사이에 급증하였지만 이후 질병에 대한 언급은 급감했다는 것이다. 우한에서 136건의 새로운 사건뿐만 아니라 베이징과 광둥에서도 발생했다는 보도가 있은 후 1월 20일 이후에야 정부는 검열 노력을 철회한 것으로 알려져 있다.

또한 우한 봉쇄 과정에서 인권의 문제가 지속적으로 제기되었다. 검열, 차별, 임의적인 구금 등 인권침해가 발생했으며, 이는 중국 공산당의 위기 대처 능력, 시진핑 주석 중심주의에 대한 반발, 중국의 인권 문제 등에 대한 문제제기로 장기적인 피해를 줄 수 있다는 관측이다. 중국의 지도자들이 코로나바이러스의 발병에 대한 승리를 선언할 때 중국 공산당의 지도력을 강조했지만, 정부의 대책과 관료주의라는 점이 계속 지적될 수도 있다는 것이다.

이러한 가운데 시진핑 주석은 중국 모델의 성공을 강조하며 지구적 리더십을 증진하기 위해 노력을 기울였다. 세계의 신흥 경제대국인 중국은 이미 세계 보건 분야에서 적극적인 역할을 시행해왔다. 양자 협력, 남북협력, 벨트 로드 이니셔티브 등에서 활발히 활동하고 있으며 의료팀을 파견하고 인프라를 구축하며 보건기술 지원을 시행해 온 바 있다. 과거 60년 동안 중국의 세계 보건 정책은 아프리카 국가에 의료팀을 파견하는 것과 같은 쌍방의 협력에 초점을 두었다. 1963년, 알제리는 중국 정부가 그들의 의료진을 파견한 최초의 아프리카 국가였다.

코로나 사태를 계기로 중국의 보건 분야 세계 리더십이 어느 정도 확대될 것은 확실해 보인다.

시진핑 주석은 COVID-19 특별 G20 회의에서 세계적 차원의 대응, 통제 및 치료에 대한 집단적 대응, 국제기구의 적극적인 역할 지원, 거시 경제 정책 조정 강화, 또한 백신 및 치료제 개발, 온라인 COVID-19 지식 센터에 대한 액세스, 포괄적이고 체계적이며 효과적인 제어 및 치료 프로토콜 홍보, G20 COVID-19 지원 이니셔티브 시작, 공동 보장 등의 실질적인 협력 분야를 강조했다. 더불어 세계 산업 및 공급망의 안정성, 세계 공중 보건 안보에 관한 고위급 회의 소집 등을 제안하기도 하였다. 중국은 경제 부문에서도 세계적 차원에서 거시 경제 정책에 대한 보다 나은 조정, 세계 산업 및 공급망을 안정적으로 유지하고 무역 및 투자 자유화를 촉진할 것 등을 주장하였다.[3]

보다 넓은 맥락에서 중국에 유리한 환경이 형성되기도 한다. 코로나 이후 사회상 변화로 디지털 연결성이 강조되면서, 서비스 부문 중 대면 저숙련 노동의 섹터는 급속히 줄어들 것으로 전망된다. 이 기회에 중국의 5G 디지털 부문의 급격한 성장이 예상되면서 시진핑 주석도 디지털 연결성 부문에 대한 집중 투자를 주문하고 있다. 중국 경제는 주변국, 일대일로 참여국들에 대한 지경학적 의미가 크기 때문에, 코로나 사태는 5G에 대한 지원을 통해 일대일로의 디지털 실크로드를 더 효율적으로 추진할 수 있는 호기가 되기도 한다.

일대일로의 대부분 국가가 경제취약 국가로 코로나 사태의 영향 하에서 경제성장률 저하, 기존의 부채 상황 불가능, 이들 국가에 대한 외부국가들의 투자 저하 등의 문제를 안게 될 것이다. 특히 말레이시

---

3 https://global.chinadaily.com.cn/a/202004/16/WS5e97b899a3105d50a3d16958.html

아, 몽골, 베트남, 앙골라, 벨라루스, 지부티, 몰디브, 모잠비크, 오만, 콩고공화국, 잠비아 등의 국가들이 거론되고 있는데, 중국이 이들 국가들에 대한 부채조정 및 경제지원을 효과적으로 할 수 있는가가 중국의 일대일로의 성공과 연결될 것이다. 일대일로 국가들에 대한 다수의 채권국가들이 존재하지만, 중국은 코로나 사태를 계기로 어려움을 겪고 있는 이들 국가들과 다자협력보다는 양자관계를 통해 일대일로 채무국과 관계를 해결하며 영향력을 확장하려는 노력을 기울일 것이다.

결국 중국은 조기 회복 이후 세계 각국을 상대로 의료장비 지원의 외교노력을 기울였다. 2008년 경제위기 이후 이미 경제력을 바탕으로 한 지원외교를 해온 중국에 대한 세계의 기대가 컸고 중국의 위상이 증진된 것은 사실이다. 그러나 무엇보다 중국의 지원이 영향력 확대라는 정치적 목적과 연계되고 리더십 행사의 거버넌스 방식이 불신의 대상이 되었다. 코로나 사태로 중국의 위상이 과연 강고해졌는가는 좀 더 지켜보아야 할 사안이다. 패권국가가 되려면 세계 각국을 도울 수 있는 충분한 능력이 있어야 하는 것은 물론 이를 행사하는 적절한 방식과 거버넌스가 있어야 하는데 중국이 과연 충실히 준비되어 있는가는 여전히 의문사항이다. 미국의 리더십 방기가 코로나 사태로 더욱 시기가 당겨지는 바람에 미처 준비가 되어 있지 못한 중국의 패권 기획이 오히려 손실을 입을 수도 있는 상황이다.

이에 비해 미국은 트럼프 대통령의 미온적 초기 대응, 위기인식 부족, 보건물자 제공 및 검진체제 미비, 의료보험제도의 결점으로 현재까지 어려움을 겪고 있다. 트럼프 정부는 출범 직후부터 다자주의 국제질서를 약화시키는 일련의 정책을 추구해왔고, 국제적 리더십 공백은 코로나 사태에서도 다시 확인되었다. 미중 간 전면적 의료, 보건 협력이 가능할 수 있는 상황이었지만 트럼프 정부는 중국 책임론을 주장하면서 세계보건기구와 관계 단절을 표방했다. 많은 저발전국가들이 코로나 사태로 보건위기를 겪는 와중에 미국의 국제지원 및 국제공공재 제공의 리더십은 실종된 상태이다. 그럼에도 불구하고 연방주의 분권 모델 하에서 각 주지사들의 효율적 대처와 저변이 강한 의료기술 등으로 점진적인 회복이 예측되고 있다. 중국의 중앙집권적 대처가 인권문제 등 장기적 문제를 불러온 데 비해 미국의 대처가 과연 성공적일지는 향후에 결정될 것이다. 단기의 효율성보다 결국 장기적인 복합적 효과, 특히 인권 문제 및 민주주의의 장점을 함께 고려한 결과가 주목될 것이기 때문이다. 그러나 코로나 사태가 미국 사회 내 계급격차와 연결된 의료격차의 문제를 불러오고, 급기야 백인경찰의 폭행으로 인한 흑인 사망 사건을 계기로 누적된 불만이 표출되면서 미국 사회의 또 다른 인권문제를 상기시키고 있다.

VI. 미중 간 외교 및 거버넌스의 재조정

1. 중국 핵심이익에 대한 미국의 공격

코로나 사태로 미중 간의 대결구도는 더욱 명확해졌고, 미국은 기존의 선제적 공세 정책을 강화하여 중국의 핵심이익을 공격하는 모습을 보이고 있다. 바이든 정부의 외교정책 기조는 2월 4일 국무부에서 행한 대통령의 연설에서 드러나는데 주요 목적은 미국 경제력 등 국력회복, 동맹재건, 다자주의 외교 활성화, 가치기반 외교 강화 등으로 요약된다. 그리고 그 핵심에는 중국 문제가 놓여 있다. 미국은 대중 견제 기조를 확실히 하는 가운데 이에 대한 국제적 정당성을 얻기 위해 인권문제를 외교정책의 핵심에 놓고 있다. 코로나 사태에 이어 중국의 위구르 신장 문제, 홍콩 문제를 제기함으로써 중국에 대한 가치외교를 실현하고자 하는 것이다.

중국으로서는 국내 주권적 문제인 대만과 홍콩 문제가 매우 사활적인 부분이다. 이미 트럼프 시대부터 중국의 핵심이익에 대한 미국의 공세는 시작되었다. 대만에 대해 미국은 F-35 반도체 부품의 대만 회사 미국 내 생산 허가, 미 군사인사들의 대만 방문 등 미-대만 군사 관계가 매우 긴밀화되는 추세를 보이고 있다. 또한 대만의 반도체 회사 TSMC의 미국 공장 설립 발표 등도 공장 규모나 생산 방향은 재론의 여지가 있지만 중국 견제의 의미가 크다고 할 수 있다. 차이 총통의 재선과 대만의 국제적 역할 확대, 방영 성공 등에 힘입어 중국 견제가 힘을 받을 수 있는 환경도 조성되었다. 대만은 코로나 사태에서 중국과 국경봉쇄를 통해 환자 400명 선을 유지해왔다. 이후 중국은 대만에 대한 다양한 압박을 증가해 왔는데, 대만과 외교관계를 맺는 국가들에 대한 압박, WHO를 통해 대만 지원 제한 등 가능한 한 모든 기회에 대만에 대한 압박을 증가하고 있다. 대만을 둘러싼 미중 간의 힘겨루기는 향후에도 지속될 것이며 문제가 악화되면 정치, 군사, 안보의 문제로도 확장될 가능성이 있다.

대만과의 경제 관계는 미국으로서도 중요한 문제이다. 대만은 아시아에서 7번째로 큰 경제이고, 미국에서 10번째로 큰 상품 거래 파트너이다. 동급 최강의 반도체로 인해 글로벌 첨단 기술 공급망의 중요한 연결 고리를 통해 미국과 긴밀한 관계를 가지고 있다. 중국산 첨단 기술 제품에 대한 의혹이 높아짐에 따라 일부 미국 기업은 대만을 안전하고 신뢰할 수 있는 파트너로 여기게 되었다. 그리고 중국산 인공지능 지원 제품 및 기타 소프트웨어 응용 프로그램에 대한 혐오감이 커지면서 대만은 중국 본토에서 설계 또는 제조된 제품에 대한 잠재적인 매력적 대체품이 되었다.

마찬가지로 대만은 5대 수출 시장 중 하나이자 필수 기술 파트너인 미국과의 탄탄한 경제 관계를 통해 엄청난 혜택을 받고 있다. 사실상 대만은 다른 나라보다 수십 년 전에 실리콘 밸리를 발견했다. 1970년대 이래 대만 태생의 미국 교육을 받고 훈련된 엔지니어 및 기업가들이 실리콘 밸리 및 기타 미국 혁신 허브와 지속적인 관계를 맺고 있는 "두뇌 순환" 과정은 반도체, 개인용 컴퓨터 및 기타 하드웨어 관련 산업 분야에서 양국 협력의 물결을 이끌었다. 대만은 미국과의 긴밀한 경제 관계를 중국의 압력에 직면한 상황에서 전략적 이점으로 보고 있다. 대만은 보다 광범위한 파트너십을 원하며 미국이 대만과의 경제적 파트너십을 확대하려고 함에 따라 다른 주요 경제국들도 잠재적으로 따를 수 있을 것이라고 확신하고 있다.

대만과 경제적 협력은 점차 군사 협력으로 발전하고 있고, 양안관계에서 미중은 대립구도를 형성해하고 있다. 2021년 3월 9일 필립 데이비슨 인도태평양 사령관은 상원 군사위원회 청문회에서 이러한 견해를 밝히고 있다. 사령관은 중국이 미국을 대체하려는 야망을 가속화하고 있으며 2050년까지 규칙 기반 국제질서에서 미국의 리더십 역할을 약화시키고 있다고 진단하고 있다. 특히 대만에 대한 중국의 위협이 "향후 6년에서 10년 사이에 명확해질 것"으로 예상하고 있다. 또한 중국이 일방적으로 현상 유지를 변화시킬 수 있는 능력을 갖추어가고 있고, 자원이 풍부한 남중국해에서 광범위한 영토를 주장했으며 심지어 미국의 괌 섬을 위협하고 있다고 말하고 있다.

대만 문제와 더불어 홍콩 보안법으로 인한 미중 적대 전선은 세계적 차원으로 확대되었다. 홍콩은 미국의 21번째 무역파트너이자 2018

년 311억 달러의 무역 흑자 상대국이며 300여 개 미국 기업의 본거지이자 434개 기업의 지역사무소가 주재하는 장소이다. 그러나 홍콩 보안법의 입법으로 일국양제에 대한 보장이 무너지면서 영국, 대만, 호주, 일본 등 민주주의 국가들이 진영을 조성하여 중국을 비판하는 양상이 전개되었다. 이는 이들 국가들이 홍콩에 대해 가지는 경제적 이점과 더불어 증폭되었다. 2021년 양회에서 중국은 소위 "애국자"에 의한 홍콩 선거제 개편안을 발표함으로써 더욱 논란이 가속화되고 있다. 그러나 중국 역시 주권 문제라고 인식하며 다양한 탄압수단을 보유하고 있기 때문에 향후 지속될 문제라고 볼 수 있다.

2. 미국의 대중국 무역 및 탈동조화(decoupling) 전략

코로나 사태와 미국의 대통령 선거가 겹쳐지면서 세계적 리더십을 행사해 온 미국의 여러 결점들이 명백히 드러나고 있다. 무엇보다 코로나 사태는 미국의 대중 경제의존도를 더욱 확실하게 보여준 사건이었다. 바이든 대통령은 2021년 2월, 제약, 희토류, 반도체, 배터리 4개 분야에 대한 공급망 취약점을 평가하기 위한 행정명령에 서명한 바 있다. 미국이 코로나 위기를 겪으면서 핵심 의료 장비의 생산 공급망이 미국에 과도하게 의존하고 있었다는 점이 밝혀졌을 뿐 아니라 미국의 경제성장이 중국과 전반적으로 연계되어 있음도 확실해졌기 때문이다. 코로나 사태 이후 중국의 경제가 급속히 위축되면서 중국의 원료 및 중간재에 의존하고 있던 미국의 산업들 역시 큰 어려움을 겪게 되었던 것이다. 코로나 사태로 인해 불가피한 상황이었지만 향후 중국이 미국을 향해 상호의존의 무기화 전략을 본격적으로 사용할 경우 미국의 취약성을 더욱 드러낸 상황이었다.

이러한 논의는 코로나 사태 이전부터 진행되고 있던 미중 간 소위 대규모 탈동조화(great decoupling)의 현상을 더욱 가속화시키고 있다. 미국은 2020년 5월 20일 "중국에 대한 미국의 전략적 접근"이라는 백악관 문서를 발표하여 지난 40년간 대중 관여 정책이 성공하지 못했고 중국이 미국과 국제사회의 이익을 해치고 있다고 명시한 바 있다. 또한 미국은 중국을 전략적 경쟁국으로 설정하고 미국과 동맹국의 이익을 지키고 개방적이고 자유로운 규칙기반 질서를 강화하겠다고 주장했다.

국무부는 또한 트럼프 정부하 소위 경제번영네트워크(Economic Prosperity Network)를 설립하여 탈중국 공급망을 건설한다는 구상도 제시하였다. 2020년 6월 26일자 빅터 차 교수의 조선일보 칼럼에 의하면 경제번영네트워크 개념은 이미 코로나 사태 이전에 미국에서 만들어졌으며 2019년 11월 한미고위급경제협의회에서 미국의 키스 크라크 경제차관이 한국에 설명한 것으로 알려졌다. 미국이 대중 무역분쟁을 수행하면서 일정 부분 미중 간의 경제 탈동조화가 진행되고 있었고 이는 코로나 사태로 더욱 가속화된 것으로 볼 수 있다. 이후 클린 네트워크나 블루 닷 네트워크 등 중국을 배제하고 기술협력 및 인프라 협력을 추구하는 다양한 미정부의 노력이 이어지고 있다.

사실 탈동조화라는 개념은 매우 불명확한 개념이다. 탈동조화는 1) 지나친 상호의존의 결과에 대한 현실적 인식과 미중 간 급격하고 전면적인 경제단절을 의미할 수도 있고, 2) 의료장비 등 핵심 물자의 의존도를 줄이는 것을 의미할 수도 있으며, 3) 첨단분야 기술 디커플링으로 예를 들어, 미국 회사의 대중 반도체 수출 금지 및 제재 등을 의미할 수도 있고, 4) 첨단 안보 분야의 국제법이나 규범 등에서 미중 간 규범의 탈동조화를 의미할 수도 있고, 더 나아가 5) 중국 경제성장 좌절

정책, 6) 세계 경제의 진영화를 의미할 수도 있다. 과연 미국이 현재 추진하고 있는 탈동조화의 목적이 무엇인지, 이들 목적을 어떠한 순서와 범위에서 추구하는 것인지 명확히 인식해야 한다(Meidan 2019).

무엇보다 미중 경제 전체의 완전한 분리는 사실상 불가능한 것으로 부분적이며 현실적인 재동조화(recoupling)가 이루어질 것으로 예상하는 견해가 많다. 사실, 미국 내 많은 기업들이 완전한 중국 철수가 사실상 불가능한 상황이다. 물론 코로나 사태와 미중 경쟁 본격화 이전부터 중국 내 노동임금 상승 및 중국의 경제규제 강화, 기술 강제이전 등으로 투자의 유용성은 감소했다. 그러나 1차 미중 무역협상은 사실상 미중 간의 상호의존의 증가를 염두에 둔 것으로 탈동조화의 흐름과는 역행되는 것이기도 하다.

코로나 사태를 겪으면서 핵심 물자의 의존, 첨단 기술의 이전 등을 탈동조화하고자 하는 인식이 증가한 것은 사실이며 이는 일정 부분 조정될 것으로 전망된다. 또한 미국의 동맹국이나 파트너 국가들의 대중 민감 기술 이전 금지레짐 등은 형성될 수 있다고 보여진다. 그러나 세계 경제 자체의 진영화, 규범의 배타적 이원화 등에는 동조하기 어려운 것이 사실이다. 즉, 중국의 경제적 성장을 좌절시키기 위해 탈동조화 및 재동조화를 추구하는 것은 전략적인 부분으로 지속될 것이지만 완전한 탈동조화와는 거리가 있다고 볼 수 있다.

특히 미국 내 다양한 행위자들 간의 이해관계는 갈등하는 모습을 표출하고 있다. 트럼프 정부는 책임회피와 대선 전략을 위해 중국과의 전면적 탈동조화를 추진하는 전략을 추구하는 양상이지만, 미국의 경제행위자들의 이해관계는 이와 다르다. 여전히 많은 미국 기업들은 중국에 대한 직접 투자 및 무역에 의존하고 있으며, 미국의 소비자들 역시 중국 상품에 의존하고 있다. 미국이 대중 무역분쟁을 하는 이유는 중국과 경제관계를 재설정하기 위한 것이지 탈동조화 내지 탈중국화를 추구한 것이 아닌데, 현재 벌어지고 있는 사태는 미중 관계의 일정한 단절을 전제하고 있어 많은 혼란을 야기하고 있다.

트럼프 정부는 중국에 대한 압박을 증가하기 위해 중국의 핵심이익에 해당하는 홍콩과 대만에 대한 언급, 입법화 조치 등을 추구하고 있다. 특히 홍콩 관련 사안은 많은 관심을 끌고 있는데, 홍콩에 대한 압박에서 트럼프 정부의 정치적 대중 압박과 미국 내 경제행위자들의 이익이 일치하는가의 문제가 존재한다. 2020년 6월 1-2일, 180명의 미국 상공회의소 소속 기업인들에게 설문조사한 결과를 보면 홍콩 보안법에 대해 53.3%가 매우 우려하고 있으며, 30%는 얼마간 우려한다고 응답했다. 대체적인 반응은 홍콩의 자율성에 대한 관심, 보안법의 일정한 필요성, 그러나 무엇보다 이로 인해 변화하는 미중 관계에 대한 우려였다. 이들 중 60%는 홍콩보안법이 자신의 사업에 해를 끼친다고 대답했고, 40%는 아니라고 대답했다. 아직은 판단이 이르다는 대답이 주종이었지만 홍콩 밖으로 자본 탈출과 홍콩에 대한 자본투자가 줄어들 것으로 보는 한편, 홍콩의 인재들의 이탈을 예상하고 있다. 보다 구체적으로 기업인들의 우려 사항은 보안법 실행의 구체적 범위, 홍콩 자율성의 저하, 지식 자원의 탈출, 세계경제 중심지로서 홍콩 지위 하락, 홍콩의 사업환경을 악화하는 사회적 불안 증가, 사법체계의 자율성 저하, 데이터 보안, 다른 정부들이 행할 수 있는 보복조치들 등이었다. 미국 기업들의 70.56%는 홍콩보안법이 실행될 경우 자산이나 사업을 유지하겠다고 대답했고, 29.44%는 홍콩으로부터 이전하는 것을 고려한다고 대답했다. 그리고 트럼프 대통령의 홍콩 특별지위 취소 정책에 대한 반응은 대부분이 상황을 지켜보겠다는 유예적 답변을 한 반면, 18.33%는 홍콩에 대한 투자를 줄이겠다고 대답하였고, 여타 무역 축소, 사업여행

등도 영향을 받는 것으로 답변했다. 총체적으로 홍콩의 미래에 대해 긍정적인 전망을 가진 측은 15% 정도에 불과했고, 나머지는 단기, 혹은 중장기에 걸쳐 홍콩의 미래가 비관적이라고 생각하는 것으로 나타났다.[4]

경제번영네트워크의 또 다른 문제는 미국의 탈동조화에 대한 명확한 정책이 결여되고 대안이 충분히 존재하지 않는다는 점이다. 미국은 현재 경제번영네트워크를 제시하고 있지만 내용이 매우 불충분하다. 환태평양파트너십(TPP)의 재판으로 중국 제외 자유무역레짐을 의미하는 것인지, 중국에 대한 민감기술 등의 이전을 금지하는 것인지, 투자와 생산네트워크에서 중국을 배제하고 새로운 공급망을 설립하려는 것인지 명확하지 않다. 트럼프 정부는 미중 경제관계를 전술적으로 정치화, 안보화하는 경향이 강하므로 중장기 계획에 대한 비전 없이 동맹국과 파트너 국가들의 참여를 요청할 때 반발이 있을 것으로 예상된다.

미국의 탈동조화가 단순히 탈중국 경제망 건설에 있다면 제3국의 참여도 쉽지 않을 전망이다. 명확한 규범 기반 네트워크가 아닌 미국의 전략적 이익을 위한 네트워크일 때 중국의 보복이 가능한 기반이 마련되기 때문이다. 미국이 규범 기반 네트워크를 만들고 중국의 지경학적 보복에 대한 대안을 제시할 때 다른 국가들의 참여가 가능할 수 있을 것이다. 특히 동맹국들의 경우 단순한 안보동맹(security alliance)이 아니라 안전망을 제공하는 동맹(safety net alliance)이 만들어져야 대중 견제망 건설이 가능할 것이다.

바이든 정부 역시 대중 경제관계에 대한 리뷰를 추진하고 있다. 바

---

4   AmCham, AmCham Temperature Survey Findings June 2020: National Security Law & Hong Kong's "Special Status."

이든 행정부는 중국의 강압적이고 불공정한 무역 관행이 미국 노동자들에게 해를 끼치고, 미국의 기술 우위를 위협하고, 미국의 공급망 탄력성을 약화시키며, 미국의 국익을 약화시킨다고 인식하고 있다. 중국 문제를 해결하려면 최근의 단편적인 접근 방식보다 포괄적인 전략과 더 체계적인 접근 방식이 필요하다고 보면서 전체 중국 전략 개발의 일환으로 중국에 대한 미국 무역 정책에 대한 포괄적인 검토를 수행하고 있다.

바이든 행정부는 미국 노동자와 기업에 계속 해를 끼치는 중국의 다양한 불공정 거래 관행에 대처하기 위해 사용 가능한 모든 도구를 사용할 것을 제시한다. 시장 접근을 제한하기 위한 중국의 관세 및 비관세 장벽, 정부가 승인한 강제 노동 프로그램, 여러 부문의 과잉 생산 능력, 불공정한 보조금을 활용하고 수입 대체를 선호하는 산업 정책, 수출 보조금(수출 자금 지원 포함) 등이 모두 포함된다. 또한 강압적인 기술 이전, 미국 지적 재산권의 불법 취득 및 침해, 인터넷 및 디지털 경제에 대한 검열 및 기타 제한, 중국 기업이 해당 분야에서 받는 대우와 비교할 수 있는 다양한 분야의 미국 기업에 대우를 제공하지 않는 것도 포함된다.

바이든 정부는 또한 신장 위구르 자치구 및 기타 국가에서 위구르인과 기타 소수 민족 및 종교적 소수자를 대상으로 하는 중국 정부의 강제 노동 프로그램에 대한 광범위한 인권 침해 문제를 최우선 과제로 삼을 것을 제시하고 있다. 전 세계의 미국인과 소비자는 강제 노동으로 만든 제품을 매장 진열대에서 원하지 않으며 근로자는 국가가 후원하는 체계적인 억압 체제와 경쟁하여 불이익을 받아서는 안 된다는 것이다. 더불어 무역 의제에서 강제 노동과 싸우고 글로벌 시장에서 기업의 책임을 강화하기 위한 모든 옵션을 고려할 것이라고 표방하고 있다.

또한 바이든 정부는 중국이 기존 무역 의무를 이행할 수 있도록 강화된 집행을 추구할 것이며, 국제 무역 규칙에 차이가 있는 경우 미국은 파트너 및 동맹국과의 협력 강화를 포함하여 이를 해결하기 위해 노력한다고 주장하고 있다. 동시에 바이든 정부는 미국의 경쟁력을 강화하고 중국 경제 정책으로 인해 발생하는 문제를 해결하기 위해 미국을 더 강력한 위치에 두는 데 필요한 미국 근로자, 인프라, 교육 및 혁신에 국내에서 혁신적인 투자를 할 것이라고 논하고 있다.[5]

VII. 코로나 사태와 미중 안보 경쟁

코로나 사태 초기 미국은 안보 태세 영향을 받을 수밖에 없었다. 그러나 전반적인 미국의 대중 군사견제는 오히려 더욱 견고하게 발전하는 추세를 보였다. 코로나 사태 초기 미 해군 핵추진 항공모함 '시어도어 루즈벨트'에서 500명 넘게 확진자가 나온 데 이어 사망자가 발생하기도 하였다. 이후 미군은 전체 군 운영, 훈련 부분에서 축소 및 조정의 단계를 거칠 수밖에 없었던 것도 사실이다. 미국은 자국 내 보건 위기 해결에 총력을 기울이게 되면서 중국의 영향력 팽창 정책에 대해 정책 자원이 부족한 것도 극복해야 할 문제를 절감했다. 환구시보는 2020년 4월 2일 자 보도를 통해 중국 해군이 남중국해에서 군사훈련을 실시했으며 이에 대해 미국은 코로나 사태로 명확한 대응을 하는 데 실패했다고 언급하기도 하여 미국의 안보적 어려움을 보도하기도 하였다.

---

5   USTR, The 2021 Trade Policy Agenda and 2020 Annual Report of the President of the United States on the Trade Agreements Program. 2021. March. p.4.

그런 가운데 중국은 코로나 사태가 진행되는 동안에도 남중국해에 대한 행정적, 군사적 조치를 강화하였고, 미국 역시 보건 위기 속에서도 중국에 대한 항행 자유의 작전 등 군사적 대응을 지속하였다. 미 해군은 2017년 5월부터 2020년 7월까지 남중국해를 통해 24번의 자유 항해작전을 수행한 바 있다. 2020년 7월 마이크 폼페이오 국무장관은 중국의 남중국해 영토 주장이 "불법"이라며 미국의 접근 방식을 더욱 강화하였다.

국방비의 경우도 중국은 2021년 6.6%의 증가를 계획했고, 아시아 국면에서 미중 간의 국방비는 격차가 줄어들고 있다. 한편, 미국의 필립 데이비슨 미 인도태평양사령관은 최근 2020년 4월 의회에 제출한 보고서에서 2021~2026회계연도에 약 200억 달러의 추가 예산 투입을 요청하는 등 대중 군사태세 강화를 위해 노력하려는 계획을 발표하였다. 정밀타격 네트워크, 특히 지상 기반 대함·대공 역량을 갖춘 통합군의 제1열도선 배치, 제2열도선에 통합방공미사일을 배치해야 하고, 분산과 역내 안정 유지력과 필요할 경우 전투작전을 유지하는 강화된 전력태세 배치 등을 주장하여 코로나 사태에도 불구하고 대중 군사력 강화의 추세는 지속되고 있다. 또한 4월 16일 맥 쏜베리 미하원 군사위원장은 중국에 대항하는 방공 미사일 방어체제에 6조 달러의 예산을 의회에서 요청하는 법안을 제시했다. 인도-태평양 억지구상(Indo-Pacific Deterrence Initiative)의 개념을 도입하여 코로나 사태에도 불구하고 대중 군사태세를 강조하는 경향은 바이든 정부에서도 지속되고 있다.

미국은 또한 중국과 공식적인 관계를 유지하면서도 중국이 대만해협을 가로질러 공중 및 해상 활동을 강화함에 따라 대만에 첨단 무기를 판매하는 동시에 대만의 군사 현대화를 장려하고 있다. 일본, 인도, 호주와의 4개국 협의체(Quad) 강화 및 이에 대한 한국, 뉴질랜드 등의 참여 요구 역시 대중 군사견제 추세를 반영하고 있다. 에스퍼 전 국방장관의 발언에서도 보이듯이 미국은 아시아에서 나토와 같은 다 자안보협력체를 구상하기도 하는 것으로 보였다. 바이든 정부 역시 2021년 3월 12일 최초로 개최된 쿼드 정상회의를 통해 미국 주도 질서의 이념적 기반을 확인하고 간접적으로 중국을 견제하고자 하는 의도를 보였다. 즉, "자유롭고 개방적인 인도-태평양을 위한 비전을 공유"하면서, "자유롭고, 개방적이며, 포용적이며, 건강하고, 민주적 가치에 닻을 내리고, 강압이 없는 지역"을 만들겠다는 것이다.

미국은 바이든 정부 들어 미국 인도-태평양 사령부를 중심으로 중국을 겨냥한 태평양 억제 이니셔티브를 가속화하고 있다. 미국은 이를 위해 46억 8천만 달러를 모색하고 있다고 알려져 있다. 2022년 회계연도의 46억 8천만 달러에 더해, 인태사령부는 2023년부터 2027년까지 목표를 달성하기 위해 2,269억 달러를 요청하고 있다. 이 과정에서 제1도련 지역에서 정밀 타격 네트워크를 통해 통합 합동군을 배치하는 동시에, 제2도련선의 미사일 방어, 전투 작전을 확장하고 유지하는 능력을 제공하는 태세를 목표로 하고 있다. 이 구상은 유럽억제구상을 모방하여 지역 내 중국으로부터의 안보 위험을 완화하고 위기 상승을 방지하면서 인도-태평양에 대한 미국의 이익을 방어하기 위한 억제 전략을 구현하기 위한 실용적이고 경제적으로 실행 가능한 접근 방식으로 발전하고 있다. 2022년도 태평양억제구상의 예산 수준은 유럽억제구상의 2/3 미만 수준으로 향후 더욱 증가될 것으로 보인다.

안보 분야는 코로나 사태 이전부터 진행된 미국의 대중 경제 전략이 반영되고 있어 코로나 사태 자체의 큰 영향은 없다고 평가할 수 있다. 그럼에도 불구하고 전반적인 중국의 패권도전 의도가 강화됨에 따라 미국은 다른 분야에 비해 압도적인 군사력을 활용하여 중국을 억제할 필요성을 더욱 다급하게 느끼게 되었다고 본다. 중국에 대한 미국의 부정적 인식과 패권 경쟁으로 변화가 빨라질수록 국방, 안보 분야의 대결 양상도 가속화될 것이다.

VIII. 결론

이 글은 대체로 코로나 사태가 미중 간 전략 경쟁을 가속화시키고, 더 나아가 패권 경쟁 양상의 요소들을 강화시키는 방향으로 작동하고 있다고 보았다. 그러나 코로나 사태뿐 아니라 이미 세계화의 과정에서 나타난 많은 초국경적 문제들, 즉 난민, 경제격차, 기후변화, 인권 등 많은 문제들이 존재하고 있으며 그러한 맥락에서 볼 때 단기적, 현실적 상황 변화가 별무한 가운데 장기적 인식변화가 발생하여 현실 변화를 이끌 가능성은 남아 있다고 할 수 있다. 코로나 사태로 세계화로 인한 위험 요인, 세계화 관리의 필요성, 국제협력의 거버넌스 필요성, 미국의 유일 패권이 아닌 집단적 리더십, 그리고 중국의 능력에도 불구하고 여전한 중국 모델의 문제점 등이 밝혀졌기 때문이다.

향후 코로나 사태와 같은 보건 위기의 재발, 혹은 세계화 문제로 인한 경제위기, 난민위기, 환경위기가 닥친다면 코로나 사태의 실패를 교훈으로 보다 강력한 국제협력의 목소리가 나올 가능성도 존재한다. 향후 중국은 국제기구에 대한 리더십을 더욱 강화하려고 하겠지만 이번을 기회로 강대국 정치에 좌우되지 않는 지구 거버넌스에 대한 인식이 환기되었다고 볼 수 있다. 조지프 나이(Joseph Nye), 커트 캠벨(Kurt Campbell), 헨리 키신저(Henry Kissinger), 그래엄 앨리슨

(Graham Allison) 등 다양한 분야의 전문가들은 코로나 사태를 발판으로 미중 간 전략 협력의 기회를 만들어야 한다는 조언을 제시하고 있다(Nye 2020; Campbell and Doshi 2020). 코로나 사태의 해결은 데이터의 축적, 해결 경험의 공유, 그리고 긴밀한 국가 간 협력과 국제기구에 대한 역량 강화가 주된 요소임을 지적하는 목소리들이다. 무엇보다 미중 양국의 전략적 협력이 필요한 분야라는 분석이 대두하고 있다.

중국 역시 전략 경쟁의 중요성, 세계에서 가장 성공적으로 코로나 사태를 극복했다는 자부심, 공산당과 시진핑 주석의 지도 하에 효율적인 대처를 했다는 정치적 담론이 자리 잡고 있지만 대미 협력론이 없는 것은 아니다. 과거 미중 양국이 에이즈, 사스, 2009년 미국 독감 등 보건 사태 속에서 광범위한 협력을 했음을 토대로 코로나 사태에서 미중 협력을 강조하는 목소리도 중국 내에 존재하고 있다. 문제는 미국이 코로나 사태를 미중 전략 경쟁 맥락에서 인식하고 있으며 중국을 견제하기 때문에 과거로 돌아갈 수 없고, 미국이 중국을 정당한 강대국으로 인정하지 않는 한 진정한 협력이 어렵다는 논의도 강화되고 있다는 점이다.

마지막으로 미중 간의 전략 경쟁이 두 나라뿐 아니라 전 세계적 파장이 매우 크므로 이들 국가를 제외한 제3세력의 대응이 어떻게 진행될 것인가가 중요하다. 코로나 사태는 미중을 제외한 3세력 국가들에게 미국의 리더십 행사에 대한 커다란 실망, 중국의 새로운 리더십에 대한 불신, 그리고 국제공공재의 현격한 부족 등에 대한 인식을 강화했다. 더 나아가 현재 인류가 부딪히고 있는 거대한 문제들, 즉 세계화 이후의 경제적 불평등, 정치양극화, 환경악화, 질병의 세계화, 난민 등의 문제들이 어느 한 국가의 패권적 리더십으로 해결되기 어려운 시대에 진입하고 있다는 생각을 하게 되었다. 미래의 지구 거버넌스는 일정한

정도의 세계화를 인정한 상태에서 현재 주권국가체제, 특히 강대국의
지정학 질서로 평화와 안정을 유지하기 어렵다는 위기의식을 불러일
으키고 있는 것이다(Rodrik 2019).

참고문헌

Allison, Graham. 2018. "The Myth of the Liberal Order: From Historical Accident to
   Conventional Wisdom." *Foreign Affairs* 97-4((July/August 2018): 124-133.

Campbell, Kurt M. and Rush Doshi. 2020. "The Coronavirus Could Reshape Global
   Order: China Is Maneuvering for International Leadership as the United States
   Falters." *Foreign Affairs*. March 18.

Chan, Steve. 2007. *China, The US and Power-Transition Theory: a Critique*. New York,
   NY: Routledge.

Copeland, Dale C. 2000. *The Origins of Major Wars*. Ithaca, New York: Cornell
   University Press.

_____. 2015. *Economic Interdependence and War*. Princeton: Princeton University.

Green, Michael, and Evan S. Medeiros. 2020. "The Pandemic Won't Make China the
   World's Leader: Few Countries Are Buying the Model or the Message From
   Beijing." *Foreign Affairs*. April 15.

Greve, Andrew Q. and Jack S. Levy. 2018. "Power Transitions, Status Dissatisfaction, and
   War: The Sino-Japanese War of 1894 – 1895." *Security Studies* 27(1): 148-178.

Haass, Richard. 2020. "The Pandemic Will Accelerate History Rather Than Reshape It:
   Not Every Crisis Is a Turning Point." *Foreign Affairs*. April 7.

Hudson Institute. 2019. *A Global Survey of US-China Competition in the Coronavirus
   Era*.

Krasner, Stephen D. 2020, "Learning to Live with Despots: The Limits of Democracy
   Promotion." *Foreign Affairs*. April 7.

Mastanduno, Michael. 2009. "System Maker and Privilege Taker: U.S. Power and the
   International Political Economy." *World Politics* 61(1): 121 – 54.

Mearsheimer, John J. 2018. *The Great Delusion: Liberal Dreams and International
   Realities*. New Haven: Yale University Press.

_____. 2019. "Bound to Fail The Rise and Fall of the Liberal International Order."
   International Security 43(4): 7 – 50.

Meidan, Michal. 2019. "US-China: The Great Decoupling." The Oxford Institute for
   Energy Studies.

Modelski, George and Tessaleno Devezas. 2007. "Political Globalization is Global
   Political Evolution." *World Futures: The Journal of New Paradigm Research* 63(5-
   6), 308-323.

Nye, Joseph. 2020. "No, the Coronavirus Will Not Change the Global Order." *Foreign
   Affairs*. April 16.

Ratner, Ely. et al. 2020. *Rising to the China Challenge: Renewing American*

Competitiveness in the Indo-Pacific. CNAS.

Rodrik, Dani. 2019. "Globalization's Wrong Turn: And How It Hurt America." *Foreign Affais*, July/August.

Snidal, Duncan. 1985. "The limits of hegemonic stability theory." *International Organization* 39(4): 579-614.

Tozzo, Brandon. 2018. *American Hegemony after the Great Recession: A Transformation in World Order.* London: This Palgrave Macmillan.

U.S. Department of Defense. 2018. *Summary of the National Defense Strategy Sharpening the American Military's Competitive Edge.*

_____. 2019a. *Indo-Pacific Security Strategy: Sustaining the Future of Indo-Pacific Defense Strategy.*

_____. 2019b. *A Free and Open Indo-Pacific: Advancing a Shared Vision.*

Walt, Stephen. 2020. "The Realist's Guide to the Coronavirus Outbreak: Globalization is heading for the ICU, and other foreign-policy insights into the nature of the growing international crisis." *Foreign Affairs.* March 9.

Wertheim, Stephen. 2020. "The Price of Primacy: Why America Shouldn't Dominate the World." *Foreign Affairs.* Feb. 10.

White House. 2017. *National Security Strategy of the United States of America.*

Wright, Thomas. 2020. "The Folly of Retrenchment: Why America Can't Withdraw From the World." *Foreign Affairs.* Feb. 10.

Zakaria, Fareed. 2020. "The New China Scare: Why America Shouldn't Panic About It's Latest Challenger." *Foreign Affairs.* January/February.

Zoelick, Robert B. 2020. "The China Challenge." *The National Interest.*

제10장　코로나19와 동아시아 거버넌스: 한국과 일본의 국가-사회관계의 유사성과 상이성

이정환(서울대학교)

* 이 글은 2021년 상반기 시점에서 1년여 동안의 한국과 일본의 코로나19에 대한 대응을 비교관찰한 연구이다. 분석 대상으로 2021년 여름 이후 한일 양국에서의 코로나19 재유행과 관련된 대응 양상을 추가하지 않았다. 하지만, 이 글에서 제기된 한일 양국 대응의 성격 비교가 여전히 유효하다고 판단되어, 추가 수정 없이 게재하였음을 밝힌다.

I. 서론

일상적 사회활동이 감염 확산을 야기한다는 감염병의 특성상, 2020년 초반부터 전 세계적으로 유행한 코로나19에 대한 각 국가의 대응은 피치 못하게 일상적 사회활동에 대한 국가의 규제를 필요로 했다. 정부의 사회활동 규제라는 측면에서 한국과 일본의 초기 코로나19 대응은 전세계적인 비교 가운데 유사 사례로 간주될 수 있다. 양국 모두 민간 사회활동에 대한 국가 개입의 정도가 높지 않은 소프트락다운의 대응 사례였다. 중국이나 많은 유럽 국가들이 일상생활 자체를 강도 높게 통제하는 하드락다운의 규제 대책을 취한 반면에 한국과 일본은 일상적 사회활동에 대한 규제 정도가 상대적으로 높지 않았다(一般財団法人アジア·パシフィック·イニシアティブ 2020).

일상적 사회활동에 대한 정부의 개입 정도가 높지 않으나, 감염 확대와 사망률 등의 지표에서 한국과 일본은 상대적으로 코로나19의 피해를 그나마 효과적으로 통제한 사례로 간주될 수 있다. 일반적으로 한일 양국은 국가에 의한 사회의 과거 개입 정도가 높았고, 발전주의 시대 이후 국가–사회관계 변동 속에서도 위기 시에 사회 구성원들을 관리는 데 효율적인 행정체계를 갖추었으며, 이러한 국가–사회관계의 양상이 이들 국가들의 높은 수준의 보건 능력과 IT 기술력과 결합하여 팬데믹 대응에 효과적이었다는 점이 논의되곤 했다(An and Tang 2020; Lin et al. 2020; Shaw et al. 2020). 한편 동북아 공간에 속하면서 보건 능력 수준, IT 기술력 수준 등에서 한국, 일본과 유사하다고 관찰되는 중국의 경우, 권위주의 체제의 특성상 한일의 국가–사회관계와는 다른 맥락에서 이해되었다(Cai et al. 2021).

물론 초기 코로나19 대응에서 감염자 선별과 치료의 보건 관련 행정 부분에서 한일 양국은 큰 차이를 보였다. 기본적으로 한국은 PCR 테스트 중심의 확진자 선별에 초점을 두었으며, 일본은 3밀 방지에 초점을 두어 전염 클러스터 확대를 막아내는 방식을 택했다(호사카유지 2020). 테스트 중시와 3밀 방지의 상이성은 각국의 보건체제의 장단점에 기인하는 것으로 볼 수 있다. 코로나19 대응의 초기 보건행정적 특징의 한일 간의 차이점에 대해서는 일본의 PCR 테스트에 대한 초기 역량 부족의 조건 속에서 일본 의료전문가 집단의 정책 선호가 가장 핵심적인 원인인 것으로 간주된다(김성조 2020). 2020년 상반기 코로나19 초기 사태에서 한국과 일본 내의 각국 정부의 대응에 대한 만족도의 편차는 이 부분에서 기인하는 점이 물론 크다. 하지만, 코로나19 사태가 장기화되면서 한일 양국 모두에서 테스트와 3밀 방지의 두 방식은 혼합되어 적용되고 있다.

본 연구가 코로나19의 정부 대응에서 주목하는 부분은 사회활동의 규제와 그 규제에 대한 보상에 있어서의 한일 양국의 상이성이다. 국가와 개인의 관계에서 국가의 개입이 상대적으로 강한 동아시아적 모델이라는 피상적 관찰은 2020년 코로나19 확대 국면에서 한국과 일본의 국가가 사회활동 규제와 보상에 대해 취한 차이점을 간과하고 있다. 사회활동 규제에서 한국은 중앙정부의 각 부처들이 조직화된 수직적 거버넌스 속에서 지방정부의 역할이 꽤 분명하게 규정되어 대응하는 모습을 보였다. 반면에 일본에서는 중앙정부 각 부처들 사이의 관계성에 있어서도, 그리고 중앙정부와 지방정부 사이의 역할과 책임 분담에 있어서도 원활하지 못한 모습이 발견되었다. 이러한 양상의 차이는 코로나19의 조건 이전에 20세기 중반 이후 한일 양국의 국가-사회관계 발전의 역사적 유산 속에서 논의될 수 있다(Migone 2020).[1]

한편, 정부의 사회활동 규제가 가져오는 민간 분야의 경제적 피해에 대해 정부의 보상정책은 전 세계적으로 동일하게 발견된다. 하지만 한국과 일본에서 정부의 피해보상 대책의 전개는 매우 상이한 성격을 지녔다. 피해보상 대책의 규모와 보상 방법에 있어서 일본은 한국보다 적극적이었다. 한국 내 전 국민 대상 보편지원에 대한 치열한 논의와 관료집단의 소극성과는 달리, 일본은 보상 대책의 규모 확대와 보편지원 방식이 정치적 논리 속에서 수월하게 진행되었다(국립외교원 일본 연구센터 2021). 코로나19 대응의 경제대책 측면에 대한 논의는 한일 양국의 발전국가 모델이 어떻게 상이하게 변화되었는지를 파악하는 기회가 될 수 있다.

2020년 코로나19 대응에서 발견되는 한일 양국의 이러한 차이점들은 한국과 일본의 국가-사회관계의 상이성에서 기인한다고 볼 수 있다. 코로나19 대응에서 나타나는 한일 비교는 한국과 일본 양국의 국가-사회관계의 제도적 유산이 얼마나 상이한지를 밝힐 기회를 제공해 준다. 20세기 후반 한국과 일본은 냉전 국제체제에 대응하는 안보체제, 유기적 민관협동 관계, 국가개입의 정도가 강한 시장경제체제의 공통점을 지니고 발전해왔다. 하지만 각 차원에서 한국과 일본의 국가-사회관계가 동일하다고 보기 어렵다. 본 연구는 한일 양국의 초기 코로나19 대응 중 사회활동에 대한 규제와 그에 대한 보상에 있어서의 차이점을 분석하여 한일 양국의 국가-사회관계의 상이한 제도적 유산을 밝히는 작업이다.

본 연구에서 다루는 코로나19 대응을 위한 정부의 사회활동 규제와 이에 대한 보상은 주로 2000년 상반기부터 2001년 상반기까지 1년

---

1   일본의 코로나19에 대한 대응에 초점을 두어 한국과 일본 사이의 정책 대응의 차이점과 그 원인에 대한 다양한 측면에서의 기존 연구로는 김성조(2020); 김영근(2020); 박승현(2020); 이창민(2020); 정영훈(2020); 최은미(2020) 등이 있다.

동안에 초점을 두어 분석하고자 한다. 본 연구의 구성은 우선 글로벌 비교 속에서 한일 양국의 초기 코로나19 대응이 가지는 성격을 드러내고 양국 내에서 각국의 코로나19에 대해 사회가 어떻게 인식하였는지를 분석할 것이다. 그 후에 사회활동 규제에 대한 한일 양국의 특징과 그 제도적 기원에 대해 논한 후 사회활동 규제에 대한 보상 정책에 있어서의 한일 양국의 특징과 그 원인에 대해 분석하고자 한다.

II. 코로나19에 대한 한국과 일본의 보건 대응 특징

2020년 상반기 한국과 일본의 코로나19 확산에 대한 보건 대응책은 상당한 차이점을 보였다. 가장 큰 차이점은 PCR 검사에 대한 태도였다. 한국은 광범위한 PCR 검사를 통해서 감염자를 찾아내 치료하고 격리하는 방법을 택한 반면에, 일본의 보건당국은 PCR 검사에 소극적이었다. 초기 해외로부터의 감염자 입국 봉쇄(미즈가와 대책)에 초점을 두던 일본은 국내 감염자 증가의 국면이 도래하였을 때(2020년 2월) 클러스터 대책을 내세웠다. 클러스터 대책은 복수의 사람들이 감염이 발생한 집단인 클러스터를 찾아서, 그 클러스터로부터 밖으로 감염이 확대되지 않도록 한다는 대응책을 의미했다. 클러스터가 발생하기 쉬운 조건인, 밀폐, 밀접, 밀집의 3밀을 피하는 것이 클러스터 대책의 초점이었다. 3밀에 입각한 클러스터 대책이 PCR 검사 확대와 기본적으로 대립되는 것은 아니다. 적극적 PCR 검사가 클러스터 대책과 유기적으로 연결될 수 있음에도 일본 보건당국은 PCR 검사에 적극적으로 나서지 않았다. 아베 신조(安倍晋三) 총리를 비롯한 총리 관저 관계자들이나 자민당의 정치인들 사이에도 PCR 검사 확대 주장이 컸음에도

불구하고, 일본 보건당국은 PCR 검사의 부정확성 등의 주변적 요인을 중심으로 PCR 검사에 소극적이었다. PCR 검사에 대한 매우 엄격한 기준 설정은 2020년 상반기 일본 사회가 정부의 코로나19 대응에 대해 가졌던 불만의 핵심적 요인이기도 했다(一般財団法人アジア·パシフィック·イニシアティブ 2020).

　　PCR 검사에 대한 일본 보건당국의 소극적 태도는 일본이 PCR 검사 역량 강화와 감염자에 대한 의료 제공 확충의 역량 강화에 재빠르게 대응하지 못한 원인이자 결과이다. 일본 보건당국과 의료계는 PCR 검사에 대한 소극성의 이유로 감염자의 급속한 증가, 즉 '오보 슈트' 현상의 우려를 제기하였다. 하지만, 인구 천 명당 병상 수의 통계지표에서 세계 최상위권인 일본이 감염자에 대한 의료 제공의 기초 역량 자체가 부족했다고 보기 어렵다. 신속하고 능동적으로 의료체계의 변화를 추진하지 못하는 자세의 문제가 컸다고 할 수 있다. 적극적 PCR 검사를 취하지 않고, 클러스터의 발견과 사회 전반적 3밀의 자숙을 추구한 일본 보건 대응의 성격이 후술하듯 코로나19 감염 확대와 사망자 확대 등을 방지하는 데 실패였다고 보기는 어렵다. 다만, 2020년 상반기에 일본 보건당국과 의료계가 보여준 자세는 공급자의 관점에서 공급망 유지에 초점을 두고, 의료 수요자들의 요구를 뒷전으로 돌린 측면이 있다. PCR 검사가 감염 확대의 즉효라 볼 수는 없지만, 사회적, 심리적 성격도 지니는 감염병 사태에서 공급자 중심의 테크로크라트의 자기중심적 성격이 관찰된다(竹中治堅 2020).

　　코로나19 감염 사태가 장기화되면서 2020년 상반기에 발견되던 한국과 일본의 보건대응의 상이성은 차츰 완화되었다. 일본도 PCR 검사 역량을 강화하는 한편 검사에의 엄격성을 낮추어 초기에 비해서는 검사 규모가 확대되었다. 사회적 거리두기와 적극적 PRC 검사를 동시

추구했던 한국에 일본이 동조해가는 상황으로 변동되었다.

하지만, 일본의 초기 3밀 위주의 클러스터 대책이 실패했다고 하긴 어렵다. 물론 통계상으로 일본의 확진자와 사망자 수는 한국에 비해 컸다. 2021년 3월 31일 기준 일본의 코로나19 총확진자는 470,175명이고, 사망자는 9,086명이었다. 이에 반해 한국은 동일 기준 누적 확진자 103,088명, 사망자 1,731명이었다. 인구 대비로 하더라도 일본의 성과는 한국에 비해 부정적이다. 인구 백만 명당 확진자는 일본이 3,726명이고 한국은 2,009명이었다. 인구 백만 명당 사망자도 일본은 72명인 반면에 한국은 34명이었다. 한일 양국만 비교해 보면 코로나19의 감염 규모와 사망자 비율에서 큰 차이가 있는 것으로 보인다. 하지만 인구 백만 명당 확진자의 전 세계 비교에서 2021년 3월 기준으로 일본

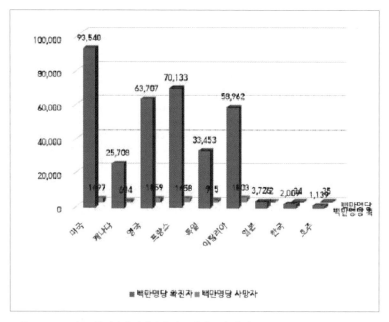

그림 10-1 코로나19 확진자와 사망자의 인구 대비 국가 간 비교 (2021년 3월 31일 기준)
출처: Worldometer 웹페이지 데이터를 통해 저자 작성.

은 143위이고 한국은 157위에 위치했다. 인구 백만 명당 사망자의 경우에도 일본은 130위, 한국은 150위였다. 글로벌 비교로 볼 때 한국과 일본은 코로나19의 피해는 유사군에 속한다고 볼 수 있다. G7 국가들과 한국, 호주를 포함한 9개국의 통계를 비교해 볼 때도 이러한 성격은 잘 드러난다. 선진국 중에서 한국과 일본은 호주와 더불어 코로나19의 피해가 상대적으로 적은 편에 속한다(그림 10-1 참조).

코로나19의 전염 확대로 인한 피해 정도를 판별하는 데 가장 핵심적 지수는 인구당 사망률이다. 코로나19가 고령자층에게 영향이 큰 상황을 고려하면 고령화 비율과 인구당 사망률을 함께 파악하는 것은 코로나19의 피해 양상의 수준을 가늠하는 데 도움이 된다. 고령화 비율이 낮은 가운데 인구당 사망률이 높은 중남미는 코로나19로 인한 피해가 가장 심하며, 코로나19 대응을 위한 보건 능력도 뒤처지는 것으로 파악될 수 있다. 고령화율이 중남미에 비해 높으나 인구당 사망률이 중남미와 유사하게 높은 북미와 미국은 오히려 보건 능력 덕택에 사망률의 증가를 억제했다고 볼 수 있다. 한국과 일본은 인구당 사망률의 지표에서 나름 효과적인 대응을 보여주었다고 볼 수 있다. 더불어 일본의 높은 고령화율을 보았을 때, 일본의 코로나19 보건대응을 실패라고 할 수는 없을 것이다(一般財団法人アジア・パシフィック・イニシアティブ 2020).

코로나19 국면에서 한일 양국에서는 상대방 국가의 코로나19 대응에 대한 관심이 매우 컸다. EAI와 言論NPO가 2020년 수행한 제8차 한일 인식 상호조사에 의하면 한일 양국 국민은 상대적으로 자국의 코로나19 대응에 대해 높게 평가하는 가운데, 상대방 국가의 코로나19 대응에 대해서는 평가가 저조한 경향을 보였다(그림 10-2와 그림 10-3 참조). 한국 내에서 일본의 코로나19 대응에 대한 부정 평가의 핵심에

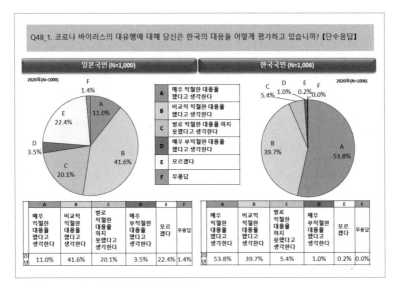

그림 10-2 코로나19에 대한 한국의 대응 평가

출처: 동아시아연구원·言論NPO 제8회 한일 국민 상호인식조사 웹페이지.

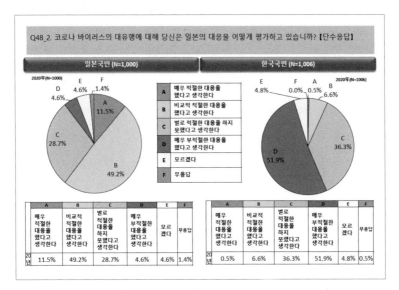

그림 10-3 코로나19에 대한 일본의 대응 평가

출처: 동아시아연구원·言論NPO 제8회 한일 국민 상호인식조사 웹페이지.

는 PCR 테스트가 적절하게 이루어지고 있지 못한 것에 대한 비판적 관점이 존재한다. 한국에서는 일본의 보건대응 자체가 실패했다는 인식이 강했다. 일본 내에서 한국의 코로나19 대응을 나름 긍정적으로 파악하는 이유에도 적극적 PCR 검사로 대변되는 한국의 보건대응에 대한 긍정적 관점이 발견된다. 한편, 일본 내에서는 초기에 일본의 대응 방식에 대한 내부적 우려가 컸었지만, 2020년 5월 이후 전염 확대 제1차 유행이 잦아든 이후에 일본 방식에 대한 긍정 인식이 확대되어 갔다. 그렇지만 일본 국민들은 한국 국민들에 비해 상대적으로 자국의 대응에 대해 부정적 견해를 보이는 경향이 컸다.

코로나19 대응에 대한 평가는 보건 행정의 효과성과 순발력에 대한 의견만 포함하지 않는다. 코로나19에 대한 정부 대응은 사회생활에 대한 규제 조치와 이와 연관된 보상 조치가 포함되어 있다. 양국의 인식조사에서 일본 국민들이 한국 국민들에 비해 자국의 코로나19 대응에 대해 유보적 태도를 보이는 것은 그들이 보건행정뿐만 아니라 정부의 사회생활에 대한 개입 정책에 대해 한국 국민들에 비해 비판적 관점을 가지고 있다는 것을 의미할 수도 있다. 코로나19 대응에 대한 양국 국민들의 상이한 평가를 이해하기 위해서는 양국의 보건행정의 특징뿐만 아니라 한국과 일본에서 2020년 상반기에 정부의 사회활동 규제와 보상의 정책 추진이 어떠한 성격을 지니고 진행되었는지를 파악하여야 한다.

III. 정부의 사회활동 규제와 양국 사회의 반응

코로나19 확산에 대한 대응으로 대부분의 국가들은 국경봉쇄는 물론 국내 이동과 일상생활의 통제를 추구하였다. 일상생활이 전염 확대를 야기하는 가운데 코로나19 대응에서 일상적 사회활동에 대한 규제는 불가피한 측면이 있다. 하지만, 일상적 사회활동 통제의 정도에서 국가들이 취한 방식은 동일하지 않았다. 강한 통제의 하드락다운과 약한 통제의 소프트락다운으로 구분하였을 때, 코로나19 확산의 출발점이었던 중국이 하드락다운의 전형적인 사례라 할 수 있다. 중국의 정도까지는 아니지만 많은 유럽 국가들의 일상생활 통제도 하드락다운으로 정의될 수 있다(그림 10-4 참조).

초기 코로나19 대응에서 동북아 지역 국가들의 정부 개입의 정도는 매우 큰 편차를 보였다. 세계에서 정부 개입 정도가 가장 강했던 중국과 가장 약한 대만의 중간 정도에 속하는 한국과 일본은 일상적 사회활동에 대한 정부 규제의 엄격함 정도가 적은 소프트락다운 사례로

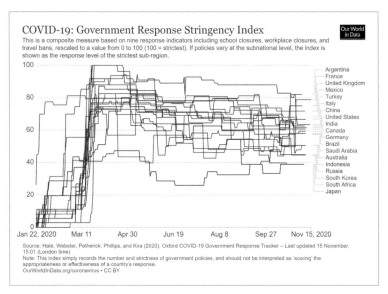

그림 10-4 코로나19 대응을 위한 정부의 사회활동 규제 정도 국제비교

출처: Our World in Data 웹페이지 데이터를 통해 저자 작성.

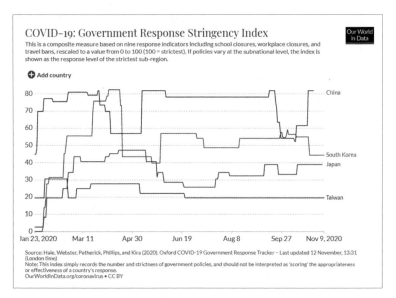

그림 10-5 코로나19 대응을 위한 정부의 사회활동 규제 정도 동북아 국가 간 비교
출처: Our World in Data 웹페이지 데이터를 통해 저자 작성.

볼 수 있다(그림 10-5 참조). 일상생활에 대한 정부 개입의 엄격함 정도
에서 한일 양국 모두 강하지 않았다. 동북아의 코로나19 대응을 정부
의 강력한 사회 통제로 유형화하고, 그 기저에 집단주의 문화가 존재한
다는 주장은 코로나19 대응에서 동북아 공간 내의 다양성을 정당하게
평가하지 못한다고 할 수 있다.

  한국과 일본 모두 소프트락다운 유형에 속하지만, 사회활동 규제
에 대해서는 한국에 비해 일본이 보다 소극적이었다. 한국과 일본 사이
에는 코로나19 제1차 유행의 시간적 편차가 존재하지만, 일본에서 코
로나19 유행이 피크에 달해 긴급사태선언이 발표된 2020년 4월 7일
이후 약 한 달여 정도를 제외하고는 한국에 비해 일본 정부 개입의 정
도가 약했다. 2020년 5월 이후 일본의 코로나19 대응을 위한 일상생활
규제는 매우 저조한 수준으로, G20 전체에서도 가장 규제가 낮은 편이

며, 대만과 거의 유사한 수준이었다.

하지만, 정부의 일상적 사회활동 규제 정책의 강도와 사회 내 활동량의 축소가 반드시 일치하는 것은 아니다. 한국에 비해서 일본의 일상생활에 대한 정부 개입이 전반적으로 약했지만, 일본의 일상생활 자제가 한국에 비해서 크게 발생하였다. 특히 대중교통 이동량에서 한일 양국의 변화 양상은 현격하게 차이가 났다. 한일 양국 모두에서 대중교통 이동에 대한 정부 제한은 극히 소극적이었으나, 일본의 대중교통 이용량 감소는 한국에 비해 두드러졌다. 또한 기업의 인원출입 이동량 변화에서도 한국의 축소폭이 일본에 비해서 상대적으로 적었다(그림 10-6과 그림 10-7 참조).

한일 양국의 정부의 사회활동에 대한 규제 정도와 이에 대한 사회의 반응 편차에서 발견되는 것은 한국 사회는 정부의 규제 정도에 준하는 반응을 보이는 반면에, 일본은 정부의 공식적 개입도와 차별화되는 반응이 나타난다는 점이다. 일본에서는 정부의 '협조 요청'에 대한 사회의 '자숙'이 발생하고 있다. '자숙'은 일본의 코로나19 대응에서 정부 측의 여러 가지 미비점에도 불구하고 코로나19 확산이 어느 정도 관리되어 온 핵심적 부분이라 할 수 있다(박승현 2020).

사회활동에 대한 정부 규제 정책과 사회의 반응 양상의 차이 속에서 한일 양국 간의 국가와 사회 사이의 커뮤니케이션 방식에 관한 상이성이 존재한다. 한국은 정부와 국민이 직접적으로 소통하는 성격이 강한 반면에, 일본은 정부와 국민의 소통에서 지역공동체, 회사, 업계단체 등의 중간조직의 역할이 강조되어왔다. 코로나19 대응의 일본 사례가 한국에 비해서 차별화되는 점 중 하나는 업계 단체를 적극적으로 활용하고 있다는 점이다. 일본 정부는 2020년 5월 긴급사태선언을 해제한 후 '새로운 생활양식'을 위한 업종별 가이드라인을 작성할 것을

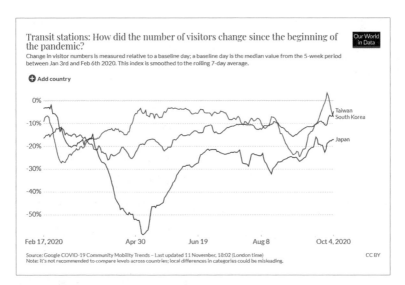

그림 10-6 대중교통 이용량의 변화 비교(한국, 일본, 대만)

출처: Our World in Data 웹페이지 데이터를 통해 저자 작성.

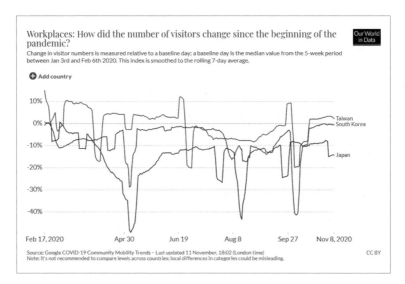

그림 10-7 직장 출입량의 변화 비교(한국, 일본, 대만)

출처: Our World in Data 웹페이지 데이터를 통해 저자 작성.

구상했다. 일본의 '새로운 생활양식'은 한국의 생활방역수칙의 내용이 기도 한 공중시설(극장, 집회장, 전시장, 체육관, 유흥시설, 학습소 등)에 대한 이용 규칙을 담고 있으며, 한국의 생활방역수칙과 동일한 성격을 지닌다.

하지만, 일본 정부는 '새로운 생활양식'을 위한 업종별 가이드라인을 각 업종의 협회 등에서 자율적으로 구성하는 것으로 하였고, 실제 공식적으로 그 협회들에 의해 가이드라인이 설정되고 운영되고 있다. 물론, 각 운영 주체들을 담당하는 중앙정부 성청이 존재한다. 하지만 민간의 운영 주체들을 담당하는 중앙정부의 성청은 이들에게 '협조'만을 내세우고 있다. 다만 중앙정부의 '협조' 요청을 거부하는 민간 운영 주체들은 찾아보기 어렵다. 명령이 아닌 협력의 형태를 강조하지만, 실질적으로 관에 의해 민이 따라가는 전형적인 일본식 민관협동의 양상이 일본의 코로나19 대응에서 발견된다. 일본의 민관협동에서 민은 조직화된 사회로서의 성격이 강하다.

전후 일본 정치는 조합주의적 성격이 강하다. 서구적 조합주의와는 당연히 차별화되는 가운데 지역공동체, 회사공동체, 업계조직을 통해서 정치권과 연계되어 정책적인 생활 유지를 보장받는 시스템이 발전해왔다. 반면에 한국 정치는 정치와 유권자의 관계가 보다 직접적인 연계성을 지니고 있으며, 정치와 유권자의 관계를 중계하는 집단적 조직화가 잘 발전하지 않았다. 일본의 경우, 전후 일본 생활보장체계의 중심적 기제였던 지역과 회사공동체의 기능이 장기불황과 구조개혁을 거치며 저하되었지만 사라지지 않았으며, 때로 NPO 등으로 형태를 바꾸어 지속되고 있다. 반면에 한국의 생활보장체계에서 지역사회와 회사공동체의 기능이 당초부터 강하지 않았으며, 지난 30여 년간 개인주의화가 더욱 강하게 진행되었다. 더불어 가족주의도 해체되는 경향이 강하다. 한국은 국가권력과 개인이 직접적으로 관계를 맺는 양상이 강하며, 그 관계에서 명시적, 법적 성격이 적극적으로 강화되었다.

IV. 사회활동 규제 정책과정 거버넌스의 상이성

초기 코로나19 대응을 위한 사회활동 규제 정책의 수립과 진행 과정에서 한국과 일본은 중앙정부와 지방정부의 관계성을 중심으로 큰 차이를 보였다. 행정부처 간의 역할분담은 각국마다 특수성이 있겠지만, 일본의 경우 중앙정부와 지방정부의 관계에서 수직적 관계 설정을 명시화하는 것을 꺼리는 성격을 뚜렷하게 보였다.

코로나19 위기에는 국가 차원의 대응과 더불어 매우 로컬한 대응이 요구된다. 따라서 중앙정부와 지방정부의 유기적 업무 연결관계는 코로나19 대응에서 매우 중요한 과제가 된다. 2020년 상반기 코로나19 대응에서 한국은 중앙정부가 주도하는 수직적 관계 설정을 보여주는 반면에 일본은 중앙정부와 지방정부 사이의 역할관계에서 수평적 성격 또는 불투명성이 드러났다.

한국은 중앙방역대책본부를 방역컨트롤 타워로 하고, 국무총리가 본부장인 중앙재난안전대책본부를 통해 범부처 대응과 중앙정부-지방정부의 조직화된 대응체계를 구축하였다. 각 지자체의 지역재난안전대책본부는 중앙정부와의 연계 속에 위기 대응에 나섰다. 한국의 경우 중앙정부와 지방정부의 상호 역할 분담에 대한 혼란은 찾기 어렵다. 중앙정부와 지방정부 사이의 정보소통에 대한 혼란이 제기된 바 있으나, 역할 자체에 대한 논란은 존재하지 않았다.

반면에 일본의 경우 코로나19 대응에서 중앙정부와 지방정부의 관계가 한국에 비해 수평적 성격을 지니고 있었다. 위기 대응의 각 사안 업무별로 주담당이 나뉘어지고 있는데, 논리적으로는 중앙정부에서 감염병 지정을 하면 도도부현과 시정촌이 각각 해당 사안에 대한 업무를 담당해서 처리하면 되는 구조이다. 하지만, 수평적 역할 분담이 실제적으로 작동하지 않았다. 학교 휴교 관련한 권한은 시청촌에 있고, 긴급사태 시 휴업요청의 권한은 도도부현에 있지만, 2020년 3월 일제 휴교도 그해 4월 긴급사태선언의 휴업 요청도 모두 중앙정부에 의해 주도되었다. 만약 지방정부가 수용하지 않았을 때 어떻게 대응해야하는지에 대한 규정은 없었다.

일본의 경우 중앙정부와 지방정부의 수평적 관계의 공식적 틀 속에서 실제 정책결정의 최종판단은 중앙정부에서 나오는 메커니즘이 작동하였다. 즉, 실제로 작동하는 방식이 각 행정부처의 법적 책임권한과 부자연스럽게 공존하는 상황이었다.

이러한 제도적 관계와 실제적 작동방식 사이의 차이 속에서, 2020년 코로나19 국면에서 중앙의 아베 정권과 고이케 도쿄도지사를 비롯한 지방정부 지도자 사이의 갈등이 노정되었다. 고이케 유리코(小池百合子) 도쿄도지사와 같은 정치적 자기목표가 강한 지방지도자들은 중앙정부와의 협의를 중시하는 관례적 작동방식을 따르지 않고, 자기정치 차원에서 중앙정부와 대립적 정책을 추진하는 모습을 보였다(竹中治堅 2020). 그리고 이에 대해 아베 정권의 핵심관계자들이 비판적 자세를 보이는 양상이 여러 차례 반복되었고, 이러한 과정은 일본 국민들에게 일본의 코로나19 정책거버넌스의 난맥상으로 받아들여졌다.

일본의 이러한 정책 거버넌스 혼란에 대해 일본 내에서는 한국과 같은 메르스와 같은 경험 부재를 주원인으로 논하기도 하지만(河東賢·泰松範行 2018), 근본적으로는 일본의 위기 대응에서 중앙정부에 의한 지방정부 그리고 사회에 대한 명확한 '명령'의 체계를 도입하기 꺼린다는 점이 존재한다(湯淺墾道·林紘一郎 2011). 긴급사태선언에서 휴업요청의 담당 주체가 도도부현이었고, 휴업요청의 범위에 대해서 고이케 도쿄도지사가 광범위한 설정을 추진할 때, 중앙정부는 휴업요청의 범위를 축소할 것을 도쿄도에 요청하였다. 긴급사태선언의 법적 근거인 개정 신형인플루엔자등대책특별조치법에는 중앙정부가 긴급사태 시의 행정조치(주로 사회활동 규제에 대한) 권한을 가져오는 규정도 존재한다. 하지만, 일본의 중앙정부는 지방정부로부터 정부집행력 행사 권한을 가져오는 것에 대한 유보적 태도가 발견된다. 이러한 상황은 한국의 경우 찾아보기 어렵다.

일본의 정부집행력 행사에 대한 유보적 태도를 1990년대 지방분권개혁과 연관시켜 논의하는 경우가 많다(竹中治堅 2020; 待鳥聡史 2020). 하지만, 이는 전후 일본의 평화주의에 대한 일본 보수 정치권의 대응 패턴의 유산이기도 하다(加藤一彦 2009; 小林直樹 2010). 1946년 제정된 일본 헌법은 일본 보수정권의 안보체제 강화를 가로막는 가장 핵심적 제도 기제였고, 이를 활용해서 일본 사회의 반군주의와 반전주의는 보수정권의 미일동맹과 점진적 재무장에 대해서 강한 비토 역할을 수행했다. 일본 보수정권은 꾸준히 안보 능력을 강화해 왔으나, 일본 사회의 반군주의와 반전주의의 정서가 반정부운동으로 전개되지 않을 공간을 비군사화규범(무기수출3원칙, 비핵3원칙)을 통해 꾸준히 안보체제 내에서 제공하여 왔으며, 정부의 공권력이 사회 내에 행사되는 것을 비가시화하려 노력하여 왔다.

전후 일본은 오랫동안 유사시에 정부 각 단위가 어떤 역할을 수행하는지에 대해 규정을 명확하게 하지 않아 왔다. 특히 보수세력에 의해 주도되는 중앙정부와 달리 혁신세력이 상당한 영향력을 확보해 온 지방정부가 유사시에 중앙정부와 어떤 관계를 맺는지에 대한 규정의 명확화를 오랫동안 유보해온 역사가 존재한다(전진호 2005). 재정구조에서 중앙정부가 지방정부에 대해 절대적인 우위의 역할을 지니는 것과는 별개로, 유사시에 중앙-지방 관계에 대한 설정은 일본에서 평화주의의 문제로 간주되어 왔고, 유사시 중앙-지방 관계의 모호성을 해소하려는 정치적 노력은 구체화되지 않았다. 유사시에 지방정부가 국가동원에 협력해야 하는 내용은 2000년대 유사사태법에서야 등장하게된다. 평화헌법 중심의 국가정체성 논의 속에서 군사력과 공권력의 구분이 명확하게 논의되지 않는 역사적 유산이 일본에는 남아 있다. 이러한 상황은 남북의 직접적 군사충돌 경험을 지니는 한국에게는 존재하지 않는 조건이며, 한국의 반정부운동 역사에서 반권위주의 정서가 국가공권력 자체에 대한 반대로는 연결되지 않았던 것과 대비된다.

유사시에 일본의 국가공권력 행사에 대한 제도적 불투명성의 핵심은 헌법에 이와 관련된 조항이 없다는 점이다. 한국 현행 헌법 76조의 긴급조치 관련 내용이 일본 헌법에는 부재하다. 정부의 긴급권에 대한 헌법상 불명확성은 무력사태가 아닌 유사―재해와 전염병과 같은 신흥안보 이슈―의 경우에도 일본 정부의 효과적 대응을 제약하는 요인이다(岡田大助 2011; 石村修 2018; 阿部泰隆 2000; 湯淺墾道·林紘一郎 2011; 一般財団法人アジア·パシフィック·イニシアティブ 2020). 긴급상황 시 국가권력 행사에 대한 제도적 불투명성은 오히려 긴급상황에서 국가권력의 자의적 행사가 가능하게 하는 요인이 될 수도 있다.

코로나19에 대한 정책 대응 체계에서 발견되는 일본의 중앙정부와 지방정부 사이의 혼란은 정치지도자들 사이의 알력관계로 해석되기도 한다. 하지만, 기회주의적 정치지도자들이 정치적 이익을 확보할 공간을 제공해주는 제도적 한계성이 존재한다는 점 자체가 근본적 문제이다.

V. 사회활동 규제 보상에 대한 한국과 일본의 상이성

정부에 의한 사회활동 규제에는 그 규제로 인해 경제적 손실을 받은 국민들에 대한 경제적 보상책이 따라올 수밖에 없다. 또한 이 보상책은 사회활동 규제로 인한 경기침체에 대한 가장 효과적인 정책 수단이기도 하다.

코로나19는 2020년 한국과 일본 경제에 큰 충격을 주었다. 생산과 소비의 경제활동 자체가 감염 확대를 야기할 수 있는 상황이므로, 방역과 경제의 균형 잡기는 어려운 과제임에 분명하다. 기본적으로 소프트락다운 유형에 속한 한국과 일본은 정부의 사회활동 규제 정도가 강하지 않기 때문에 코로나19의 경기에 대한 부정적 영향이 전 세계적 비교에서 상대적으로 적은 편이었다. IMF의 2020년도 성장 전망의 2019년 10월 기준치와 2020년 6월 기준치의 차는 코로나19 초기 확산이 각 국가·지역의 경기에 얼마큼 영향을 끼쳤는지를 보여주는 지표이다. 2020년 6월 상황을 기준으로 코로나19가 야기한 GDP성장률에 대한 영향은 한국이 -4%, 일본이 -6% 정도이다(그림 10-8 참조).

한국과 일본은 전 세계적 비교에서 코로나19의 경제적 영향이 완만한 사례지만, 사회구성원들의 개별적 삶에서 그 영향이 적다고 보기는 어렵다. 특히, 자영업의 고용비중이 높고, (비정규직와 정규직의 사이의) 노동시장 이중구조 속에서 비정규직의 고용안전성이 낮은 한국과 일본의 구조적 조건의 난점도 존재한다. 코로나19와 같은 상황에서 정부의 재정정책을 통한 고용 유지와 사업 지속의 정책 목표 설정은 당

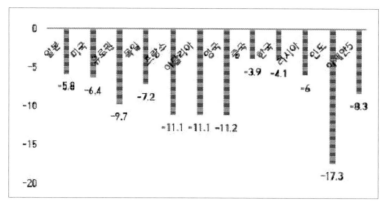

그림 10-8 코로나19의 경제성장에의 영향 비교 (2020년 성장률에 대한 IMF 2020년 10월 전망치
 - 2019년 10월 전망치)

출처: IMF World Economic Outlook 2019/10, 2020/10를 통해 저자 작성.

연하다. 하지만 동일한 정책 목표를 가지고 있더라도, 2020년 6월 기
준으로 볼 때 한국과 일본의 코로나19 대응의 경제정책 규모에는 큰
편차가 있다. 재정지원만 놓고 볼 때, 일본은 GDP 대비 규모에서 미
국을 제외한 2위의 규모였다. 한국의 경우 재정지원의 규모는 신흥국
평균 정도에 머물렀으며, G20의 평균치의 절반 정도에 불과했다(그림
10-9 참조).

한편, 국민에 대한 정부의 재정지원 논의에서 한국은 규모와 보편
적 지급 방식에 대해 조심스러운 접근이 강했으나, 일본에서는 적극적
지원에 대한 컨센서스가 강했다. 2020년에 일본 정부의 코로나19 대
응 경제대책의 핵심은 4월의 제1차 보정예산과 5월의 제2차 보정예
산이었다. 25조 7천억 엔 규모의 세1차 보정예산과 31조 9천억 엔 규
모의 제2차 보정예산의 합계 규모는 당초 2020년 예산의 50%에 준하
는 규모이다. 2020년 1월에 성립된 2019년도 보정예산 3.2조 엔을 합
하면 60조 9천억 엔의 큰 액수다. 제1차와 제2차 보정예산 모두 초점

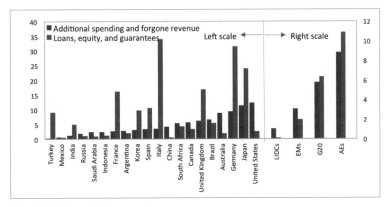

그림 10-9 2020년 상반기 코로나19 대응 경제대책의 국제비교

출처: IIMF, Fiscal Policies for a Transformed World 웹페이지.

은 고용과 사업의 지속에 있었다. 제1차 보정예산 25조 6천억 엔 중에서 19조 엔 이상이 고용 유지와 사업의 지속에 사용되는 항목에 속해 있었다. 19조 엔 중에서 13조 엔 정도가 개인당 10만 엔의 개인급부이며, 그 외에 고용조정조성금과 중소기업과 소기업의 사업자에 대한 지원금으로 구성되어 있었다. 또한 2차 보정예산 32조 엔의 가장 중심에는 중소기업, 소기업, 대기업에 대한 자금지원이 존재했다(一般財団法人アジア・パシフィック・イニシアティブ 2020).

보정예산 편성 과정에서 가장 두드러진 내용은 1인당 10만 엔의 지원금 지급 결정이었다. 당초 정부와 자민당은 선별적으로 세대당 30만 엔 지급을 모색하였다. 아베 총리와 기시다 후미오(岸田文雄) 정조회장의 4월 3일 회합으로 정리되어 4월 7일 결정된 제1차 보정예산 각의결정에는 수입이 일정 이상 감소한 세대를 대상으로 세대당 30만 엔 지급한다는 내용이 포함되어 있었다. 하지만 니카이 도시히로(二階俊博) 간사장이 4월 14일 기자회견에서 전 국민 대상으로 1인당 10만 엔 일괄지급을 주장하였고, 이 안은 당초 3월부터 공명당에 의해 주장되던 것이었다. 아베 총리가 4월 16일 전국 일률 1인당 10만 엔 지급을 수용하고, 예외적으로 각의결정된 보정예산안을 수정하는 절차를 밟았다(국립외교원 일본연구센터 2021).

1인당 10만 엔 지급안의 수용은 사회적 불만에 대응하는 정치적 결정의 성격이 크다. 하지만, 이 과정에서 재정규율에 대한 고민은 정부 내에서도 사회 여론에서도 크지 않았다. 전 국민을 대상으로 일률로 1인당 10만 엔 지급하는 것은 당초 계획보다 큰 재정 지출을 필요로 한다. 한국의 코로나19 대응 지원금의 전 국민 대상 지급 결정의 정책 과정에서 발견되는 재정 우려에 대한 고민은 일본에서 찾아보기 어려웠다. 한국도 저소득층을 위한 선별지원과 더불어 전 국민을 대상으로 하는 보편적 지원이 결정되어 작동되었으나 이 과정에서 보편지원 방식과 지원 규모를 둘러싼 논쟁이 매우 치열하게 전개되었다.

코로나19의 보정예산 편성 과정에서 일본의 낮은 재정규율성을 발견할 수 있다. 이는 위기 시에 사회 내의 광범위한 계층을 대상으로 하는 속도감 있는 지원 정책이 이루어질 수 있다는 점에서 긍정적으로 해석될 수 있다. 하지만, 코로나19 보정예산의 적극적 편성은 국가부채 증가의 상시화 속에서 이미 약해진 재정규율의 연속선상에서 이해될 수도 있다.

사회활동 규제에 대한 보상지원책의 규모와 방식을 둘러싼 한국과 일본의 차이는 한국과 일본의 경제력 차이에서 기인하는 것으로 이해될 수도 있다. 하지만, 재정규율에 대한 공유인식의 차이로 파악될 수 있고, 그러한 재정규율에 대한 인식 차이는 한국과 일본의 정치경제 모델의 상이성이 심화된 결과이기도 하다.

한일 양국 모두 고도성장 속에서 국가 개입이 강했던 발전국가 유형의 경제모델을 가지고 있었으나, 한국의 경우 1997년 외환위기 이후 기존의 발전국가 모델은 해체되었다고 볼 수 있다. 한국은 신자유주의를 적극 수용하면서 국가의 경제발전이라는 발전국가의 목표는 해체되지 않고 신자유주의와 결합하여 국가적 경제성장을 위한 방법론으로서 신자유주의를 활용해왔다. 이 와중에 신자유주의 수용은 사회보호 기제에 대한 국가의 적극성을 약화시켰고, 사회보호를 위한 국가역할의 강조가 정치적으로 부상될 때마다 국가의 재정건전성의 문제가 반대테제로 제기되었다. 아시아외환위기와 글로벌금융위기의 경험에서 재정건전성에 대한 가치부여는 한국 내에서 매우 큰 영향력을 확보했다. 반대로 일본의 경우 신자유주의적 개혁을 일부 받아들였지만, 국가부도의 위기 국면이 없고 장기불황 속에서 정부가 적자재정을 지속해온 유산 속에서 재정건전성에 대한 인식이 상대적으로 강하지 않다. 재정규율에 대한 한일 인식 차이는 과거 발전국가 경제모델이 신자유주의와 만나서 상이하게 변용되는 가운데 생긴 양국 경제모델의 차이에서 기인한다.

VI. 결론

코로나19 사태는 한일관계가 악화된 가운데 발생하면서, 상대방 국가의 대응에 대한 한일 양국 국민의 관심이 큰 폭으로 증가하였고, 미디어들의 보도도 폭발적으로 증가하면서, 한일 양국 사이의 코로나19 대응에 대한 상이점이 많이 부각되었다.

하지만, PCR 검사를 중심으로 하는 보건행정 측면의 상이성이 양국의 코로나19 피해 수준을 가져오는 핵심적 변수라고 보기는 어렵다. 보건행정 측면의 상이성에도 불구하고 한일 양국의 코로나의 피해 수준은 글로벌 비교에서 유사하다고 할 수 있다.

　오히려 코로나19는 한일 양국의 국가-사회관계가 얼마나 상이한
지를 보여주는 계기이다. 코로나19 대응이 피할 수 없는 정부의 사회
활동 규제와 이 규제에 대한 보상정책은 현재 한일 양국의 국가-사회
관계 양상의 성격을 드러나게 해준다. 국가와 사회 사이 커뮤니케이션
에서 한국의 직접성과 명시성은 일본의 간접성과 불명확성과 대비된
다. "정부의 '요청'에 응하지 않는 업체에 과태료를 물린다"는 표현은
한국에서 수용되기 어렵다. 한편 사회활동 규제의 정책 집행 과정에서
발견되는 일본의 중앙정부와 지방정부 사이의 불명확한 관계는 한국
에서 찾아보기 어렵다. 일본이 전후 오랫동안 방치해 놓은 유사시 공공
기관 사이의 역할 정립에 대한 고민을 코로나19가 다시 불러일으키고
있다.

　사회규제에 대한 보상정책에 있어서 한국의 높은 재정규율 인식
은 외환위기 이후 한국 내에 강하게 자리 잡고 있던 것이었다. 반면에
일본은 항시적 적자예산 편성 상태 속에서 재정규율 인식이 높지 않다
고 볼 수 있다. 국가주도로 성장산업을 지원하고, 그 성과를 고용안전
성을 통해 전 사회적으로 확산한다는 발전국가 모델은 더 이상 한일
양국에서 찾아보기 어렵다. 다만, 그러한 발전국가 모델에서 벗어나는
양태에서 한일 양국은 큰 차이를 보이고 있다. 포스트발전국가 모델의
한일 간 상이성은 코로나19에 대한 경제보상 대책의 한일 간 차이의
직접적 원인은 아니지만 확실한 배경으로 보인다.

　위기는 언제나 각 사회의 본질적 성격과 장단점을 드러내는 계기
가 된다. 그런 의미에서 코로나19는 한국과 일본의 비교 관찰에서 양
국의 정치사회적 상이성을 보다 면밀하게 살펴보는 기회를 제공해주
고 있다.

참고문헌

국립외교원 일본연구센터. 2021. 『일본정세 2021』. 국립외교원.

김성조. 2020. "일본의 코로나 19 대응과 그 평가: 보건의료 분야의 협력적 거버넌스를 중심으로." 『일본연구논총』 52: 6-33.

김영근 2020. "코로나19 재해 거버넌스에 관한 한일 비교분석." 『아시아연구』 23(2): 47-73.

박승현. 2020. "코로나 19 팬데믹과 불안억제사회 일본: 재난공동체의 불안과 자숙, 그리고 연대." 『아시아연구』 23(4): 23-39.

이창민. 2020. "코로나 19 의 충격과 일본경제." 『일어일문학연구』 115: 43-65.

전진호. 2005. "유사법제의 제도화와 중앙-지방관계: 유사법제의 일본 국내외적 함의." 『일본연구논총』 21: 1-26.

정영훈. 2020. "일본의 코로나 19 에 따른 고용위기 대응: 고용유지지원금제도의 확대." 『국제노동브리프』. 41-58.

최은미. 2020. "코로나 19 대응을 통해 본 국가의 위기관리 유형 연구: 일본 사례를 중심으로." 『일어일문학연구』 115: 67-86.

호사카유지. 2020. "일본정부의 코로나19 정책 고찰." 『민족연구』 76: 62-94.

An, B. Y. & Tang, S. Y. 2020. "Lessons from COVID-19 responses in East Asia: Institutional infrastructure and enduring policy instruments." *The American Review of Public Administration* 50(6-7): 790-800.

Cai, Q., Okada, A., Jeong, B. G., & Kim, S. J. 2021. "Civil Society Responses to the COVID-19 Pandemic: A Comparative Study of China, Japan, and South Korea." *China Review* 21(1): 107-137.

LIN, C. F., WU, C. H., & WU, C. F. 2020. "Reimagining the Administrative State in Times of Global Health Crisis: An Anatomy of Taiwan's Regulatory Actions in Response to the COVID-19 Pandemic." *European Journal of Risk Regulation* 11: 256-272.

Migone, A. R. 2020. "The influence of national policy characteristics on COVID-19 containment policies: a comparative analysis." *Policy Design and Practice* 3(3): 259-276.

Shaw, R., Kim, Y. K., & Hua, J. 2020. "Governance, technology and citizen behavior in pandemic: Lessons from COVID-19 in East Asia." *Progress in disaster science* 6: 1-11.

加藤一彦. 2009. "地方自治特別法の憲法問題." 『現代法学』 18: 29-53.

岡田大助. 2011. "東日本大震災と国家緊急権." 『社学研論集』 18: 316-323.

今井照. 2020. "新型コロナウイルス感染症対策と地方自治―「日本モデル」と法の支配." 『自治総研』 46(501): 1-44.

待鳥聡史. 2020. 『政治改革再考: 変貌を遂げた国家の軌跡』. 新潮社.

石村修. 2018. "緊急事態への憲法的対処方法: 自然災害に向き合う憲法."
『専修ロージャーナル』14: 85-104.

小林慶一郎・森川正之編. 2020. 『コロナ危機の経済学』. 日本経済新聞出版.

小林直樹. 2010. "現代地方自治の根本問題." 『自治総研』36(9): 1-12.

阿部泰隆. 2000. "日本における大災害対策法制の不十分さと法整備の努力."
『神戸大学都市安全研究センター研究報告』(4): 321-338.

一般財団法人アジア・パシフィック・イニシアティブ. 2020. 『新型コロナ対応・民間臨時調査会
調査・検証報告書』. ディスカヴァー・トゥエンティワン.

竹中治堅. 2020. 『コロナ危機の政治: 安部政権vs知事』. 中公新書.

湯淺墾道・林紘一郎. 2011. "「災害緊急事態」の概念とスムーズな適用."
『情報セキュリティ総合科学』3: 32-53.

河東賢・泰松範行. 2018. "危機管理における中央-地方間関係: 2010-
11年における韓国の口蹄疫を事例として." 『現代経営経済研究』5(1): 23-50.

鴻上尚史・佐藤直樹. 2020. 『同調圧力 日本社会はなぜ息苦しいのか』. 講談社現代新書.

- 인터넷자료

EAI·言論NPO 제8회 한일 국민 상호인식조사 웹페이지 (http://www.eai.or.kr/new/ko/
project/view.asp?code=99&intSeq=20043&board=kor_multimedia&keyword_optio
n=&keyword=&more=)

IMF, Fiscal Policies for a Transformed World (https://blogs.imf.org/2020/07/10/fiscal-
policies-for-a-transformed-world/)

IMF World Economic Outlook 2019/10, 2020/10 (https://www.imf.org/en/publications/
weo)

Our World in Data, "Policy Responses to the Coronavirus Pandemic" 웹페이지 (https://
ourworldindata.org/policy-responses-covid)

Worldometer 웹페이지 (https://www.worldometers.info/coronavirus/)

제11장   코로나19의 대응과 정치문화

조동준(서울대학교)

I. 들어가며

2020년 1월 23일 코로나19[1]의 확산을 막기 위하여 중국 정부가 봉쇄조치를 취하자, 언론과 중국 전문가는 전염병에 대한 중국 정부의 대응 방식이 재이천견(災異天譴)과 연관되어 있다는 점을 지적했다 (Anderlini 2020; Fifield 2020; Mattingly et al. 2020; Schell 2020). 이들은 코로나19가 시진핑 정권의 실정에 대한 하늘의 견책 내지는 천명 상실의 징후로 해석될 위험성이 있기 때문에 중국 정부가 봉쇄와 같은 강력한 대응으로 코로나19의 확산을 통제하려 한다고 주장한다. 천명 수여와 상실을 둘러싼 동아시아의 오랜 담론이 공산주의 체제 아래서도 여전히 유효할 수 있다는 지적은 코로나19 대응에서 정치문화에 따른 국가별 차이를 예고했다.[2]

2020년 3월 서유럽과 미국이 코로나19를 대처하는 과정에서 정치문화가 결정적 변수가 될 수 있다는 지적이 나오기 시작했다. 미국 심리학자 겔판드(Michele Gelfand)는 코로나19 대응 과정에서 정치문화가 차이를 가져온다고 지적하면서, 혼란스러운 미국의 대응을 아래와

---

1 '코로나19'는 2019년 등장한 SARS-CoV-2 감염에 의한 호흡기 증후군의 이름으로 한국 정부에 의하여 명명되었다(고신정 2020). SARS-CoV-2는 전염성이 있으며 급성폐렴 증상을 유발할 수 있는 새로운 바이러스의 이름이며, COVID-19는 SARS-CoV-2가 유발한 징후를 의미한다. 이 글에서는 코로나19가 SARS-CoV-2와 이 바이러스가 유발하는 질병을 지칭한다.

2 동중서에 의하여 체계화된 천인감응은 천명을 받은 통치자와 천명을 준 하늘이 災異와 祥瑞를 통하여 연결된다고 가정한다. 즉, 천명을 받은 통치자가 올바른 정치를 하지 않으면 제후의 봉기와 같은 환란이 생기고 이로 인하여 사람의 증오와 원망이 하늘에 쌓이면 재앙과 기이한 일이 나타난다. 반면, 통치자가 정치를 옳게 하면 하늘이 감응하여 상서로운 징조가 나타난다(오청식 2015, 256-260). 동중서의 천인감응론은 황제권 강화의 목적을 가졌지만, 황제권을 견제하는 수단, 혁명을 정당화하는 수단 등 여러 용도로 해석되었다(김동민 2004, 313-315).

같이 평가했다.

> 우리는 혼란스럽고 자기중심적인 행동을 (미국 사회로부터) 관찰할
> 수 있다. 미국인은 자기 보호를 위하여 물건을 사재기한다. 심지어 병
> 원으로부터 마스크와 손소독제를 훔치기도 한다. 주정부와 지방자치
> 단체가 체계적으로 대응하지 못한다. 대학은 일관되지 못하고 느리게
> 반응한다. … **이런 정책은 문화를 반영한다.** 미국과 같은 '느슨한 문
> 화' 속에 있는 사람은 공통 목적을 달성하기 위하여 사회적 활동을 긴
> 밀하게 조율하는 데 익숙하지 않다. 타 국가와 비교하면, 미국인은 …
> 엄격한 규칙을 위하여 자유를 희생하는 데 반대와 찬성 감정을 동시
> 에 가진다(Gelfand 2020).

코로나19 대응 양상이 정치문화와 연결된다는 주장은 뉴욕타임
즈 논설위원 프리드만(Thomas Friedman)에 의하여 대중화되었다
(Friedman 2020). 프리드만은 코로나19와의 대결에서 승리하기 위하
여 미국이 큰 정부를 지향해야 한다고 주장했다. 코로나19의 확산 방
지를 위하여 시민의 자유와 사생활을 일부 제한하는 홍콩과 싱가포르
가 매우 성공적 결과를 거두고 있는 현상을 지적하면서, 미국 정부에게
더 많은 역할을 주문했다. 어쩌면 코로나19 대응 과정에서 국가와 시
민의 관계에 대한 인식이 바뀜으로써, 인류 역사가 코로나19를 분기점
으로 "코로나19 이전"(BC)과 "코로나19 이후"(AC)로 나뉠 수도 있다
고 예상했다.

문화는 한 사회의 삶의 방식으로 드러난다. 한 사회가 특정한 삶
의 방식을 보이는 이유는 문화가 사회적 규범(social norms)을 내포하
기 때문이다. 사회적 규범은 사회 구성원의 행동에 대한 합의된 기대

를 제시하고 사회 구성원의 행동이 옳은지 그른지를 판단하는 기준이다. 사회 구성원이 유년기부터 문화에 내포된 사회적 규범에 노출되고 사회화를 겪음으로써, 한 사회의 구성원은 비슷한 삶의 방식을 보인다(Gelfand et al. 2011, 1100-1104). 사회적 규범으로부터 개인의 자유를 인정하는 '느슨한 문화'는 개인으로 하여금 전염병 통제를 위한 집단행동에 덜 동참하게 만들어 방역에서 취약한 결과로 이어질 수 있다. 반면, 사회적 규범의 준수를 강조하는 '엄격한 문화'는 개인으로 하여금 전염병 통제를 위한 집단행동에 동참하게 만들어 전염병 확산을 방지하는데 기여할 수 있다(Gelfand et al. 2021, e135-136).

정말 코로나19 대응 양상이 정치문화와 연결되어 있는가? 문화가 코로나19의 확산 과정에 영향을 미치는가? 이 글은 위의 두 가지 질문에 답하고자 한다. 먼저 이 글은 코로나19의 확산이 중국발 여객기와 연결되어 있는 현상을 보임으로써, 코로나19의 대유행이 지구화로 인한 부산물임을 보인다. 즉, 중국이 세계와 긴밀히 연결된 상황에서 지구화에 깊이 관여한 국가는 모두 우한발 코로나19의 확산에 취약성을 보인다. 둘째, 코로나19의 확산을 통제하기 위한 조치가 정치문화와 연결되어 있음을 보인다. 코로나19 국면에서 모든 국가는 코로나19의 확산을 방지하기 위한 정보를 자국 시민에게 제공하고, 시민에게 자유로운 이동과 사적 만남을 자제해 달라고 촉구했다. 관건은 정부가 제공하는 정보와 권고를 시민이 청종하는가 여부다. 자유를 강조하는 정치문화에서는 시민의 자발적 협조를 이끌어내지 못하여, 봉쇄와 같은 강력한 행위 규제로 이어졌다. 반면, 사회 규범의 준수를 강조하는 정치문화에서는 시민이 자발적으로 협조함으로써 상대적으로 약한 규제 조치로 전염병의 확산을 막는다. 셋째, 코로나19의 확산 정도가 문화와 연결되어 있음을 보인다. 사회 규범의 준수를 강조하는 문화에서는 확산 정도가 낮은 반면, 자유를 강조하는 문화에서는 확산 정도가 높다.

II. 지구화와 코로나19의 확산

물리적 장벽을 넘어서는 활동의 증가는 지구화를 추동했다. 15세기 지리상의 발견, 19세기 폭발적인 초국경 경제활동과 이민, 냉전 이후 급증한 초국경 경제활동과 인적 이동은 인류의 상호의존성을 높여 지구를 단일 생활권으로 재편했다. 지구화는 인류가 공간적 제약으로부터 벗어나는 좋은 조건을 제공하지만 동시에 전염병이 대유행으로 악화될 위험도 초래한다. 이 절은 지구화와 전염병의 일반적 관계와 지구화와 코로나19의 초국경 확산을 검토한다.

1. 초국경 인적 이동과 전염병[3]

바이러스, 세균, 인플루엔자의 유전적 변이는 무작위로 일어난다. 동일 조건이라면, 유전 정보가 단순할수록 DNA보다는 RNA를 통하여 재생산을 하며, 재생산의 주기가 짧을수록 유전자 변이가 빠르게 일어난다. 유전자의 변이는 한 종 안에서 유전적 다양성을 높이고, 변이 유전자는 다른 유전자와 서로 유전 정보를 교환한다. 변이와 재조합을 통하여 유전자 풀 안에서 다양성이 증가하는 현상은 환경 변화에 따른 유전자의 생존 가능성을 높인다. 여러 유전자 중 변화된 환경에 적합한 유전자가 선택되면 일시적으로 유전자 풀 안에서 다양성이 줄어들지만, 변이 유

---

3   이 글은 졸고 "코로나19와 지구화의 변화." 『국제정치논총』 60-3(2020)를 일부 수정하여 작성하였다.

전자가 다시 생성되어 유전자 풀의 다양성이 복원된다. 이런 과정을 반복함으로써 바이러스, 세균, 인플루엔자의 유전적 다양성이 유지된다(Sanjuán and Domingo-Calap 2016; Sanjuán and Domingo-Calap 2019, 53-60).

전염원은 숙주와 두 측면에서 상호작용을 한다. 첫째, 전염원은 자체적으로 재생산에 필요한 에너지와 환경을 만들지 못하기 때문에, 숙주에 기생해야 한다. 전염원이 숙주에게 과도한 피해를 주면, 숙주가 물리적으로 사라지게 되어 재생산의 기회를 아예 잃어버릴 수 있다. 즉, 숙주에게 과도한 피해를 주는 전염원은 장기적으로 생존할 수 없다. 반면, 전염원이 숙주에게 큰 피해를 주지 않으면 재생산의 기회를 얻기 때문에, 장기적 생존에 유리하다. 둘째, 전염원은 숙주와 함께 항원 항체 반응을 둘러싸고 끝없이 경쟁한다. 숙주는 전염원을 퇴치하기 위한 항체를 만드는 반면, 전염원은 숙주의 면역을 우회하는 유전자를 발전시킨다. 양측의 상호작용이 안정 상태에 이를 때까지 양측 유전자 풀 안에서 변이와 진화가 지속된다.『이상한 나라의 엘리스』에서 엘리스와 붉은 여왕이 벌이는 경쟁과 같은 현상이 일어난다. 이 과정에서 전염원의 치명률이 자연적으로 약화되는 현상이 장기적으로 일어난다 (Papkou et al. 2019, 923-928; Badgett et al. 2002, 131-135).

지구화가 이루어지기 전, 어느 한 지역에서 새로운 전염원이 등장하면, 그 지역 안에 살던 사람과 전염병 간 상호작용이 전개되었다. 해당 지역에서 사람이 자연 감염된 후 면역 습득 또는 사망을 하면서 그 지역에 있던 공동체가 집단면역에 도달했다. 이 현상이 수 세대에 걸쳐 반복적으로 일어나면, 해당 지역 내 유전자 풀에서 전염병에 강한 유전자의 비중이 증가하고 전염원의 유전자 풀에서도 치명률이 약한 변이의 비중이 점차 증가했다. 양측의 상호작용으로 전염병과 사람 간 균형

상태에 도달했다. 이후 약화된 전염병이 원거리 이동을 하는 사람을 통하여 다른 지역으로 퍼지면, 앞선 지역에서보다 약화된 피해가 나타났다. 즉, 지구화 이전에는 전염병이 오랜 시간에 걸쳐 완만하고 순차적으로 주변 지역으로 확산되었다.[4]

반면, 지구화가 이루어진 후, 전염병과 인류 간 상호작용의 양상이 바뀌었다. 한 장소의 전염병에 노출된 여러 사람이 여러 장소로 동시에 이동하면서, 세계 곳곳에서 전염병이 동시에 진행되는 상황이 만들어졌다. 2003년 2월 21일 홍콩 메트로폴 호텔에 투숙했던 사스 환자로부터 감염된 7명의 투숙객이 항공기로 싱가포르, 베트남, 캐나다, 대만으로 이동하여 다른 지역에서 감염을 일으킨 사건에서 보여지듯이,[5] 지구화가 전염병과 결합되면 지리적 경계가 무의미해진다. 전염병 대유행과 지구화는 전염원이 자연적으로 약화되는 과정에도 영향을 미친다. 변이가 여러 곳에서 동시에 진행될 수 있기에, 특정 균주에 노출된 공동체가 집단면역에 도달한 이후에도 새로운 변이로 인한 전염병을 경험할 수 있다.

2. 항공기를 통한 코로나19의 초국경 확산

코로나19의 전파 경로는 감염원이 배출한 비말(공기를 통해 이동하는

---

4   매독 바이러스 사례는 지구화와 전염병 대유행 간 관계의 전조였다. 매독 바이러스는 남미에서 풍토병으로 균형 상태에 도달했지만, 유럽인과의 접촉으로 구대륙으로 전파되었다. 당시 바닷길로 인적 교류가 주로 이루어졌기에 해안 지역부터 내륙으로 순차적으로 확대되었다(Tampa et al. 2014).

5   쑨원기념병원 내과의사 리우지안룬(Liu Jianlun)은 2003년 2월 21일 홍콩 메트로폴 호텔에 투숙했다. 리우지안룬은 사스 환자를 치료하던 중 사스바이러스에 감염되었지만, 이를 인지하지 못한 채 홍콩을 방문했다. 리우지안룬이 홍콩에서 치료를 받는 과정에서 홍콩 의료진이 100명 넘게 감염되었다(Lee 2003, 364).

오염된 작은 물방울)이다. 구체적으로 감염원이 기침이나 재채기를 할 때 배출된 침방울이 코로나19를 포함할 수 있는데, 오염된 침방울이 가까이 있는 사람의 호흡기를 통하여 인체 안으로 들어가 감염될 수 있다. 또한 코로나19에 오염된 사물을 만진 뒤 눈, 코, 입을 만지는 과정에서 인체 안으로 들어갈 수 있다. 확진자와 직접 접촉을 통한 감염 가능성은 매우 낮지만, 완전히 배제할 수는 없다(중앙대책본부 2021; WHO 2020).

근접 거리에 있는 사람 사이에서 주로 비말을 통하여 전염되는 코로나19가 장거리 이동을 하는 이유는 전염원이 장거리 이동을 하기 때문이다. 최근 연구는 코로나19의 초국경 확산 과정에서 항공기에 주목한다(Lau et al. 2020; Hanson et al. 2020). 박쥐코로나바이러스가 돌연변이를 일으켜 코로나19가 되어 사람을 감염시킨 후, 중국 우한에서 집단감염이 발생했다. 중국 우한에서 코로나19에 노출된 사람이 항공기 또는 선박으로 다른 지역으로 이동하면서, 코로나19가 원거리로 이동했다. 원거리를 이동한 코로나19 확진자는 다른 지역에서 집단감염의 출발점이 되었다. 이 과정이 연쇄적으로 일어나면서, 짧은 시차를 두고 세계 곳곳에서 코로나19가 발생하게 되었다. 코로나19의 대유행 중 돌연변이가 동시다발적으로 진행되고, 그중 우세변이가 대유행을 일으키고 있다.

〈그림 11-1a〉는 여객기가 코로나19가 중국 우한에서 다른 국가로 확산된 경로임을 추정하게 한다. 2019년 11월 17일[6] 첫 코로나19 확진자의 등장부터 2020년 1월 23일 우한발 항공기 이륙의 금지까지 중국에서 외국으로 향한 여객기의 수와 100번째 확진자가 등장하기까지

---

6   중국에서 코로나19 최초 확진자가 나온 2019년 11월 17일을 시점으로 잡는다(Ma 2021).

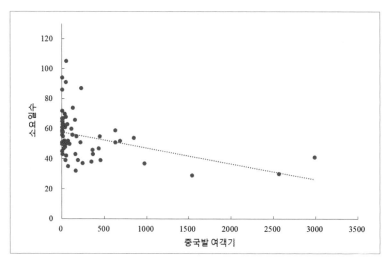

그림 11-1a 중국발 여객기 숫자와 코로나19의 초국경 확산
자료: ICAO(2021); Ritchie et al.(2021a).

소요 시간(중국에서 100번째 확진자가 나온 2020년 1월 22일이 기점)이 연관되어 있다(Pearson 상관계수 = −0.370; *p*-value = 0.0022). 해당 기간 동안 중국으로부터 2988대 여객기를 수용한 미국 사례를 이상점으로 제거하면, 중국발 여객기와 코로나19의 유입 시간 간 관계는 더욱 선명하다. 중국 우한에서 코로나19의 집단발병 후 코로나19에 노출된 사람이 여객기로 이동하면서 코로나19를 멀리 떨어진 지역으로 확산시켰다고 추정할 수 있다.

〈그림 11-1b〉는 국가별 지구화의 정도가 전염병 유입과 밀접하게 연관되어 있음을 보여준다. X축은 스위스 경제연구소(KOF Swiss Economic Institute)가 측정한 국가별 지구화 지수(KOF Globalisation Index)이고(Gygli et al. 2019), Y축은 100번째 코로나19 확진환자가 등장하기까지 걸린 시간(중국에서 100번째 확진자가 나온 2020년 1월 22일이 기점)을 나타낸다. 〈그림 11-1b〉는 지구화 지수가 높을수록

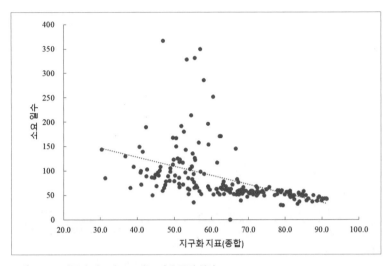

그림 11-1b 지구화 지표와 코로나19의 초국경 확산
자료: Gygli et al.(2019); Ritchie et al.(2021a).

100번째 확진환자가 등장하는 시간이 짧아지고 있음을 명확히 보여준다. 앤티가 바부다(252일), 도미니카(350일), 그레나다(331일), 리히텐슈타인(214일), 세인트빈센트그레나딘(328일), 세인트루시아(286일), 동티모르(367일) 등 이상점이 있음에도 불구하고, 두 변수 간 관계는 명확하게 드러난다(Pearson 상관계수 = −0.464; *p*-value = 0.0000). 만약 이상점 6개를 제외하면 양자 간 상관계수가 −0.6036까지 이른다. 지구화와 연관된 전염병 확산 위험이 코로나19 전파에서 확인된다.

III. 코로나19의 국내 확산 방지와 문화

코로나19가 유입된 이후 각국의 초기 대응은 혼란스러웠다. 코로나19에 대한 병리학적 특성이 알려지면서 각국 정부가 비슷한 개인 차원의 대응책을 제시했지만, 국가 차원의 대응책은 상이했다. 이 절은 2020년 5월 31일을 기점으로 각국 대응책을 비교한 후, 정치문화와 대응책의 차이가 연결되어 있음을 보인다.

1. 봉쇄 vs. 낮은 수준의 방역 대응

코로나19의 전염성은 기후와 같은 주어진 환경적 요인에 의하여 영향을 받는다. 코로나19 바이러스가 최장 생존할 수 있는 기온이 섭씨 8도이며 사람이 밀집된 곳에서 전파될 가능성이 크다는 연구결과를 종합하면, 2020년 상반기의 초반에는 북반구의 중위도와 고위도 지역에서 코로나19의 확산 위험이 가장 컸다. 2020년 1월부터 3월 사이 북반구의 중위도와 고위도 지역의 외부 기온이 코로나19의 생존에 유리했고, 추운 외부 기온으로 인하여 사람이 실내에서 활동하기에 밀집 환경에 놓였기 때문이다.

코로나19가 국내로 유입되어 하루 동안 10명 이상 확진자가 발생했다면, 본격적으로 코로나19가 확산될 임계점에 도달했다고 볼 수 있다. 코로나19의 확진자가 급증할 조건을 갖추었거나 이미 확진 사례가 다수 발생했을 경우, 각국 정부는 코로나19의 확산을 막기 위하여 대응책을 마련할 수밖에 없는 사회적 압박을 받았다. 코로나19의 유입 시점에 따라 사회적 압박의 시점에서 다소 차이가 있지만, 2020년 3월 중순경에는 거의 모든 국가가 비슷한 사회적 압박 아래에 있었다.

하지만, 코로나19 확산을 방지하기 위한 사회적 통제 측면에서 국가별로 큰 차이가 발생했다. 봉쇄는 코로나19의 확산을 늦추는 데 가장 효과적인 대책이지만, 장기적으로 코로나19의 확산 자체를 막을 수 없다. 더욱이 봉쇄가 사람의 자유로운 이동을 방해하기 때문에 기본권

침해의 소지를 가지며, 막대한 경제적 피해를 수반할 수밖에 없다. 따라서 각국은 봉쇄 여부를 결정하는 과정에서 방역에 동참하는 시민의 자발성과 봉쇄로 인한 사회적 파장을 동시에 고려해야 했다. 그 결과 2020년 5월 30일 기준 101개 국가가 코로나19로 인하여 봉쇄를 시행했거나 유지했다. 반면, 나머지 국가는 봉쇄를 경험하지 않고도 코로나19의 확산을 나름대로 통제했다.

〈표 11-1〉은 권역별로 봉쇄를 경험한 국가의 숫자, 1일 최소 10명 이상 확진 사례를 가진 국가의 숫자, 집단감염 위험국과 실제 봉쇄를 경험한 국가 간 비율을 보여준다. 〈표 11-1〉은 중앙아시아 국가군이 이상 사례임을 드러낸다. 중앙아시아 6개국에서 1일 최소 10명 이상 확진 사례가 보고되었기에 봉쇄를 포함한 사회적 통제가 일어날 수도 있었지만, 이 중 어느 국가도 봉쇄를 경험하지 않았다. 아프리카에서도 집단 감염 국가의 숫자에 비하여 봉쇄를 경험한 국가의 숫자가 매우 적은 편이다. 반면, 북미와 남미에서는 봉쇄를 경험한 국가의 비중이 매우 높다. 숫자가 유럽과 중동에서도 봉쇄를 경험한 국가의 비중이 높은 편이다.

집단 감염의 위험이 현실화된 시점과 봉쇄를 선택한 시점을 비교하면, 크게 네 집단으로 구분된다. 첫째, 집단 감염이 발생하기 전에 선제적으로 봉쇄를 선택한 국가군이다. 모나코, 엘살바도르, 온두라스, 자메이카 등은 자국 안에서 집단 감염이 발생하기 전, 봉쇄를 실시하였다. 둘째, 집단 감염 위험이 가시화된 직후 봉쇄를 선택한 국가군이다. 우크라이나, 조지아, 리투아니아, 알바니아, 불가리아, 코소보, 세르비아, 크로아티아, 몬테네그로 등 다수 국가가 자국 내 집단 감염이 발생하자, 봉쇄로 대응했다. 셋째, 집단 감염이 실제 일어난 후, 늦게 봉쇄를 선택한 국가군이다. 이탈리아, 그리스, 루마니아, 러시아, 핀란드, 파

표 11-1 미국과 중국의 국채 비교 (2021년 3월 30일 기준)[7]

지역	봉쇄 실행국	집단 감염 위험국	봉쇄 비율
중동·북아프리카	0	6	0.00%
동남아시아	6	10	60.00%
오세아니아·태평양 도서	5	14	35.71%
북미	11	23	42.83%
남미	9	12	75.00%
중·서유럽	13	18	72.22%
남유럽·발칸	11	16	68.75%
북유럽·스칸디나비아	9	14	64.29%
적도 아프리카	5	24	20.83%
남아프리카	8	23	34.78%
중앙아시아	0	6	0.00%
동북아시아	3	6	50.00%
아프리카_남부	8	23	34.78%
남아시아	5	8	62.50%

자료: Aura Vision(2020).

나마, 멕시코, 도미니카공화국, 라이베리아, 가나, 나이지리아, 콩고 공화국, 시에라리온은 자국 내에서 집단 감염이 대규모로 진행되어서야 봉쇄를 선택했다. 넷째, 집단 감염이 일어났지만, 봉쇄를 경험하지 않은 국가군이다. 한국, 안도라, 리히슈텐스타인, 보스니아·헤르체코비나, 마케도니아, 몰도바, 아이슬란드, 케이프베르데, 가봉, 상투메프린시페, 지부티 등은 봉쇄를 하지 않았다.

2 정치문화와 코로나19 대응

2020년 상반기 집단 감염의 위험 상황에서 국가별 대응이 정치문화에

7　2020년 5월 30일이 코로나19의 확진 규모에서 1차 확산과 2차 확산의 경계선 근처에 위치하기 때문에, 이 시점을 기준점으로 정했다.

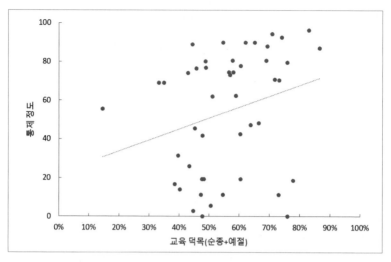

그림 11-2a 교육 덕목과 코로나19 관련 통제의 정도 (2020년 5월 30일 기준)
자료: Haerpfer et al.(2020); Ritchie et al.(2021b).

따라 달라질 수 있다는 가설이 제기되었다. 전염병 통제를 목적으로 국가가 시민의 자유를 제한할 수 있는 정도에 관한 인식, 국가에 대한 신뢰 정도, 주위 사람에 대한 신뢰 정도 등이 실제 사람의 행동에 영향을 미칠 수 있기 때문이다. 예를 들어, 중국이 봉쇄로 전염병 확산을 통제하려고 할 때, 중국식 봉쇄가 시민의 자유를 과도하게 제한한다는 이유로 민주주의를 오랫동안 유지한 국가에서 부정적 의견이 강했다. 실제 중국보다 코로나19의 확산 정도가 심한 국가 가운데 많은 국가가 봉쇄를 선택하지 않았다.

〈그림 11-2a〉는 코로나19의 확산을 막기 위한 정부의 통제 정도와 교육 덕목 간 관계를 보여준다. 정부의 통제 정도(COVID-19 Stringency Index)는 학원 폐쇄, 직장 폐쇄, 사적 모임 규제, 공적 행사 규제, 대중교통 통제, 공보, 자택 격리, 국내 이동 통제, 해외여행 통제, 코로나19 검사 진행 방식, 추적 방식 등 총 10개 항목에서 정부가 시행

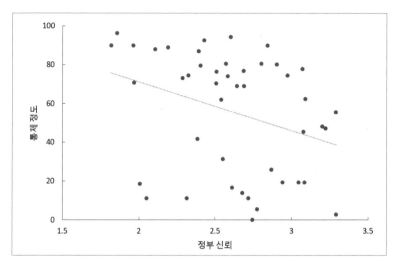

그림 11-2b 정부 신뢰와 코로나19 관련 통제의 정도 (2020년 5월 30일 기준)

자료: Haerpfer et al. (2020); Ritchie et al. (2021b).

하는 규제의 정도를 측정한다(Ritchie et al. 2021b). 교육 덕목은 7차 '세계가치조사(World Value Survey)' 중 아동에게 가르쳐야 할 중요한 덕목 중 순종과 예절(good manners)을 선택하는 응답 비율의 평균이다(Haerpfer et al. 2020). 순종과 예절은 창의, 상상, 도전보다는 기존 가치에 순응하는 성향과 관련되기에 '엄격한 문화(tight culture)'에서 존중되는 덕목이다.

〈그림 11-2b〉는 개인과 사회 규범 간 관계를 정하는 문화가 전염병 예방을 위한 정부의 통제와 관련성을 가지고 있음을 보여준다. 아동에게 가르쳐야 할 덕목으로 예절과 순종을 선택한 응답자의 비율이 높을수록 코로나19의 확산을 막기 위한 정부 통제의 정도가 높아진다(Pearson 상관계수 0.2647; p-value 0.0721). 아동에게 순종과 예절을 강조하면, 정부의 통제를 허용하는 사회화가 진행된다. 이런 상황에서 코로나19의 확산 위협이 현실화되자, 정부는 시민의 저항을 크게 받지

않고 엄격한 통제를 시행하였다고 추정된다.

정부에 대한 신뢰는 정부가 제공하는 코로나19 방역대책에 대한 신뢰와 직결된다. 코로나19의 확산을 막기 위하여 각국 정부가 관련 정보와 개인 차원의 행동 지침을 제공했지만, 정부에 대한 신뢰가 없다면 시민이 이를 준수하지 않는다. 오히려 코로나19와 관련된 가짜 정보에 현혹되어, 방역 계획이 흐트러질 수 있다. 반면, 시민이 정부를 신뢰한다면, 정부가 제공하는 코로나19 관련 정보와 행동 지침을 준수하게 된다. 따라서 정부에 대한 신뢰는 방역대책의 효과에 영향을 미치는 매개변수이다.

〈그림 11-2b〉는 7차 '세계가치조사(World Value Survey)' 중 행정부, 경찰, 군, 사법부에 대한 신뢰에 대한 응답(1 신뢰하지 않음; 4 신뢰함)을 국가별로 평균한 수치와 코로나19 관련 정부의 통제가 연관되어 있음을 보인다(Pearson 상관계수 = -0.3223; p-value = 0.0309). 정부에 대한 신뢰가 높은 국가는 상대적으로 낮은 통제 수준을 유지했는데, 이는 시민이 정부가 제공하는 행동지침을 상대적으로 잘 준수함으로써 코로나19의 확산을 통제하기 때문이라고 추정된다.

IV. 정치문화와 코로나19의 국내 확산 정도

정치문화가 코로나19의 국내 확산에 어떤 영향을 미쳤는가? '엄격한 문화'가 '느슨한 문화'보다 코로나19의 확산을 더 효과적으로 통제하였는가? 이 절은 7차 '세계가치조사' 중 교육 덕목과 정부에 대한 신뢰가 코로나19의 확산 정도와 연관되어 있음을 보인다.

1. 지역별 코로나19 확산 정도의 차이

2020년 5월 말은 코로나19의 1차 확산과 2차 확산의 분기점이었다. 2020년 2월 코로나19가 대유행 단계로 접어들면서 104개국이 봉쇄까지 경험했다. 그 결과 2020년 4월 말부터 확산세가 줄어드는 양상이 나타났고, 1개월간 횡보 상태를 유지했다. 2020년 6월부터 북반구에서 여름이 시작되면서 코로나19가 점차 약화되리라 예상되었지만, 2020년 6월 초부터 코로나19의 재확산이 본격화되었다. 따라서 2020년 5월 말은 코로나19의 초기 확산을 대응한 각국의 성과와 행태를 평가하기에 적절한 시점이다.

〈표 11-2〉는 몇 가지 흥미로운 현상을 보여준다. 첫째, 북미, 남미, 중서유럽, 남유럽·발칸, 북유럽·스칸디나비아가 집중 피해를 입었다

표 11-2 지역별 코로나19 통계 (2020년 5월 30일 기준)

지역	누적 확진	누적 사망	100만 명당		치명률
			확진	사망	
중동·북아프리카	604748	15977	996	26	0.026
동남아시아	88839	2720	143	4	0.031
오세아니아·태평양도서	8722	125	213	3	0.014
북미	2007466	126069	3390	213	0.063
남미	868854	55064	2002	127	0.063
중서유럽	1122088	124928	2859	318	0.111
남유럽·발칸	288771	36051	2327	290	0.124
북유럽·스칸디나비아	548057	11353	2199	46	0.021
직도 아프리카	50285	1107	89	2	0.022
남아프리카	43802	874	80	2	0.020
중앙아시아	33865	367	310	3	0.011
동북아시아	111841	5806	68	4	0.052
남아시아	300881	7305	159	4	0.024

자료: Ritchie et al.(2021a).

는 점을 보여준다. 상기 지역의 확진 규모와 인명 피해의 규모는 절대적 수치와 상대적 수치 두 측면에서 매우 높다. 특히 의료대응체계가 상대적으로 약한 남유럽·발칸 지역에서 치명률이 매우 높다. 둘째, 동북아시아는 이상점으로 보인다. 코로나19의 집단 감염이 중국에서 시작되었고, 한국이 2번째 집단 감염을 경험했고, 동북아시아가 촘촘히 연결되어 있지만, 확진 규모와 인명 피해에서 가장 낮은 수치를 보였다. 셋째, 개발도상국가가 많은 지역은 선진국이 집중된 지역에 비하여 확진 규모와 인명 피해에서 중위권을 유지했다. 이들 지역에 있는 국가의 지구화 정도가 낮아 코로나19의 유입이 늦었고, 검사 능력의 미비로 인하여 확진 여부를 확인하기 어려웠기 때문이다. 남미를 제외한 개발도상국가는 2020년 6월부터 본격적 확산을 경험했다.

2. 정치문화와 코로나19 확산 정도

사회적 규범을 준수하지 않는 개인의 행위를 용인하는 '느슨한 문화'가 코로나19를 통제하는 데 어려움을 겪었는가? 〈그림 11-3a〉는 인구 100만 명당 확진 규모가 순종적 문화와 연관될 수 있다는 희미한 흔적을 보여준다. 아동 교육에서 순종과 예절을 강조하는 국가는 코로나19의 피해를 적게 받은 듯 보인다. 반면, 아동 교육에서 순종과 예절의 중요성에 대하여 중간 정도를 지지를 보이는 국가 가운데, 안도라, 싱가포르, 페루, 미국 등 4개국 사례에서 코로나19 확진 정도가 예외적으로 높다. 또한, 아동 교육에서 순종과 예절을 덕목으로 인정하는 응답자의 비율이 낮은 국가 가운데 타지키스탄이 코로나19 확진 정도가 예외적으로 낮다. 상기 다섯 이상점으로 인하여 교육에서 순종과 예절을 중시하는 문화와 코로나19의 확진 규모가 명확한 연관성을 보이지 못한다.

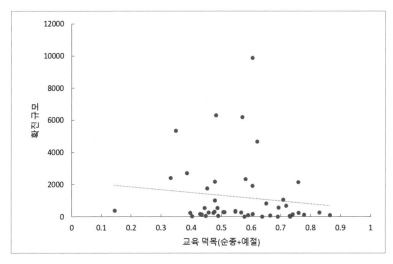

그림 11-3a 교육 덕목과 코로나19의 확산 정도 (2020년 5월 30일 기준)

자료: Haerpfer et al.(2020) ; Ritchie et al.(2021a).

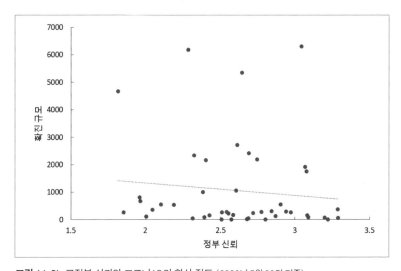

그림 11-3b 교정부 신뢰와 코로나19의 확산 정도 (2020년 5월 30일 기준)

자료: Haerpfer et al.(2020) ; Ritchie et al.(2021a).

〈그림 11-3b〉는 정부 신뢰와 코로나19 확진 규모가 연관될 수 있

는 희미한 흔적을 보인다. 정부에 대한 신뢰가 높으면 코로나19 확진 규모가 줄어드는 경향성이 있는 듯 보인다. 하지만, 정부에 대한 신뢰가 중위권에 있는 싱가포르, 미국, 칠레가 예외적으로 높은 코로나19 확진 규모를 보이고, 정부에 대한 신뢰가 매우 낮은 과테말라가 예외적으로 낮은 코로나19 확진을 보여 두 변수 간 상관계수는 통계적 유의미성을 가지지 못한다.

정치문화와 관련된 두 변수가 코로나19의 확진 규모와 유의미한 관계를 외양적으로 보이지 않은 원인은 두 가지이다. 첫째, 두 변수 사이에 인과관계가 존재하지 않을 수 있다. 전염병과 문화가 아무런 연관을 가지지 않음에도 불구하고, 일부 학자가 두 변수 간 인과관계에 대한 가설을 제기했을 수 있다. 둘째, 정치문화가 전염병 통제에 관한 시민의 참여에 영향을 미침에도 불구하고, 다른 변수를 통제하지 못하여 두 변수 간 관계가 드러나지 않을 수도 있다. 전염병 확산은 기본적으로 인구 밀집, 대중교통 수단의 이용 정도, 온도, 개인위생 습관 등 다양한 사회 구조적 변수와 개인 차원의 변수에 의하여 영향을 받는다. 문화 외 다른 변수의 영향이 통제되지 않는 한, 문화가 전염병에 미치는 영향을 포착하기 어려울 수 있다.

〈표 11-3〉은 코로나19 확진 규모를 종속변수로 두고, 정치문화와 관련된 두 독립변수, 코로나19의 확산을 막기 위한 정부 통제의 정도, 인구 밀집도, 인구 1천 명당 병상 규모, 코로나19 최초 국내 발생 후부터 2020년 5월 30일까지 날 수를 독립변수로 설정하여 회귀분석을 한 결과를 보여준다. 인구 밀집도가 높으면 전염 위험이 높아져 확진 규모가 늘어날 것으로 예상된다. 병상 규모는 의료대응능력을 대리하는 변수이다. 병상 규모가 클수록 더 나은 의료적 대응능력으로 확산을 통제할 수 있다고 예상된다. 그리고 코로나19가 최초 유입된 시점이 빠르

표 11-3 코로나19 확진 규모에 대한 회귀 분석

독립변수	계수	표준 편차	t-계수	p-value
교육 덕목(순종＋예절)	-5203.78	1980.876	-2.63	0.013
정부 신뢰	-1692.22	638.7051	-2.65	0.012
통제 정도	3.110183	14.52906	0.21	0.832
인구 밀도	0.60196	0.187954	3.2	0.003
병상 수(1천 명당)	-149.684	91.69365	-1.63	0.111
ln(최초 발생 후 날짜)	1319.023	850.9872	1.55	0.13
상수	2493.693	4504.307	0.55	0.583
		관측수		43
		F(6. 36)		3.83
		Prob ⟩ F		0.0047
		R-squared		0.3893

면, 확진 규모가 커질 것으로 예상된다.

〈표 11-3〉은 정치문화가 실제 코로나19의 확진 규모에 영향을 주고 있다는 점을 보여준다. 인구 밀집도, 의료대응능력, 최초 확진 후 시간 등 코로나19의 통제에 영향을 미치는 다른 요인을 통제하면, 교육 덕목과 정부 신뢰가 모두 통계적 유의미성을 가진다. 즉, 교육 덕목에서 순종과 예절을 강조하는 사회는, 다른 조건이 동일하다면, 코로나19의 초기 확산을 상대적으로 잘 통제했다. 정부에 대한 신뢰가 높은 국가는, 다른 조건이 동일하다면, 코로나19의 초기 확산을 상대적으로 잘 통제했다.

정치문화에서 시작하여 코로나19의 확산 규모로 이어지는 인과관계의 중간에 방역에 대한 시민의 자발적 동참이 있다. 구글이 제공하는 사회이동성 보고서를 검토하면(Google LLC 2021), '엄격한 문화'가 우세한 국가에서는 봉쇄 이전 시민의 이동성이 현저하게 떨어진다. '엄격한 문화'가 우세한 사회에서는 정부가 코로나19 관련 정보와 개인 행동지침을 시민에게 전달하면, 시민이 사회 이동을 자발적으로 줄여 코

로나19의 확산을 막았다고 해석될 수 있다. 이에 반하여, '느슨한 문화'
가 우세한 사회에서는 정부가 동일한 정보와 행동 지침을 시민에게 전
달해도, 시민이 자발적으로 방역에 동참하지 않아 결국 봉쇄까지 이르
게 되었다고 해석된다.

V. 나가며

지구화는 전염병의 대유행이 가능한 환경을 만들었다. 지구화로 인하
여 초국경 활동이 용이해지면서 감염이 지역 사이에 시차를 두지 않고
진행된다. 사람과 전염원 간 상호작용으로 전염원 중 치명률이 낮은 변
이가 우세를 차지하기 전 전염원이 장거리 이동을 하기에, 전염으로 인
한 피해도 크다. 코로나19가 국내에 유입되는 데 소용되는 시간이 중
국발 여객기 편수, 지구화의 참여 정도에 따라 결정되는 현상이 지구화
와 전염병 간 관계를 잘 보여준다.

코로나19의 국내 유입이 외부 세계와 연결되는 정도에 따라 결정
되지만, 국내 대응은 정치문화에 따라 상이하게 나타난다. 순종과 예절
등 사회 규범의 준수를 강조하는 문화가 우세한 국가에서는 코로나19
의 확산을 막기 위한 정부 통제가 높아지는 경향을 보인다. 정부에 대
한 신뢰가 높은 문화가 우세한 국가에서는 정부 통제가 수위가 낮아지
는 경향이 보인다. '엄격한 문화'와 '느슨한 문화'가 방역 과정에서 상
이한 대응으로 이어진다는 문화 가설에 부합하는 결과가 2020년 상반
기 나타났다.

코로나19의 확산 규모도 정치문화에 따라 영향을 받는다. 확산은
인구 밀집도와 같은 구조적 요인, 의료대응능력, 코로나19의 유입 시

점 등 다양한 요인에 의하여 영향을 받는 동시에 정치문화에 의해서도 영향을 받는다. 사회 규범의 준수를 강조하는 문화권에서는 시민이 정부가 제공하는 정보에 민감하게 반응하고 개인 방역지침을 준수하여 사회 이동성을 자발적으로 줄이는 경향이 확인되었다. 정부에 대한 신뢰가 높을 경우, 정부의 방역 노력에 동참하는 경향이 나타났다.

코로나19가 시민과 국가 간 관계를 재설정하는 데 영향을 미칠까? 만약 '엄격한 문화'가 코로나19 대응 과정에서 장점을 보이고 코로나19의 국면이 길어지면, 방역을 이유로 국가가 시민의 사적 영역을 줄이는 경향이 나타날 수 있다. 방역을 둘러싸고 현재 진행되는 국가와 사회세력 간 경쟁은 시민과 국가 간 관계를 재설정하는 과정에서 일어나는 마찰적 현상일 수 있다. 코로나19 대응 과정이 길어질수록, 정치문화별로 코로나19 대응 성적이 크게 달라진다면, 정치문화도 변화할 수 있다. 현재 정치문화가 과거 사회적 경험의 축적이라면, 현재 진행되는 사회적 경험은 미래 정치문화를 형성하게 된다.

참고문헌

고신정. 2020. "政, 신종 코로나 감염증→'코로나-19' 명명." 『의협신문』(2020.2.12).

김동민. 2004. "董仲舒 春秋學의 天人感應論에 대한 고찰." 『동양철학연구』 36.

오청식. 2015. "동중서의 천인감응설과 음양오행에 관한 연구." 『원불교사상과종교』 66.

조동준. 2020. "코로나-19와 지구화의 변화." 『국제정치논총』 60(3).

중앙방역대책본부. "코로나바이러스감염증-19(COVID-19) 정보."(2021.3.2.). http://ncov. mohw.go.kr/baroView.do

Anderlini, Jamil. "Xi Jinping Faces China's Chernobyl Moment." *Financial Times* (2020.2.10.)

Aura Vision. 2020. "Global Covid-19 Lockdown Tracker." https://auravision.ai/covid19-lockdown-tracker/

Badgett, Marty R., Alexandra Auer, Leland E. Carmichael, Colin R. Parrish and James J. Bull. 2002. "Evolutionary Dynamics of Viral Attenuation." *Journal of Virology* 76(20).

Fifield, Anna. "Coronavirus Tests Xi's 'Heavenly Mandate,' but Proves a godsend for His Surveillance State." *Washington Post* (2020.3.3).

Friedman, Thomas L. 2020. "Our New Historical Divide: B.C. and A.C. — the World Before Corona and the World After." *New York Times*(2020.3.17.). https://www.nytimes.com/2020/03/17/opinion/coronavirus-trends.html

Gelfand, Michele. 2020. "To Survive the Coronavirus, the United States Must Tighten Up." *Boston Globe*(2020./3.13).

Gelfand, Michele J., Joshua Conrad Jackson, Xinyue Pan, Dana Nau, Dylan Pieper, Emmy Denison, Munqith Dagher, Paul A M Van Lange, Chi-Yue Chiu, and Mo Wang. 2021. "The Relationship between Cultural Tightness-Looseness and COVID-19 cases and Deaths: a Global Analysis." *Lancet Planet Health* 5.

Google LLC. 2021. "Google COVID-19 Community Mobility Reports." https://www.google.com/covid19/mobility/

Gygli, Savina, Florian Haelg, Niklas Potrafke and Jan-Egbert Sturm. 2019. "The KOF Globalisation Index – Revisited." *Review of International Organizations* 14(3).

Haerpfer, C., Inglehart, R., Moreno, A., Welzel, C., Kizilova, K., Diez-Medrano J., M. Lagos, P. Norris, E. Ponarin and B. Puranen et al. eds. 2020. *World Values Survey: Round Seven –Country-Pooled Datafile.* Madrid, Spain & Vienna, Austria: JD Systems Institute & WVSA Secretariat.

Hanson, Russell, Christopher A. Mouton, Adam R. Grissom and John P. Godges. 2020. "COVID-19 Air Traffic Visualization: A New Tool Helps Analyze Commercial Air

Travel Involving Infected Passengers." *RAND*.

International Civil Aviation Organization (ICAO). "Daily Flights / New Covid Cases by Origin." COVID-19 Air Traffic Dashboard. https://data.icao.int/coVID-19/country-pair.htm

Lau, Hien, Veria Khosrawipour, Piotr Kocbach, Agata Mikolajczyk, Hirohito Ichii, Maciej Zacharski, Jacek Bania and Tanja Khosrawipour. 2020. "The Association between International and Domestic Air Traffic and the Coronavirus (COVID-19) Outbreak." *Journal of Microbiology, Immunology and Infection* 53(3).

Lee, Shiu Hung. 2003. "The SARS Epidemic in Hong Kong: What Lessons Have We Learned?" *Journal of the Royal Society of Medicine* 96.

Ma, Josephine. "Coronavirus: China's first confirmed Covid-19 case traced back to November 17." *South China Morning Post* (2020.3.13).

Mattingly, Daniel, Chenjian Li, Isabel Hilton, Jude Blanchette, Andrew Nathan, Orville Schell, Rui Zhong and Pamela Kyle Crossley. 2020. "Xi Jinping May Lose Control of the Coronavirus Story." *Foreign Policy* (2020.2.10).

Michele J. Gelfand, Jana L. Raver, Lisa Nishii, Lisa M. Leslie, Janetta Lun, Beng Chong Lim, Lili Duan, Assaf Almaliach, Soon Ang, Jakobina Arnadottir, Zeynep Aycan, Klaus Boehnke, Pawel Boski, Rosa Cabecinhas, Darius Chan, Jagdeep Chhokar, Alessia D'Amato, Montse Ferrer, Iris C. Fischlmayr, Ronald Fischer, Marta Fülöp, James Georgas, Emiko S. Kashima, Yoshishima Kashima, Kibum Kim, Alain Lempereur, Patricia Marquez, Rozhan Othman, Bert Overlaet, Penny Panagiotopoulou, Karl Peltzer, Lorena R. Perez-Florizno, Larisa Ponomarenko, Anu Realo, Vidar Schei, Manfred Schmitt, Peter B. Smith, Nazar Soomro, Erna Szabo, Nalinee Taveesin, Midori Toyama, Evert Van de Vliert, Naharika Vohra, Colleen Ward, and Susumu Yamaguchi. 2011. "Differences Between Tight and Loose Cultures: A 33-Nation Study." *Science* 332.

Papkou, Andrei, Thiago Guzella, Wentao Yang, Svenja Koepper, Barbara Pees, Rebecca Schalkowski, Mike-Christoph Barg, Philip C. Rosenstiel, Henrique Teotónio and Hinrich Schulenburg. 2019. "The Genomic Basis of Red Queen Dynamics during Rapid Reciprocal Host–Pathogen Coevolution." *Proceedings of the National Academy of Sciences of the United States of America* 116(3).

Ritchie, Hannah, Edouard Mathieu, Lucas Rodés-Guirao, Cameron Appel, Charlie Giattino, Esteban Ortiz-Ospina, Joe Hasell, Bobbie MacDonald, Diana Beltekian, Saloni Dattani and Max Roser. 2021a. "Coronavirus (COVID-19) Cases." OurWorldInData.org. https://ourworldindata.org/coronavirus

_____. 2021b. "COVID-19 Stringency Index." OurWorldInData.org. https://ourworldindata.org/coronavirus

Sanjuán, Rafael and Pilar Domingo-Calap. 2016. "Mechanisms of Viral Mutation." *Cellular and Molecular Life Sciences* 73

_____. 2019. "Genetic Diversity and Evolution of Viral Populations." in Dennis H.
    Bamford and Mark Zuckerman eds. *Encyclopedia of Virology*. Cambridge. MA:
    Elsevier Academic Press.

Schell, Orville. 2020. "Is the Mandate of Heaven Lost?" *Foreign Policy*(2020.2.10).

Tampa, M., I. Sarbu, C. Matei, V. Benea and S. R. Georgescu. 2014. "Brief History of
    Syphilis." *Journal of Medicine and Life* 7(1).

World Health Organization (WHO). "Coronavirus disease (COVID-19): How is it
    transmitted?" (2020.12.13). https://www.who.int/emergencies/diseases/novel-
    coronavirus-2019/question-and-answers-hub

제12장 포스트코로나 시대의 인간성, 국가성, 세계성에 대한 성찰

박성우(서울대학교)

I. 들어가며

2020년 3월 WTO가 코로나(covid-19)를 팬데믹으로 선언한 이후, 전세계는 빠른 속도로 새로운 환경에 적응하고 있다. 나라마다 차이가 있긴 하지만 국경을 넘나드는 인적 교류는 현저히 줄었고, 재택근무의 비중이 늘어났다. 교육 부문에 있어서도 비대면 수업 방식이 주를 이루게 됐다. 사회적 거리 두기가 일상화되면서 사회활동과 정치활동의 양상도 크게 변화했다. 코로나 팬데믹은 비교적 짧은 기간 동안에 우리의 삶의 방식을 근본적으로 변화시키고 있다.

변화된 삶의 양식에 적응해 가는 우리의 모습을 보면서, 포스트코로나 시대 우리의 삶은 결코 이전과 동일하지 않을 것이라는 예측이 설득력을 얻어 가고 있다. 팬데믹에 대한 우리의 적응력이 높아질수록 새로운 사회로의 진입도 현실화되고 있다. 최근 백신 접종과 치료제 개발로 머지않아 팬데믹이 종식될 것이라는 희망의 싹을 틔우고 있긴 하지만, 팩데믹의 종식이 선언되더라도 전 세계가 팬데믹 이전의 상태로 회귀하기는 어려울 것이라는 전망이 확산하고 있다. 벌써 각국 정부는 물론, 국제기구, 글로벌 기업, 대학, 싱크탱크 등 사회 각 부문에서 포스트팬데믹 시대를 예측하고 대비하는 데 분주하다. 그야말로 포스트코로나론(論)의 대유행이라고 해도 과언이 아니다(Greer & King 2021; Bowtell 2021; Delanty 2021).

포스트코로나 시대를 진단하는 이들은 대체로 부정적인 전망을 내놓는데, 거기에는 나름 이유가 있다. 우선, 글로벌 문제 해결에 필요한 국제협력이 더욱 어려워질 것이라는 전망이 나온다. 팬데믹으로 보건 위기를 경험한 세계 각국은 국경 통제를 강화하고 자국 중심의 정책을 고수할 가능성이 높다는 것이다. 국내적으로는 프라이버시권을 포함해 전통적으로 존중받아 왔던 개인의 권리가 위축될 가능성이 높아질 것이라는 우려도 나온다. 위기 시 국민 보건에 대한 국가의 책임과 권한이 강화되어야 한다는 인식이 커지면서 상대적인 개인의 권리가 경시되는 경향이 있기 때문이다. 한편 경제적 불평등이 보건 불평등으로 이어질 가능성도 지적된다. 보건 불평등 현상은 국내적 차원뿐 아니라 국제적 차원에서도 확산할 가능성이 높다. 최근 백신 물량 확보에 있어서 선진국과 저개발국이 현저한 차이를 보이는 것도 국제적 보건 격차가 확인되는 대목이다. 이러한 보건 격차 혹은 보건 불평등은 경제적 불평등과 더불어 사회적 갈등과 국제 분쟁의 새로운 불씨가 될 수 있다. 팬데믹은 또한 민주주의의 후퇴를 초래할 있다는 우려도 낳는다. 보건 위기를 경험한 사회는 손쉽게 인기에 영합하는 정치인이나 포퓰리즘의 희생양이 될 가능성이 높으며, 팬데믹으로 인한 공포의 확산과 위기 해결에 대한 긴급한 요청은 민주적 심의 과정이나 정상적인 절차를 생략하게 되고, 이는 결국 정치과정 자체의 왜곡을 낳을 수 있다는 것이다.

이처럼 포스트코로나 시대를 전망하는 이들은 가히 정치, 경제, 사회, 문화 전 영역에 걸쳐 우리가 원치 않는 부정적 변화가 일어날 것이라고 경고한다. 그러나 이러한 변화는 과연 우리 사회를 '새로운 사회'로 규정할 만큼 질적인 변화라고 할 수 있을까? 어떤 시기를 새로운 사회로 규정할 때, 그것의 의의는 그에 따르는 문제를 진단하고 대처하는 데 있다. '새로운 사회'의 문제를 진단하고 대처하기 위해서는 우선 무엇이 근본적인 변화인가를 검토해야 한다. 그러나 지금까지 제시된 대부분의 포스트코로나에 대한 진단은 코로나 팬데믹으로 인해 우리가 단편적으로 경험한 우리 삶의 변화된 양태를 기반으로 막연하게 새로운 사회의 출현을 경계하고 두려워하는 경향이 있다.

코로나가 여전히 진행 중인 상황에서 필자 역시 새로운 사회의 출현 여부에 대해서 단정할 위치에 있지 않다. 그러나 정치철학자로서 코로나 이후 우리가 만나게 될 국가와 세계가 과연 본질적인 변화를 수반한 새로운 사회인가를 확인하기 위해서 무엇을 주목해야 하는가를 검토해 보고자 한다. 정치철학적 관점에서 인간사(人間事 human affairs)를 둘러싼 근본적인 변화를 검토하려면, 적어도 세 차원을 들여다봐야 한다. 인간성(혹은 인간본성), 국가성(혹은 국가의 본질), 그리고 세계성(혹은 국제사회의 본질)의 차원이 그것이다. 모든 인간사는 인간 본성을 공유하는 개인의 차원에서 출발하여, 국가와 세계의 영역 속에서 이뤄지기 때문이다.

코로나 사태는 적어도 현상적으로는 이 세 차원에 모두 심각한 충격을 가한 것으로 보인다. 팬데믹에 대한 공포로 인해 이기적인 인간성이 노골적으로 드러났고, 국가 권력의 확대로 개인의 권리는 상대적으로 위축됐으며, 국제협력이나 세계시민주의적 가치는 후퇴하는 것으로 보이기 때문이다. 그러나 이러한 단편적인 현상들을 근거로 우리의 인간성, 국가성, 세계성에 근본적인 변화가 일어났다고 진단하는 것은 아직 이르다.

팬데믹이 아직 종식되지 않은 상태에서 코로나로 인한 충격이 인간성, 국가성, 세계성에 어떤 영향을 미칠 것인가를 예단하기 어렵다. 병리학적으로 코로나가 종식되더라도, 전염병에 대한 공포와 그에 수반하는 정치, 사회, 문화적 충격이 얼마나 지속될 것인지도 예측하기 어렵다. 다만 이제부터 코로나의 충격이 지금까지 인간의 의식과 담론 속에 존재해 온 인간성, 국가성, 세계성에 어떤 변화를 초래할 수 있고, 그 변화에 대하여 어떻게 대응하는 것이 바람직한가를 정치철학적 관점에서 논해 보고자 한다.

　본격적인 논의에 앞서 인간성, 국가성, 세계성과 관련하여 필자의 시각을 먼저 말해 둘 필요가 있을 것 같다. 필자는 모든 인간사(人間事)가 그러하듯이 인간성, 국가성, 세계성도 인간의 의식 밖에 물리적으로 혹은 객관적으로 존재하는 것이 아니라, 인간의 내면과 그 의식 속에 존재하는 언어적 담론 그리고 이 담론의 사회적 교류 속에 존재한다고 이해한다. 물론 인간 본성이나, 국가의 본질, 세계의 본질이 전적으로 인간의 주관적 의식 속에만 머물러 있는 것은 아니다. 인간성, 국가성, 세계성은 우리가 우리 삶을 둘러싼 물질적 조건 속에서 각각을 어떻게 이해하고 해석하고 있는가에 의해서 생성된 '구성적' 결과물이다. 이런 맥락에서 인간성, 국가성, 세계성은 우리가 각각에 대해서 어떤 상(象)을 가지고 있느냐와 밀접하게 연관되어 있다. 인간성, 국가성, 세계성 그리고 인간상, 국가상, 세계상은 같은 동전의 양면과 같다.

　인간성, 국가성, 세계성이 이처럼 간주간적 해석을 수반한 구성적 결과물이라는 사실을 주목하게 되면, "팬데믹은 과연 이 세 요소에 근본적인 변화를 초래할 것인가?"라는 질문도 수정되어야 한다. 팬데믹이 우리의 인간성, 국가성, 세계성에 근본적인 변화를 초래할지 여부는 사실 우리가 그 변화의 가능성을 어떻게 이해하고, 어떤 변화를 원하는가와 밀접히 연관되기 때문이다. 팬데믹은 인간성, 국가성, 세계성, 세 차원에서 분명 여러 외양적 변화를 야기하고 있지만, 이러한 변화가 어떤 방향으로 전개될 것인가는 우리가 그것을 어떻게 인식하고 해석하는가에 달려 있다는 얘기다. 포스트팬데믹 사회가 어떤 사회가 될 것인가는 결국 우리의 규범적 태도에 달려 있다.

　우리의 인간성, 국가성, 세계성을 객관적 실체로 놓는다면, 팬데믹이 과연 이 세 요소에 근본적인 변화를 초래할 것인가의 문제는 여전히 수수께끼로 남는다. 그러나 구성적 관점에서 인간성, 국가성, 세계성이 갖고 있는 간주관적 속성을 고려하면, 팬데믹 이후 우리의 인간성, 국가성, 세계성이 어느 방향으로 가야 하는가를 논할 수 있게 된다. 이제 이 세 요소를 어떻게 이해하고, 규범적으로는 어떤 태도를 갖는 것이 우리가 원하는 방향의 변화를 이끌어 낼 수 있는가에 대해서 논해 보고자 한다.

II. 휘브리스를 경계하는 인간성

코로나 사태로 인해 새로운 인간성이 만들어지고 있다는 시각이 존재한다. 팬데믹에 대한 두려움으로 인해 이기적이고 반사회적인 인간성이 부각되고, 인간의 공동체적 덕성은 후퇴 내지 소멸해 가고 있다는 것이다. 팬데믹의 초기에 외국인에 대한 경계와 차별은 전 세계적으로 벌어진 일이었고, 2021년 4월 현재까지도 미국에서는 중국이 코로나의 발원지라는 이유 때문에 아시아인에 대한 혐오 범죄가 종종 일어나고 있다. 한국에서도 종교 행사나 정치 집회가 코로나 확산에 결정적인 영향을 미친다는 판단 아래 특정 종교 집단이나 정치 세력에 대한 통제를 시도한 바 있는데, 일각에서는 그러한 통제가 합리적인 수준을 넘어 집단적 혐오 감정을 야기한다는 비판이 제기되고 있다.

이러한 현상은 팬데믹으로 인해 우리의 인간성이 어느 때보다도 개인주의적으로 혹은 집단이기주의적으로 변모하고 있는 것이 아닌가라는 강한 의심을 불러일으킨다. 팬데믹은 인간본성을 변화시키고 있는가?

일찍이 고대 그리스의 역사가 투키디데스는 전염병으로 인한 인간본성의 단면을 상세히 묘사한 바 있다. 투키디데스는 전염병으로 인해 부자든 권력자든 상관없이 전염병으로 언제 죽을지 모르는 상황에서 예의를 차리거나 법을 존중하는 사람들은 찾아보기 힘들고, 살아 있을 동안 조금이라도 인생을 즐기려는 사람들로 도시는 가득 찼다고 기술한다(Thuc. BK.III)(Thucydides 1998).

아테네가 무법천지가 됐다는 얘기다. 투키디데스는 이처럼 전염병이 쾌락적이고 불법적이며 탐욕스런 인간본성을 드러내는 계기를 만들었다고 본다. 그러나 투키디데스는 이런 와중에도 "일신의 안전만을 생각하는 것을 부끄럽게 여기고, 환자에게 동정을 베풀며, 자신이 할 수 있는 일을 찾아 나서는" 이들이 존재했다고 당시의 상황을 기술한다(Thuc. BK.III).

이렇게 보면 팬데믹이 일방적으로 인간본성을 이기적이고 사악한 방향으로 이끌었다고 결론 내리기 어렵다. 투키디데스는 전쟁, 특히 내전 상황에서 인간본성이 얼마나 악한 방향으로 내몰리는가를 예시한 바 있다. 그러나 이것이 곧 투키디데스가 인간본성을 악한 것으로 규정했다는 근거가 되지는 못한다. 투키디데스에게 인간본성이란 인간적인 범주에 속하는 모든 본성을 포함한다. 따라서 인간본성을 성선설이나 성악설 어느 하나로 고정시켜 놓는 것은 적절하지 않다. 인간은 상황에 따라서 이기적이고 악한 모습을 보일 수도 있고, 또 이타적이고 선한 모습을 보일 수도 있다. 인간본성은 인간에게 가능한 모든 행위를 허용한다. 아리스토텔레스에 의하면, 인간에게 가능한 행위의 경계 한편에는 동물이 존재하며, 다른 한편에는 신이 존재한다(Aris. Politeia I, 1253a)(Aristotle 1996). 인간본성은 신도 동물도 아닌 인간만이 가질 수 있는 광범위한 본성이다.

그러면, 신이나 동물과 구분되는 인간으로서의 본성에 팬데믹은 어떤 영향을 미쳤는가? 팬데믹이 신과 동물과 구분되는 인간의 존재론적 지위를 근본적으로 변화시키는 것은 불가능하다. 그럼에도 불구하고 팬데믹이 인간본성에 영향을 미친 부분이 있다면, 그것은 인간본성이 '인간적'인 상태에 머물러 있어야 한다는 점을 새롭게 각인시켰다는 점이다.

팬데믹을 경험하면서, 인간이 깨닫게 된 가장 큰 교훈은 인간 능력의 한계이다. 팬데믹은 인류가 이룩한 과학기술의 발전이 얼마나 전염병 앞에 취약한가를 깨닫게 했다. 이런 점에서 팬데믹은 인류로 하여금 휘브리스, 즉 오만에서 벗어나 인간의 한계와 위치를 깨닫게 하는데 도움을 주고 있다. 앞서 투키디데스에 의해 기술된 아테네의 사례는 고대 아테네가 제국으로서 맹위를 떨치고 있을 때, 전염병이 번져 도덕은 물론 모든 문화와 삶의 영역이 파괴된 것을 보여준 예이다. 아테네에 전염병이 퍼졌던 시기는 제국의 초기 페리클레스라는 걸출한 정치 지도자에 의해서 제국이 건실하게 운영되던 시기였다. 아테네인들이 그들의 제국으로 마음만 먹으면 무엇이든 할 수 있다고 여겼던 휘브리스를 갖고 있을 때, 그들은 뜻밖에도 팬데믹에 의해서 인간적인 좌절을 맛본 것이다.

우리의 팬데믹은 어느 시점에 우리를 기습한 것인가? 전 인류적 관점에서 보면, 어쩌면 세계가 과학기술의 발전과 지구화에 대한 긍정적 기대 등으로 희망적 사고에 부풀어 있을 때가 아니었던가. 특히 바이오 기술의 발전으로 인간의 존재를 더 이상 초월적 존재에 의해서 만들어진 피조물이 아니라고 보고, 어쩌면 인간 스스로 인간을 만들 수 있을지도 모른다고 하는 휘브리스가 인류 전체의 사고에 스며 있을 때, 코로나가 우리를 강타한 것이 아닌가. 인간이 신과의 경계를 무시하려고 할 때, 코로나가 인간의 한계를 각인시켰다고 할 수 있다.

물론, 아테네의 전염병이 아테네인들의 휘브리스로 인해 발생했다고 단정할 수 없듯이, 오늘날 인류의 휘브리스가 코로나 사태를 불러 들였다는 인과적 관계를 주장하기는 어렵다. 그러나 인류는 늘 엄청난 고통의 대가를 지불하고 나서야 인간의 위치에 대한 깨달음을 얻곤 했 다. 이러한 사실을 감안한다면, 현재 코로나 사태로 엄청난 대가를 지 불하고 있으면서도, 인간의 한계와 위치에 대한 근본적인 깨달음을 얻 지 못한다면, 인류에게 깨달음을 촉구하기 위한 또 다른 '형벌'이 어떤 형태로 나타날지 예측하기 어렵다.

사실 인류의 휘브리스에 대한 경고는 21세기 들어서면서 예기치 못한 끔찍한 테러가 발생하면서 이미 경고된 바 있다. 현대 사회의 정 교분리 원칙과 세속주의(secularism)가 종교와 정치 간의 갈등을 완전 히 해소했다고 자만했을 때, 인류의 휘브리스는 여지없이 철퇴를 얻어 맞았다. 테러와의 전쟁 이후, 세계는 세속주의에 기반한 근대적 자신감 을 버리고, 탈세속화(desecularization) 시대에 살고 있음을 인정하고 있다(Berger 1999; Habermas 2008, 17-29; Manent 2016; Tayler 2016; van der Veer 2016).

팬데믹은 21세기의 인류 앞에 던져진 두 번째 경고이다. 이 경고 로부터 우리는 어떤 교훈을 얻어야 하는가? 당장의 위기 상황에서 교 훈을 논하는 것이 다소 한가하고 사변적인 것으로 들릴지 모르지만, 적 어도 누군가는 (우리 사회의 일부분이라도) 우리의 인간성은 신과 자연, 우주의 큰 맥락 속에서 어디에 위치하고 있는가라는 물음을 던질 필요 가 있다고 생각한다.

코로나 사태는 분명 나 자신과 내 가족의 안전부터 우선시하는 인 간의 본성을 강화시키고 있다. 그러나 아테네에서 예의와 덕성을 중시 하는 이들이 존재했던 것처럼, 의료진을 포함해 각계각층에서 남을 위 해 희생하고 봉사하는 이들의 미담이 들려온다. 투키디데스의 지적처럼 팬데믹은 한편으로 이기적이고 쾌락을 추구하는 인간본성의 극단을 드러냄과 동시에 여전히 인간의 덕성을 존중하는 인간성이 존재함을 확인시켜 준다. 우리의 인간성을 어떤 방향으로 진전시킬 것인가는 팬데믹에 의해 드러난 우리의 인간상(象)을 어떻게 파악하는가에 달려 있다. 인간성의 잠재력은 사실 성선과 선악을 포함하는 광범위한 스펙트럼을 갖고 있으며, 이 가운데 우리가 어떤 인간성(性)를 구성해 나가냐는 우리의 선택에 달려 있기 때문이다.

잊지 말아야 할 것은 인간성 구성의 출발점은 인간이 놓여 있는 총체적 맥락 안에서 인간의 위치를 이해하는 것이라는 사실이다. 휘브리스는 인간이 인간으로서의 위치 감각을 망각해 가고 있다는 징표다. 팬데믹은 분명 인간의 균형적 위치 감각을 해치고 있다. 팬데믹은 인간성 회복을 강하게 촉구하고 있다. 팬데믹을 경험하고서도 이러한 교훈을 얻지 못하는 인류는 테러와 팬더믹에 이어 또 다른 '채찍'을 맞을지 모른다.

III. 자유주의로의 복원력을 가진 국가성

코로나로 인한 변화 가운데 가장 두드러지게 감지되는 것은 국가성의 변화이다. 코로나로 인해 많은 인구가 경제활동에 타격을 받고 전 지구적으로 경기가 침체되면서 각국 정부는 시민들의 피해를 최소화하기 위해 막대한 규모의 재정 지원을 시행하고 있다. 이상적인 국가부채 비율이나, 미래세대에의 부담을 논하는 것은 사상 초유의 경제적 타격이라는 현실 앞에서는 한가한 소리가 돼 버렸다. 한편, 국민 보건 정책은 이상적인 복지국가로 향하는 장기적인 요청사항이 아니라, 긴급하고 절실한 국가의 존재 이유가 됐다.

이 과정에서 개인의 사적 권리 침해 논란이나, 정책 결정 과정에서 민주적 절차의 부재에 대한 우려가 있지만, 코로나 사태를 진정시키기 위한 효율적인 감시와 통제의 주체로서 국가만한 적임자가 없다는 의식이 강하게 자리 잡고 있다. 정부 정책의 정당성이나, 개인의 사적 권리 침해, 민주적 가치 등을 거론하는 것은 코로나로 인해 생존이 위협받는 위기 상황에서는 부적절한 것으로 간주되는 경향이 있다. '우선, 이 위기를 극복하기 위해서 국가에 전권(全權)을 부여하자!'는 주장 앞에 개인의 권리나 민주적 절차에 대한 요구는 위축되기 쉽다.

급박한 위기에서 벗어나기 위해 국가가 전권을 가져야 한다는 아이디어는 일찍이 홉스의 국가론에 가장 정교하게 나타난 바 있다. 홉스는 국가권력이 부재한 자연상태에서 인간이 얼마나 비참한 위기 상황에 놓이게 되는가를 묘사한 바 있다. 홉스에게 자연상태의 인간들은 늘 생명을 위협받는 공포에 휩싸여 있다. 이들은 결코 장기적인 일을 계획할 수 없다. "이들에게는 예술이나 학문도 없으며, 사회도 존재하지 않는다. 끊임없는 공포와 생사의 갈림길에서 인간의 삶은 고독하고, 빈한하며, 험악하고, 잔인하고, 덧없다(Hobbes 1994, Ch. VI.)."

주지하는 바와 같이 홉스는 이러한 비참한 자연상태에서 벗어날 수 있는 유일한 방법으로 절대권력, 즉 주권을 가진 국가의 출현을 제시한다. 자연상태에 대한 홉스의 묘사를 팬데믹으로 인한 우리의 공포와 견주고, 절대권력의 사용이 허용된 리바이어던을 코로나 사태의 난국을 헤쳐가야 하는 임무를 띤 현대 국가로 간주할 수 있을까?

자연상태의 공포의 근원은 모든 사람들을 잠재적으로 나를 살해할 의사가 있는 것으로 간주해야 하는 상태, 즉 만인이 나의 적이 되는 상태 그리고 동시에 나도 만인의 적이 될 수밖에 없는 상황에 대한 인식으로부터 오는 공포다. 따라서 자연상태의 개인은 아무리 힘센 사람이라도 이러한 공포를 공유할 수밖에 없다. 일견 팬데믹에 의한 공포는 자연상태에 놓여 있는 개인들이 누가 자신을 공격할지 모른 채 생존의 위협을 받고 있는 상황과 유사한 것으로 보인다. 그러나 코로나에 대한 공포가 홉스의 자연상태처럼 만인을 적으로 돌릴 수밖에 없는 상황과 동일하다고 보기는 어렵다. 아직 우리의 상황이 만인의 만인에 대한 투쟁과 같은 사회의 부재를 선언할 만한 사태에 이른 것은 아니기 때문이다. 적어도 우리는 불편함을 감내하면서, 나를 보호할 뿐 아니라 남에게 불필요한 적대감을 표출하지 않으려고 마스크를 쓰는 '예의'를 갖추려고 노력한다. 또한 사회적 거리두기에 대한 통제에 대해서도 따지고 들면 다분히 불합리한 측면이 있음에도 불구하고 일단 정부의 통제를 따르는 자제력을 보이고 있다. 코로나 사태는 아직 우리를 자연상태로 몰아넣지 않았다.

그럼에도 불구하고 최근의 국가의 권력 행사는 마치 자연상태로부터 탈출시켜준 대가로 혹은 그 조건으로 리바이어던에 부여한 권력을 연상시키곤 한다. 물론 코로나 사태에 대응하는 국가의 행정적 조치들을 모두 절대권력과 등치시키기는 어렵다. 전염병의 확산을 막기 위해 개인의 자유가 일정 정도 제한되어야 한다는 당위에 대해서는 누구도 이의를 제기하지 않는다. 문제는 자유를 비롯한 기본권 제한의 범위와 대상 그리고 정도를 규정하는 일이다. 전염병의 확산이 얼마나 심각한 단계에 이르렀을 때, 어떤 종류의 자유를, 어느 정도까지 제한할 것인가는 세대, 직업군, 지역, 경제 수준, 종교 등에 따라서 다른 입장을 가질 수 있다. 이때, 제안할 수 있는 여러 조치 가운데 가장 엄격한 조치가 팬데믹에 대처하는 가장 바람직한 방법이라고 할 수 있을까? 전염병의 확산을 막기 위한 목적이라면 개인의 자유를 제한하는 것은 언제든지 정당화될 수 있을까? 최근 백신이 개발됐지만 만족스럽게 물량이 확보되어 있지 않고, 치료제의 개발도 아직 불투명한 상태에서 언제까지 팬데믹이 기승을 부릴지는 아무도 장담할 수 없다. 이런 상황에서 국가의 어떤 조치가 과도한 자유의 제한이 아닌, 확산을 막기 위한 합리적 수준의 제한인가를 판단하기란 어려운 문제이다.

그러나 팬데믹에 대한 공포를 마치 홉스적 자연상태에서 야기되는 구조적인 공포와 동일시하는 한, 리바이어던과 같은 절대권력이 출현할 가능성을 배제할 수 없다. 죽음에 대한 공포가 절대권력을 가진 리바이어던을 정당화하듯이, 코로나 확산에 대한 공포가 팬데믹 시대에 개인의 자유를 '지나치게' 혹은 '불필요하게' 위축시키는 '유사 리바이어던'을 출현시킬 가능성이 있다.

팬데믹 시기의 유사 리바이어던은 행정 조치나, 공권력의 행사, 혐오적 표현, 양극화된 여론 등의 형태로 나타날 수 있다. 유사 리바이어던은 잠재적인 보건 위기를 상시화하면서 팬데믹의 공포를 사실상 영구화하려고 할 것이며, 이를 통해 우리 사회를 마치 홉스적 자연상태와 동일시하려고 들 것이다. 여기서 분명히 해 둬야 할 것은 홉스적 공포가 리바이어던 없이는 영구적으로 벗어날 수 없는 가상적 자연상태라고 한다면, 팬데믹에 대한 공포는 팬데믹의 후퇴와 함께 우리의 현실에서 사라지게 될 한시적이며 제한적인 공포라는 것이다. 한시적인 공포를 영구적인 것으로 착각하고서, 유사 리바이어던을 만들어 불필요하게 국가의 권한을 확대하고 개인의 자유를 희생한다면, 엄청난 오류를 범하는 것이다.

우리는 백신으로 집단면역이 형성되고, 치료제가 나와서 팬데믹의 종식이 눈앞에 보이기 전까지는 개인의 자유를 어느 정도 제한해서라도 전염병의 확산을 막고, 그로 인한 희생을 최소화하기를 원한다.

그러나 이러한 희망이 자칫 과도한 공권력 행사를 정당화하거나, 유사 리바이어던의 탄생을 허용해서는 안 된다. 유사 리바이어던은 팬데믹의 공포를 확대 해석한 결과로 나타날 수 있는 국가성이다. 오해에 기반한 '국가상(國家象)'으로 인해, 결코 우리가 원치 않는 '국가성(國家性)'을 초래할 수 있다.

개인의 자유와 국가 권력의 조화는 어떻게 달성될 수 있는가? 존 스튜어트 밀의 『자유론』에서 일말의 교훈을 얻고자 한다. 밀은 『자유론』에서 개인의 자유와 개성, 특히 사상과 표현의 자유를 사회적 진보의 원동력으로 봄과 동시에 그 자유에는 일정한 제한이 가해져야 한다는 점도 강조한다. 우선, 밀은 타인에게 해를 끼치면서까지 자신의 자유를 향유할 수 없다는 피해금지원칙(harm principle)을 제시하는데, 이 원칙은 상식적으로 '나의 자유'와 '타인의 자유'가 공존할 수 있는 기본 원칙으로 이해된다(Mill 1978, Ch. 2). 이와 더불어 밀은 '자신과 관련된 행위(self-regarding act)'에 대해서는 자유를 향유할 수 있지만, '타인과 관련된 행위(others-regarding act)'에 대해서 국가와 사회는 그 자유를 제한할 수 있다는 원칙을 제시한다(Mill 1978, Ch. 4). 이 원칙은 해석하기에 따라서 다소 논란의 소지가 있다. 언뜻 보면 이 원칙은 피해금지원칙과 유사한 듯 보이지만, 그것과는 달리 훨씬 폭넓게 사회가 개인의 자유를 제한할 수 있는 가능성을 열어 놓을 수 있기 때문이다.

국가나 사회가 타인과 관련된 행위에 대해서 제약할 수 있다면, 사실상 개인의 대부분의 행위는 사회적 제약의 대상이 될 가능성이 높다. 개인의 불순한 사상, 나태한 생활 등은 지극히 자기 자신에게만 관련된 것으로 보이지만, 다른 한편 타인에게 또 사회 전반에 영향을 미칠 수 있는 행위가 될 수 있기 때문이다. 사회적 효용의 관점에서 보면,

행위자 자신에게 해가 되는 것은 사회적 비용을 초래하게 되므로, 결국 사회적으로 해를 끼치는 것과 다르지 않다. 예컨대, 낭비벽은 일견 자기 자신에게만 영향을 미치는 행위로 보이지만, 그 결과로 사회적 비용을 초래한다면, 자기 자신에게뿐 아니라, 남에게도 영향을 미치는 행위가 된다. 낭비벽으로 부모나 자식을 부양하지 않는다면, 결국 사회적 부양의 필요성이 제기되기 때문이다. 설령 스스로에게만 해를 끼치더라도 그가 사회적 삶을 영위하는 한 사회적 손실을 초래하는 것은 불가피하다. 따라서 타인에게 영향을 주는 행위에 대한 제한이 가능하다는 원칙 속에는 이러한 제한이 그 행위자의 이익에도 부합한다는 후견인주의(paternalism)가 전제되어 있다. 이런 논리에 따르면, 국가나 사회는 사실상 개인의 모든 행위를 제약할 수 있는 권한을 가진다. 밀이 개인의 자유에 대한 국가와 사회의 권력 행사를 광범위하게 인정하는 것이 아닌가 하는 의심을 불러일으키는 대목이다.

그러나 밀은 국가나 사회가 경우에 따라서 후견인의 역할을 할지언정, 결코 후견인이 되어서는 안 된다는 점을 강조한다. 밀은 어떤 이유에서건 국가나 사회가 개인의 자유를 억압하는 것이 장기적인 관점에서 사회적 해악이 된다고 여기기 때문이다. 음주벽은 나무랄 만한 행위지만, 음주로 인해 남에게 구체적인 해를 가하기 전까지는, 예컨대 그가 부모나 자식의 부양을 게을리하기 전까지는, 국가나 사회는 그 행위를 직접적으로 제재해서는 안 된다는 것이다. 음주벽 자체를 개인의 삶의 방식의 자유로서 존중해 줘야 한다는 얘기가 아니다. 음주벽은 분명 그 자신에게나 사회적으로 해악이 된다. 그럼에도 불구하고 이 때문에 국가나 사회가 개인의 후견인이 될 자격을 부여받는 것은 아니라는 것이다.

밀은 음주벽이 있는 사람에 대한 통제는 사회적 비난이나 경멸을 통해 스스로 자제하도록 해야 한다고 본다. 국가가 모종의 조치를 취할 필요가 있다면, 경고문 부착이나 판매 위치 제한, 과세 등을 고려해 볼 수 있다. 어차피 국가 예산을 어디에선가 조달해야 한다면 사회악을 자제시키는 효과를 수반하는 과세는 적절한 조치라고 밀은 여긴다. 그러나 만일 과세로 인해 누군가에게 음주 자체가 불가능해지는 사태가 초래된다면, 그것은 국가가 개인의 자유를 제한할 수 있는 범위를 벗어난 것이라고 볼 것이다. 밀은 국가가 후견인이 되는 것을 거부한다. 국가가 후견인이 되면, 개인에게 해가 되는 것으로 판단되는 항목들이 하나둘씩 규제의 대상으로 들어오고, 그 와중에 진리가 매장되고, 사회적 진보의 원동력이 되는 개성이 말살될 수 있다고 보기 때문이다(Mill 1978, Ch. 3).

논의가 조금 길어졌지만, 밀의 『자유론』의 관점에서 보면, 코로나의 확산을 막기 위한 조치로 특정 업종의 영업을 제한하거나 집회 자체를 원천적으로 봉쇄하는 것은 국가가 개인의 자유를 정당하게 제한할 수 있는 범위를 벗어난다. 사회적 거리두기를 무시하고, 클럽이나 노래방에 들어간 사람들은, 이미 부모나 자식을 부양할 의무를 저버린, 명백히 사회적 해를 유발한 이들이라기보다는, 아직 남에게 해를 끼친 것이 확인되지 않은 음주자와 유사하다. 술병에 경고문을 부착하거나 세금을 부과하는 것을 국가가 가할 수 있는 최대치라고 여겼던 밀은 일정 기간이라고 하더라도 영업을 금지하는 조치는 개인의 자유에 대한 심각한 제한이라고 봤을 것이다. 물론 밀도 팬데믹이 난무한 상황에서 유흥을 위한 집합을 행하는 것을 비난하는 여론은 허용했을 것이다. 밀은 여론을 통한 개인 행위의 자발적인 통제를 사회적 제재의 수단으로 봤다. 그렇다고 그러한 행위를 처벌해 달라고 국가에 청원하는 것은 밀의 허용 범위를 벗어난다.

한편 밀은 곧 무너질 다리를 건너려는 사람을 경찰이 저지했다면 이는 정당한 공권력 행사라고 예시한 바 있다. 그러면, 정치적 의사를 표현하기 위해 8.15집회를 강행한 집단은 곧 무너질 다리를 건너는 어리석은 사람들이라고 할 수 있는가? 만일 다리를 건너려는 이가 이 다리의 안정성이 어느 정도 위태롭다는 것을 알면서도 강을 건너야 하는 불가피한 이유(예컨대, 부친의 임종을 지켜야 하는 일) 때문에, 위험을 감수하고서라도 강을 건너려고 하는 이가 있다면, 그에 대해서 경찰이 공권력을 행사하는 것은 정당하다고 보기 어렵다. 이러한 공권력의 행사는 기본적으로 후견인주의에 입각한 것이기 때문이다. 더구나 이 다리의 위태로운 상태가 과학적으로 입증된 상태가 아니라면 공권력의 개입은 더욱 부당하다.

밀이 공권력의 개입을 정당화하는 것은 자명한 위험에 처해 있는 개인을 대상으로 한다. 그러나 위험한 사태가 일어날 개연성을 전제로 자유를 제한하는 것은 밀의 자유론의 원칙에 부합하지 않는다. 만일 집회를 하려는 이들이 정치적 의사 표현의 필요성이 긴박하여 스스로의 건강에 어느 정도 위협이 될 수 있다는 것을 알면서도 집회를 원하는 경우, 후견인적 관점에서 이들의 의사를 막는다면 그것은 개인의 자유에 대한 지나친 제한이다. 국가가 할 수 있는 것은 그러한 집회가 참가하는 이들에게 얼마나 위험한 것인지를 홍보하고 설득하는 것에 그쳐야 한다.

그러면, 이들의 집회가 전염병 확산의 기폭제가 될 수 있다는 가정 하에서 이들의 집회를 금지할 수 있을까? 이것 역시 아직 일어나지 않은 일을 전제로, 지나치게 그들의 자유를 억압하는 것으로 판단된다. 사회적 여론이 이들을 비난할 수 있다. 그러나 이 경우에도 국가는 여론이 다수의 횡포로 전락하지 않도록 찬반 여론이 충분히 반영될 수 있도록 표현의 자유를 허용해야 한다는 것이 밀의 『자유론』적 관점이다.

이미 세계 각국은 정도의 차이는 있지만, 밀의 『자유론』적 관점에서 벗어나 광범위하게 개인의 자유를 제한하고 있는 상태다. 밀의 관점이 어느 정도 지지를 얻을 것인가는 각국의 사정에 따라서 다른 듯하다. 그럼에도 불구하고 확실한 것은 우리가 모두 '유사 리바이어던'을 원하는 것은 아니라는 것이다. 우리가 원하는 국가성이 결코 절대권력을 행사하는 홉스적 리바이어던이 아니라는 것은 우리가 얼마나 밀의 자유주의 원칙을 따르고 있는가를 확인함으로써 가능하다. 밀의 관점을 액면 그대로 따를 필요는 없지만, 어떤 이유에서건 국가의 공권력이 강화될 때 개인의 자유의 침해가 '미끄러운 경사면'을 따라 가속화될 수 있고, 이러한 사태는 결국 유사 리바이던을 출현시킬 수 있다는 우려를 심각하게 받아들일 필요가 있다.

우리가 원하는 국가성은 자유주의의 원칙을 지키고, 유사 리바이어던의 성격을 띠지 않으면서도 위기를 극복할 수 있는 능력을 갖춘 국가이다. 이런 국가는 이상적이지만 실현 불가능한 국가로 여겨질지 모른다. 위기 시에는 개인의 자유의 제한과 공권력의 증대가 필수적인 요인이라고 보기 때문이다. 팬데믹 시기에는 이러한 견해가 더욱 힘을 얻는다. 그러나 이러한 견해가 옳다면, 팬데믹 위기에서 벗어나기 위해서는 권위주의를 허용해야 한다는 주장으로 이어질 수 있다. 극단적이기는 하지만, 팬데믹 시기에는 민주적 사회도 권위주의 사회를 닮을 필요가 있다는 주장이 나올 수도 있다.

설령 권위주의가 팬데믹의 위기에서 벗어나는 데 유리하더라도 (그것이 사실인지도 전혀 확인되지 않았지만) 우리는 팬데믹의 위기에서 벗어나는 대가로 권위주의적 유산을 물려받기를 원치 않는다. 팬데믹 시기에 국가의 공권력이 평시보다 확대되고 개인의 자유의 제한도 보다 넓게 허용되더라도 팬데믹을 구실로 그것을 남용해서는 안 된다 (오용의 대표적인 증거는 국가나 사회가 특정 집단의 개인들에게 후견인으로 행세하려 드는 것이라고 할 수 있다). 더욱이 팬데믹에서 벗어난 이후에도 그러한 예외적 상황을 일상화하려는 시도는 매우 경계해야 한다. 이런 맥락에서 팬데믹 위기 시에 우리가 가장 원하는 국가성은 위기에 대처하기 위해서 공권력의 행사를 허용하되, 위기를 벗어났을 때 정상적으로 개인의 자유를 복원시키는 탄력적 복원력을 갖춘 국가라고 할 수 있다.

코로나 사태는 하드 파워나 소프트 파워를 자랑했던 국가들조차도 속수무책으로 사회적 체계가 무너질 수 있다는 것을 보여줬다. 하드 파워나 소프트 파워로 팬데믹을 예견하거나 대비할 수 없기 때문이다. 팬데믹 위기는 하드 파워나 소프트 파워와는 별도로 위기를 관리하기 위해서 위기국가로 전환할 수 있는 전환 능력을 필요로 한다. 이와 함께 잊지 말아야 할 것은 우리의 국가는 위기를 대처하는 국가임과 동시에 정상국가가 되어야 한다는 점이다. 즉 팬데믹 이후에 정상 상태를 회복했을 때 정상국가로의 복원력을 지녀야 한다는 것이다. 팬데믹을 경험한 후, 우리가 원하는 국가성은 국가가 위기 모드와 정상 모드를 오가면서도 자유주의의 기본틀을 훼손하지 않는 복원력을 갖춘, 즉 하드 파워와 소프트 파워와는 구분되는 '복원 파워'를 갖춘 나라라고 할 수 있다.

복원 파워를 갖춘 나라는 팬데믹 위기 시에도 시스템의 안정성을 유지할 수 있다. 시스템의 안정성은 설령 일시적으로 위기를 극복하기 위한 공권력의 확대가 나타나더라도, 다시 원상회복할 것이라는 신뢰 위에 구축될 수 있다. 그러기 위해서는 팬데믹에 대한 대응 과정에서도 국가가 자유주의의 훼손 가능성을 신중하게 고려하는 태도를 보여야 한다. 공권력 행사를 비판하거나 저항하는 집단을 악마화하는 정부나 사회는 결코 복원 파워를 확보할 수 없다. 이런 관점에서 팬데믹에 대응하는 정부의 공권력 행사에 대해서 사회적으로 양분화된 반응이 나타나고 당파적 이해관계가 표출되는 것은 '복원 파워'의 획득과는 거리가 먼 양태이다.

IV. 보편적 가치를 지향하는 세계성

마지막으로 코로나 사태는 세계성에 대해서 어떤 변화를 초래하고 있는가를 검토해 보자. 사태의 초기부터 국가마다 차이를 보이고 있긴 하지만, 여전히 각국은 국경 통제의 속도와 강도를 높이고 있다. 현상적으로만 보면, 20세기 이후 가속화되어온 지구화가 역방향으로 진행하고 있는 듯하다. 이런 상황에서 보편적 인권의 차원에서 국경정책을 펴야 하고, 글로벌 정의의 구현 차원에서 국가 보건정책을 정초해야 한다라고 주장한다면 시대착오적이거나 무책임한 발상으로 들릴지 모른다.

그러나 앞서 살펴본 바와 같이, 코로나 사태에도 불구하고 우리는 이기적인 생존을 원하면서도 인간의 위치를 성찰하는 인간성을 추구하고 있으며, 위기 극복을 위한 강력한 공권력을 원하면서도 자유주의로의 복원력을 가진 국가를 추구한다. 팬데믹 시기에 우리의 세계성 역시 폐쇄적이고, 자국이기주의적 한계를 드러내지만, 동시에 인류 전체에 가해진 타격에 대해서 인류가 공동으로 대응해야 한다는 세계시민주의적 보편적 가치의 지향성도 여전히 남아 있다.

세계시민주의적 요소가 가미된 세계성이 실효를 거두기 위해서는 일국의 의지나 지엽적인 노력만으로는 부족하다. 글로벌한 차원의 광범위한 공감대가 조성되어야 하고 그것을 바탕으로 실질적인 글로벌 공조로 이뤄져야 한다. 세계시민주의에 바탕을 둔 글로벌 공조는 비정한 국제정세의 현실 속에서 무책임한 낙관론이라거나, 현실가능성을 고려하지 않은 이상론이라는 비판을 받을 수 있다. 그러나 이상과 현실은 상호배타적인 것이 아니라, 늘 서로를 규정하며 변증법적 진화를 거듭한다.

일찍이 영구평화론을 제시한 칸트도 모든 국가가 그 구상을 받아들일 것이라는 낙관주의에 의존하거나, 반대로 실현가능성은 처음부터 접어둔 이상적인 안(案)만을 던져 놓는 것을 목표로 한 것은 아니었다. 칸트는 공화주의의 이상적인 국가성을 완성하기 위해서는 인권을 바탕으로 한 보편적 인간성을 장려해야 한다고 봤고, 그 연장선에서 세계 평화를 포함한 보편적 가치를 담지한 세계성이 양산될 필요성을 주창했다. 물론 각국은 인간성, 국가성, 세계성의 관계를 다르게 파악할 수 있으며, 이 과정에서 국제적 분쟁과 갈등상황이 나타날 수 있다. 그럼에도 불구하고 칸트는 계몽된 인간성과 국가성은 궁극적으로 보편적 세계성을 향할 것이라는 이상을 버리지 않았다.

팬데믹은 칸트적 관점에서 보편적 가치를 지향하는 세계성이 현실화될 수 있을지를 판가름할 수 있는 시험대다. 팬데믹은 한편으로 국가 이기주의를 강화하는 측면이 있지만, 현실적으로 완벽한 고립이 불가능한 상황에서 팬데믹은 여전히 인류가 공동으로 해결해야 할 과제라는 점을 재확인시켜 주기 때문이다.

칸트는 지금까지 인류의 세계성은 근시안적으로 보면 개인의 이기심이나, 자국 이기주의에 의해서 왜곡되고 좌절되어 온 역사를 이어왔다는 '현실주의적' 평가를 내놓는다. 그러나 인류 역사를 거시적인 관점, 즉 '보편사(universal history)'의 관점에서 보면, 인간 이성은 끊임없이 진보해 왔다고 진단한다(Kant 2006, 3-16). 전쟁으로 갈등과 반목이 드러났지만, 장기적으로 이러한 반목은 자연을 보다 효율적으로 활용하는 계기를 만들었고 동시에 상업과 평화의 필요성도 인류가 각인하게 되었다는 것이다. 가까이서 봤을 때 비뚤어지고 기형적인 모양의 목재들이라고 하더라도 그것들이 무수히 모여 있을 때, 직선의 길을 만들어 낼 수 있다(Kant 2006, 67-109).

만일 칸트가 코로나 사태에 직면해 있는 오늘날 세계의 모습을 지켜봤다면, 세계는 지금 '삐뚤어진 목재'를 만지작거리고 있다고 진단할 것이다. 그러나 칸트는 지금까지 인류의 역사가 그래왔던 것처럼 여전히 우리는 진보의 길을 향하고 있다는 이상을 제시할 것이다. 코로나 사태로 인해 국경 봉쇄는 물론이고, 인종차별과 외국인 혐오의 징후들이 세계 곳곳에 만연해 있다. 그러나 우리에게 그러한 현상들을 비판할 수 있는 자유가 허용되는 한, 인류는 칸트적 세계성과 세계시민주의적 이상에 다가갈 수 있다. 코로나가 창궐했던 초기에 국경 봉쇄와 관련하여 보편성을 지향하는 세계성이 시험대에 올랐다면, 이제 백신과 치료제가 나오는 현 단계에서도 백신과 치료제의 글로벌 공조 여부를 두고 세계성은 또 한 차례 시험대에 오르고 있다.

21세기 들어 선 후, 지난 20여 년간을 되돌아보면, 세계성에 대한 인식은 주로 지구화가 초래하는 경제적 불평등 문제에 초점이 맞춰져 이었다. 세계성의 외연적 현상으로 보이는 지구화는 인류 공영을 지향하는 세계성을 강화할 것인가, 아니면 오히려 경제적 불평등을 심화시켜 강대국 중심, 나아가 제국이 득세하게 될 것인가가 주된 관심사였다. 같은 시기에 미중 경쟁에 대한 높은 관심 역시, 이러한 지구화의 결과가 미중관계에 어떤 영향을 미치게 될 것인가를 놓고 일어난 논쟁으로 이해할 수 있다. 지난 20여 년간에 나타난 이러한 추세는 칸트적 세계성의 관점에서 보면, 후퇴의 시간이었다고 할 수 있다.

그러나 팬데믹의 경험은 우리로 하여금, 현실적으로 부침이 존재하지만 결국 보편적 가치를 지향하는 칸트적 세계성을 다시 돌아보게 한다. 팬데믹은 얼마나 자국이기주의를 '현명하게' 혹은 '약삭빠르게' 추구했느냐와 무관하게 일거에 사회 시스템 전체가 송두리째 붕괴될 위기에 빠질 수 있음을 보여줬다. 비록 일시적이긴 했지만, 우리는 팬데믹 초기에 마스크의 수급 문제로 '마스크 대란'을 일으킨 해프닝을 경험한 바 있다. 전 세계의 국제적 공조만 있었더라면 시스템 붕괴를 우려할 만한 사회적 패닉에 빠지지는 않았을 것이다. 이제 백신과 치료제 공급에 있어서도 국제적 공조의 필요성이 제기된다.

팬데믹은 예상할 수 없지만, 인류가 어떤 세계성을 갖고 있느냐에 따라서, 또한 칸트적 세계성이 어느 정도 수준에 도달했는가에 따라서, 팬데믹이 인류에게 가하는 충격은 견딜 만한 것이 될 수도 있고, 대단히 비극적인 것이 될 수도 있다. 주지하는 바와 같이 보편적 가치를 지향하는 세계성이 관여해야 할 것은 팬데믹 이외에도, 기후변화나 극심한 불평등, 인권 등과 같이 국제적 공조를 필수로 하는 이슈들을 포함한다. 팬데믹에 대한 대응으로 얻은 교훈은 국제적 공조가 필요한 다른 이슈 영역에서 요구되는 세계성을 개선하고 함양하는 데 촉진제가 될 수 있다. 그것이 팬데믹을 이겨 낸 인류의 보상이 될 것이다.

V. 나가며

팬데믹을 계기로 우리는 인간성, 국가성, 세계성에 심각한 도전을 받고 있다. 그러나 분명한 것은 이 삼자와 관련해서, 우리가 원하는 방향과 원치 않는 방향의 선택지가 우리에게 열려 있다는 것이다. 팬데믹은 이기적 인간성을 부각시키는 듯하지만, 인류애적 가능성도 열어 놓고 있다. 무엇보다도 팬데믹은 인간의 휘브리스를 경계하고 자연과 세계 속에서 인간의 위치를 깨닫는 인간성을 촉구한다. 팬데믹은 또한 우리의 국가가 위기의 극복을 구실로 '유사 리바이어던'으로 돌연변이할 가능성을 경고한다. 국가가 위기 극복의 가장 중요한 주체인 것은 부인할 수 없지만, 국가 권력의 정당성은 궁극적으로 자유주의적 가치의 수호에 있음을 잊지 말아야 한다. 우리가 원하는 국가성은 위기 극복을 위해 자유주의적 가치가 한시적으로 유보될지언정 그 정도는 매우 제한적이어야 하고, 위기 극복 이후에는 자유주의적 가치가 온전히 회복되는 회복력을 갖춘 국가다. 마지막으로 코로나는 보편적 가치를 지향하는 인류의 세계성을 시험대 위에 올려놓고 있다. 각국이 보건 위기를 경험하는 와중에 보편적 가치를 지향하는 세계성이 발휘되기를 기대하기는 어렵다. 그러나 현실에 대한 엄밀한 분석을 기초로 보편적 이상을 설정하고 있는 칸트처럼 우리도 적어도 세계성의 방향을 보편적 가치에 정초할 필요가 있다. 우리는 우리가 원하는 좋은(개인의 권리를 보장하고, 민주적인) 국가성이 양산되기 위해서는 선량한 인간성 혹은 시민적 덕성이 발휘되어야 하고, 그 역도 마찬가지로 성립한다는 가정을 비교적 수긍한다. 그러나 이러한 인간성과 국가성의 발현이 보편적 세계성과 연결된다는 것을 받아들이기를 망설이는 경향이 있다. 잊지 말아야 할 것은 반(反)세계적이고 반(反)인류적인 국가가 선량한 인간성을 가진 시민들로 구성된 국가로 온전히 유지되기는 어렵다는 점이다. 코로나 사태는 분명 인간, 국가, 세계의 영역에 강한 충격을 던지고 있다. 그러나 그 충격으로 인해, 인간성, 국가성, 세계성에 우리가 원치 않는 근본적인 변화를 초래할 것인가 여부는 여전히 우리의 선택에 달려 있다는 것을 명심해야 한다.

참고문헌

Aristotle. 1996. *Politics*. ed. Steven Everson. Cambridge: Cambridge University Press.

Berger, Peter L. ed. 1999. *The Desecularization of the World: Resurgent Religion and World Politics*. Washington, D.C.: Ethics and Public Policy Center.

Bowtell, Bill. 2021. *Unmasked: The Politics of Pandemics*. Clayton, Australia: Monash University Publishing.

Delanty, Gerard. 2021. *Pandemics, Politics and Society: Critical Perspectives on the Covid-19 Crisis*. Berlin: De Gruyter, 2021.

Greer, Scott L. & Elizabeth J. King. 2021. *Coronavirus Politics: The Comparative Politics and Policy of Covid-19*. Ann Arbor: University of Michigan Press.

Habermas, Jürgen. 2008. "Secularism's Crisis of Faith: Notes on Post-Secular Society." *New Perspectives Quarterly* 25(4): 17-29.

Hobbes, Thomas. 1994(org. 1651). *Leviathan or The Matter, Forme and Power of a Commonwealth Ecclesiasticall and Civil*. Inidanapolis: Hackett.

Kant, Immanuel. 2006. *Toward Perpetual Peace and Other Writings on Politics, Peace, and History*. Pauline Kleingeld ed. New Heaven: Yale University Press.

Manent, Pierre. 2016. *Beyond Radical Secularism: How France and the Christian West should Respond to the Islamic Challenge*. Trans. Ralph C. Hancock. Intro. Daniel J. Mahoney. South Bend: St. August Press.

Mill, John Stewart. 1978(org. 1895). *On Liberty*. Indianapolis: Hackett.

Taylor, Charles. 2016. "Can Secularism Travel?" in Akeel Bilgrami ed. *Beyond the Secular West*. NY: Columbia University Press.

Thucydides. 1998. *The Landmark Thucydides: A Comprehensive Guide to the Peloponnesian War*. ed. al. Robert B. Strassler. NY: Fress Press.

van der Veer, Peter. 2016. "Is Confucianism Secular?" in Akeel Bilgrami ed. *Beyond the Secular West*. NY: Columbia University Press.

지은이

김상배 서울대학교 정치외교학부 교수
미국 인디애나대학교 정치학 박사
2018, 『버추얼 창과 그물망 방패: 사이버 안보의 세계정치와 한국』(파주: 한울아카데미)
2014, 『아라크네의 국제정치학: 네트워크 세계정치이론의 도전』(파주: 한울아카데미)

김성진 한국환경연구원 글로벌환경협력센터 부연구위원
서울대학교 외교학 박사
2021, 『중국의 2060 탄소중립 추진전략 연구』(세종: 대외경제정책연구원)
2021, 『한반도 탄소중립을 위한 남북 기후개발협력 방안 연구』(세종: 한국환경연구원)

이신화 고려대학교 정치외교학과 교수
미국 메릴랜드 주립대 국제정치학박사
2021. "Foreign Policy Dilemma in South Korean Democracy." *The New Dynamics of Democracy in South Korea* (New York: Routledge)
2021. "미·중 패권경쟁시대 인태 지역의 자유주의 국제질서: 도전과 전망." 『국제지역연구』

송태은 국립외교원 연구교수
서울대학교 외교학 박사
2021, "신기술 무기의 안보적 효과와 주요 쟁점." 『주요국제문제분석』(국립외교원 외교안보연구소).

2021, "인공지능 기술을 이용한 국가의 사회감시 체계 현황과 주요 쟁점." 『정책연구 시리즈』 (국립외교원 외교안보연구소).

조한승 단국대학교 정치외교학과 교수
미국 미주리대학교 정치학 박사
2021, "코로나 백신 불평등과 글로벌 보건 거버넌스의 과제." 『생명, 윤리와 정책』
2019, "신흥무대의 중견국 보건외교." 『한국과 국제정치』

이승주 중앙대학교 정치국제학과 교수
미국 캘리포니아 버클리대 정치학 박사
2020, 『미중경쟁과 디지털 글로벌 거버넌스』 (편저)
2021, "경제·안보 넥서스(nexus)와 미중 전략 경쟁의 진화."

이왕휘 아주대학교 정치외교학과 교수
영국 런던정경대(LSE) 국제정치학 박사
2021, 『바이든 시기 중국의 다자외교 전망』 (서울: 국립외교원)
2021, "South Korea, Taiwan, Hong Kong, Singapore and Covid-19." *Covid-19 and Governance: Crisis Reveals* (London: Routledge)

신범식 서울대학교 정치외교학부 교수
국립모스크바국제관계대학(MGIMO) 정치학 박사
2018, 『지구환경정치의 이해』(편저) (파주: 한울아카데미)
2020, 『북·중·러 접경지대를 둘러싼 소지역주의전략과 초국경 이동』 (서울: 이조)

전재성 서울대학교 정치외교학부 교수
미국 노스웨스턴대학교 정치학 박사
2020, 『동북아 국제정치이론:불완전주권국가들의 국제정치』(서울: 한울)
2019, 『주권과 국제정치:근대주권국가체제의 제국적 성격』(서울: 서울대학교 출판문
　　화원)

이정환 서울대학교 정치외교학부 교수
미국 캘리포니아주립대학교 정치학 박사
2019, "아베 정권 역사정책의 변용: 아베담화와 국제주의." 『아시아리뷰』
2016, 『현대 일본의 분권개혁과 민관협동』(서울: 서울대학교 출판문화원)

조동준 서울대학교 정치외교학부 교수
미국 펜실베이니아주립대 정치학 박사
2020, "코로나-19와 지구화의 변화." 『국제정치논총』
2018, "신호이론으로 분석한 2013년 한반도 위기." 『평화학연구』

박성우 서울대학교 정치외교학부 교수
미국 시카고대학교 정치학 박사
2020, "레오 스트라우스의 플라톤주의." 『정치사상연구』
2018, "플라톤 정치철학과 아테네 제국." 『21세기정치학회보』
2014, 『영혼 돌봄의 정치: 플라톤 정치철학의 기원과 전개』(서울: 인간사랑)